U0630076

《北洋画报》忆旧

马千 著

SSAP
社会科学文献出版社
SOCIAL SCIENCES ACADEMIC PRESS (CHINA)

图书在版编目(CIP)数据

画楼：《北洋画报》忆旧 / 马千著. -- 北京：社会科学文献出版社, 2023.2（2023.5重印）

（年轮）

ISBN 978-7-5228-1134-5

Ⅰ. ①画… Ⅱ. ①马… Ⅲ. ①期刊—史料—天津—民国 Ⅳ. ①G239.296

中国版本图书馆CIP数据核字(2022)第217891号

· 年轮 ·

画楼：《北洋画报》忆旧

著　　者 / 马　千

出 版 人 / 王利民
责任编辑 / 石　岩
装帧设计 / 敦堂工作室

出　　版 / 社会科学文献出版社 · 历史学分社（010）59367256
地址：北京市北三环中路甲29号院华龙大厦　邮编：100029
网址：www.ssap.com.cn
发　　行 / 社会科学文献出版社（010）59367028
制　　版 / 北京印艺启航文化发展有限公司
印　　刷 / 北京启航东方印刷有限公司

规　　格 / 开 本：889mm×1194mm 1/16
印 张：17　字 数：302千字
版　　次 / 2023年2月第1版　2023年5月第2次印刷
书　　号 / ISBN 978-7-5228-1134-5
定　　价 / 286.00元

读者服务电话：4008918866

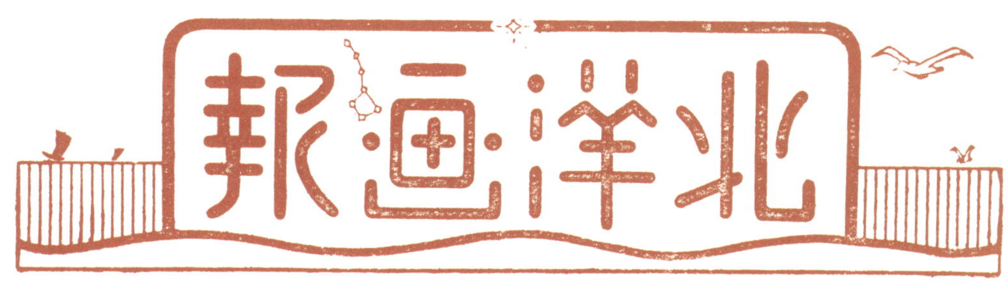

序 淘金者的慧眼

并非每一个远道而来的淘金者都能实现心中的梦想，还是那条河，还是那一床流沙，还是那一轮暴烈的太阳，还是几乎流干的汗水。令失意者遗憾的是，眼看着金沙在自己的身边流去，千百次地淘洗，就是没有发现一粒沙金。

失意者责怪命运，只有诚实的淘金者才会告知你：你缺少一双慧眼。淘金者不能只怀着黄金梦，珍惜金沙者才具有发现沙金、洗出沙金的慧眼。

一部创刊于 1926 年、在天津存在了 11 个年头的画报，先后出版了 1587 期，曾经给老一代的天津人，也给大江南北的读者留下不可磨灭的印象。它记载了一个历史时期的天津，乃至于中国的社会风貌，是近代中国一笔丰厚的文化财富。

余生亦晚，没有看到正在出刊时的《北洋画报》，虽然也看到过上辈人手举一卷《画报》，全神贯注、废寝忘食赏读的情景，但并不理解它何以如此引人入胜，我还要完成不堪重负的作业，什么画报于我都毫不相干。

真正看到《北洋画报》，是 1956 年住在新华路文联大楼的时候。

新华路 263 号，不知道原是谁家的私邸，院内小桥流水，几株古树，三层楼房，几十间住房，很是富丽堂皇。天津文联和天津作协迁入，我是第一个住进来的小干部。初搬进来的时候，只有几个人，一幢三层洋房，空空荡荡。偏偏此时文化局收缴来一大批旧书刊，暂存三楼。

好奇心驱使，下班人们散去，我就偷偷爬上三楼，反正一个小读书人也做不出什么坏事，就是想看看旧时书刊到底是些什么货色。对于堆积如山的武侠小说和言情小说，我没有一点兴趣，那时有理想、有追求的年轻人，是不接触此类消费文化的，更没有人视此类“垃圾”为经典，于是，我对三楼存放的旧书刊，也就没有什么期望了。

有一天，我也是实在闲着没事，晚饭后又悄悄地爬上了三楼，在旧书刊堆里东扒西找，发现了厚厚一堆《北洋画报》。哎呀，这可是“不良画报”，少年时不敢翻看，因为每期封面都印着美女明星们的玉照，翻看这种画报，怕家长责骂。如今好了，三楼储藏间只有我一个人，那些“慎独”的古训，于此只是废话一句了，大胆翻看。

好了，这一下引我走进了另一片天地，原来世界上不只有托尔斯泰、巴尔扎克和《红楼梦》，市井社会也有一片文化天地，这一片天地算不得光辉灿烂，但至少也是五光十色。

然而，住在新华路 263 号的时间并不长，我就奉命离开这里，到工厂劳动去了，新华路 263 号，值得留恋的储藏间里无价的宝藏呀，无缘得见了。

1980 年重返新华路 263 号，我做的第一件事就是爬上三楼，但空空如也了。问一直没有离开的朋友，说是烧了不少，也有许多中饱了私囊。

1985 年，北京书目文献出版社影印出版了全部的《北洋画报》，匆匆跑到书店，看到摆在玻璃柜里的样书，兴叹而去。太贵了，以我一个小编辑的工资，不敢高攀。

感谢网络时代，在网络上找到了一处售卖电子书的网站，虽然收费可观，但此时我已算是一“户”了，立即下单、下载，从此，我有了全套的《北洋画报》。

这本杂志不带政治色彩，虽偶尔有些新闻，譬如军阀混战，但无论谁胜谁败，它都不表态，它只记录战争中的流离失所、妻离子散，表达对平民的同情，对军阀的谴责。

它关注社会民生，更关注彼时娱乐界的状况。就是在《北洋画报》对于娱乐界的关注中，我看到了近代中国文艺的发展情状，看到了戏剧、电影、艺术、娱乐的活历史。

不过，我终究只是《北洋画报》的一位翻阅者，虽然获得许多知识，但从来没想过从《北洋画报》中梳理近代社会生活和近代艺术的发展脉络。就像我使用电脑一样，自认为是半个高手，其实电脑提供给使用者的功能，我只会操作极少一部分。

马千先生孜孜于学，在出色完成电视导演本职工作之余，搜集、保存、整理、分析、研究《北洋画报》，付出了非比寻常的努力。而今，马千先生将其爬梳《北洋画报》的心得写成一部专著，为读者认识《北洋画报》出版时期的社会生活、物质与精神追求、娱乐样式、民生礼俗提供了清晰的线索。

少年时期，我曾视《北洋画报》每期的美女封面为低级趣味，经小友马千的整理，方知那些美女封面改变了世俗对女性的看法，驳斥了封建时代歧视妇女的观念，张扬了女性的个性与尊严。《北洋画报》里的女性不仅容貌美丽，她们对社会的贡献更彰显了女性的价值。

从小友马千对艺术界的关注中，我看到了《北洋画报》培养和提倡的艺术欣赏观：古今中外，兼容并包；从传统的“捧角儿”到理性的品评。

诸如此类，刷新人们既往认知的信息，在这本《画楼：〈北洋画报〉忆旧》中，可谓不胜枚举。

将《北洋画报》浩如烟海的信息进行分类整理与研究，其事亦艰，其心亦苦，其志亦坚，其言亦凿，小友马千付出的精力非一般人所能企及：最初是在旧书肆中搜寻《北洋画报》的影印版，以不菲价格购得20余册，但比起全套33册还差很多。从此，马千陷入了搜寻缺失画册的苦海，他搜寻旧书摊，联系藏书家，许是命运眷顾，几年时间，居然把影印版《北洋画报》补齐全了。之后的十几年中，他又开始收藏原版《北洋画报》。他说，看原版和看影印版的感觉非常不同，画报的设计之美，影印版只能给一个模糊的轮廓，原版却纤毫毕现。更重要的是，原版画报传递的历史信息更为丰富，手翻原版画报，耳边似乎传来远处电车行进的声音、窗外行人的脚步声。你看到的是“现场”，而不是褪色的故纸。

我想，正是这种现场感，启动了小友马千在画报里搜寻历史的灵动。

呈现在读者面前的《画楼：〈北洋画报〉忆旧》，为读者勾勒了《北洋画报》时期的天津乃至中国的诸多剪影，虽不是历史的全貌，但正可提醒读者诸君：历史的车轮滚滚向前，有许多场景、许多过程已经淡出了我们的视野，重新将其打捞出来，至少可以丰富我们对于过去的认知。

《画楼：〈北洋画报〉忆旧》是一本值得珍存的好书。

林希

2022年2月28日

目　录

北洋画报

北洋畫報

THE PEI-YANG PICTORIAL NEWS, TIENTSIN.

天津北洋美術印刷所製版承印

出版四周年紀念號

FOURTH ANNIVERSARY COMMEMORATION ISSUE.

全國唯一照相通信機關

東北新聞影片社

供給東北新聞照片
承攝印各種電影片
出賃東北時事影片

本報法律顧問趙泉

法律事務所

天津 英租界五十六號路 門牌九十七號 電話三四四三八號

北 西城按院胡同 門牌三十號

延光室影印古書畫目錄

玻璃版類

懷素自敍帖 每部二冊
蘇東坡前赤壁賦 每冊
蘇氏一門法書 每冊
黃山谷松風閣詩 每冊
甲種 乙種本文八張
黃山谷動靜帖 每張
米南宮苕溪詩 每冊
蔡忠惠公詩札 每冊
歐陽文忠集古錄跋尾 每冊

捌圓 貳圓 貳圓 肆圓 貳圓伍角 叁圓 叁圓 肆圓 叁圓 貳圓 叁圓

效用最宏價格公

請與工廠接洽（特三區緯六路北頭西即大王莊福中廠內）電話

汽車專

東北讀者注意

本社爲便利東北讀者起見，現委託瀋陽工業區五馬路北京畫報分館常啓元君辦理推銷，請東北愛讀諸君逕與接洽爲幸。北洋畫報社

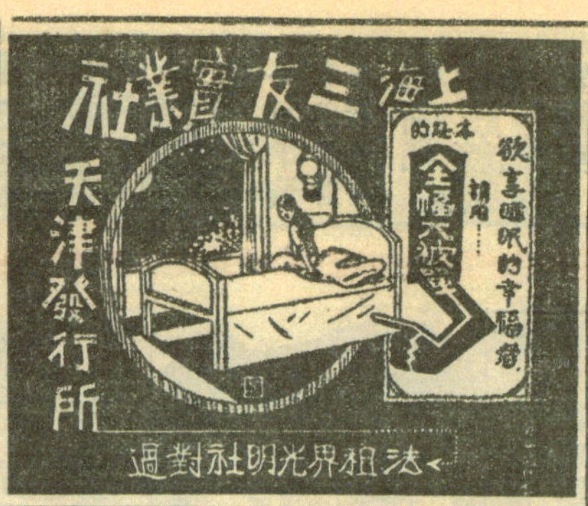

大華飯店

堂會戲

楊小樓 梅蘭芳 余叔岩 尚小雲 程艷秋 荀慧生等名伶百人各唱拿手好戲

每晚八時在大華飯店屋頂花園淸唱

隨便入座 不收門票

電話（三）一九六三 三六〇八

本報緊要啟事（代派本報各家注意）

國內外代派本報諸君公鑒：本報久承諸君熱心推銷，至爲感激。惟查代派之家雖多按月向閱戶收欵，但亦有按全年收欵者。其實按年收欵，往往因閱戶遷移，白受損失，抑又有碍本報直接營業；故代派家只應按月收欵，不宜按年計算。現在印刷業因受金價高漲影響，本報成本加重，擬定於最近期間內，實行增加報價，用維營業；爲此先行通告各代派家，此後不可再包送按年收欵之報，以免屆時損失，事關雙方利益，特此奉達。順頌公祺。北洋畫報社啓

CLINIQUE DE BEAUTE

炎炎夏日，是你之敵！但是顧林祺太太美容室能護維你避免這種威逼。

本室新自巴黎運到大批世界馳名中外交讚之海蘭露邊士美容貴品霜粉均備專防日曬汗斑等症用後更使玉膚細潔美麗可愛

本堂專門按摩及治療皮膚各症關於美容更有研究如蒙惠顧無任歡迎之至

地址天津英中街二百五十二號 顧林祺夫人樓上

電話（三）一三三八號

同生美術部

派司 美術 攝影

代客 沖晒 軟片

總號東馬路

天津法界馬家口 電話三三九八六

法商 M. LEVY 利威洋行

天津英中街 花園對過 電話三二六〇三

北平王府井大街 電話東局四十四號

金表 白金表

大贈送 寒暑表

新到大批寒暑表專爲贈送用

新舊主顧一律奉送

鑽石 鑽石戒指

同陞和帽莊

總號估衣街 分號法租界

敬啓者本號新發明編工獵式草帽如圖顯樸之精美帽似美式毡戴無異夏合奇用非常新製此係草辮白成分爲漂凡灰色兩種無蒙購用者頂不資美每元價洋由二元二角至三元

利華放欵公司

天津英租界中街滙豐大樓由旁門昇梯直達三樓

電話三局三六七九

重價收買高等鑽石

專辦珠寶典質 官廳特許 利息輕微 信用昭著

西醫兪保康

專治 肺癆病 花柳病 皮膚病 性病 新法戒煙 新舊淋濁

診病時間 上午十時至十二時 下午二時至六時

診所 法租界廿六號路一〇四號（即綠牌電車道）

中國銀行

本行民國元年成立 資本銀二千五百萬元 國內外分支行八十餘處 英美日德法均可直接通匯 各界惠顧竭誠歡迎 中國銀行謹啟

遼東俠盜軼聞

蘊珊著（四四）

二人同棹而食。那呂洪般般勸勸只是讓酒讓肉。秋雯嬌瞋道。看你這人。只管大酒大肉的來勸。這會子。誰奈煩吃那油膩膩的東西。呂洪笑道。肉不吃便罷。酒須吃上兩杯。取些暖也好。詽着恭恭敬敬斟了大杯酒。捧了過去。秋雯推却不過。只得吃了。一連又飲了兩杯。便覺得有些面紅耳熱。高起興來。原來酒之爲物。最爲奇怪。壯夫飲了。雄心頓起。文人飲了。便詩興大發。惟有婦女們吃下酒去。却有些不妙。往往烘動春懷。中心撩亂。平空添了許多妙曼情態。諸公。但譙貴妃醉酒那戲齣。便可略知大概了。當時秋雯三杯落肚。登時流露出一段風光。呂洪乘覺。有甚不曉得。於是又討大杯。般般相勸。一霎時。秋雯扎掙不得。便款扭嬌軀。晃晃悠悠。一頭倒在坑上便睡。這裏呂洪暗喜。隨即叫店家收抬了杯盤。便輕輕掀開竹簾兒。自去外間倒身便臥。怎奈心下有事。轆轉一回。那裏睡得隱。扯着耳朶。貼着那板壁子。聽了聽。那秋裏微微有些呼息之聲。料是睡穩。不由尋思道。我一路相伴他到此。本是有意。鵲他近日情態。也未嘗無心於我。只是這妮子太油滑了。倒也可冒味。思至此。一鵲碌翻身抓起。輕輕走下牀來。鱁手鱁脚。悄悄掀起竹簾兒。正待閙入。猛抬頭留神望去。吃了一驚。（未完）

仙宮

新聘燙髮名手

王君金波花樣繁多其手藝較前時燙髮師徐君更高一等且天性和靄謙恭有禮有徐君之長無徐君之短凡愛美的姊妹們盍興乎來

春和戲院對面電三三一〇七

中國無綫電業有限公司

美國無綫電公司最近出品廿一號五管收音機到津此機完全用電池發音清晰最合內地之用機身構造堅固美觀價目尤爲克己樣張承索即寄

總公司 天津法租界馬家口 電話三一三五七

分公司 北平王府井大街八面槽電話東五六七 瀋陽大西邊門外十一緯路電話南七四

从头说起

> 中国的报纸杂志，就现今人民知识程度而论，总算够发达的了。然而社会所最需要的画报，却还十分缺乏。画报的好处，在于人人能看、人人喜欢看，因之画报应当利用这个优点，容纳一切能用图画和照片传布的事物，实行普及知识的任务，不应拿画报当作一种文人游戏品看。举凡时事、美术、科学、艺术、游戏，种种的画片和文字，画报均应选登，然后才能成为一种完善的报纸。这样组织完备的画报，中国还没有一个。所以同人按着这个宗旨，刊行这半周刊，将来发达以后，再改为日刊，也说不定。不过大凡一个报纸的发达，不单靠报纸本身的善进，必须社会的人们从旁帮忙。所以我们在这创刊的时候，希望社会各界的人士，多多的指教和帮助我们。[1]

从头说起，不得不提这段文字。这是《北洋画报》于 1926 年 7 月 7 日发表的第一篇“卷首语”。“人人能看”“人人喜欢看”“普及知识”“不应拿画报当作一种文人游戏品看”等语，正体现了这份画报的抱负和对“公共性”的追求。画报久已有之，在《北洋画报》创刊前，《点石斋画报》等已一纸风行了几十年。印刷技术的迭代、摄影技术的普及，都为画报“容纳一切能用图画和照片传布的事物”提供了新的可能。《北洋画报》创刊之前“天津社会爱读画报的，都买上海的画报”，“天津的报摊上，充满了上海各种的画报，这也可见画报在天津是怎样的需要了。自从北洋一出，真有‘风行一时’的盛况”。[2]

《北洋画报》的诞生，填补了当时中国北方“完善的”“组织完备的画报”的空缺，与上海《良友》画报成为同时期中国画报界的南北巨擘。

《北洋画报》由冯武越[3]、谭林北创办，张豂子、童漪珊、刘云若、吴秋尘和左小蘧等历任主编。现有文献认为其最初由奉系军阀资助，是一家独资经营的刊物。创刊之初为每周三、周六出版的半周刊，1928 年 10 月 2 日起改为周二、周四、周六出版的隔日刊，并按照出版日期不定期增印专刊。自创刊后，《北洋画报》一直按时出版，从未脱期，因日军全面侵华战争爆发，于 1937 年 7 月 29 日结束刊行，共出版 1587 期。

《北洋画报》是民国时期中国北方出版时间最长、出版期数最多的综合性独立画报，被誉为画报界的“北方代表”。用画报创办人冯武越的话来说：“北画，进步的速，似乎无须记者再事鼓吹，那是有目共睹的……中途未尝辍刊一次，出版未尝误过一期，并由半周刊改为周三刊，每年出版至一百五十期之多而论，已占全国画报界首席。上海的画报，最多每三天出一期，北平则均为周刊；每周出版三次者，确唯有北画一家而已。”[4]

这本画报生动地展现了 1920 ~ 1930 年代的社会生活和世间百态，内容包括时事政治、军事、经济、国内风俗、国际局势、文化古迹、风土名胜、文体活动，以及戏剧、电影、书画、诗文等。其宗旨为“传播时事、提倡艺术、灌输知识”。

内容安排上，《北洋画报》“以最精美，最有价值或最与时事有关系的图片登于封面上方中部”[5]，多为时政人物、影剧明星、名媛名闺等，并附以各类时尚广告。2 版“登新闻照片、时事讽画，及与时事有关的人物风景照片，小品文字亦取切合时事者编入此页内；是可名为动的一页”。3 版“登美术作品：如古今名人书画、金石雕刻、摄影名作；艺术照片：如戏剧、电影、游戏；闺秀及儿童等照片；文字则取合于艺术方面的；是可称为静的一页”。2 版、3 版最初为混排，多为艺术摄影、古董诗词、风物图片、社论约稿、时事小议、文艺评论、社会趣事、影剧新闻等文图内容，后将 3 版辟为戏剧专刊、电影专刊、儿童专刊等专刊。4 版“即底封面，刊科学发明、长短篇小说等”，也是刊登启事、列车时刻表及商业广告等内容的版面。中缝部分以广告为主，并辅以启事、声明。内页（2 版、3 版）报眉，初期商品广告居多，后以电影及戏剧演出广告为主。画报以画为魂，“每期图画至少十二三幅，多则十五六幅，平均分配如下：画一幅，本国时事及人物三幅，讽画一或两幅，外国时事及人物一或二幅，名人书或画一幅，古物或雕刻一幅，名闺或儿童照片一幅，摄影名作一幅，或电影一或二幅，时装或特殊风景画一幅，科学发明一幅”。《北洋画报》的美术设计独具特色，除了摄影及图片内容，版面设计也呈现出区别于其他报刊的特点，很多内容辅以手绘方式呈现，如广告、插画等。同时期出现的很多画报，如《商报画报》《中华画报》《风月画报》等，在不同程度上对《北洋画报》的版面设计和编辑方式进行了模仿与借鉴。

《北洋画报》的社址最初设在天津法租界廿七号路（今和平区新华路）华卫里陆号，后迁至法租界廿陆号路（今和平区滨江道）壹贰肆甲号，又搬入蓝牌电车道北廿三号路（今和平区兴安路）至停刊。据当时的老报人吴云心回忆，其所走访过的社址之一在今天津和平区滨江道与和平路交口以东第一条狭窄街道转角处的小洋楼，编辑部在一楼，楼后有小型的制字工厂，厂内有几名工人，设备是一副 5 号字字架、半副 3 号字字架、一台 8 页平版机。报社没有自己制铜版的车间，铜版需由其他制版厂代制。编辑部内有主编一名、编辑兼校对员一名，以及一名负责沟通联络的交通员兼勤杂，全社人员不超过 10 人。除去正常开支，尚有盈余。

《北洋画报》的报面张幅为 8 开 4 版，所用纸张为胶版印刷纸（时称道林纸），每期印刷 4000 份左右，单色印刷，初为蓝色。1927 年第 101 期开始增加铜版印刷版面，且准备将封面进行全套色印刷，但试行两期后由于“石铅套印，殊不易精，本报半周出版一次，时间短促。且天气甚潮湿，印刷不易干”，[6] 印刷厂也要求仍旧单色印刷，因此只能放弃套色印刷的方案，并准备改蓝色而“试用墨绿色印刷，似较蓝色为优雅，如读者多数赞成，当决用此色”。据说，时任主编冯武越要求主要版面以偏蓝黑（后加入红紫）色系的单色印刷，认为这样的颜色以当时的技术不易翻版。不过，从笔者收藏的原版画报来看，大约从1930年代起，《北洋画报》大部分期目为单色印刷，而封面、封底与2版、3版的颜色开始有所区分，内外版面用色有差异。

《北洋画报》曾于出版两周年专号中，以整版图文形式向读者介绍“北画产生之程序”——摄影、制版、编辑、排印、发行、折封、交邮、递送、贡献、保存。具体如下：

> 北画原料以摄影绘图为大宗，有若干外勤记者努力搜罗绘制，寄致本报，经过审选，然后规定尺寸，制为铜锌等版。至于文字，亦由若干撰述担任之。每期报之底样，于一星期前即约略拟定，将图画文字地位，先期排妥，然仍不免变更。因印刷份数太多，底样制成后，须于出版之前四五日即交印刷所排样。且至少须经两次校对。然后再经垫板、磨字、上板等手续，舛误即所难免。发行一事，分趸批与零寄二种。直接订阅，均由本报营业部递行封寄，所有订户姓名住址期数，均有详细记录。印刷、折叠、装封等手续完竣后，即运至邮政总局，照立券报纸例收寄，所以不须粘贴邮票，此邮政局为销路广大之报而设之特例也。邮局按住址将报投递，于是本报乃得与读者相见。[7]

《北洋画报》“每至半年，出过五十期，做一结束时，即装订成册”成为一卷，以合订本形式发行，便于收藏合阅。同时，编辑部也将画报中曾刊载的评论文章、艺术作品、连载小说等整合后出版单行本。

从头说起，不得不提“北洋”。“北洋”既是《北洋画报》的时间坐标，也是其空间坐标，赋予了画报独特的审美趣味。

“北洋”原来是一个地理概念，一说“北洋”即黄海、渤海，一说“北洋”即吴淞口以北的广大区域，包括奉天省（今辽宁省）、直隶省（今北京市、天津市、河北省）、山东省。清代文人包世臣较早地细述过南洋与北洋的地理概念：“出吴淞口，迤南由浙及闽粤，皆为南洋；迤北由通海、山东、直隶及关东，皆为北洋。南洋多矶岛，水深浪巨，非鸟船不行。北洋多沙碛，水浅礁硬，非沙船不行。”[8]

从1870年起，“北洋”成为一个时代的代名词。是年8月，李鸿章调任直隶总督，清廷撤销了管理天津、牛庄（今营口）、登州（今烟台）的三口通商大臣，改称北洋通商大臣（简称北洋大臣），例由直隶总督兼任，常驻地就设在天津。1870～1895年，身兼直隶总督与北洋大臣的李鸿章秉承“自强求富”的洋务理念，主理外交，兴办北洋海陆军，管理北洋商务、海关税务，并在奉天、山东及长江流域筹办轮船、电报、煤铁、纺织等企业。因为这样一位“能人”，“北洋大臣”地位不断提高，大大超出了原有的权辖范围。李鸿章的继任者为张树声、王文韶、荣禄、袁世凯，其中，袁世凯是北洋派的另一位著名代表。北洋派以天津为中心陆续开展其政治、军事、商业、教育活动。

北洋画报

甲午海战惨败后，清廷为挽救江河日下的局势推行新政。其中军事方面的改革，即包括光绪帝正式批准袁世凯前往距天津东南70里的小站编练新式陆军。“小站练兵”采用西方先进训练方式，聘请外国教官，并模仿德国军制制定了完整的近代陆军制度，最终训练出中国近代第一批新式陆军。“北洋新军”是中国军队近代化的开始，也为袁世凯成为北洋军阀领袖并建立北洋政府奠定了基础。

1913年10月6日，袁世凯在北京就任中华民国大总统，这标志着北洋政府正式形成。北洋政府是当时被世界各国承认的中华民国合法政府，以五色旗[9]为国旗，以《卿云歌》[10]为国歌，以“十二章徽”[11]为国徽。

1915年，袁世凯复辟称帝，1916年取消帝制，同年病逝。其后“北洋军阀”的称谓开始出现。关于北洋军阀，历史学家来新夏认为“可以断言这个‘军阀’概念应是一个贬义词，我们对近代军阀的定义和界说拟作如下的表述：以北洋军阀为代表的近代军阀是以一定军事力量为支柱，以一定的地域为依托，在中学西用思想指导下，以封建关系为纽带，以帝国主义为奥援，参与各项政治、军事及社会活动，罔顾公义，而以只图私利为行使权力之目的的个人和集团”。[12]可以说，袁世凯的死拉开了北洋军阀割据混战的序幕。各派系以天津为实际策源地，以北京为政治前台。自1916年开始，皖系、直系、奉系通过多次战争，在中国的政治舞台上轮番登场。值得一提的是，《北洋画报》正是在奉系军阀统治时期（1924 ~ 1928）创刊（1926年7月7日），而其资助方也正是奉系。

1924年，国共两党实现第一次合作。1925年，中国国民党成立广州国民政府，1926年，蒋介石领军北伐。1928年，张学良宣布东北易帜。至此，北洋时代正式落幕。北洋政府总体上的得失成败自有史家评说，其在文化上所推行的政策，对当时思想文化的多元发展还是起到了一定的作用。1912 ~ 1916年间，袁世凯压制反对其称帝的言论，全国报纸由1912年的500多家，减少到1916年的不足130家。袁氏称帝失败后，北洋政府内务部于1916年7月将之前遭禁的报刊解禁，由此开启了新一轮办报办刊热潮。截至1916年底，全国报纸增加到289种。虽然历届北洋政府以各种各样的借口对新闻出版变相予以限制，但出版自由已成为时代的潮流，北洋政府至少在形式上无法否认言论自由、出版自由的原则，1919年后，逐渐放宽了对新闻出版的限制。

此一时期，不唯出版，其他思想文化领域也有发展。

1925年，故宫博物院成立。

1915年，北洋政府教育部先后公布了《通俗图书馆规程》和《图书馆规程》，对图书馆的性质、人员配备、经费、变更废撤、阅览收费等都做了明文规定。北洋政府教育部社会教育司组建后的第一件事就是接收前清学部图书馆（京师图书馆）。据相关文献统计，清末民初，国内的公共图书馆只有20余所，多为省立图书馆。1921年初，全国图书馆达到了356所，1928年，这个数字更是达到642所。

教育方面，1912年，中华民国教育部废止《大清会典》《大清律例》等内容的学习科目，并召开临时教育会议颁布《修正教育部官制》及教育宗旨。1912 年颁布《学校系统令》，也称“壬子学制”。次年又陆续公布各级各类学校令、规程、规则达 30 条，丰富了学制内容。在中国教育近代化过程中，开始了除旧布新的阶段。1922 年，北洋政府公布了《学校系统改革案》（即“壬戌学制”），壬戌学制结束了辛亥革命后教育新旧交叉的混乱状态，反映了新文化运动期间的教育改革成果，有较强的民主气息和科学精神。在教育、语言文字改革，美术、音乐、舞蹈等艺术的教育普及，以及全民体育等方面，北洋政府也制定了相关政策，从而推动了文化事业的发展。

这一时期思想文化的多元发展与北洋政府的多元化文化政策关系密切。如果没有一定的政策支持，其时思想文化的短暂繁荣也就无枝可依。

在这样的时代背景下，由“北洋”一词延伸出很多词，它们大多与天津有所关联，如：北洋大学、北洋武备学堂、北洋水师、北洋拳术馆、北洋女子师范学堂……当然，还有《北洋画报》。

张宪文等学者将中华民国史划分为“中华民国的创建与北洋政府的统治：中国迈向现代社会（1912 ~ 1927）”“南京国民政府的建立：中国现代化建设的曲折发展（1927 ~ 1937）”“日本全面侵华：中国现代化进程的顿挫（1937 ~ 1945）”“国共内战与国民党在大陆统治的结束：中国现代化进程的新起点（1945 ~ 1949）”四个历史时期。（张宪文等:《中华民国史》，南京大学出版社，2006）依此论，《北洋画报》记录的正是彼时中国进行现代化建设曲折发展的侧影。

从头说起，不得不提天津。清代《天津府志》的作者吴廷华用“天津郡新而地古”来描述这座河海交汇、历久弥新的城市。四千多年前，天津所在的地域，逐渐退海为陆，在黄河泥沙的冲积之下形成平原。天津平原的地下，至今仍可以找到鲲鲸、海豚等海洋生物的遗骸和种类繁多的贝壳，天津由海而来。

世间改朝换代至明朝，明朝的第三位皇帝朱棣即位后，为纪念“靖难之役”，在永乐二年十一月二十一日（1404 年 12 月 23 日）将此地改名为天津，即“天子经过的渡口”。这也使天津成为中国古代唯一有确切建城时间记录的城市。明永乐十七年（1419），明成祖迁都北京，这时天津已成为水陆交通枢纽，“地当九河要津，路通七省舟车”，南起杭州，北达通县的大运河使天津进一步发展，天津因河而兴。

到了 19 世纪中叶，时有 20 万人口的天津，已成为“畿南花月无双地，蓟北繁华第一城”，是中国北方最繁华的商业城市。清代《天津论》说“天津卫，好地方，繁华热闹胜两江”。天津基于其得天独厚的区位优势，逐步地扩大发展，由河海通漕的运输中心进而成为南北货物的北方集散中心。《天津卫志》中曾有这样的记载：“天津去神京（即北京——引者注）二百余里，当南北往来之冲，南运数万之漕悉道经于此，舟楫之所式临，商贾之所萃集，五方之民所杂处……名虽曰卫，实在一大都会莫能过也。”依赖于水系和港口，天津逐渐成为进出京师的交通枢纽。以漕运为依托的商业经济也越发兴盛，一些商行店铺逐渐出现并成聚落。天津城在清代有了进一步的发展，这时的老城仍是天津的行政中心和居民区所在地。城市的商业和经济中心，除了原来东门外的宫南、宫北大街以外，由漕运而兴起的北门外的沿河一带也很快发展起来。

第一次鸦片战争中，西方列强以坚船利炮打开了中国的大门，之后签订《南京条约》，将广州、厦门、上海等东南沿海五个城市开辟为通商口岸，扩大了对华的商品输出和文化渗透。而中国北方的门户尚未开放，为了扩大在华政治、经济特权，进而加强对清政府的控制，天津被他们视为进入中国核心区域的重要堡垒。1856年英、法两国联合发动了第二次鸦片战争，1858 年 5 月，英法联军进攻大沽口，随后进军天津，与清政府签订了《天津条约》。1860年8月占领天津城后，随即攻占北京，并签订《北京条约》，天津被迫开埠通商，从此进入近现代城市的轨道。

1860 年后，天津的城区开始扩大。一部分是之前为备战而划设的战壕、土墙扩充出来的新增土地，另一部分则是由于租界的设立。1860 年天津被迫开埠通商后，英国公使照会清廷总理衙门，“欲永租津地一区，为造领事官署及英商住屋、栈房之用”。[13]之后，法国和美国也按照英国的方式开始设立租界。英、法、美三国租界最初设在天津城东南紫竹林（今海河沿岸至大沽北路大片区域）沿海河一带。1894 年甲午战争后，德国在美租界以南占地 1034 亩设立德租界。1897 年，英国又将租界向南扩展，占地 1630 亩，作为其扩充界。1898 年，日本与清廷签订租界条款，将法租界西北约 1667 亩土地划为日租界及预备租界，并在海河下游划出近百亩土地为日本停船码头。20 世纪以前，天津已有五国租界，在城墙东南的海河西岸一带连成一片，占地约 5282 亩，已超过天津老城两倍。1900 年，占领天津的西方列强拆除天津老城城墙，天津成为中国北方第一个没有城墙的城市。此举在某种意义上也打破了天津老城与新城（租界）之间的屏障。

20 世纪初，经过各国租界的扩张和新市区的开发，形成了由旧市区、新市区和租界区毗连的近代天津城市格局。据《天津县志》记载，此时市区的面积为 16.525 平方公里（约合 24813 亩），国人所居城区约 6.61 平方公里，租界区约 9.91 平方公里。《辛丑条约》签订前后，英、法、德、美、日五国租界不断扩增面积，而俄、奥、比、意四国租界也相继设立。至此，当时中国绝无仅有的“九国租界”与繁华老城便同时出现在一个城市之中。由于之前旧式城防的拆除，租界和天津老城之间，几乎没有多少中间地带和高墙壁垒，租界的窗口效应开始渗透至天津老城，一些现代城市均有的“标配”开始在天津出现：建于光绪六年（1880 年）的海大道公园是天津第一座公园。1886 年，天津海关税务司德璀琳（Detring Gustav von，1842 ~ 1913）与英商怡和洋行集资创办了天津的第一份报纸——《天津时报》；1895 年，天津建起第一座公共体育场；1898 年，自来水投入使用。除此之外，天津第一盏电灯、中国近代第一个邮政机构、中国最早的涉外饭店、本书的主角《北洋画报》——这些近现代化的产物都诞生在天津的租界区域，进而延展到全城。

与此同时，自李鸿章被任命为直隶总督兼北洋大臣后，直隶总督府迁移至天津。这为天津带来了前所未有的行政整合力量，天津成了直隶的行政中心。外国使团来华，首先在天津登陆，之后再前往北京。直隶总督府实际上也承担了清廷的部分外交职能。李鸿章等洋务派官员在天津开始的洋务运动，于兴盛工业、夯实国防的同时，也为天津奠定了近代化发展的基础。由于租界不受中国政府管辖，有一定的司法及行政权力，天津成为清末民初北京政坛人物的“避风港”。因此也就有了“北京是前台，天津是后台”，以及天津是北京的“后花园”等说法。当时有文章评论“天津租界，为我国安乐窝之一。举凡富翁阔佬以及种种娱乐场合，胥萃于是。且以距京咫尺，故其形胜，尤较上海、汉口为合宜”。[14]许多栖身天津的政治人物，都是下野后来到租界居住。这些寓居天津租界中的北洋军阀、清朝遗老、官僚政客，不断地发挥着自己的政治影响力，形成了天津独有的“寓公文化”。

开埠后，天津成为中国北方最大的商品集散地，对外贸易迅速发展。当时天津的棉麻出口占全国出口总量的50%以上，畜产品出口占全国出口总量的70%以上。海河运输逐渐取代了运河，成为天津河、海运输的重要通道，天津也因此迅速发展起来。洋务运动后一批军用、民用企业先后出现，加快了天津城市经济的发展步伐，也使其华北经济中心城市的地位得以加强。资料显示，1937年天津对外贸易占全国进出口贸易总额的12%，仅次于上海，居全国第二位；1938年天津进出口贸易占全国的24.7%，几乎与上海相等。国内山西、山东、河北、福建、广东等省份都有商会在天津进行商贸活动。货物主要来源于英、美、日等国，以及国内的上海、广东及香港等大城市和广阔的华北腹地，这也使天津成为中国北方重要的物资集散、转运中心。同时，在商业贸易发展的基础上，近代工业突破了手工业的束缚，陆续建立起一些具有外贸服务性质的工业。一些带有民用性质的近代工业也陆续兴起，加之官办、官督商办或官商合办的军事工业，天津的工业现代化可谓多头并举。而工业的发展反过来又促进了商业的繁茂。此时的天津，城市的经济结构发生了很大变化，由以漕运为主的对内贸易城市一跃而成为华北对外贸易的中心。

伴随着近代经济的迅速发展，城市文化逐渐发展起来。九国租界的设立，使外来文化源源不断地涌入天津。特别是一大批外国冒险家、传教士、实业家来到天津，兴建了银行、洋行、商场、俱乐部、餐厅、歌舞厅、电影院、酒店、住宅……天津的城市现代化有了更多的物质依托，传统地域文化与西方文化相互碰撞，呈现出多元的城市色彩。从而形成了天津特有的中西合璧、古今交融的城市风貌。

建筑是城市文化的重要组成部分，不同的文化孕育出不同的建筑风格。从明代天津建卫到清代开埠之前，天津的城市风貌一直遵循着中国传统——城外设城墙、护城河，城内干道为沟通南北和东西四门的十字街，沿十字街向外延伸可通四厢大道，十字街的交叉处建有鼓楼，民居街市依棋盘城布局。然而伴随着天津开埠，以往单一的城市布局和建筑风格受到了冲击，中西文化碰撞、交融，造就了天津独具一格的近代“万国建筑博览”的市貌。

日本作家宇野哲人在《中国文明记》中曾以李公祠为代表评价天津的中式建筑：“天津不仅租界之地砖瓦建筑之大厦鳞次

栉比，中国街亦不愧为直隶总督所居之地，中国样式之华丽建筑亦不少。总督衙门虽不能乱进，然如李公祠，即前直隶总督李鸿章之祠等建筑，美轮美奂。”[15]而清末官员、浙江籍学者孙宝瑄则在他的洋洋 55 万言的《忘山庐日记》中这样描述天津的西式建筑：“盖纵横曲直，高楼峻宇，皆西国模制，无稍稍闲杂。殆与游欧洲街市无异，上海所不如也。”[16]他将天津的洋楼与上海的洋楼比较，感到天津的洋楼比上海的更为多样和集中，认为“天津之外国居留场，自庚子乱后，远胜于上海”。

天津的租界各有其代表性的地域风格建筑，除了成规模的各式大型公共建筑之外，还产生了独具特色的租界民居建筑“小洋楼”。“天津小洋楼”作为天津近代独特人文环境的组成部分，曾经被类比于同为民居建筑的“北京四合院”和“上海石库门”。小洋楼在建筑上并不宗法一家，主要以西方建筑模式为蓝本，并融入东方民居建筑的部分语汇。虽说天津小洋楼是中国近代外来文化强加融合的产物，但它同样是特定人文背景下的历史印记。天津近代建筑形式的多样化是在“河海文化”的沿革中逐渐发展形成的，也是这座城市特有的人文历史使然。

在城市面貌初现现代化色彩的同时，天津的教育也开始了近现代的转型。天津开埠后，洋务派为了培养能够掌握西方科技知识的新型人才而创办了多所学校。天津电报学堂、水师学堂、武备学堂、海军医学堂、中西学堂、北洋工艺学堂、天津师范学堂、北洋法政专门学堂等中国最早的专业学校的相继建立，为天津近代教育发展奠定了基础。20 世纪初，天津开始了新一轮的实业建设，同时大力发展实业教育和高等教育。此时的天津，从幼、小、中学教育到高等教育的系统相对完善，以北洋大学和南开大学为代表的各类高等院校学科齐备。从而形成了公私并举、文理兼重、学术教育与技术教育同设、专业教育与社会教育并行的局面。天津的近代教育体系已然形成，大批公立及私立的优秀教育机构为这个时期天津文化的繁盛打下坚实的基础。

作为大众传播媒介的报刊，亦随着文化的发展而兴盛。西方近代印刷术在 19 世纪末 20 世纪初已进入了成熟阶段。开埠后，天津成为西方印刷技术与设备最早传入的地区之一。租界的工商业繁荣，带来了大量人口。教育的兴盛，提高了城市的整体文化水平。这些外来人口和受教育群体，即成为报刊的读者。天津不仅是中国近代邮政的发源地，同时也是近代的北方交通枢纽。邮政、交通不仅便利了商贸往来，同时也提高了报刊的时效与发行效率，缩短了新闻资讯的传递时间。1886 年 11 月 6 日，天津的第一份近代报刊《天津时报》在英租界内创刊。在此之后，法、日、意、德各租界分别创刊出版了《京津泰晤士报》（英文）、《国闻报》、《大公报》、《益世报》、《北洋时报》、《醒俗画报》、《全球画报》等。据不完全统计，仅 1886 年至 1915 年间，就有 61 家报刊在天津创立。在第一次世界大战结束后的 20 世纪二三十年代，天津迎来了外侨进入的第二次高潮。随着不同地域、不同文化背景的人群的涌入，内容各异、种类繁多的报刊相继出现。至天津沦陷之前，除《北洋画报》外，这个时期的天津还出现了著名的《庸报》《商报》《中华新闻画报》《玲珑画报》《大风报》《东亚晚报》等 80 种报刊。天津一跃成为近代中国北方传媒中心。

中國畫報專頁

（本頁圖片均劉凌滄君贈）

盛極一時之中國畫報（上右：現在繼續發行之銅版畫報。上左：現在流行之畫冊畫報四種。下左：已停版之影寫版單張畫報三種。下右：已停版之一批銅版畫報。）

中國畫報之回顧

劉凌滄

中國之畫報，自「點石齋」創刊迄今，已有五十年之歷史。此五十年之演進，頗多可紀。作者自民元收集畫報，迄今已盈箱纍帙，今歲加以整頓，並按其種類略為紀述，以資愛好者之研究。

「點石齋畫報」創於光緒十年（一八八四），主持者為「申報」創辦人美查氏。月出三冊，每冊八頁，紙用國產連史石印，黃皮封面，每冊價洋五分。所繪多係新聞，中多關於歷史事蹟者，不失為有價值之作。如光緒二十年中日之役，該報即有大同江戰記披露，（該圖曾登本報七一八期。）即其一例也。作畫者皆當代名手，如吳友如，即其尤著者。惟社會新聞取材率多荒誕；而畫工精細，又非時人所能為矣。繼「點石齋」而起者，有「飛影閣畫報」，及「書畫譜」等。「飛影閣」創於光緒十六年（一八九〇），發行者申報館，主持者為吳友如。月出三冊，新聞七頁外附贈畫粹三頁，分三種：為百獸圖，百美圖，時裝仕女，均吳一人手筆。五十期後由周慕橋接辦，共出百餘期。清末民初石印畫報大興：上海有圖畫日報，圖畫演說報等。北京有淺說日日新聞畫報，新銘畫報，京師教育畫報，圖畫報等。周刋，周三刋，日刋不等。有光紙一面印，每份圖畫自二幅至六幅不等。取材偏重社會寫眞，官塲現形，文字則小說及譯稿並重。售價銅元一二枚。此後上海民立，輿論時事，世界畫報等出，於描寫社會現狀之外，復及國家大事，諷刺時局，頗能中肯。尤以「世界畫報」體例最新，該報創於民國七年八月，主任孫雪泥，繪圖及撰稿者亦皆當時名家。道林紙石印，十六開本，彩色石印封面，售價一角五分。

民九上海時報增出「圖畫週刋」，係完全用銅版印刷，為畫報界闢一紀元。主編者為戈公振，沈能毅，體例仿照外報之星期畫刋，取材與今日大致相同。「時報畫報」創始前，國內已見流行之中文銅版畫報，最佳者首推「世界」，光緒三十三年創刋於巴黎，主編者姚蕙。該報為八開大本，凡三八葉，銅版鋅版約四百方，間以三色版，彩色石印封面，富麗異常，今日國內之任何畫報，未有能與比肩者。雖係外人印刷，但為國人自辦畫報之一種。其次為「眞相畫報」，民元創刋於香港，主持者為高奇峯。銅版石印兼用，亦殊富麗，是為國內最初之銅版畫報。上海包天笑之「小說畫報」，於民六一月發行。周劍雲但杜宇等之「解放畫報」，創刋於九年五月。均曾採用銅版，而早於圖畫時報，惟其性質並非純粹新聞性，且非完全之銅版印刷耳。「時報圖畫週刋」出版後，至民十四石印畫報已呈衰落，銅版畫報繼起者日有增加，紙張多改用洋宣。華南著名者有「上海畫報」，為對開圖文混合之畫報，畢倚虹創辦。林澤蒼之「攝影畫報」，用活體楷字，頗清晰悅目。此外趙君豪主幹之春華，巽社出版之「鼎臠」，及「三日畫報」等率皆曇花一現，未能盡憶其名矣。北方之銅版畫報，首創於馮武越之「圖畫世界」（民十三）與晨報附刋之星期畫報（民十四年九月）「圖畫世界」為雜誌式，插圖豐富，印刷亦精；惜未能持久。「星期畫報」則為對開之單張，注重美術及小品文字，排版印刷，頗具美術思想。繼起者有「世界日報」附刋之「世界畫報」，林風眠主編，取材精美而有統系，注重畫學知識之灌輸。同為一時優秀之刋物。

十五年七月「北洋畫報」創刋於天津，材料豐富印刷精美，為北方巨擘。發行迄今，從未間斷，為此時期之成功者。迨「良友」創刋，凡二十四頁印成一大冊，又為畫報創一新格式。內容括世界時事，時代科學，社會現狀，美術，考古，名人介紹，小品文字等。彩色封面，裝璜美麗，故銷行極廣。十一月北京畫報出版，遼寧大亞畫報亦於是歲發刋。十七年北平出版畫報：一月有「藝林旬刋」（今已改為月刋。）六月有「霞光畫報」，「北平畫報」。八月有新晨報附刋之「日曜畫報」，「美美畫報」，「丁丁畫報」。十二月有「中國畫報」。十二月天津有「常識畫報」，「京津畫報」。上海則「上海漫畫」於春季創刋，中國美術刋行社出版，即今「時代」半月刋之前身也。（以下接入第三版）

專門注重金石書畫之「故宮周刋」及「藝林月刋」

「圖畫報」封面及其社會新聞圖畫之一頁

最富歷史價值之「點石齋畫報」封面

石印畫報中最進步之「世界畫報」

「飛影閣畫報」附贈之「畫粹」（百美圖之織女。）

中國畫報之五個時期（凌）

- 石印獨佔時期 光緒十年——民元
- 石印全盛時期 宣統二年——民七
- 石印銅版混合時期 民元——民九
- 銅版全盛時期 民九——民十九
- 銅版影版混合時期 民十九——現在

君如滿意於本報請早日直接定閱或向任何報販定送存報不多後難補足

从头说起，不得不提“画报”。画报是“以刊载摄影图片、绘画为主要内容的期刊”，“它用形象的直观的图像传播信息和知识”。[17] 画报开启了中国出版业的“图像叙事”时代。在《北洋画报》出现之前的1870年代至20世纪初是中国近代画报的发轫期。在中国出版的以刊载图画和照片为主的报刊，始于1875年，以《小孩月报》创刊为标志。到了1919年，各类画报已经累计有140多种。主要在上海、杭州、北京、天津、广州、汕头、长沙、成都等地出版。

1875年至1880年陆续创刊的《小孩月报》《寰瀛画报》《图画新报》等画报多用雕刻铜版印制，创办人和绘画者都是西方人。1884年以后，石印画报逐渐盛行。最著名的当数《点石斋画报》和《飞影阁画报》。《点石斋画报》创刊于1884年5月8日，为旬刊，1896年停刊。其主编吴友如是一名画家，曾为桃花坞年画创稿，因此积累了由画稿到制版的木版印刷经验，之后任《点石斋画报》主笔。《点石斋画报》很好地继承了传统版画木刻艺术的特点，也适当吸收了西洋画法中的透视和解剖知识，内容取材于读者所喜闻乐见的生活与时事，画师们先后绘制了4000余幅画作。1890年吴友如离开《点石斋画报》，创办《飞影阁画报》，有研究者认为吴友如在《飞影阁画报》中发表的作品远离了《点石斋画报》的主旨，《点石斋画报》实际上已经成为定期出版的画谱。

辛亥革命前后，画报渐从石印发展为铜版、锌版印刷。比较著名的有1907年李石曾等在巴黎创办的《世界画报》，这是中国最早用铜版、锌版印制的画报，季刊，用道林纸[18]印刷，编辑人姚蕙。此后，中国的铜版、锌版画报越来越多，比较著名的有：《时事画报》（1908年）、《图画日报》（1909年）、《真相画报》（1912年）、《中华儿童画报》（1914年）、《醒世画报》（1919年），等等。

1910年代末1920年代初，摄影术和照相制版术传入中国，摄影图片得到普遍应用。1920年，上海《时报》创办以铜版锌版编印的《时报图画周刊》，被认为是中国自办现代画报开端。《时报图画周刊》由戈公振任主编，郎静山为摄影记者，共出版137期。该刊注意反映中外大事，道林纸印刷，图画生动，受到社会赞誉。1930年，《申报》与《新闻报》又分别创办《中国图画周刊》和《新闻报图画附刊》。均为对开半张，以新闻照片为主。其他各地报馆，也办有类似画刊。除日报附出的单张画报外，大型的书册型画报也逐渐增多，著名的有《良友》画报、《北洋画报》、《时代画报》、《大众画报》和《美术生活》等。

从1870年代到1930年代，中国近代画报的发展，经历了石印、网线铜版、影印、胶印几个阶段。曾担任过《北洋画报》特约记者的新闻学家萨空了把中国画报的五十年历史（1881 ~ 1931）按印刷技术的变革分成了三个阶段：石印时代（1884 ~ 1920）、铜锌版时代（1920 ~ 1930）、影写凹版时代（自1930年开始）。之后，又有研究者以画报内容特点为参照，将中国近代画报历史（1884 ~ 1949）进行了划分，即：手绘画报时期（1884 ~ 1912）、摄影画报时期（1912 ~ 1926）、综合画报时期（1926 ~ 1949）。[19]当然，这两种划分未必完备，如在石印之前还有几年的雕刻铜版实践，但无论以何种标准进行阶段划分，都无法绕开的画报主要有《小孩画报》、《点石斋画报》、《真相画报》和《良友》画报。诸多文献显示，《良友》画报无论是以技术还是以内容为参照指标，都堪称中国现代画报的里程碑。

《北洋画报》与《良友》画报同年创刊，其影响力紧随《良友》之后，刘凌沧称其为中国现代画报的“北方巨擘”：“十五年七月《北洋画报》创刊于天津，材料丰富，印刷精美，为北方巨擘。发行迄今，从未间断，为此时期之成功者。”[20]萨空了也曾在《五十年来中国画报之三个时期及其批评》中论述：“天津之《北洋画报》、沈阳之《大亚画报》等，皆为此时期中之成功者，甚至迄于今日犹各拥有相当之势力。”

从头说起，不得不提中国近代画报的研究。如前所述，画报这种新兴的媒介样式在1930年代业已引起有识者的注意。1980年代，中国近代画报研究逐渐升温。《良友》画报成为研究者的“宠儿”，并在“海派文化”研究中占有重要的位置，相关著述可谓汗牛充栋。同时期，《北洋画报》也逐渐引起了读者与研究者的兴趣和关注。但相比《北洋画报》包罗万象、精彩纷呈的内容来说，人们对《北洋画报》的了解和研究仍相当有限。冯骥才记述过这样一件事：

> 在哈佛大学任教的李欧梵来天津看我。他说他正在研究本世纪初至四十年代上海的出版物。当我把我收藏的这一时代上海和天津的刊物铺了一桌给他看，几乎叫他惊喜得昏厥过去。尤其他翻着天津出版的《北洋画报》《玫瑰画报》《美丽画报》《新天津画报》《星期六画报》等，他陶醉般地眯着双眼，显然他给那时代特有的形态与魅力攫住了……居然大惑不解地问我：“天津怎么也有这些东西？”[21]

冯骥才由此感叹："看来对天津的无知是'世界性'的。"

进入21世纪以来，关于《北洋画报》的研究逐渐增多。一部分是《北洋画报》的原文整理辑录，完整地将画报上的原文内容录入整理出版。如《乱语全书》[22]、《〈北洋画报〉诗词辑录》[23]。另一部分则是针对《北洋画报》某一方面内容的专题研究，如《民国时期天津报刊中服装广告的创意和表现形式》[24]《〈北洋画报〉图说乐·人·事》[25]《读图时代的绅商、大众读物与文学——解读〈北洋画报〉》[26]《"新女性"的代表：从爱国女学生到女运动员——20世纪30年代〈北洋画报〉封面研究》[27]《〈北洋画报〉戏曲资料浅析》[28]《近代中国报刊与女性身体研究——以〈北洋画报〉为例》[29]《一报一天堂：〈北洋画报〉广告研究》[30]。此外，也有一些针对《北洋画报》的整体性研究，如《〈北洋画报〉研究》[31]《美者其目标——〈北洋画报〉与现代城市生活》[32]。

《北洋画报》如一座宝山，研究者、辑录者深入挖掘其内容，并将研究课题带入其中，各取所需，同时奠定了《北洋画报》研究的丰富文献基础。在翻检诸多研究成果后，不难发现：现有研究内容的呈现几乎全是"以文代图""以文述图"式的，《北洋画报》图像中蕴含的丰富信息大多转化为线性的文字信息。即便援引画报中的文图报影，也以单色配图为主，且存在着图片质量与清晰度的限制。这种现象当然情有可原，第一，不少作者以理论研究为主旨，并非侧重《北洋画报》的视觉呈现；第二，由于《北洋画报》原版内容存世较少，整套原版的完整内容稀缺，不少研究者只能以书目文献出版社1985年出版的《北洋画报》影印版、该版影印电子文件以及少量原件为依托。限于原件质量及影印清晰度，画报中的很多图文内容相对模糊，无法呈现出版物原有的视觉效果。《北洋画报》创始人冯武越认为：《北洋画报》是一个"以画为报的报"。也正因如此，《北洋画报》才能在那个时代以"传播美"为己任且备受追捧。如果阐释《北洋画报》而缺了"画"，那么它的"美"只能变成理论。车失一轮，雁少一翼。

为了弥补上述遗憾，让《北洋画报》在真正意义上以"画"的面貌出现，本书的策划、编写与设计希冀延续冯武越"以画为报"的理念，以"画"为主，以文为辅，让《北洋画报》原件中的"文与图"成为本书的主角。在文字内容上，本书以笔者的视角整合《北洋画报》所涵盖的各类信息，将《北洋画报》中的社会时事、科学新风、文人文化、体育运动、戏剧舞台、音乐歌舞、电影艺术、美术设计这八类内容以"画"为挈领，分别展现在"世象""新知""斯文""体魄""氍毹""笙歌""光影""丹青"这八章之中。每一章都以文图形式，细话《北洋画报》中的相关内容。并在图版中以笔者收藏的《北洋画报》原版故纸为依托，重新呈现《北洋画报》文图内容的原始风貌。画报之美，美在图文并茂，两者并举才是全面的《北洋画报》研究。

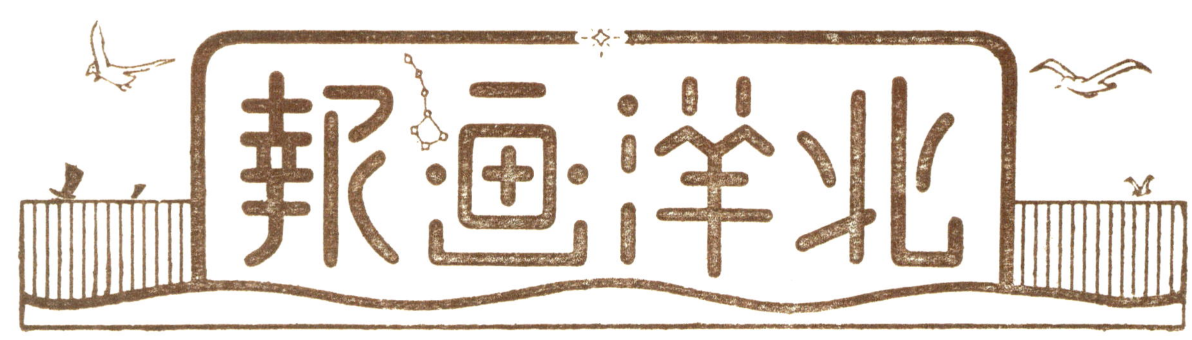

从头说起，翻开《北洋画报》，最醒目的是报头。“北洋画报”四个美术字代表了那个时代特有的美学意识，随着时间的推移而更显简洁、独特。报头上，“画”字左上方为北斗七星图案，而正上方标明北方天空上最亮的星即为“天津”。这里的“天津”既是城市又是星宿，它还是银河的渡口。同时又以“七夕渡银河”暗合7月7日创刊的日期。报头外框底部波浪线既是天津的海河又是大海，亦是涛涛“北洋”。竖条线的构成既是海河边的栏杆，又是海天之线。在海天之间，舟楫扬帆、海鸥展翼。

不同于其他报刊，《北洋画报》的报头并不是一成不变的，它的设计者使其活了起来。当把画报用时间线串联起来的时候，读者会发现报头的海鸥和船帆在变化。不仅是数量，而且它们行进的轨迹也在变化。1926年7月7日的报头海鸥和船帆各为两个，而到了《北洋画报》创刊的第二年即1927年8月3日报头上第一次多了一只展翅高飞的海鸥。1928年7月7日，帆船也增加了一只，从而形成了每满一周年海鸥与帆船同时增加的报头设计效果。由于创刊时报头的鸥、帆设计为各二，因此要通过报头的海鸥与帆船推算创刊年限，需要减去1。虽然之后增加鸥、帆元素的时间点总在变化，有时选择“七夕”，有时选择公历7月或8月的某一天，而报头上“鸥声帆影聚北洋”的传统却一直延续了下来。

1926～1937年刊出的《北洋画报》，蕴含着那个时代丰富的历史信息与审美风尚。1931年7月7日，《北洋画报》编辑部以“画楼”为题纪念创刊五周年。陈宝琛、郑孝胥、左次修、方地山、邱石冥、苏吉亨、温子英、徐悲鸿、刘老芝、黄二南、赵望云、黄秋岳等书画、诗词名家为“画楼”主题创作精彩的作品，《北洋画报》创始人冯武越更是以“画楼主人”署名发表纪念文章。由此“画楼”便成为编辑同人们对《北洋画报》的雅称，也是本书“画楼”一名的由来。

入“画楼”深处，观时代侧影。从头说起，“北洋”忆旧。

《北洋画报》
第一百零九期
封面报头
1927年8月3日

报画洋北
THE PEI-YANG PICTORIAL NEWS, TIENTSIN

《北洋画报》第一千五百五十七期　封面报头　1937年5月20日

1 记者：《要说的几句话》，《北洋画报》第1期，1926年7月7日，第3页。

2 缪子：《北洋画报一周纪念》，《北洋画报》第101期，1926年7月7日，第2页。

3 冯武越（1897～1936）又名启缪，广东番禺人。其父曾任晚清驻外国使节。冯16岁赴法留学，后到比利时，回国后在航空界服务，1926年受聘为《益世报》总监察兼撰述，同年创办《北洋画报》。

4 笔翁：《三周例话》，《北洋画报》第341期，1929年7月7日，第2页。

5 《编辑者言》，《北洋画报》第22期，1926年9月18日，第4页。按：本段引文均出自该文。

6 《编辑者言》，《北洋画报》第103期，1927年7月13日，第4页。按：本段引文均出自该文。

7 冯武越：《北画产生之程序》，《北洋画报》第201期，1928年7月7日，第2页。

8 包世臣：《海运南漕议》，《包世臣全集》，李星点校，黄山书社，1993，第11页。

9 五色旗：北洋政府时期的国旗为红、黄、蓝、白、黑"五色旗"，寓意"五族共和"。五色旗原为清朝海军的官旗。武昌起义次日，中华民国军政府鄂军都督发布《安民布告》，规定国旗为五色旗，此后北洋政府沿用五色旗。

10 1913年4月8日，中华民国首届国会开幕时以《卿云歌》作为临时国歌，歌词为："卿云烂兮，纠缦缦兮。日月光华，旦复旦兮。时哉夫，天下非一人之天下也。"歌词后两句为汪荣宝添加，由约翰·哈士东（Jean Hautstont）谱曲。1921年，北洋政府对其稍做修改，正式颁定为国歌。由音乐家萧友梅谱曲，歌词为："卿云烂兮，纠缦缦兮。日月光华，旦复旦兮。"1928年南京国民政府统一全国后停用。

11 十二章徽：北洋政府时期的国徽，又称"嘉禾国徽"，设计者为鲁迅、钱稻孙和许寿裳。十二章徽的图案来源于中国古代天子礼服绘绣的十二种图像以及汉代《五瑞图》石刻上的图案，结合了传统十二章中的日、月、星辰、山、龙、华虫、宗彝、藻、火、粉米、黼、黻，象征着稳重、忠孝、洁净等，袁世凯称帝时也沿用此国徽。十二章徽于1913年2月正式发表，北伐战争后停用。

12 来新夏：《北洋军阀史》上册，南开大学出版社，2000，第17～18页。

13 《筹办夷务始末》七"咸丰朝"，中华书局，1979，第2648页。

14 无妄：《欣戚不同之租界观》，《大公报》1922年4月5日。

15 ［日］宇野哲人：《中国文明记》，张学锋译，光明日报出版社，1999，第3页。

16 （清）孙宝瑄：《忘山庐日记》（下），《中华文史论丛》增刊，上海古籍出版社，1983，第808页。

17 《中国大百科全书·新闻出版》，中国大百科全书出版社，1993，第149页。

18 道林纸亦作"道令纸"，正名应为"胶版印刷纸"或"胶版纸"，是专供胶版印刷的用纸，也适用于凸版印刷。适于印制单色或多色的书刊封面、正文、插页、画报、地图、宣传画、彩色商标和各种包装品。以木材为原料制成，按纸面的有无光泽分为毛道林纸和光道林纸两种。最初是由美国道林（Dowling）公司制造，1920年代出现在中国。

19 能向群：《近现代中国画报的发展》，《出版史料》2013年第一辑，第78～81页。

20 刘凌沧：《中国画报之回顾》，《北洋画报》第888期，1933年1月31日，第2页。

21 冯骥才、张仲、王晓岩：《记忆天津——2004天津建城600年》，《指指点点说津门》，开明出版社，2004，第94页。

22 宣永光：《乱语全书》，中国发展出版社，2009。

23 孙爱霞：《〈北洋画报〉诗词辑录》，王振良主编《津沽史料丛刊》第8种，天津古籍出版社，2007。

24 孙扬骅、梁惠娥、张竞琼：《民国时期天津报刊中服装广告的创意和表现形式》，《武汉科技学院学报》2006年第3期。

25 张静蔚：《〈北洋画报〉图说乐·人·事》，洛秦主编《中国近现代音乐图像史丛书》，上海音乐学院出版社，2018。

26 张元卿：《读图时代的绅商、大众读物与文学——解读〈北洋画报〉》，《天津社会科学》2002年第4期。

27 陈艳：《"新女性"的代表：从爱国女学生到女运动员——20世纪30年代〈北洋画报〉封面研究》，《广西社会科学》2009年第12期。

28 王兴昀：《〈北洋画报〉戏曲资料浅析》，《戏剧文学》2015年第2期。

29 李从娜：《近代中国报刊与女性身体研究——以〈北洋画报〉为例》，中国社会科学出版社，2015。

30 韩红星：《一报一天堂：〈北洋画报〉广告研究》，厦门大学出版社，2012。

31 陈艳：《〈北洋画报〉研究》，陈建功、吴义勤主编《中国现代文学馆研究丛书》，百花文艺出版社，2012。

32 阴艳：《美者其目标——〈北洋画报〉与现代城市生活》，吉林出版集团股份有限公司，2016。

寿

書

画世象

《北洋画报》于成立之初便提出了“传播时事，提倡艺术，灌输常识”的口号。随着画报定位的日益清晰、编辑思路的日趋成熟，“时事”的传播内容由创办之初的“时政”“时局”逐渐演变为“时之世事”，进而与社会百态融为一体。“画世象”一章撷取的就是《北洋画报》对时人与世事的点滴记录。

《北洋画报》诞生14年前——1912年1月1日，中华民国正式成立，孙中山宣誓就职中华民国临时大总统。中华民国临时政府将1911年12月25日通过的《中华民国临时政府组织大纲》定为临时宪法，定南京为临时首都。2月12日，清隆裕太后代宣统帝溥仪发布《退位诏书》，中国自此结束了两千多年的帝制。南京临时政府在其存在的三个多月中，颁布了一系列除旧布新的法令。孙中山让位于袁世凯后，政府迁都至北京，北洋政府建立。中华民国于北洋时期遭遇了两次危机：一是袁世凯复辟的洪宪帝制，最终因蔡锷、唐继尧与李烈钧等人发起的“护国战争”被推翻；二是张勋发动的溥仪复辟，最终被段祺瑞击溃，后又因段祺瑞废除《临时约法》，孙中山发起“护法运动”，于广州建立护法政府。这一时期，西方民主及科学思想开始传播，新文化运动于上海、北京兴起，学衡派复兴中华文化的倡议在南京发起。第一次世界大战后，因巴黎和会青岛归属问题引发的五四运动席卷全国。1924年1月20日至30日，中国国民党第一次全国代表大会在广东召开，大会通过了新党章，改组了国民党，确认了共产党员以个人身份加入国民党的原则，国共两党开始第一次合作。1925年，改组后的国民党建立了国民革命军。此时，《北洋画报》的创办人冯武越于北京独资开办的《图画世界》（附设于《京报》）已经停刊。因直奉战争爆发，这份杂志仅出版三期就宣告结束，但其六字办报宗旨“时事、艺术、科学”却被《北洋画报》延续了下来。

1926年6月6日，蒋介石任北伐军总司令，提出“一年统一湖广，三年统一全国”的总目标。7月9日，国民政府开始北伐。《北洋画报》于7月7日创刊，首期封面即为张作霖、张宗昌、吴佩孚、张学良等人会晤的照片，题为《张吴两上将军在京会面纪念摄影》，照片记录的是北伐前夕的重要事件：1926年6月28日，张作霖、吴佩孚在北京会晤，商谈联合组建北京政府。直奉军阀合力攻下北京南口后，吴佩孚向南进攻广东，张作霖则向北进攻北方的国民军，双方企图南北夹击共分天下。之后，《北洋画报》又连续两期报道张作霖与吴佩孚会晤的内容，并连续三期以国内外时政人物作为封面。从创刊前几期的内容不难看出，彼时《北洋画报》之“时事”还是“时政”与“时局”的概念，甚至连创刊词都被政治时事的照片“挤”到了版面的一角。

1926年，《北洋画报》迎来了创刊后第一个“双十节”。10月9日第27期的画报上刊发了大幅“十二章徽”国徽图片作为当期封面，中英附文“中华民国万岁万万岁”，

同期出版《国庆增刊》。在这个为国庆而发的增刊中，除去冯武越《记西报为中国国庆增刊》一文之外，其余文章丝毫没有“庆”的意味，于其开篇，作者就直抒胸臆，其一：

> 提起了双十节，我非但眼见这种破碎的河山，发生感慨；就是这两个十字，犹好比钉死耶稣的架子非常凄惨；所以我把国庆的庆字，改了一下：国倾……国轻……国磬……[1]

其二：

> 自有了中华民国以来，我们小百姓，那一天那一年，不是处在这水深火热之中，为了军阀们的私斗，把一个五千年来的神州大陆，已弄得没有一片干净地，骨肉流离，哀鸿遍野；在这混乱的国中，还有什么可庆的事呢？[2]

其三：

> 从前我爱谈时局，这几年没这种兴头了，但是仍不免有人常常拿时势来和我说；并征求我的答案。我和他们说：从正面说，我是没那种精神了。……自入民国，这堆军阀们（合南北而言）这个说什么主义，那个说什么宗旨，其实多一半只是为饭。[3]

其四：

> 国庆虽叫庆，其实可以不庆。志士们到了双十节，反把新仇旧恨想起；文人们遇着国庆日，也把内患外侮写出，都是为国庆而起，然而有啥好庆？不但不该庆，说句丧气话，吊也可以。[4]

民初连年军阀混战，国家不统一，废除帝制之后的喜悦很快被对政局的失望所取代，与此同时，1920年代亦是批评的空气浓厚，发言较少忌惮的时期。就连《北洋画报》这样“为艺术”“为人生”的刊物也难以置身事外，亦足可见其办刊宗旨——时事、艺术、常识并重所言不虚。然而，对时局的失望、时政的消极，也使《北洋画报》“时事”板块的编辑思路发生了悄然变化。

1927年7月9日，创刊一年后的第102期《北洋画报》于4版开设《时事日记》专栏，分列“国内之部”与“国外之部”两个子栏，内容为五天以来，国内外时局及新闻的单日大事记：

> （一）国内之部：七月一日……△上海各团体开会，以工部局对房产捐，增征百分之二，决于三日罢市示威。二日……△自清江浦运往下关火药一千零三十箱，突然炸裂，毁坏民船二十余艘，死伤甚重。三日△张学良在北京政法大学，演讲“现代青年的使命”，男女学生到场者逾千人。……△上海中华书局停业。△陈独秀之子延年，在沪枪决。△上海规定惩戒奸民条例，私定日货者，禁木

笼十日，游街五日。四日△革命军总司令蒋介石自宁赴沪……

（二）国外之部：七月一日△瑞士日内瓦英美日三国军缩会议，关于潜水艇问题，审议终了。二日△美国支加哥酷热，中暑死亡者，达三十人。……五日△罗马尼亚总理与波兰外长，磋商缔结罗波同盟条约。

由专栏内容设置可以看出，在出版了一百余期之后，《北洋画报》对“时事”的理解发生了变化，内容有所充实和完善——除了时政时局，国内外的社会新闻也进入了其时事报道的范畴。不过，《时事日记》存在的时间不长，1927 年 9 月 7 日《北洋画报》发表《本报特别启事》称“现因篇幅太窄，稿件太挤，时事新闻一栏，即行停刊”，《时事日记》专栏自 1927 年 7 月到 9 月连续发刊 16 期，这寥寥数语即告停了这一专栏。也许是启事中所说的版面原因，抑或画报编辑部对“时事”内容与“传播”方式已经开始有了新的考量。但是，不容忽视的是，以此专栏停刊为标志，《北洋画报》的时政报道逐渐调整角度与方式，向后期成熟的消费型杂志风格转变。此后，《北洋画报》才出现了有别于其他报刊的视角与内容，编辑同人提出了这份画报“真正价值之所在”：

北画出世以来，华北日处于热烈战争之中，交通梗塞，我报销路居然得位“大”报之列，日报中望尘不及者，比比皆是。是固主事者两年来惨澹经营之成绩，然北画之受民众欢迎，亦自有故。北话印刷之精，纸张之美，此皮毛事，皆易模仿，可以勿论。惟取材之广与善，实为造成北画真精神之原素。北画取材，包含一切时事，如民众运动，国家大典，国耻事迹，战争实景，各项发明，社会游艺，各种集会等……画报中，亦惟北画独有。[5]

此处“取材之广与善”值得注意，编辑同人已将“时事”范围扩充至“民众运动”“国家大典”“国耻事迹”“战争实景”“各项发明”“社会游艺”“各种集会”等方方面面。进而提出：

报纸为传播消息之利器，以时事真相披露于众，使国人借图画之介绍，了然于各种时事之经过，因推测其发展之趋势，是其所影响于社会之观听，至巨且大也。

至此，《北洋画报》虽然对于国内时局的大事，如国民政府北伐战况、东北战局、中日战事、国际局势等内容仍予以高度关注，但不同的是，其呈现方式已不再是画报创办之初那副严肃而单一的样子。随着出版时间的延续，《北洋画报》的时政新闻逐渐与社会新闻、文娱新闻整合，被《一周国内小事记》《小消息》《如是我闻》以及后期的《曲线新闻》《本埠消息》等专栏分解，并更多地在第 2 版、3 版以图片及文字报道的方式呈现。1929 年 4 月 4 日第 301 期《北洋画报》的《卷首例语》中，编辑部更是正式宣布了淡化“政治”，强调“消闲”的办报理念：

原来画报为物，言不及政治，语不设专门，只为遣兴消闲之读物，在政治不堪于利用；而在民众，则远不若窝窝头之为需要……吾报虽有“时事、艺术、常识”之标语，亦不过以示内容之范围，非欲效大言不惭之流，借题欺人也。

1929 年起，《北洋画报》的专注焦点逐渐由大政时局转向消费与生活。究其原因在于“大”“小”环境之中。

大，为彼时之中国。《北洋画报》诞生

于北洋时代之末，发展于南京国民政府时期之初。1928年12月29日，据信是《北洋画报》重要资助方代表的张学良“东北易帜”，中华民国实现了形式上的统一。北伐战争用时两年七个月，实现了国民政府三年内统一全国的目标。厌倦了战乱的国人，得到了片刻安宁。新的环境，给予人们新的生活愿景，亦给了《北洋画报》新的格局与使命。1929年之后的中国，趋新与守成并行，变革与守旧角力，新式社会理念与旧式传统礼俗共生。《北洋画报》也开始将“时事、艺术、常识”的范围扩大到社会生活范畴，展现了曾经延续不变的传统生活方式与剧烈变动的近代生活方式共存的画面。

小，则为彼时之天津。此时，北伐已结束，时局的稳定带给天津新的发展空间。国民政府定都南京，改北京为北平。天津由之前隶属于北京的北洋政府“后花园”，转变为南京国民政府的“特别市”“院辖市”“直辖市”，这为天津的发展提供了机遇。这时的天津，中西文化交融碰撞，工厂银行林立，商业设施齐全，餐饮娱乐场所纷纷兴建，其作为当时中国的第二大商业城市和北方最大的金融、商贸中心的地位已经逐渐确立。一座曾经政治气息浓郁的城市，开始向消费城市转变。与此同时，新闻出版行业迎来了一个相对平靖、宽松的时代，《北洋画报》紧跟这座城市发展的脚步，开始以消费休闲的视角记录当时的天津与中国。

世象，包罗万端。《北洋画报》作为时代的记录者，生动地呈现出了那个时期中西杂糅、新旧同框的世象图景。其中节庆习俗、衣食住行、休闲娱乐、宗教信仰等，都随着社会生活的变革于“画”与“报”中展现出别样风貌。

仅以节庆为例，历法与岁时年节的存废牵扯亿万斯民，也往往被当作一元复始、万象更新的政治符号。1912年1月1日，孙中山正式宣布中华民国采用阳历（太阳历）纪年，但遭到袁世凯反对。1914年1月，北京临时政府内务部在致袁世凯的呈文中建议改阴历元旦为春节，端午为夏节，中秋为秋节，冬至为冬节。四节之时，国民均得休息，公务人员也准假一日。袁世凯批准了这个建议，仍以阴历（即太阴历，而非农历——作者注）定节日。其中较大的改变是原来的“元旦”为旧历“正月一日”（首月首日），而改历后的这一天开始叫作“春节”。《北洋画报》每到阳历1月1日都会推出新年专刊，单独设计封面，整合主题稿件，其内容多为与即将到来的旧历新年对应的生肖主题，如《羊年话羊》《马年说马》等组稿。而其时距旧历新年颇有时日，令人一头雾水。而《北洋画报》仍乐此不疲，盖因改历过程中，民众适应节日名称的变化需要时日，但报刊却乐得“偷换”节日概念，以增加阳历新年的喜庆气氛。

1927年南京国民政府成立后，为进一步推行阳历、废止阴历采取了一系列的措施。为配合这一改革，1930年3月，内政部和教育部向国民政府提出了改革阴历传统节日的建议：阴历废止后，其对照的传统节日也当废止，传统节日应以阳历制定，人们应按新规定休息和娱乐。最终，文官处整合内政部与教育部的建议后呈交的改革方案获国民政府采纳，并于同年4月通令全国执行。改制后的传统节日为：“元旦（1月1日）、上元（1月15日）、楔辰（3月3日）、重五（5月5日）、中元（7月15日）、重九（9月9日）、腊八（12月8日）。”[6]这些传统节日调整后的时间，都是将阴历中的月日直接转换为阳历中的日期。如果说日期的“由阴转阳”民众还勉强可以接受，那么很多传统节日并未入选则令人大感意外。其中，对于《北洋画报》最为重要的7月7日（七夕，亦为《北洋画报》创刊日）

被文官处直接删除。国民政府要求于1930年5月5日的“重五节”前废止阴历节日，并由执行部门发布训令。但是全国上下置若罔闻，仍按阴历过节，这项改革基本等于无效。不过，这也解释了《北洋画报》每逢阳历7月7日创刊日即大谈牛郎织女七夕乞巧的缘故。这与朝令夕改的阴阳历节日政策有着很大的关系，广大民众虽然没有执行政府通令，但是政策却摆在那里，《北洋画报》遂将阳历7月7日作为“七夕”了。编辑吴秋尘曾在《北洋画报》两周年纪念号中撰文《七月七日》，文章内容尽是七夕的典故，但其文末语带戏谑的“注”或可佐证前论：

> 七月七日的故事，都属于夏历，搬来借用，有人或者以为不大得劲。其实不然，我们强制牛女改用阳历，有何不可。以今年论，阳历第一比阴历早一两月，而且没有闰月，可以早见些时；想更为讲爱情如牛女者所欢迎耳。[7]

《北洋画报》对传统节日的专题策划相对多，尤以重阳、端午、中秋等节日为代表，这也符合编辑部同人的审美旨趣，每逢传统佳节都刊发大量专稿专图、诗词、书法、绘画等以飨读者。而对民国时期才出现的新节日，如劳动节、妇女节、孔诞日（教师节）、儿童节等也多做专题报道。

管子曰：“衣食足而知荣辱”，“衣”与“食”的新旧变化与文明更迭，同样是《北洋画报》的关注所在。伴随西方文化的传入，“人民思想为之解放，对于昔日之格式，乃不复顾及，益以交通日便，风气为开，争奇斗艳之新妆，乃集中于津门沪上二地”。[8]《北洋画报》刊行的1920～1930年代，中式服装与西式服装相互碰撞、交融共存。从男士的长衫、中山装、西装、制服的多样风格，到女装的旗袍、洋装、礼服、泳装的时髦款式，画报用大量的版面展现了服装的时代风貌。无论是创刊之初连续刊载的新装样式图解、装束杂谈文章，还是后期的时装表演、欧西服饰推介，以及封面人物中闺媛佳丽、戏剧名伶、电影明星的时尚穿搭，都使《北洋画报》成为衣尚审美的引领者。

饮食方面，1920～1930年代正是国人的饮食趋于多样化的时期，中国传统小吃和地域菜品得到了延续和发展，西式餐饮也得到了广泛的普及和接纳，并在交汇碰撞中出现了中西合璧的新餐饮产品。《北洋画报》中的文章、图片以及广告都生动地记录下了国人饮食的变迁，其中不仅有当时国人“扬中抑西”的饮食观念，也呈现了像天津这样的中国大都市中西式餐饮的繁华。前者如：

> 余以为中国人于饮食之事，不但烹调术特别精深，而食法尤为独到。盖吾华人饮食，舌鼻同时兼用，故汤菜均求于热腾腾时入口，是不但食其味，而且嗅其气；味气兼用，此华人食学高深，于以见之。至于西菜，则恒于温和时进用，除火酒点心……等以外，类多不上热食，烹调时之精气，烟消云散，美味减去大半而后食之，此西人之不知讲求饮食之道也。[9]

后者如：

> 饭店酒楼咖啡馆食堂宴厅之类，竟如春笋，蓬蓬勃勃的产生出来，你拥我挤，简直教人不知所适。[10]

“新旧”“中西”的研磨与杂糅促成了多彩多变的世象生活。一个时代的世象，由社会时事、衣食住行、科技文体、宗教民俗、休闲娱乐等内容组成。《北洋画报》刊行的11年（1926～1937）中展现的节庆、民俗、宗教、戏剧、娱乐、服饰、餐饮、建筑、美术等新旧交替的内容，为人们呈现出那个时代的世象画卷。《北洋画报》所处的时代，西方近现代科技逐渐影响着人们的日常生活，也推动了人们固有思想观念的变化，那个时代世象的主角，必定是那个时代的人。《北洋画报》于1936年7月7日创刊十周年时载文《十年来的中国人》，以略显荒诞的文字勾勒出了1926～1936年《北洋画报》所见的中国人与中国事，亦道出了彼时国人复杂与矛盾的世象愿景：

> 十年来的中国人犹如一个实腔的橡皮球。说它不会转，它也会转，只是没有什么气。又仿佛一个老做梦的人，这梦里什么都有：第一样是中菜西吃，其余的是：博士唱戏，跳舞与不准跳舞，吸烟与不准吸烟，儿童年，蝉翼纱，女巡警，过肘的旗袍，不准裸腿，不准放鞭炮，不准烫发……不准说话，不准看书……只准谈苍蝇，于是：“一个苍蝇，嗡，嗡，嗡；两个苍蝇仍是嗡，嗡，嗡。”跟着就是天下太平，海晏河清，花红柳绿，鸟语莺啼……于是一年，二年，三年，四年，五年，六年，七年，八年，九年，十年，十年是个整数……还有四十年，凑到一起是五十年：这叫做“五十年计划”。民族文学，国防影片，民族团结，民族推销“全球国货”，民族一齐吃饭。于是大家幽之，默之，嘻之，哈之，玩之，乐之……[11]

---

1 吟华：《国庆的变相》，《北洋画报·国庆增刊》，1926年10月9日，第2页。
2 融融：《真正的国庆》，《北洋画报·国庆增刊》，1926年10月9日，第2页。
3 二板：《请以赌喻》，《北洋画报·国庆增刊》，1926年10月9日，第3页。
4 小迁：《庆》，《北洋画报·国庆增刊》，1926年10月9日，第4页。
5 编者：《北画真正价值之所在》，《北洋画报》第201期，1928年7月7日，第3页。
6 阮荣：《民国时期的各种节日》，《民国春秋》1999年第5期。
7 尘：《七月七日》，《北洋画报》第201期，1928年7月7日，第3页。
8 李寓一：《近25年来中国南北各大都会之装饰》，《清末民初中国各大都会男女装饰论集》，香港中山图书公司，1972，第8页。
9 不患得失斋主：《关于中国人饮食上之新发明》，《北洋画报》第300期，1929年4月1日，第2页。
10 馋客：《今天开幕的大华饭店》，《北洋画报》第300期，1927年5月28日，第4页。
11 江寄萍：《十年来的中国人》，《北洋画报》第1422期，1936年7月7日，第8页。

世　象

中原公司

恭賀

各界新禧

仝人鞠躬

天津大華飯店

恭祝新釐

恭賀

新禧

步峯醫院鞠躬

恭祝

新釐

元隆綢緞莊鞠躬

恭賀

新禧

同陞和帽莊鞠躬

恭祝新釐

西湖別墅

北馬路兌換所

天津六合銀行

小白樓兌換所

老九章

恭賀

各界新禧

仝人鞠躬

中華郵政掛號特准立劵新聞紙

天津北洋美術印刷所製版承印

恭

新禧

永安

恭

新禧

顧林祺

賀

保險公司鞠躬

中國銀行

恭祝新釐

天津中國銀行

辦事處

大胡同 金湯路 旭街 小白樓 北馬路

恭祝新禧

恭賀新禧

駐海關收稅處

恭祝新釐

馮武越期鞠躬	王小隱鞠躬	吳秋塵鞠躬	唐立厂鞠躬	張繆公鞠躬	趙道生鞠躬	侯和珍 崔蔭餘 鞠躬	律師 趙泉鞠躬	同生照相館 譚林北鞠躬	北洋美術印刷所 仝人鞠躬

恭賀新禧

啟亞醫院鞠躬

恭賀新禧

仙宮理髮店鞠躬

恭賀新禧

華北東三省總經理

中央汽車公司

賀

太太美容室鞠躬

恭賀新禧

中國無綫電業公司鞠躬

利華

恭賀新禧

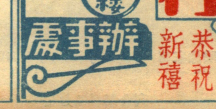

《北洋画报》
第五七一、五七二期合刊
封面、4版
1931年1月1日

《北洋画报》
第五七一、五七二期合刊 2版
1931年1月1日

辛未年吉祥迎新[1]

联语有云：一元复始呈新瑞，万象更新大吉羊。每到辞旧迎新之际，都是人们祈盼人寿年丰的时刻。《北洋画报》所展现的世象图景，当以每年的这一期“新年号”最有喜庆色彩。1931年1月1日的《北洋画报》，是第571期和第572期合刊。由于国民政府阴阳历节日法例更迭的影响，虽然1月1日的阳历新年还在农历庚午马年中，但《北洋画报》的“新年号”展现的却是48天后即将到来的农历辛未羊年的主题。刚刚过去的1930年是北伐后继续动荡的年份，因国民政府裁军问题，阎锡山、冯玉祥、李宗仁等合取蒋介石，爆发中原大战。这场新的军阀战争历时近6个月，影响了近半个中国，百姓叫苦不迭，国家元气大伤。在这样的背景下，已经坚定“消费型杂志”定位的《北洋画报》，关于1930年的国内战事，只刊发了少量图片，其中还包括不得不发的几张“资方”代表张学良在葫芦岛视察海防操练的照片。1930年的《北洋画报》即使如此少地涉及时政内容，仍旧在这期新年合刊中的《今年之北画》发表了这样的通告：“在最近过去，本报又略觉偏重记事，此后每期当撰极有兴趣之短评，以资调剂。”足见编辑部认定其“言不及政治，语不设专门，只为遣兴消闲之读物”的办报思路。想来一份越来越不偏重时政，越来越关注社会生活的《北洋画报》，也许能为饱受战乱之忧的读报阶层带去一丝慰藉。

1931年新年到来的喜庆世象，在这一期《北洋画报》中展现得淋漓尽致。打开这期“新年号”，既有冬雪之后拉洋车、走骆驼的北平街市，又有新年来临前天津万国桥及海河两岸租界的风景。《戏剧专刊》也以新年主题进行策划，坐骡车拜年的谭鑫培、冬日骑驴的尚小云、旧金山大街上坐着汽车的梅兰芳……这些平日里不得一见的图画，都被荟萃于新年策划中。广告版面更是成了商家们恭贺新年的留言簿，传统而不失雅致的顺序排版，一家家洋行、餐厅、医院、商场、影院，以及“北画”编辑部的每一位编辑作者，都为读者留下了新年的祝福。

《北洋画报》的知名作者“老宣”专门为这期以“羊”为题的“新年号”撰写了文章《羊杂碎》，开篇即直入主题：

> 今年是辛未年，由黄帝八年辛未（西元前二六九〇年，民国前四六二〇年）到今年，过四千六百三十九年，经了七十七个辛未，到了第七十八个辛未（民国第一个辛未）。说句腐败话，凡是有“未”字的年，就叫做羊年，凡有小国民，在这一年内出世，不管他或她，是怎样来的，全都属“羊”！按说文：“羊，祥也”推断，是吉祥之意，所以学者们写吉祥，常用吉羊。

1 本章“释画”撰文：马千、宋昉。

今年所見之賀年柬

誅心

賀年柬之投寄，其用意不僅於善頌與多禮而已，實能使久不通訊之戚友，知己之行踪所在，與近況尚佳，故一年一度之禮貌，有不容不盡者也。今年所接年柬，為數尚不多，而形形色色，已屬可紀。如供職秦王島之工程師趙君蓄生，以手繪秦王島地圖，用黃帋石印，上蓋紅色『恭賀年禧』之章，頗覺別緻。左君次修，則集東坡書『國冠』二字，註曰『邦也，禮之始也』，隱示提倡國歷之意。惟背面印某某大人，則官氣特重，因而知此美術家已為官矣。中原公司之年柬，上印日曆，兼誌朔望，頗得人歡迎。大陸貨棧則于柬之背面印其大洋樓之繪圖，兼印廣告文，是善于經營者。大華飯店之年柬，為橫行式，其下方印一英尺，聞係商業美術家梁寶和君所繪製，于商業中心之天津，實最得其用。劉文與君之賀片，則大寫其古字，尤以『載拜』二字之寫為『覲攆』，常人皆不能識，某君戲讀之為『瓶摔』，確有幾分相似。航空家盛建謨賀片，則印總理『航空救國』之口號，頗落落大方，殆亦所謂『三句話不離本行』者也。

『雪朝』

A snowing morning.

華克士攝於北平。

賽吃

耳

今晚在青年會舉行之婦女文化促進會新年游藝大會，內有食品比賽一項，生面別開。茲將十錦小吃及出品人姓名略舉如下：郭鳳鳴八寶飯，孟琴襄夫人鍋貼，青年會張太太炒麵，黃子堅太太布丁，石藕誠可可糖，條貞餃子，劉素章包子，扒肉，周孝純餛飩，周孝緝醬肉，任宗華燒賣，上官醒儕日本年糕，卞白眉女公子日本火鍋，左秀珍元宵，魚圓子。其餘南北大菜，冷熱小吃，一應俱全，恕不備舉。

『萬國橋之鳥瞰』（本報社址即在此橋之南相距極近）

A bird-view of the International Bridge, Tientsin.

傾鋪記

了自　平寄

崇外某玉器鋪有掌櫃夥友學徒各一，皆有吃女招待癖。目的物即在所謂餃子王之某飯舖中。早餐晚飯概不缺席。某次為女招待過舖小坐，三人內鬨，打得頭破血出。因而竟將買賣斷送。佳人一笑傾人國，今傾一舖，自其小者焉矣。

▷蔣廷錫畫『歲歲久安圖』◁　張孟嘉贈刊。

Painting by Mr. T. H. Chiang, a famous painter of Ching Danasty.

『衝前』　西洋攝影名作。

"Rush on", art photo.

又是新年

山鬼

贏政先生開口傷人，他說道：『山鬼焉知隔年事』；固然，國家大事，山鬼本是不願意知道的，就是本年也未必知道，何況隔年呢。山鬼所願意知道的，只是些眼前的小事情，在一般人們以為是小事情，在山鬼眼裏却就成為天來大的大事了。

譬如我們這北畫，剛過了五週紀念，現在又是新年，眼睛只一眨這小孩已是六歲了。這本來是些些小事，何足為奇，但是真正不足奇嗎？却也不能說呢。從剛生下地的嬰兒，扶養到能吃飯，能說話，能走路，能讀書的五歲孩子，這一家子的人固然是一天到晚地戰戰兢兢，忙到不亦樂乎，就是外面物質的供給，像衣，食，住，種種，能缺那一樣呢？只要在這五年裏面，生活所處的條件，一有缺乏，這個孩子還能生存到現在嗎？

到了現在，巳經是五歲了，以前的歲月，總算匆匆度過了；也是來日方長，我們焉能不願意知道一些將來的事呢。

山鬼所能知道的，這一年裏面這個孩子一定還要強壯，聰明，因為這是根據着遺傳和敎育兩方面的；孩子的父親是筆先生，他的勤勉和精幹，是無人不知，那麽這孩子在遺傳上巳經要勝一籌了。其次這裏的保傅是『三隻鹿』（諸君不信，請看老與的名片）他的活動能力可想而知，他敎出來的孩子，更那裏能示弱呢？

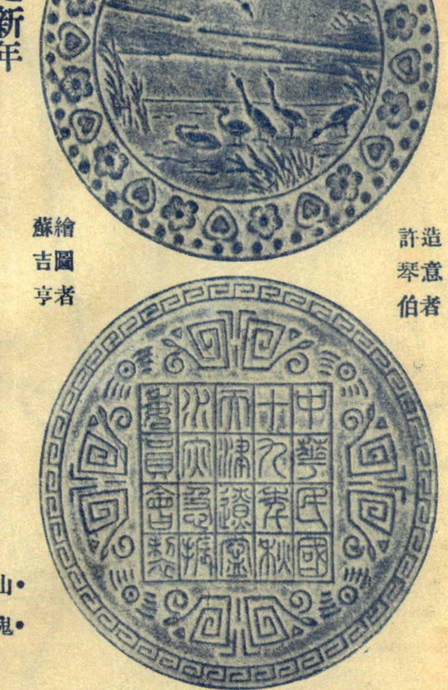

造意者　許琴伯

繪圖者　蘇吉亨

◁去年本市遼災急賑會紀念銅章▷（上）正面・（下）反面。琴伯贈刊。

Tablet of elogy awarded by the Liao-Ning Flood Relief Comittee.

扶輪社在英租界花園所植聖誕樹之上『和平親善』燈彩　華克士攝。

The Christmas Tree prepared by the Fu Lun Club, Tientsin.

北洋畫報
THE PEI-YANG PICTORIAL NEWS. TIENTSIN

埃及新發現最古石刻之一「羚羊」
Oldest sculpture discovered in Egypt: a gazelle sculptured in low relief.

老羊皮製造談

秋塵

客歲春初，有北口之遊，過宣化，留一日，因得參觀製皮業，蓋宣化為產皮名區，所出尤以山羊皮為最多，幾佔十分之八。業製皮者皆易州人，作坊多至三十餘家，但前此極盛時期，曾達七十三家。出皮張數，則可達一百六十萬張。靠山羊而發財者比比，有乾發玉號者，一年便可作三十萬以上之生意，詎非驚人之數目耶。

山羊生皮之製為熟皮也（自然山羊皮以外之皮，亦復如此泡製。）法先以泥糊生皮上，是曰「抹油」，糊三五日擲而泡之於特備之池中使人以腳踏之，將泥去淨，是曰「洗皮」，既畢，再泡於大缸中，缸有兩種，先冷而後熱，缸中分置青鹽，皮硝，黃米面，小米粥，皂莢面，各項材料，輪泡數日，皮乃軟化，是曰「下缸」。出缸後曬以太陽，是曰「曬皮」。曬乾，以鈎鈎皮，懸架上剔括之，是曰「同鈎」。下鈎，以棍擊去所藏餘垢，是曰「打土」。土既不存，再順其毛，是曰「拔絨」。至是一張羊皮，乃始完成。然則穿一件老羊皮襖，又豈易言哉。

作坊院落皆極寬大，觸目皆羊皮，觸鼻皆硝味，其最足記者，厥為洗皮之地，池多死水，深可半人，張張皮，鄉水底，工人皆日在水中，足踏皮，而踏之以為常，因之池水昏黃，髒不可當，記者參觀時，正值春初，工人皆着皮襪褲立水中，池已半凍，氷花零亂，悉窣有聲，當之者，似並不覺苦，而頭上汗氣則猶如濃霧，蓋非有大力用大力者不能洗皮也。此種人每年工價不過三十元，多少壯，據云四十以上人便不能再下水，因水氣過涼，老來必病腿也。人皆知老羊皮之暖身，詎知老羊皮亦足以氷人之腿耶？有一兩家引活水而鑿雙池者，淸水時時流入，而濁水排出，自乾淨許多，因係活流，得不結氷，然而冷則一也。

一日中共參觀皮作坊三，一為按院街之永順成，一為流水巷之福興隆，一為靈官廟之乾發玉。

『水涯雙羊』 張雲階美術攝影。
"Two wandering goats." Art photo by Mr. Chang Yun Chai.

『漢白玉羊』 金濬厂藏。
Sheep cut of precious white jade.

羊上樹

誅心

余於各項雜耍中，最喜相聲，雙簧及說笑話之類；變戲法幾於人人會變，巧妙實亦無不同處，遂覺其乏味；至凡配帶絲竹之歌曲，余則一律不懂，神會而止。笑話之中以仿山東人口音唱『羊上樹』一歌為最有趣。嘗見自稱父子二人，游行賣藝，對說相聲，合唱羊上樹時，則父扮學徒，子扮師傅。學徒向師傅學說羊如何上的樹，師傅乃使學徒效之，相與高歌，歌曰：『閑來無事下南鄉，樹木琳琅長成了行，翠柏蒼松够多麽好看！樹上落着一隻羊。要問挪羊怎麽上的樹？：』唱至此處，師傅忽大叫一聲『嘩！』，復顧其徒問曰：『你不是俺的兒麽？』扮學徒者必不肯認，則舉扇柄痛擊其頂，拍拍作響，責謂爾要學此秘訣，非認師作父不可。本以父自命而反居學徒地位者，被此一問，再經此一擊，在旁觀者頗覺其言突不類，然正因其長幼顛倒，可笑，故聽者往往忍俊不禁，此所謂合于滑稽律者也。二人幾經辯論及爭執之後，學徒乃勉應曰：『俺的爸爸呀，俺不是你的兒是誰的兒！』於是聽者更笑不可仰矣。但徒弟一經認父之後，師傅仍不即以羊上樹秘訣相授，必繼續高歌：『閑來無事：下南鄉。…………』

久而久之，待徒弟叫够爸爸，不隊其抗議之至之後，於是為師傅者始又舉扇痛擊徒弟一番，謂『爾何不早說，唱這幾句，致煩乃父多費唇舌！』繼復唱曰：…………『要問挪羊怎麽上的樹，是我抱牠上去的！』誰知等了半天，他竟說是他抱上去的！在聽者固已笑够，無所謂吃虧，但若使天下果眞有這樣的師傅，挪不大大的豈有此理？然而話又說回來了，試一想如今為人師者，有多少不是這樣騙人的呢？

左徽，松人為筆公作。五羊係象徵廣州，大樹則代表馮姓。造意新奇之至。

『五羊馮氏徽』 蕭松人作。
Armory designed with five sheep by artist S. J. Shiao for Mr. T. T. Fong.

『洋羊』 張雲階攝。
"A tamed lamb." Art photo by Mr. Chang Yun Chai.

《北洋画报》
第五七一、五七二期合刊　7版
1931年1月1日

接着作者调侃着自己，并提到了新旧历并行而产生的窘境，后面的行文也折射了当时的人们“不问苍生问鬼神”的消极情绪：

> 我因放了年假，钟点费（民国时期教育工作者的课时费——引者注）同我断了关系；又因要账的奉行新历，提前向我催讨，焦灼万分困顿无聊，闷坐书斋，打开史书，将历代的辛未年全看完了，查一查是否吉祥。以免今年的我，再为衣食住行发愁。（说句良心话，我向来是不爱忧国忧民的）说也奇怪，每逢到了辛未年，大概全是太平无事，舜日尧天！我虽不迷信，也不得不跪倒尘埃，感谢上帝、耶稣、释迦摩尼、穆罕默德、张道陵同徐鸿儒诸位神灵教主，使饱经忧患的我，也得以苟活到这辛未年，为一个太平的小百姓。

作者将过往一年的国乱民忧以嬉笑的方式加以排遣，笔锋一转将羊年这个主题下的各种知识与观点一一道来，读来颇见趣味。本期文章有知识类的《三羊论》《羊之时义大矣哉》讲解羊的典故；民俗方面的《羊车》《羊上树》，后者的文字以著名的相声段子入手，杂说世俗，极具趣味性；还有介绍“老羊皮制作”的文章以及专门讲解翻译趣事的《羊与牧童》……其余内容则是以羊为主题的摄影、国画、雕塑、剪纸以及考古、石刻等。其中，8版的一幅日本美术家中村不折的布面油画《苏武牧羊》格外醒目，画面的呈现完全不同于中国传统绘画的样式，这也与“新年号”的彩印封面做了呼应。

这一期的彩印封面，除了画报必有的封面女郎（当期为李家祯女士像——作者注）外，手绘的《苏武牧羊》占据了重要版面。羊年的主题可选余地很多，而《北洋画报》将1931年“羊”的破题，聚焦于牧羊的苏武，应是有其别样的寓意。作者未必然，读者何必不然。中原大战结束，国内百废待兴，报社于此时选择了苏武，应是以班固“威武不能屈”的释义使其不畏强权、忠贞不屈的形象直面读者。画面中的苏武中西合璧，既有东方老人的样貌，又具西方智者的仪态，他闭目神思，手中的旌节随风飘摆，节杖的龙头又好像在凝视着这位孤独的牧羊人。画面下方则是羊的二方连续图案，版面醒目且风格独特。北海之羊，也许还隐喻着华北之“洋”，画报之“北洋”。1931年的新年，《北洋画报》的编辑同人以“杖汉节牧羊”的苏武自比，给那个时代里坚守这块画报界“半亩方田”的自己以勇气。

《北洋画报》
第三百二十五期 2版
1929年5月30日

孙中山灵榇奉移

自古以来“人死为大，入土为安”的说法体现了中国传统的丧葬观念。“丧”是哀悼死者的礼仪，“葬”则是处置死者遗体的方式。在古代中国，丧葬制度反映了宗法社会中人们的伦理思想和宗教观念，也是文化的重要组成部分。进入20世纪，世象百态中的“红白婚丧”也成为社会生活的缩影之一。第325期《北洋画报》2版专页聚焦“中华民国国父”孙中山的丧葬仪式。

《北洋画报》对于孙中山的敬慕，一如那个时代的世人对他的仰止，创刊之初便以“全民景仰之前大总统”冠称。有关孙中山的内容以文字和图片的方式，涵盖了其逝世后的连续报道、逸闻旧事以及书法题词等内容。

1924年10月，孙中山受冯玉祥邀请，北上共商国是。11月到达天津，肝病发作。于津养病一月后入京，经协和医院确诊为肝癌，1925年3月12日上午9点30分，在北京去世。按照其生前遗愿，南京紫金山将作为最终墓葬地，但由于时局等因素，孙中山的灵柩一直停厝于北京碧云寺。

1929年3月20日，第291期《北洋画报》将孙中山标准像作为封面，开设《孙中山先生逝世四周年纪念专页》，以照片和文字缅怀孙中山。其中刊载了“中山逝世后中山公园内中山灵堂设置”“中山逝世后苏俄特赠之水晶棺”“中山灵柩由中山公园移碧云寺所用汽车”“中山灵移碧云寺时寺旁石塔前之挽联”以及宋庆龄、宋美龄、宋霭龄、孔祥熙、宋子文、孙科等人在移灵碧云寺前在中山公园灵堂哀送的照片等。此时的南京国民政府已完成北伐，并准备将孙中山灵柩移回南京安葬。最终，确定1929年5月26日至6月1日“迎榇奉安”。在“迎榇奉安”之前，迎榇宣传列车沿津浦线，由浦口出发北上，在每一座停靠车站，进行相应的迎榇宣传。《北洋画报》于1929年5月18日第320期开始开设专版刊登迎榇宣传的图文，之后的第321、322、323期持续进行图文报道，关注每一站的迎榇宣传活动。

■中山靈櫬奉移過津

天津總車站內天橋之素坊（上綴『總理精神不死』）◦天津同生攝◦

The pailow erected on the bridge of Tientsin Central Station with the characters meaning "Dr. Sun's spirit never dies."

天津河北總車站前迎櫬大素坊（『天下爲公』一面）◦本報攝◦

A large memorial pailow erected before the Tientsin Central Station.

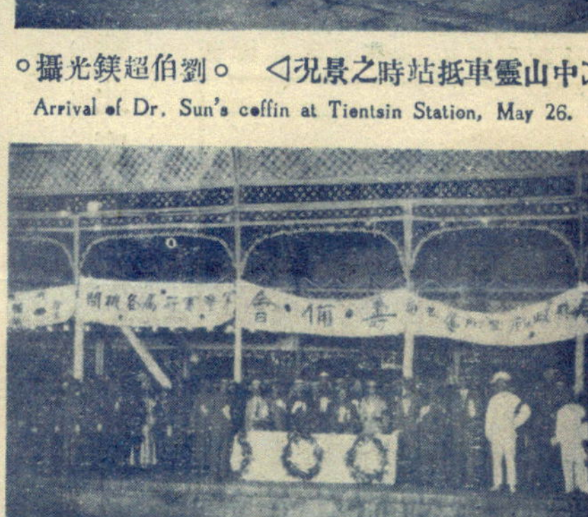

▷中山靈櫬抵車站時之景況◁◦劉伯超鎂光攝◦

Arrival of Dr. Sun's coffin at Tientsin Station, May 26.

天津總站月台上之祭壇◦劉伯超攝◦

Place prepared for memorial service on the platform of the Station.

▷天津總站月台公祭之主席台◁◦劉伯超鎂光攝◦（崔市長傅司令會局長等均在內）

High officials of Tientsin City waiting for the arrival of the Special Train, on the platform of the Station.

▷天津總站月台各界祭台（十字處祭壇）◁◦天津同生攝◦

The platform of Tientsin Station decorated for Dr. Sun's Memorial Service.

■張小姐駕車撞牆記

夢

張勳氏之長女公子，於日前舉行賽馬時，偕嫂往觀，歸途自開汽車回宅，不意手術未嫻，以致旋轉不靈，碰於馬廠道某宅樓房牆壁上，且屢撞屢退，往還數四，不能停止，車中所坐大少奶奶頭部碰傷甚重，鼻梁斷，血流如注，衣裳沾濡殆遍，暈絕良久，始爲人救下，療治數日方愈，車中兩婢，其一將牙碰脫一枚，其一將腰骨碰傷，惟女公子及一小孩均得無恙，賠償修牆費三百金。

■如是我聞

本報最先在四月四日第三零一期所刊載之中山國葬紀念郵票，本定於三月間原定舉行葬禮時發行，早已發交全國各局，故四川省如成都等局，竟于三月發售，此緣該處消息欠靈通，不知奉安大典改期之故，故本報所載票樣，即係成都局蓋印者也。現聞此項郵票，已定月之末日發售云。

日前本埠倒閉之珍記銀號，係王懷慶之如夫人玉珍所經營，內中職員，多係親眷，以爲不幸虧累，殊堪惋惜云。

大華飯店二週年紀念，擇於六月二日舉行，屋頂花園是日開幕，該店幷由外洋定製精美洋火盒數千個，以爲贈送之用。

■金友琴母女衝突

亦雄自平寄

坤伶金友琴返平後，頗事外鶩，不肯用心學戲，其母於友琴素來慈愛，但性情亦殊暴戾，因恐友琴常此荒嬉，有碍正業，更傷名譽，故日前大加痛斥，竟至母女互毆。金母以母權旁落，憤恨之下，當即離去家庭，避居太僕寺街某宅。金父以他項原因，利用其婦外出不歸，乃亦偏袒友琴，故雖經多人勸解，卒無效果。金母深痛其女忤逆，謂友琴如能親來認過，迎接歸家，則可返寓，調人歸爲友琴言，幷勸順從母意，金竟置之不理。其母至是氣忿益甚，于忍無可忍之中，聲言行將自殺，且已購有鏹水一瓶，當先歸家，毀其女之芳容，以洩憤恨，然後服之自盡云。現在此事結果如何，尚不得知。說者謂母女情深，金母或不致竟下毒手；至友琴母女衝突，家庭決裂，此中當另有隱情，友琴不肯勤學，傳說如是，恐非眞相。

△哈爾濱第一次學校聯合運動會之一斑▽◦陳德銓攝◦

（上）第一女中學生之慶祝舞（下）男女中學部混合團體操之壯觀

The First Spring Atheletic Meet of the schools in Harbin.

『去矣！』（日軍佔領山東一年後在青島大港登船返國）◦徐匯濟寄◦

Embarking of Japanese troops on the wherf of Tsingtao after occuping Shantung for a year.

值得一提的是，第 324 期《北洋画报》曾刊登一张题为“改为中山公园后之天津旧河北公园之外观”的照片。照片中提到的“中山公园”即 1907 年建成的天津标志性的中西合璧的园林建筑“劝业会场”。1912 年更名为“天津公园”，后改称“河北公园”。《北洋画报》的资料佐证，在“迎榇奉安”期间“中山公园”得名，可作为这座历史悠久的园林更名时间的参考。

1929 年 5 月上旬，宋庆龄、孙科等人到达碧云寺，在协和医院的配合下，检查遗体，换殓服，入铜棺（美国定制）。5 月 26 日开始奉移，从这天起至 6 月 1 日，为全国哀悼日：全国下半旗、停止一切娱乐活动、政府人员必须缠黑纱。第 326 期《北洋画报》2 版开辟专页刊发的《中山灵柩奉移大典盛况》，就以整版文字、照片详尽地记述了各界参与的由碧云寺至“北平东车站”的“灵柩奉移大典”的盛况。

1929 年 5 月 26 日下午 4 点半，专列火车从北平启动南下，灵榇奉移开始。当晚 8 点专列抵达天津，稍作休息，即由天津警备司令傅作义护送至德州。1929 年 5 月 30 日第 325 期《北洋画报》的这张专版，报道的就是孙中山灵柩 26 日由北平运往南京路经天津的情况，版面标题为《中山灵榇奉移过津》；版面顶端的两幅照片，分别是“天津总车站天桥之素坊（上缀‘总理精神不死’）”和“天津河北总车站前迎榇大素坊（‘天下为公’一面）”；下面的图片有“天津总站月台上之祭坛”和“天津总站月台各界祭台”，显示天津方面的准备情况；另两幅则是当天晚上的实况记录：“中山灵车抵站时之景况”和“天津总站月台公祭之主席台（崔市长傅司令曾局长等均在内）”。

深夜从天津出发的专列于 27 日上午 8 点 40 分到达津浦铁路济南站。28 日凌晨 3 点，专列到达蚌埠，蒋介石与宋美龄恭迎并随后护送。4 点 30 分，火车启行，上午 10 点到达浦口，灵柩从列车移下，转至“威胜号”军舰奉移。中午 12 点抵达中山码头，由汽车奉移，下午 3 点灵车抵达灵堂。即刻起，由国民党元老轮流守灵，每 3 人一班，4 小时一换，直到 6 月 1 号为止，同时举行公祭；31 日天黑前举行封棺典礼。6 月 1 日奉安日，据称，沿途参与者有数十万之众。上午 10 点灵榇到达灵堂，举行奉安典礼，灵榇奉安于墓室。12 点众人最后在墓门瞻仰，封墓门，奉安大典结束。至此，历时 7 天的“迎榇奉安”顺利告终。当年曾有《总理奉安实录》一书记录出版。

1929 年 6 月 11 日第 330 期《北洋画报》以多幅照片将当日中山灵柩于南京紫金山奉葬仪式完整地呈现出来，也圆满地结束了该报对“迎榇奉安”这一国之大事的报道。这一事件，是当时全国各大媒体全力跟踪的焦点，《北洋画报》的报道几乎涵盖奉移全程且精心策划，内容都是独家图文，亦可见其水准。

郭有恆織襪廠新出品大廉價

明星戲院 今日準演

輕捷舞技團

不蓋棺之吳鐵菴

鴻泥仙館主人誌

賽金花校書小照

夢魂時繞揚州路

蘭蕙香餘湘水間

不堪回首之四十年前賽金花

秋風中憔悴之老美人

曲線新聞

大雁塔

唐少梅女士像

西醫俞素吟女士

大陸銀行儲蓄部

第八百二十五期 星期四 (2) 廿一年九月一日

《北洋画报》
第八百二十五期 2版
1932年9月1日

不堪回首之赛金花

20世纪初的国之世象，纷繁且杂芜。《北洋画报》中展现的片鳞半爪，拼凑起来便构成了那个时代的世间百态。第825期2版主要位置的大幅照片中的女子名叫赛金花，这位“晚清名妓”曾名噪一时。

中国娼妓由来已久，商殷即有宗教卖淫的“巫娼”。春秋时期，齐国管仲“置女闾七百”，成为中国官妓的肇始，其时私人奴隶有的也成为私娼。[2] 清朝初年到雍正元年以后，朝廷颁发法令，官妓废除，娼妓开始完全私营。鸦片战争之后，国内很多城市开埠并设立租界，商业的繁荣带来的不仅是经济的发展，同时还有随之而来的沉渣泛起。华洋属地政策的不一致，也致使娼妓业畸形繁荣。社会学家潘绥铭曾谈及民国时期的性产业：“民国时期跟晚清最大的不同是性产业分布到交通线的沿线，开始第一次在县镇两级出现。1948年美国《纽约时报》做了一个调查（估算），天津卖淫小姐占总人口4%，上海3%……娼跟妓不一样，妓是指青楼，高档妓女，是文化层次比较好的。娼是指娼寮，

2　王书奴：《中国娼妓史》，生活·读书·新知三联书店上海分店，1988。

地位非常低。民国时期，有的省禁，有的省不禁。全国没有统一的规定，天津完全合理合法，而且是登记的。”[3] 民国时期的性产业是当时不可回避的社会现象。《北洋画报》于创办之初就发表声明，绝不刊载娼妓的照片与文章，并表示如有未知错刊也请读者立刻指正。这可视为编辑部对待这一社会现象的态度。

1930 年代的赛金花，正如《北洋画报》这张照片下文章之题《秋风中憔悴之老美人》，已经不再是那个特殊行业中的佼佼者，而是风烛残年的传奇女子，当然也就不在画报禁刊的“娼妓”范畴了。“赛氏旧影，本报曾刊载两次。最近空了（萨空了——编者注）君又以大幅者寄来，容光焕发，体态婀娜，爰再影而出之，以公同好。”从配文可知这张照片已经是第三次刊登在《北洋画报》上，且是最大的一幅，照片两旁联曰“梦魂时绕扬州路；兰蕙香余湘水间”。

《北洋画报》一共刊载过至少 17 次赛金花的相关消息，其中不少配发了图片。1928 年 7 月 21 日《北洋画报》第 205 期 2 版上第一次刊载与赛金花有关的内容，也是此图。第一次刊载这张图片的下方，编辑注释称：“名小说家东亚病夫所著《孽海花》书中最要人物赛金花之遗影。”这幅照片遂成为人们认识《孽海花》主人公的重要凭据。照片下还附有一篇短文，记云：

> 赛金花之倾动一时，名满中外，在中国近世史中直不下于西太后，东亚病夫著孽海花，取作书中主人翁，乃益藉藉人口。旧本孽海花，载有其铜版像，殊不清晰，今孽海花再度出书，本报又适得此像，遂以历史人物的资格而登载之，（本报向不登载妓女），亦一奇也。赛金花名傅彩云，既洪文卿死后下堂，又以曹梦兰名操神女业，民国以来嫁议员魏某，再履都门则垂垂老矣。然观影中人亦殊非若何美妙，竟有掀天震地之名，则时为之也。

1934 年，刘半农建议学生商鸿逵写一本赛金花的传记。后，刘亲自出面，约请赛金花口述，商鸿逵记录。十几次的访谈后《赛金花本事》出版，并畅销一时。胡蝶曾邀赛金花在上海商讨以此书为蓝本拍摄电影，但由于赛金花本人的婉拒不了了之。《北洋画报》也关注了与赛金花有关的戏剧、电影消息，并在 1932 年至 1936 年间持续报道。直到 1936 年 12 月 19 日的第 1493 期，两幅配文“十七日赛金花葬于北平陶然亭畔”的照片，结束了《北洋画报》对她的关注。赛金花香消玉殒后，她曾从事的行业又存续了十几年。1949 年 11 月 21 日，北京市第二届各界人民代表会议通过决议，北京开始封闭妓院并取缔卖淫嫖娼。继北京之后，上海、天津等全国大中小城市都采取同样的措施，全国共查封妓院 8400 余所。

《北洋画报》
第一千四百九十三期　2 版　局部
1936 年 12 月 19 日

3　潘绥铭，2016，《卖淫嫖娼的中国现状与制度反思》，北京大学刑法跨学科系列讲座，北京。

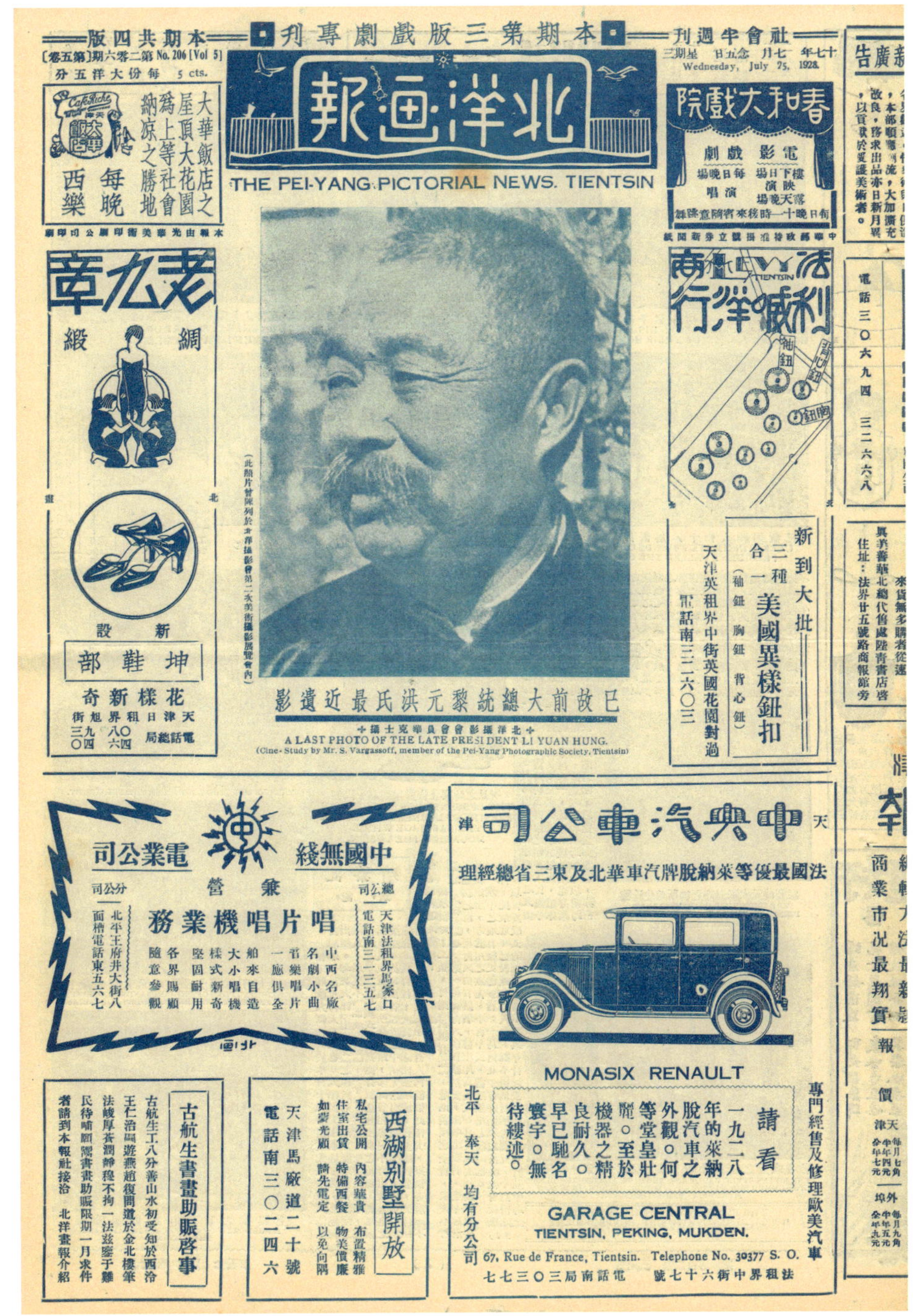

《北洋画报》第二百零六期 封面 1928年7月25日

黎元洪天津出殡

天津作为北洋时期的政治“后花园”，自清末以来便寓居着近代中国政坛中很多遗老遗少、军阀政客。他们有的在此养老，有的则在此关注政局，相时而动。那个时代的天津，在繁华的租界、老城，不少人曾与大总统或国民总理同巷为邻。袁世凯、黎元洪、冯国璋、徐世昌、曹锟等历任总统，以及很多北洋政府军政要人都在天津有自己名下的寓所和产业。他们中的很多人，不仅曾在这里策划“登场”，也最终在此“谢幕”。

《北洋画报》
第二百零六期 2版
1928年7月25日

1928年5月25日，寓居津门的黎元洪于观看赛马时突然昏倒。6月3日晚10时终告不治，逝于天津寓所，享年65岁。黎元洪病故后，国民政府即于6月8日发出优恤令，内称："前大总统黎元洪，辛亥之役，武昌起义，翊赞共和，功在民国……"6月26日，内政部拟定治丧办法：举行国葬，修建专墓，葬期由国府派员致祭等。7月3日，内政部长薛笃弼致电黎绍基（黎元洪长子），转达国民政府举行"国葬"的决定。7月19日，在天津举行的出殡仪式体现出"国葬"级别。

《北洋画报》派出记者追随记录，并于一周后的7月25日出版的第206期做了详尽报道：封面是一张黎元洪头像照片，题记为"已故前大总统黎元洪氏最近遗影"；2版整版则以12张图片和1篇长文，详尽地报道了这一葬礼的全貌。文章《记黎殡》甚至将黎氏的出殡仪式与废除不平等条约联系起来：

> 黎宋卿故大总统，于本月十九日出其大殡，诚天津亘古以来，无可再大之殡也。天津出大殡者固多矣；而总统出殡，却为天津"出殡界"之破天荒。而且历来阔人出殡之仪式，殆莫不"满汉合璧"，"今古杂糅"；今黎氏之殡，完全为"真正的民国式"，其能打破全国出殡之纪录，实足称焉。又况且黎殡所经之路，多为各租界向不许出殡通过之要隘。英日法各租界之中街尤搭有路祭棚多座，实为前所未有。且有若干武装同志往参殡仪，皆全副武装，徜徉租界之内，非黎氏出殡，吾人何能观此佳况，斯倘亦废除不平等条约之先声欤？

此次大殡，所行路程大约有七八华里，而送葬队伍不下万人。据称，当日观礼者挤满了街道两旁，而临街楼房的阳台、屋顶，自然成了观众的看台；英、法、日等国的租界当局临时加派大批警员，于各要路口值勤站岗、疏导交通。

按照《北洋画报》文章结尾所说，"殡至容安别墅，为黎氏旧居，新建西式坟墓，极其阔状，闻系德国工程师所计画……黎氏灵榇，停厝中间小室内，或名此为'寝宫'，是则未免不大'平民化'矣"。

这一声势浩大的葬礼并不意味着黎元洪身后事的结束。同年10月26日，国民政府在北平北海公园为黎元洪举行追悼会，挽联各为"首义"与"护国"。1935年的11月24日，其灵柩最终被安放在武昌土公山墓地。当天，全国下半旗，停止娱乐活动；国民政府主席林森题写"民国元勋"匾。按照中国传统习俗，黎元洪辞世整整7年后，终于"入土为安"。

1928年6月，黎元洪在天津去世时，正值北伐军进入北京即将开入天津。6月15日，南京国民政府发表《统一宣言》，宣布"中国统一告成"。同年底，北伐战争彻底结束。黎元洪的这一出殡仪式，可以被认为是南京国民政府为北洋时代国家元首所举行的第一场国葬，甚至可以解读成北洋政府的"葬礼"。

前大總統黎元洪氏移靈攝影

七月十九日北洋攝影會會員張建文、尃靈台、周悉夫、馮武樾等分攝于天津

黎公子紹棻泣送其父靈櫬出宅

EDWARD S. C. LI LEADING HIS FATHER'S COFFIN OUT OF THEIR HOME.

黎氏靈櫬舁登靈輿時之光景

THE LATE PRESIDENT'S COFFIN MOUNTING THE SPECIALLY PREPARED CARRIAGE.

護送黎前總統靈櫬之中國兵士武裝開入英界黎宅

THE FUNERAL ESCORT OF 200 ARMED INFANTRYMEN.

靈輿由黎氏舊屬八十餘人鞠躬敬輓

OVER 80 INTIMATE FRIENDS OF THE LATE PRESIDENT PALLED THE CARRIAGE.

七月十九日黎前總統移靈・國旗軍樂軍警爲之前導

THE NEW NATIONAL FLAG AND A BAND LED THE FUNERAL PROCESSION.

靈輿上所紮步槍之刺刀

THE RIFLE-MADE RAILING OF THE CARRIAGE.

黎氏生前所御海陸軍大元帥制服

THE UNIFORM WORN BY THE LATE PRESIDENT LI AS THE COMMANDER-IN-CHIEF OF ARMY AND NAVY.

黎氏子孫跪送靈櫬登輿時之景況

THE DESCENDENTS OF THE LATE PRESIDENT LI KNEELING BEFORE THE CARRIAGE WHILE MOUNTING THE COFFIN.

舊總統府之乘馬校衛

THE OLD MOUNTED ESCORT FOR THE PRESIDENT.

昔日陸海軍大元帥旗及大總統所用大禮輿

THE ORIGINAL FLAG OF THE COMMANDER-IN-CHIEF OF ARMY AND NAVY, AND THE PRESIDENTAL CARRIAGE.

黎氏靈櫬在特製之靈輿上

A FULL VIEW OF THE CARRIAGE CARRYING THE COFFIN.

記黎殯

記者

黎宋卿故大總統，於本月十九日出其大殯，誠天津亘古以來，無可再大之殯也。天津出大殯者固多矣；而總統出殯，却爲天津『出殯界』之破天荒。而且歷來闊人出殯之儀式，殆莫不『滿漢合璧』，『今古雜揉』；今黎氏之殯，完全爲『眞正的民國式』，其能打破全國出殯之紀錄，實足稱爲。又況且黎殯所經之路，多爲各租界向不許出殯通過之要隘。英日法各租界之中街尤搭有路祭棚多座，實爲前所未有。且有若干武裝同志往參殯儀，者全副武裝，徜徉租界之內，非黎氏出殯，吾人何能觀此佳況，斯倘亦屢際不平等條約之光榮歟？

▲黎殯計分十二組，可謂『組組有條』，是則該殯之全體，未嘗不可謂之『大組合』也。第一組爲青天白日旗兩面，津中出殯者，至今多沿用五色旗之舊，用青天白日旗者，當以此爲嚆矢。其實凡屬國旗，似必總統出殯，方能用之，無愧，小官半民，當無濫用之理由也。

殯中之最有歷史色彩者：一爲由北平特運而來之舊總統府校衛馬步隊，此曩近年已投閒散久矣，既不得伺候活的總統，今猶得此機會，以伺候故去的總統，當不勝其今昔之感，是無怪其於途中馬上，大嘶其余，以供紆悲惻之『淚源』爲。一爲由北平特運而來之大禮車，此車創造於前清西太后時代，當時約爲御輦之類，入民國乃成大禮之車，不意於遞送國書以外，又足供總統殯儀之用，想亦廢物利用之一道，惟『昔年總統半淍寄』，此車日後之用途亦漸尠矣。該車原駕以四馬，今則兩馬，是豈『前以四馬而今以兩馬』歟？靈櫬車上，以步槍多枝，植而爲欄，以資警衛遺骸，非常肅壯。『殿殯』之衛生車，居然大得其用，會建救活數人之奇功。殯中之最足令人感動者，爲送殯之小學學生，最少者僅七八歲，亦於烈日之下，揮汗馳驅，雖具悼念偉人之一片血誠，但恐故總統泉下爲之不安也。

殯至容安別墅，爲黎氏舊居，新建西式墳墓，極其閎壯，係德國工程師所計畫，全景如圖所示。黎氏靈櫬，停厝中間小室內，或名此爲『寢宮』，是則未免不大『平民化』矣。

天津特一區黎氏容安別墅中新建之西式墳墓

THE ROMAN STYLE VAULT ERECTED IN THE LATE PRESIDENT LI'S SUMMER HOME AT 1ST S.B.A. WHERE HIS REMAIN IS NOW MAKING ITS TEMPORARY REST.

THE FUNERAL OF THE LATE WELL BELOVED REVOLUTIONIST AND PRESIDENT LI-YUEN HUNG. (19, JULY 1928)

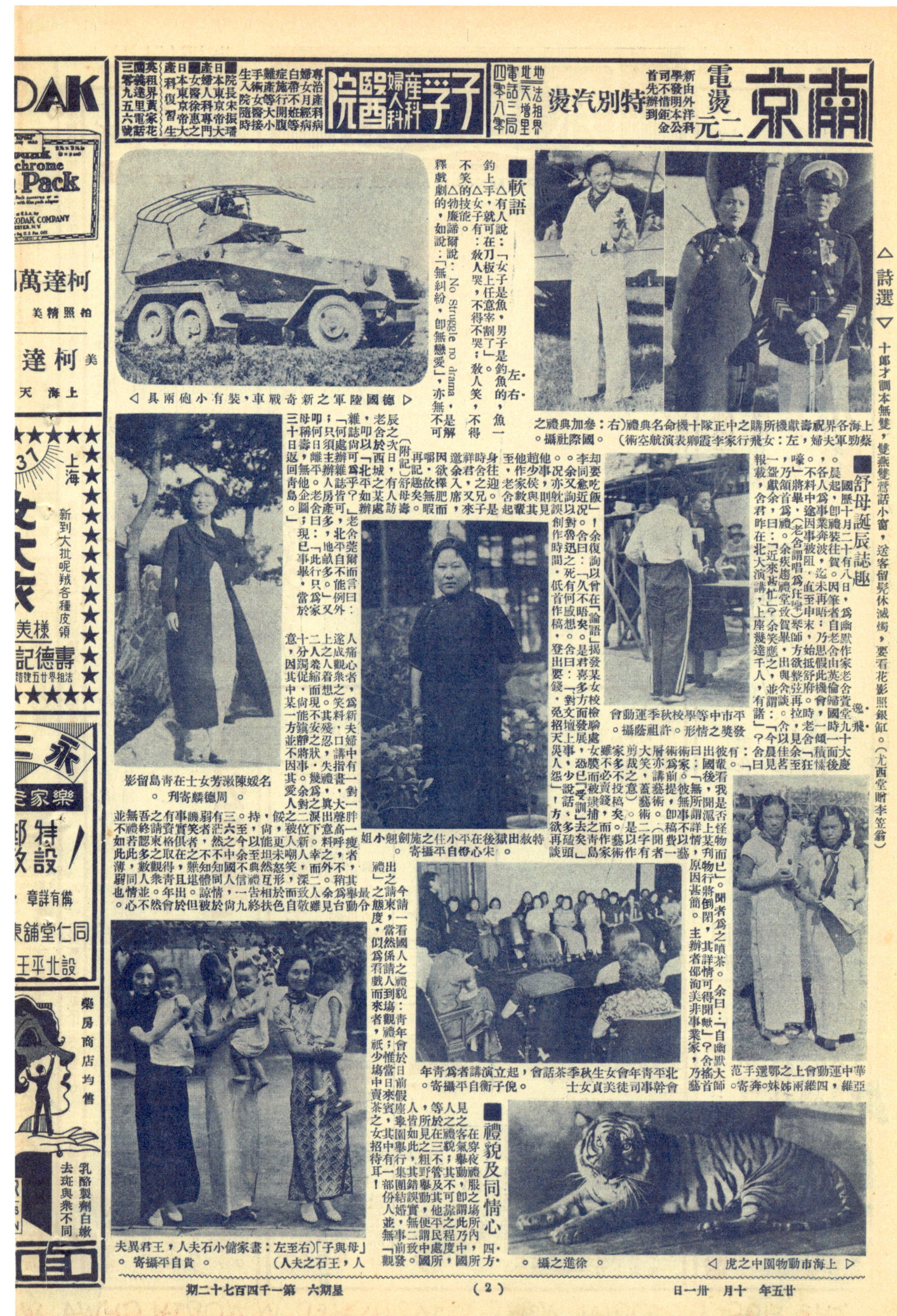

△詩選▽
十郎才調本無雙，雙燕雙鶯話小窗，送客留髠休滅燭，要看花影照銀缸。（尤西堂贈李笠翁）

■軟語　左·右·

△有人說：「女子是魚，男子是釣魚的，魚一上釣，就可在刀板上任意宰割了」。△女子有：教人哭，不得不哭；教人笑，不得不笑的技能。△勃廉講爾說：No Struggle no drama，是釋戲劇的；如說：「無糾紛，即無戀愛」，亦無不可解。

◁德國陸軍之新奇戰車，裝有小砲兩具▷

上海各界祝壽獻機所購之中正隊十機命名典禮（右：參加典禮之蔡勁軍夫婦，左：女飛行家李霞卿表演航空術）。國際社攝。

■舒母誕辰誌趣　逸飛

平市中等學校秋季運動會發獎之情形。許祖蔭攝。

特赦出獄後在平小住之施劍翹小姐。宋心鎔自平攝寄。

名媛陳淑芳女士在青島留影。周德麟寄刊。

北平青年會女生秋季茶話會，起立演講者為青年會幹事司徒美貞女士。倪子衡自平攝寄。

華中運動會上之鄂選手范四維兩姊妹。羅亞奔寄。

■禮貌及同情心　四·方·

「母與子」（右至左：畫家儲小石夫人，王石之夫人，王君異夫人）。貴自平攝寄。

◁上海市動物園中之虎▷　徐進之攝。

廿五年十月卅一日　（2）　星期六　第一千四百七十二期

《北洋画报》 第一千四百七十二期 2版 1936年10月31日

“侠女”施剑翘

20世纪上半叶的中国经历了晚清政府、北洋军阀政府和南京国民政府。时局的动荡多变赋予发生在那个时代的很多事件不一样的色彩。以违法事件为例，出现了很多冠以“大案”“奇案”的刑事案件。这些今天看来匪夷所思的事件，被演绎成了“八大奇案”或“十大奇案”，并被后世之人津津乐道。彼时的天津，九河下梢、河海码头的地理环境与中西交汇、华洋杂处的社会环境，俨然构建了一座奇幻的“戏剧场”，自然也就成了很多“奇案”的发生地。其中，“杨三姐告状”“鬼市人头”“白宗巍坠楼”“枪毙刘汉臣”“海河浮尸”等很多事件都被收纳于“民国奇案”的不同版本中，尤其是以施剑翘为主角的“佛堂喋血”，几乎成为“民国奇案”之必选。

施剑翘行刺孙传芳为父报仇是当时轰动全国的大事，其故事性、戏剧性乃至社会传播的热效应都是让媒体趋之若鹜的理由。《北洋画报》对此事件的报道体量并不大，但视角独特。

施剑翘（1905～1979），原名施谷兰，自幼在山东济南生活，18岁毕业于天津师范学校。其父施从滨为奉系军阀张宗昌部下，1925年，在与直系军阀孙传芳对战中，于安徽被俘，后被孙传芳枭首示众三日。时年20岁的施剑翘即开始计划为父报仇，直至10年后的1935年遂愿。10年中，她经历多方求助未果，遂嫁人、生子、断婚，手术放足、练习枪法。最终，进入孙传芳退隐天津所在的居士林。1935年11月13日居士林讲经日，施剑翘以手枪近距离行刺孙传芳成功，即刻散发事先备好的《告国人书》和施从滨照片，并电话报警自首。

起初，天津地方法院一审判决为有期徒刑10年；后被河北省高等法院判处7年监禁。当时全国尤其是北方各大媒体广泛报道，加之众多民国要人请求，1936年10月14日，时任中华民国国民政府主席林森向全国发表公告，赦免施剑翘。此后，由中华民国最高法院下达特赦令，将施剑翘特赦释放。

之后，施剑翘广泛参与社会活动，历经时局变化。1952年，施剑翘因病从江苏移居北京。病愈后，曾移居五台山光明寺村，并以居士身份在碧山寺修行。1957年，当选北京市政协委员会特邀委员。1979年，施剑翘病逝于北京，享年74岁。

1935年11月16日，施剑翘行刺3天后，《北洋画报》刊发了一篇署名“大白”的文章《谈行刺》：

> 近年来行刺的案件，来得特别多，也来得特别花哨。以性质论，为报仇行刺的，前有郑继成的刺杀张宗昌，近有施剑翘的刺杀孙传芳。以同是女子行凶论，则滕爽又与施剑翘遥遥相对。这种行刺的行为，我们以纯理智或站在法律的立场来判断，本不应当赞扬，但社会上多数的人却总是同情于复仇者，或者以为这是“热闹”而做无意识的喝彩。就以每次犯人处决说吧，路上看热闹的人也会直着脖子喊好，所以这种似乎“侠女复仇记”的故事发生，当然大家觉得更热闹，热闹就要喝彩，那是本无足怪的。不过后者行凶的人会因前者行凶的人所受到的彩声的鼓励，而坚决了他的杀人意志。张宗昌因督鲁时蹂躏地方太甚，所以被刺后人心大快，郑继成虽然是报的私仇，却泄了公愤，大家喝一声彩，倒也有为而发。就是冯玉祥也曾拍着郑继成的肩膀连赞了几声“好汉子”，至于滕爽和施剑翘，都属于私人报仇泄愤的事件，究竟行刺不是光明社会中应有的事，我们除得到一个“慎勿造因”的教训外，却不必对此做过分的赞扬。

文章左侧是一幅孙传芳的照片，配文为“十三日在京被施从滨之女施剑翘行刺身死之孙传芳最后遗像”。

这篇文章发表时，还没有各大媒体追踪报道，社会各界呼声亦不高涨，《北洋画报》对行刺者和遇刺者都做了交代，且表达了自己的态度：行刺或为“民意”的反映，但并不是光明社会应有的事，这样的表达或对满足于“侠女复仇”的社会心理有引导之作用。文章开头所谓“近年来行刺的案件，来得特别多”也是对当时世风的一种记录，盖公权力不彰，私人行使的暴力便增多了。与清末民初盛行的暗杀之风不同，此时的暗杀不复是革命派对守旧派的行动，私仇的成分更多。

施剑翘出狱后，《北洋画报》又有图片报道：第1470期登出她和其他两人的合照，配文为“施剑翘接见平市妇女界（右至左：刘吴卓生，潘毓桂夫人，施剑翘小姐）”；第1472期则是施的一张单人全身照片，居于2版正中，配文为：“特赦出狱后在平小住之施剑翘小姐”。这或可视作施回归正常社会生活的开始。

西单商场大火

《北洋画报》中反映世象的社会新闻，视野立足平津，辐射华北，涵盖全国。北京与天津的社会新闻及事件，是编辑部的首选内容。“水火无情”，火患和水灾是普通百姓最为关切的灾害内容，同时也是《北洋画报》社会新闻的重要内容之一。

光绪朝后期，“消防”一词从日本引进，取代了之前“火政”，被沿用至今。光绪二十九年（1903），袁世凯于天津设立北洋警务学堂，学堂内设置消防“救火灾”的课程。消火防火的近现代技术和理念也在中国逐渐完善并随着城市的发展而演进。《北洋画报》曾多次报道天津的火灾，有时甚至连载专稿及照片详述该地区或建筑物火情的原委，引导读者关注消防，对北京的火情报道则不多，第1503期的西单大火是少有的一次。

这一期2版的左下方，刊登了两张照片。一为“北平西单商场十日晨大火，损失百余万，图为火起时消防队施救情形”，一为“北平西单商场被焚后之瓦砾场”。这两张现场照片及时、准确地反映了发生在两天前北平西单地区的大火事件。

关于这次大火的具体原因至今未见有准确、翔实的记录，只在当时北京当地一些的报道中看到零星消息，比如当日夜里大风天气、凌晨两点出火情、火点从商场北侧引出。火灾造成的损失却是有目共睹，虽有保险业参与，但依旧引起政府和商会响应救济。

西单最早因地处“单牌楼”路口（依长安街走向一东一西各有一牌楼，东为东单）而得名，后因扩修大路，南北两侧尤其是北侧，在之前商贩、摊位聚集地的基础上，逐渐形成一个规模不小的商业集散地和休闲娱乐场。

1910年代西单商业区的雏形既已存在（《北京经济史料》认为，1913年，由6家私人小店组成了西单商场），不过，1920年代末，因为归侨黄树滉先生投资兴建厚德商场，西单才确凿地繁华起来——最终扩成7000平方米的大商圈，包括厚德商场和随后兴建的福寿商场、益德商场、临时商场。而1937年那场大火，烧掉的就是“厚德”与“福寿”。后来，投资者又在西单地区原有基础上建造了两座商场：“福德”和“惠德”，在1940年代初，这两家和大火前的厚德、福寿、临时、益德一共6家商场最终共同构成了“西单商场”的名号。

滬三北輪船公司添購快輪·行駛長江·圖為龍興號首次啟椗

北平至南苑輕便鐵路近恢復通車圖為永定門車站。致泉。

北平西單商場十日晨大火，損失百餘萬，圖為火起時消防隊施救情形。宋致泉攝。

▷北平西單商場被焚後之瓦礫場◁ 。宋致泉攝寄。

星期二 第一千五百零三期 （2）

《北洋画报》第一千五百零三期 2版 1937年1月12日

南京電燙二元
佳謎錄
有懷二人。（射電影片名一）
青島舞星金美麗女士近影。青島時代照像館攝贈。
陳濟棠歐遊近況
粵漢鐵路與築中之黃埔支線。民聲攝
立法院秘書長梁寒操書贈捐助綏遠將士，揮毫時之情形
廿六年一月二十日

《北洋画报》以两张照片报道了这场让人唏嘘的大火之后不久，又在 1 月 21 日的第 1507 期上刊载一篇《北平西单商场火后余闻》，记述了一位在西单经营珠花的英姓商贩，大火之夜救火，后又在灰烬中找到完好无损的珠花箱，也侧记了西单大火之后的世情。“西单”一直是《北洋画报》关注的一个话题，可以在这家画报里经常看到“西单商场内现有女子说相声者”“革新后之西单游艺商场”“西单咖啡馆之建筑竞争”等消息。“西单商场”影响力可见一斑。

平津警察更新冬装

衣食住行，皆呈世象。《北洋画报》对于那个时代服饰的记录可谓全面，从专门介绍服装穿搭的文章和图片，到新闻、广告中侧面展现服饰变化的内容，成为研究 1926 ~ 1937 年中国服饰发展的重要参考文献。在其发行的 10 余年间，对警察的报道并不算多，而几次出现的警察内容却都和服装有紧密的关系。

1929 的 9 月 19 日出版的《北洋画报》就对警察服装变换做过报道。当时也是以照片呈现：“天津警察，自夏季起，易此服装。此为乐队。”照片上多人头戴圆顶大盖帽，身穿布装，脚蹬长靴。

1902 年前后，中国现代意义上的警察最早出现在天津租界。《北洋画报》之所以关注警察的装束，可能也与此不无关系。当时，警察的服饰并无一定之规，直到 1908 年才有了统一的服装。民国时期，警服更是先后经历了多次比较大的变革。

1930 年冬这次更换警察服装，《北洋画报》拿出版面做报道，应是与当时警察统一整顿密不可分。彼时，南京国民政府刚建立不久，各种政府机构的整饬按部就班展开，警察更换冬装，也是其中的重要步骤。在《北洋画报》这一版的左下方，刊登了两幅照片，分别配文“北平警察冬日新装”和“本市警察之冬日新装”。标注北平的这张照片，显示一位警察的全身照，着短衣上装的警察戴的棉帽和棉披肩是颇为突出的。天津这张，则是一位警察立于警车旁的全身照片，头戴大檐帽，身着长大衣。两张照片分别代表了两市警服冬装的不同样式。在这两张照片的右侧，编辑用简短的文字做了说明：“平津警察，最近经公安当局，极力整顿，对服装一律革新，不日缝作完毕，当即可全体更换云。”

天津郭有恒襪店之毛織品

明星戲院 今日準演 克拉寶主演 肉感浪漫熱情聲片

醋海風雲

遼災時裝舞會拾零（下）

▷本月一日朱啟鈐氏五十九歲壽辰在北平寓所之盛會◁ ○北平同生攝○

Souvenir photo of a ball given in honor of Ex-minister Chu Chi-Chien on his 59th. birthday, Peiping.

參加本市遼災時裝大會之張美眞女士

Miss Chang Mei Chen, who participated in the Fashion Ball.

參加本市遼災時裝大會之鄺培齡夫人（右）張美生女士○大華攝○

Miss Chang Mei San and Mrs. P. L. Kuang who partcipated in the Fashion Ball.

四條大路 白藕

北平警察冬日新裝○李堯生攝○

New uniform for Peiping policemen.

曲綫新聞

張副司令（有△符號者）率隨員遊金山船中攝影○東北新聞影片社攝○

Marshal Chang Hsiao-Liang visiting at Chin-Shan, near Chen-Kiang.

▷本市警察之冬日新裝◁ ○東北影片津社攝○

A Tiennsin policeman dressed up with the new winter uniform beside an armoured car.

平津警察，最近經公安當局，極力整頓，對服裝一律革新，不日縫作完畢，即可全體更換云。

張副司令夫婦（圖中由右至左第三人爲張氏第四人爲張夫人）率隨員在焦山留影○東北新聞影片社攝○

Mar. & Mme. H. L. Chang visiting at Chiao-Shan, near Chen-Kiang.

十九年十二月十一日 （2） 星期四 第五百六十二期

《北洋画报》
第五百六十二期 2版
1930年12月11日

1913年5月15日，随着袁世凯以教令第28号发布《警察服制令》，到当年9月13日以教令第35号加以修正，中华民国有了最早的统一警服。到1949年之前，民国警服共经历了至少8次改革变制。《北洋画报》1929年9月和12月两次刊登的警察服装，属于1928年到1935年使用的民国警服，即民国第四套警服，也是北伐战争胜利后，国民政府建立后使用的第一套警服。

1927年南京国民政府成立，同年12月成立内政部，警察改称为“公安”，并于1929年1月开始施行新的警察服装制度。新的警察服装取消了礼服系列，也不再区分警官和警士的服装。警衔的高低仅靠领章、胸章和腰带加以区分。警服分为冬季制服和夏季制服两种，其中冬季制服为黑色，夏季制服为黄色。

人力车夫打砸电车事件

1929 年 10 月 22 日，北平市人力车夫在统一的组织安排下，手持木棍、铁锨在西四地区集合，一路向南，后再向东，逢电车便先驱赶乘客，再殴打乘务人员、打砸电车；另一部分人力车夫直奔电车工会总部，将屋内财物全部砸毁并抢夺大量现金。据说，还有一批人欲破坏电车公司与发电机厂，后被赶到的警察驱散。

事后统计，这场混乱致使电车公司损失机车 43 辆，拖车 20 余辆，物件损失超 300 件，直接损失数十万元。幕后主使者逃亡，随后被警察局捉拿归案，再后有人因此伏法；人力车夫工会直接被勒令解散；而大量人力车因骚乱场面而遗失。

事发两天后的 10 月 24 日，刚刚上任不久的北平警备司令张荫梧对新闻界称：此事件“动机为党内新旧两派的倾轧，而结果遂成为人力车夫捣毁电车”。

这一事件在一周后的《北洋画报》上得以较全面地展示。1929 年 10 月 29 日第 390 期的 2 版用“北平电车被毁风潮真相”的总标题，以一篇特写式报道和四张照片呈现事件，报道篇幅不小且罕见地转接第 3 版。

四张照片展示了事件的动态：“北平电车工会总理遗嘱屏被毁”“电车内部被毁之一斑”“北平电车车身玻璃窗被毁之外观（本月廿二日肇事毁车四十七辆）”“北平电车被洋车夫捣毁后，西直门一车覆卧道上之情形”。署名秋尘的文章《停车小记》则以旁观者视角，以步行所见为线索，时间跨度三天，较为生动地描述了事件面貌：

> 二十二日午后，贾车往北平晚报，过四牌楼（今西四——引者注），抵兵马司。见万人夹道，如闹市，不解所以。正寻思间，有敝衣持棍者来，其气甚盛，襟系红布条，挽余车把而言曰：请君下车，吾辈将开会去也。谛视其胸前所挂徽章，始知来者为人力车夫工会中人。唯唯降车，徒步而南，回首望，后余而至者皆下车，空车受持棍者命，均列道左，以迄甘石桥（西单甘石桥——引者注），不见一坐车人，无腿不走，有车皆空。

在随后半天的时间里，记者以沿途地点为标，点面俱到地描述了所见所闻，直到晚上事件收尾：

事稍定，以电话询友人；知西单之车毁，新华门之车毁，东单之车亦毁。遥闻枪声间作，知维持治安之军警出动矣。入夜甚安，翌辰至四牌楼一看，木屑玻片，狼藉满轨道。各车门户洞开，铁栏尽落，车顶之首已折，旋转之机已裂，车座半露，如公园中梳化椅之背矣。苦力数十人，方持帚扫地，以手推车，隆隆然正似牛车行山道间也。

事发后两天，记者都在关注这一事件，并再次走访事发之地：

电车停，在工会之人力车亦停。廿三日在车头奔驰者，仅少数之途车与不在工会之人力车而已。于是顿觉安步当车之人骤增，而出赁脚踏车之生意大利。廿二日十二时戒严，次日八时四牌楼便已断绝交通。今日（二十四日）车已渐多，电车又有明日准备开行之讯。一场车轮大战即此结束，平人或不致再有行不得也之难矣。

可以确定的是，这一事件由当时的北平总工会改组矛盾所引发。事后，造成这一重大损失事件的主要人物也被正法。虽然也有研究表明，这一有幕后主使的暴乱事件，是借着所谓人力车与电动车矛盾而发动的，但是文明演变、技术进步带来的行业冲击，从来都不应该是暴力伤害的借口。不论是人力车还是有轨电车，都是城市文明发展的阶段性产物。

人力车又名黄包车，是指由人力拖拉的双轮客运车。一说是日本人发明并于 1874 年传入中国上海，因此也被称为“东洋车”，拉人力车的车夫也被称为洋车夫。1898 年，第一辆以赚钱为目的的人力车在北京城里出现。到 1929 年，北京的人力车达到 4 万多辆，位居全国第一。

1899 年，中国最早的有轨电车于北京诞生，线路连接了马家堡火车站与永定门的短途线路。1906 年 2 月 16 日，中国第一条环城有轨电车线路在天津试运营。这条线路共计 5.16 公里，自北大关起，分别向东西两面沿围城马路（即天津老城墙的西南角、西北角、东北角、东南角）环行。当时的天津电车以颜色区分路线，这条环城轨道车头挂白牌，天津人称为“白牌电车”，后又陆续兴建黄、蓝、红、绿、花等有轨电车路线。

《北洋画报》
第三百九十期　2 版
1929 年 10 月 29 日

北平電車被毀風潮眞相

（林悅明君攝）

北平電車車身玻璃窗被破之外觀（本月二十二日肇事毀車四十七輛）

One of the 47 tramcars damaged by the rickshamen's riots at Peiping on October 22nd.

電車內部被毀之一斑

Damage done in the interior of a tramcar.

北平電車工會總理遺囑屏被毀

Damage wrought in the headquarters of the Tram Workers Union.

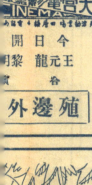

北平電車被車夫搗毀後西直門一車覆道之情形

One of the damaged cars off the rails near Hsi Chih Men.

停車小記

秋塵

二十二日午後，買車往北平晚報，過四牌樓，抵兵馬司。見萬人夾道，如鬧市，不解所以。正尋思間，有儆衣持棍者來，其氣甚盛，襟繫紅布條，挽余車把而言曰：請君下車，吾輩將開會去也。諦視其胸前所掛徽章，始知來者爲人力車夫工會中人。唯唯降車，徒步而南，回首望，後余而至者皆下車，空車受持棍者命，均刈道左，以迄甘石橋，不見一坐車人，無腿不走，有車皆空。豐盛胡同，農商部街，尤爲熱鬧，萬車雲集，車夫皆踞車以坐。觀者如堵，相望無語，惟見持短棍者往來指揮而已。警察木立，一如觀衆。電車之鈴嚐嚐，汽車之笛鳴鳴，馳而過，不之禁。腳踏車須按把綏行，不得飛也。近西單，略平靜，人漸少，車漸多，車均折而南，不敢北，北至甘石橋，便須停車入會也。北晚小坐歸家，自單牌樓北望，已可見人如潮湧，知車不可通，步行如故。未抵甘石橋，已見維持隊，人益多，勢益不可凌。間有一二車可以通過，則包月車也。有某甲騎車，北行，不下，飛而進。持棍者且追且呼，隊衆隨之，塵飛數丈，喊聲盈耳。騎者突破防線數道，卒踏於農商部街口，不得逸，終受薄懲。衆怒不敢犯，謹謝緩步而去。農商部街口，人蜂聚，萬頭中掛白幟一．上書農商學婦四團體調停代表團。車之密，密於車廠十倍，有興高朵烈，來往奔馳者，有喪氣垂頭，若有憂色者，有竊竊私語者，有慨然太息者，喧囂嘈雜，萬聲俱發。〔接第三版〕

北平名舞星安占江女士 許智方攝

Miss T. K. An, a dancing star of Peiping.

曲綫新聞

西湖別墅，新屋觀成，不日開幕，現自海外聘到超等音樂師五人，藝術精深，月薪在二千元以上。刻下每日練習，俾開幕時收得心應手之效。

天津聯靑社將于下月二日在西湖別墅舉行二週紀念會，聞已指定周日光，趙道生，奚東曙，阮維涇四君主持及辦理一切，屆期將有盛大之聚餐會及跳舞會，已定二百人參加。

張學良長官之機要秘書朱君光沐，於日昨（廿八）與前內長朱啓鈐氏之五小姐津筠女士訂婚於馬廠道規矩堂，主人設有晚餐（大華承辦），以饗嘉賓，即席宣布婚約，一雙『粉洋傘』喜氣冲冲，光彩煥發；女士衣飾，備極鮮艷輝煌。

天津提琴研究社，刻已開辦，設於法租界三十七號路阿伯洛畫院樓下。非熱心求學之生不收。

唐山剿匪陣亡之劉范二烈士追悼會門首

Memorial service in honour of a soldier and a policeman killed near Tangshan while fighting against bandits.

二十日瀋陽中日德運動會閉幕劉風竹夫人發獎

Distribution of prices by Mrs. Liu Feng-Chu upon the close of the Joint Athletic Meet at Mukden.

唐山剿匪陣亡警士劉樹琴之靈櫬及家屬（唐山二照片由邸鍾生君攝寄）

Coffin and mourners of the policeman killed near Tangshan.

唐山伏莽潛滋，闔閭不靖。六月念九日灤縣城南發現票匪卅餘名，大肆搶掠。經駐防二百零二團一營往剿，匪敗逃而軍士范文科陣亡。九月四日又擾小山，經軍警聯合往擊，匪又逃，警士劉樹琴竟受三槍而亡。嗣經開欒礦區保安隊擒獲匪犯四名，供稱曾拒捕殺人不諱。唐市當局遂於本月廿日爲劉范兩烈士開追悼會，當場槍決土匪，剖腹挖心以祭，用慰英靈云。

瀋陽中日德運動會女子六十米賽跑起步之姿式（二片宗啓驊攝寄）

Starters of the girls' 60 meters dash in the China-Japan-Germany Athletic Meet held in Mukden on Oct. 19-20.

画新知

《北洋画报》定位为“举凡时事、美术、科学、艺术、游戏……均应选登”[1]的综合性画报，科学与新知一直是其重要的内容。《北洋画报》中“科学新知”包括自然科学、社会科学以及应用科学的很多内容。本章所谓新知既指当时《北洋画报》上介绍的西方科学知识，也指“新知”影响下的“新风”。

早在明朝末年，西方的科学技术就开始传入中国，但直至清朝末年，中国尚未形成研究与发展近代科技的力量。西方列强在以坚船利炮和商贸打开了中国国门的同时，也带来了科学与新知。清末民族工商业开始发展，同时一批留学生赴美、日等国“开眼看世界”，此后又陆续归国。国人对科学新知的态度也发生了一定的转变。五四运动之后，“科学救国”思想渐入人心，自然科学方面的社团，如算学会、地学会等清末即开始出现，五四运动后，更是蓬勃发展。“据对收集与归纳相关资料的分析统计，从1912年至1937年，中国近代科技社团如雨后春笋般成立，短短的25年间，就达到百余个，涉及近代科学技术的各个领域与学科”，[2]政府则开始创建科学机构。1927年国民政府同意筹建国立中央研究院与北平研究院，1928年、1929年中研院、北平研究院相继成立。国立中央研究院隶属国民政府，为中华民国最高学术研究机关。北平研究院是民国期间最大的地区性的综合性国立研究机构，隶属教育部。在后来的近20年中，两院致力于完善建制，并艰难地开展学术研究，获得了可贵的成绩。与此同时，如何利用媒体传播科学新知，也成为当时有识之士的新课题。

在近代报刊上传播科技新知，始于各地的科技社团。1909年，地理学家张相文在天津发起成立中国第一个地理学术团体——中国地学会，这被认为是中国最早由专业人员组建的科学学会。1910年，他组织中国地学会创办了中国最早的科学地理学期刊《地学杂志》。当时的另一个重要科学团体是“中国科学社”。这是近现代中国最早的民间综合性科学社团，并逐步成为一个强有力的高水平知识密集群体，也被称为“二十世纪上半叶中国科学共同体的中坚”。[3]为了改变当时科学研究气氛淡薄、止于“清谈”的状态，中国科学社将发行刊物作为改变当时国内科学观念的第一要务。1915年，该社创办了以科学研究与交流为内容的综合性期刊《科学》，并于1933年创办《科学画报》。《科学画报》的发刊词中写道：“单就刊物而论，除本社出版最早之《科学》外，有《科学月刊》，

《自然界》，《自然科学》，《学艺》，《科学世界》，《科学的中国》等定期刊物，不亚数十种，他们都为中国科学进步的标志。”

《北洋画报》的创办早于《科学画报》，且将科学作为其内容之一。当时，综合类刊物中以科学为常备内容者当不在少数(如《东方杂志》)，以至于《科学画报》的同人感叹：“从空谷的足音，已得到了鹤鸣的唱和，这是何等可喜。”[4]

1926 年，《北洋画报》的创刊号即以图文结合方式，呈现了科技方面的内容。报道以“小”为题，三个连续图文报道——《铁路小模型》《世界上最小之钢琴》《世界上最小之汽车》[5]，并不完全以新奇为噱头，而是详细介绍了这些当时科技含量较高的产品之工业化过程与其意义。之后，连续几期《北洋画报》都以“小”为由头，介绍新科技产品，以求见微知著地传播科学新知。

随后，画报中“沟通中西、传播新知”的科学报道不断出现，并逐渐增加篇幅。1926 年 7 月 31 日一篇名为《科学新知》的文章分为两部分：第一部分针对当时方兴未艾的电影被时人追捧，而社会上流传着电影对人眼有极大伤害的说法，文章首先以科学角度进行驳斥：“新近据美国眼科专家说，只要寻常看书写字，眼睛不觉疲倦，去看电影是一定伤不了眼的。因为他们曾实验过一百五十个人，结果是凡看影要觉得眼睛疲乏的，他们在别处要用目力的地方，也觉得眼睛劳乏。”在介绍过人体的相关知识之后，文章的第二部分向读者介绍了美国东部的飞机制造公司正在组装制造当时世界上最大飞机的情况，这架飞机“共有发动机十具，飞行时只用七具，余作常备之用。据云，此机无论天时如何，均能飞行无阻，且能在空中增加燃料，无需着陆”。[6]同一篇文章，一部分普及科学常识，另一部分推介科技成果，完全无缝衔接，为读者提供了科学新知。

1929 年 12 月 2 日，考古学者裴文中在周口店龙骨山发掘出第一个完整的“北京人”头盖骨化石。8 天后《北洋画报》便刊发《北京人——人类记录的重要的一页》一文。文章细述了 1921 年首先由瑞典地质学家安特生（Johan Gunnar Andersson）发现房山周口店附近山洞里化石的经过，并认为新近发现的头盖骨化石“完全是一种新发现的人种，和爪哇人、劈当人都不一样，和现代人及人猿也不一样”。长文下方还配上了《最新发现之北京人之理想形状》的图片，注文写道：“下面的图是英国人种学专家福耳斯托 Forestier 参以理想绘成的，我们看了这种图中所拟的状态，可以想起那班把些石英当器具，成天地混在野兽群里过日子的人类，那也许就是我们的祖先。至于这种人类发现在百万年前或五十万年前呢？就是专家也还不能十分确定，我们更不用说了。”[7]这里可以看出《北洋画报》对科学事件的及时反映，亦足见编辑综合各方信息，传播新知的能力。

《北洋画报》对于科学新知的传播得益于编辑部的办报方针，这其中最为重要的人物就是“画报”的创办人冯武越。冯武越籍贯广东番禺，其父曾任清廷驻外使节。1912 年冯武越先赴法国留学，又到比利时、瑞士等国游历，主要学习航空机械和无线电。回国后，冯武越在个人抱负无法施展的情况下，开始创编《北洋画报》，因其求学经历，自然而然地对科学新知的传播抱有极大的热忱。冯武越担任主编期间，很多时候亲自上阵进行科学新知推广，他以笔名“笔公”“亦强”“武越”“越”撰写了数十篇科学报道及科学评论文章。

《北洋画报》第 7 期，冯武越发表文章介绍“中国气象学会定于八月七八两日。假青岛胶澳商埠观象台办公处，开第二届青年会，同时并举行‘云之研究’”，并将其中的研究内容及研究方法介绍给读者。他在文中呼吁读者关注自然科学：“按夏日定期摄照云彩，以供气象家之研究，各国多有举行之者，其能裨益于气象学，甚如浅鲜。本报深愿国人对此加以注意焉。”[8]

由于冯武越的教育背景主要是航空机械，用他的话说：“少习航空机械于外，返国以后，即投身航空界，学未得用，则从事撰述，肆力提倡；又恢复中国航空协会，刊行报章，鼓吹民间飞航，俾民众得以投资斯业，凭借利器，启发边陲；备充国防，尤其余事。”[9]从 1926 年第 3 期开始，航空方面的图文就不断出现在《北洋画报》上。在同年第 18 期《北洋画报》上，冯武越撰写文章，介绍“最新式之航空器”，其后又数次以记者身份撰文报道中国航空科技的发展并发表评论，其报道之专业、内容之详尽足见术业专攻。曾有研究文章认为，《北洋画报》中的航空内容足可以成为当时中国航空研究的一个缩影，并代表了那个时代“科技救国”的一种声音。[10]

综览《北洋画报》中科学新知方面的内容，不难发现其绝不是简单介绍“西洋景”，而有很多理性思考，并侧重于科学新知在中国的实际运用。《北洋画报》之所以形成科学报道的独特视角，究其原因有三：一是由于当时国人对西方科学技术及新事物的接受度已相对较高；二是由于编辑、作者及同人的理念相对统一；三是天津当时已是近代中国科学技术发展的前沿城市之一。

1860 年《北京条约》签订后，天津开埠，一些新式企业陆续兴建。1867 年天津机器局建立，开始了从手工生产转变为大工业生产的技术革命，并在当时成为“亚洲军工厂之冠”。它不仅为天津开近代工业先河，同时也被视为中国近代工业生产的重要节点。19 世纪末至 20 世纪初的天津，重工业技术（船舶工程、采矿技术、桥梁工程等）日趋成熟，轻工业技术（金属、毛纺、面粉、制革、制盐等）发展迅速，很多领域在全国首屈一指。中国首家电报局（1880 年津沪电报总局）、中国第一条自办长途电话线（1904 年京津长途电话线）、中国最早运行的有轨电车（1904 天津环城白牌电车），以及 1928 年在《北洋画报》中连续刊载的中国自建首座自动电话局——天津电话东局等，都出现在天津。世界范围内电灯的广泛使用是在 20 世纪初期，天津的第一盏电灯在 1888 年就亮了起来。20 世纪初，天津已有大小发电厂数十家，还有十余家工厂自备发电机用于工业生产。

在实业发展的同时，1880 年代，洋务派在天津兴办了一批专业学堂，如水师学堂、电报学堂、图算学堂等。以北洋水师学堂为例，设有几何、代数、平弧三角、天文推步、地舆测量等课程，培养了一批人才。设立在天津的、中国最早的新式大学——北洋大学，以及当时民办大学中的佼佼者南开大学的建立，更让科技人才的系统性培养成为可能。20 世纪初，天津讲授新学的学堂有 100 多所，同时，还有一批留学生到美、英、德、日等国学习，其中不少人日后成为中国早期的科技骨干。[11]彼时的天津，科学技术人才荟萃、精英辈出。《北洋画报》曾专门介绍过将“进化论”介绍给国人的教育家、翻译家严复，创办南开大学的教育家严修、张伯苓，铁路及桥梁专家詹天佑，以及“中国民族化学之父”范旭东，中国重化学工业的开拓者、侯氏制碱法的创始人侯德榜，中国化工事业的开拓者孙学悟等。他们为中国近现代科学、学术的发展做出了贡献。

19 世纪中叶，以西方医学为代表的中国近代实验科学开始在天津兴起。1881 年，中国最早的西医学院——天津医学馆（后更名北洋医学堂）建立。到 20

世纪初，西医在天津已非常普及。当时除了公立医院以及私立诊所，在租界区还有外国人创办的各种医院。如东亚医院、法国教堂医院、德美医院等。《北洋画报》中医疗卫生方面的内容极其丰富，编辑们希望给予读者正确的信息，并借此传达健康的理念。其中，一类是科普类文章，另一类是驳斥传统的不健康的医疗观念及反对巫医的文章。前者如1928年，一篇题为《牙齿的卫生》的文章，文章写道："吾国人对于牙齿素不注意，非待其腐蚀不堪，痛不可耐，鲜有求医者；讵知疾病贵乎预防，及必须求医，则已晚矣；牙齿之疾，何独不然……能于每食后，一洗刷最佳，否则晨夕各一次为不可少。"[12]后者如1932年霍乱肆虐之时，《北洋画报》专门撰文，引导读者科学防疫："这几天'虎列拉'[13]盛行，本市染此病而死的人，每天有三四十之多，这的确使人可怕，所以全市的人都郑重的防疫。医生在忙作预防注射；有常识的在讲究卫生；张天师在散布谣言；善男信女在焚香祈祷；大公馆在施舍暑药。闹得满城风雨，谈'虎'色变。"[14]除了科普与破除迷信，《北洋画报》上还有很多涉及心理卫生健康以及医疗卫生事业现状的图文报道。

《北洋画报》不仅推介科学新知，也注重推广"赛先生"影响下的新风尚。由知到行，"新知"与"新风"紧密相连。对于女性的认知最具代表性。

"至圣先师"说"唯女子与小人难养也"，尽管有新解——"女子"为"汝子"之讹，但此语千百年来都被理解为对女性的轻忽。五四时期，知识分子认为中国女性是受封建压迫最深、最应解救的对象之一。《北洋画报》作为传播新知与新风的平台，无论是其所载的批判传统贞操观的文章，还是关于大学男女同校、恋爱与婚姻自由的讨论等，都可以视为那个时代为男女平权和女性觉醒所做的努力。

《北洋画报》共1587期封面，绝大多数以女性为主角，且其"封面女郎"形象各异。有研究者认为，《北洋画报》的封面女性，经历了从理想形象到平实形象的变化过程——早期封面多用风头十足的女明星（包括电影明星、交际明星和戏剧明星）的画像或照片；20世纪30年代起，女学生和女运动员作为"新女性"的代表，登上了《北洋画报》的封面，显示出《北洋画报》对时代审美风尚和意识形态之变化的积极因应。[15]

与此同时，《北洋画报》也折射了那个时代知识分子对女性觉醒认知的嬗变。在画报创办之初的1920年代，呼吁妇女解放的一部分知识分子认为"性科学"是妇女论的立论基础，其中最有代表性的当数《北洋画报》的"老朋友"张竞生。[16]他归国后的著作《性史》[17]在国内引起轩然大波，《北洋画报》也开辟版面展开讨论。在同时期的"天乳运动"[18]中，《北洋画报》也积极发声："自从作者在本报提出'小衫制应否保存'这一问题以后，曾经接到不少的稿件和书信，几乎全数是反对女子束胸的。这是何等的一个好现象呢！可见所谓'小衫'，就是束胸用的这个物事，必须改良，这是作者所希望的一种结果。不见南方也历行'天乳运动'了么？我们在北方也应该奋斗为是。"[19]在此文中，作者力陈健康观点，对"束胸"进行分析，但是不同于当时很多非此即彼的二元论言论，《北洋画报》的观点更为客观："说一句痛快话，就是小衫本身并无废除的理由，因为他（它）不过是一件衣服罢了，我们所要打倒的不是他（它），是'压乳'的行为。我的意见，以为乳仍须束，但不可压；所以请读者认明束乳与压乳为两事。"后又在多期刊登"装束——西妇束乳图"，实际上就是当时西方胸罩的样式图，并在配文中详述胸罩如何健康、如何科学。

随后，《北洋画报》中的女性人体艺术作品也不断增多，内容涵盖绘画和摄影作品。当然，这些图片与相关报道不乏文人名士"风花雪月"式的猎奇心理——这种心理，在当时《画报》对明星、名媛的大量报道中亦有体现，但这些图片和报道与1920年代天津乃至于全国都在进行的、关于新与旧更迭的思辨亦不无关系：女性正在从私下被"把玩"、被欣赏的对象，变成画报上不可或缺的主角，向世人展现自己的魅力与芳华。

到了1930年代，《北洋画报》上的女性形象为之一变：爱国女学生、女运动员、女影星、独立职业女性等“新女性”的面孔和对其进行的大篇幅报道逐渐增多。这些女性展现了健康、自信的新形象，她们的思想和容貌都成为《画报》关注的重点，女子无才便是德、女子无才便是色的时代结束了。同一时期，《北洋画报》对儿童的关注也逐渐增多。1931年开设《儿童专刊》鼓励和倡导健康的儿童教育观，从那之后，儿童也进入了画报的视野。

《北洋画报》的“新知”遍布很多领域。从生命、物理、天文、地理等自然科学，到人口、经济、艺术、考古、语言等社会科学，乃至于医药、卫生、军事、工程等应用科学，《画报》几乎每一期都有相应的内容。随着办报时间的累积，《北洋画报》中科学“新知”的范围不断扩大，形成了其独有的社会视角：到后期，《画报》已不满足对“新知”进行简单的报道，而是通过“新知新风”引导读者思辨及科学思维方法的养成。它努力地将国人从世界新知的“旁观者”转变为“参与者”，并让广大读者由“局外人”变成“局内人”，它希冀以自己的方式，将沐浴在科学文明光束下的新世界带到读者面前。

1930年3月27日在“已历四载”的《北洋画报》“卷首语”中，编辑者写道：“世界事物，日进于新奇，数年以来，变化万端，不可胜纪，吾人立国大地，允宜随潮流以演进。是以本报对于世界新事物，竭力介绍，以启发国人常识，以鼓励国民进取竞争之心，俾其图存于此弹丸之上。所以本报最近之口号，曰世界化，新奇化，独开蹊径，为众前驱，尽我报纸之天职，引起读者之兴趣。”[20] 以世界新事物启发国人常识正是对《北洋画报》普及“新知新风”初衷的极好概括。

---

1 《要说的几句话》，《北洋画报》第1期，1926年7月7日，第2页。
2 龚维忠、黄林：《民国科技史视野下〈科学画报〉传播特征的现实意义》，《湖南师范大学社会科学学报》2012年第6期。
3 许康、黄伯尧：《中国科学社与中国数学》，《自然辩证法研究》1995年第3期。
4 王季梁：《发刊词》，《科学画报》第1期，1933年8月。
5 《北洋画报》第1期，1926年7月7日，第4页。
6 《北洋画报》第8期，1926年7月31日，第3页。
7 《北洋画报》第408期，1929年12月10日，第2页。
8 越：《云之研究》，《北洋画报》第7期，1926年7月28日，第2页。
9 越：《十余年来中国唯一光荣的事》，《北洋画报》第252期，1928年12月4日，第2页。
10 阴艳、龚鑫：《想象西方与本土选择——〈北洋画报〉对科技新知的呈现》，《文艺争鸣》2018年第4期。
11 仇化庭、李铎：《论近代科学技术在天津的开端》，《中国科技史料》第13卷，1992年第1期，第7页。
12 记者：《牙齿的卫生》，《北洋画报》第262期，1928年12月27日，第2页。
13 虎列拉：霍乱（Cholera）早期音译，亦作虎力拉。
14 小蓬：《防疫及其他》，《北洋画报》第796期，1932年6月25日，第2页。
15 陈艳：《普通女性的公众化——1930年代〈北洋画报〉封面女郎研究》，《徐州师范大学学报》，2012年第4期。
16 张竞生（1888～1970），哲学家、美学家、性学家、文学家和教育家。原名张江流、张公室，广东饶平人，民国第一批留洋（法国）博士，1920～1930年代中国思想文化界的风云人物。其撰写的《性史》曾在《北洋画报》引发论争。
17 《性史》，张竞生在1926年出版的一部性学著作，原名《性史第一集》。书中收录了投稿者真实的性经历，其中多为大学生，相当真实地反映出当时的性观念，作者本人也因此书在当时受到来自各方的压力。
18 天乳运动，泛指20世纪初开始在“女性觉醒”的推动下，要求女性放弃不健康的压乳束胸行为的活动。1927年国民政府开始倡导“天乳”，随后中国女性大胆穿戴“义乳”（胸罩）和泳装。
19 绾香阁主：《妇女装束上的一个大问题——小衫应如何改良》，《北洋画报》第114期，1927年8月20日，第4页。
20 《卷首语》，《北洋画报》第451期，1930年3月27日，第2页。

新　知

THE PEI-YANG PICTORIAL NEWS.
TIENTSIN.

本報特約記者姚念媛女士象
○孫崍贈刊○

廿一年十一月一日 星期二
第八百五十一期〔第十八卷〕

No.851(Vol 18) Tuesday. November 1. 1932

记者与新知[1]

《北洋画报》的编辑群体相对固定，而记者群体则流动性较强。编辑部特约记者，以不定期寄稿的方式，将发生在国内及海外的新知新闻以文字或照片的形式刊登在《北洋画报》上。综观画报中介绍国内外新知新风的内容多标有“某记者自某地寄”的字样，同时还会有照片“寄赠”的备注。很多在国外游历的画报同人记者，也会将身边新近发生的事情发回报社。这种灵活的方式拓展了《北洋画报》的作者群体，同时也拓宽了画报的新知视野。

第 851 期封面上有姚念媛（1915 ~ 2009）女士的照片，她就是《北洋画报》特约记者的代表，姚念媛先后就读于天津南开中学、北平燕京大学，1930 年代留学英国，获伦敦政治经济学院硕士学位，后与同在英国留学的郑康琪结婚。她读书期间就经常在画报上发表文章，其中既包括新知见闻，也包括女性穿衣时尚等内容。1987 年，姚念媛以“郑念”为名写作的《上海生死劫》（*Life and Death in Shanghai*）出版后曾引发关注。

姚念媛曾以“特约记者”的身份三次登上《北洋画报》的封面。她在为《北洋画报》六周年致贺的文章《祝寿》中写道：“祝北画永远站在时代的尖端，做大众的向导，同时我将以全力，贡献所谓‘特约记者’的责任，在最近的将来。”

1 本章“释画”撰文：马千、宋昉。

《北洋画报》
第九百五十六期　封面
1933年7月7日

随时代转变的织女

第956期封面上配文“随时代转变的织女”的照片是为《北洋画报》七周年特别策划的。照片中由京剧旦角演员陆素娟扮演的织女正在机械化纺织机前纺纱。由于《北洋画报》的创刊日为7月7日，而农历七月初七又是牛郎织女相会的“七夕”，因此报社编辑就完成了这样一个今天称之为“穿越”的构思，既为纪念，又诙谐地传播了新知。

1760年代，以珍妮纺纱机的发明与使用为代表的第一次工业革命，使棉纺织业的技术得到极大的革新。1878年，中国开始筹建第一家机器棉纺织工厂——上海机器织布局，并于1889年正式投产，中国的纺织工业由此起步。第一次世界大战中及战后，纺织需求激增。仅1914～1922年间，国内由民族资本设立的机器纺织厂就达54家，主要开设在上海、天津、青岛、汉口等地。据方显廷《中国之棉纺织业》一书记载：“1930年中国共有织机29272架，内有16005架或54.68%为华商所有；11367架或38.83%为日商所有；1900架或6.49%为英商所有。”[2]《北洋画报》封面中的机械化织机，在1933年的中国是工业化的象征与标志。之所以拍摄这样的内容以纪念创刊七周年，画报编辑部有着自己的考量，他们在这一期《七周年纪念号发刊词》中写道：

> 本期的封面是一张“中西合璧”“古今会通”的滑稽图照……织女所用的中国旧式纺线车，已由外国纺纱机代替了。这张很显然的，工业革命直接影响到七夕神话中的女主角，虽然这是更向荒唐演大荒的造意，但它提醒给人们的，是现在是什么时代了，天上的织女都随着时代而转变，产业落后的中国应当怎样改进呢？本报得到这画的启示，是应怎样随着时代向前迈进呢？所以这张图照表面上似乎荒唐，滑稽，但它的意义也不十分单纯。

扮演“七夕”织女的陆素娟（1907~1941）是当时名誉京津的梅派名伶。她生于苏州，幼时在苏州环翠阁清唱卖艺，在茶楼老板和北平盐业银行副经理王绍贤的帮助下，“下海”成为京剧演员，后嫁军界名将冯治安（1896~1954）。七七事变后，冯治安率军抗日，陆素娟毅然随夫南下，随军途中复发肺结核，在湖北老河口因病去世。陆素娟曾三次登上《北洋画报》的封面，并成为1933年7月7日《北洋画报》七周年纪念刊之“七夕”织女。1937年1月30日，陆素娟参加“冬赈义务戏”的报道，是她最后一次出现在《北洋画报》中。

2　方显廷：《中国之棉纺织业》，商务印书馆，2011。

廿二年七月七日星期五
第九百五十六期（第二十卷）

THE PEI-YAN PICTORIAL NEWS TIENTSIN.
No.956(Vol 20) Friday July. 7. 1933

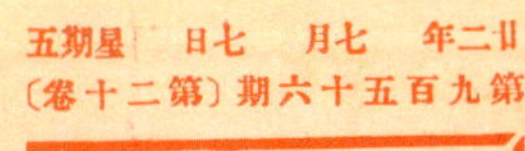

北洋畫報

隨時代轉變之織女（名坤伶陸素娟飾）天津同生攝。

迷信專刊

本期所得材料，大部分係關於迷信之文字與圖畫，此固係偶然之現象，但既有如許迷信材料，同時發見，似不妨即名之爲迷信專刊，以博讀者一粲。

▷陳唐莊仙窟前尋丹之婦人◁ 本報攝。
Women digging for sacred pills at Chen-Tang-Chuang, near Tientsin

▷本社同人參加陳唐莊尋丹運動◁ 本報攝。
Our staff visit the Chen-Tang-Chuang miracle land and also dig for sacred pills.

▷軍民男女拜求狐仙治病◁ 本報攝。
Sick people of all class crowded at Chen-Tang-Chuang.

新道古碑——劉伯溫『遺迹』!!
An "old tablet" made by the Kuomingchun for propaganda.

我們却仍然抱定了「一日克己復禮，天下歸仁焉」的真言，有錢有位的人，一朵(?)去念經，扶乩，打坐，練氣，等而下之便也燒香，求神，討籤，問卦。——聽說「出了神仙」，便可以益千累萬的不遠千里去磕個頭，請求「他老人家」，慈悲慈悲，赦除我們的罪。從龐沽還到陳唐莊的「胡幾(?)太爺」，就是最顯著的例子，所以常常見些「槍刀不入」「子彈不過火」一類的鬼話，而竟有一班聰明過度的人們，想利用這種機會，造成自己的地位。更奇的是居然會從國民軍的參謀處，去發表「天降真言」「大劫將臨」的宣傳品。

唉：說句不爭氣的話，我們儘管有住大洋樓，乘摩托車，用電燈電話……一類「形而下」的東西，一方面却較之中世紀，或者初世紀的神權時代，差不了許多，所以我們對陳唐莊拜謁「仙靈」的時候，總覺得有些「時代錯誤」。

不錯！我們確實在西歷紀元後一千九百二十七年六月間的一個早晨，（就是今年，不是紀元前五百年，或是一千五百年。）我們因爲胡三太爺在龐沽已出了好久的風頭了，有這樣「仙靈聖跡」，真是千載難逢的好機會，本社同人立刻纔上「幼稚的科學」之產物——摩托車，經過幾處大馬路，小馬路，小集鎮，田塍，到了一個所在，遠遠的望見一個土阜，只多比平地高三尺，上面搭了一個廟棚，還沒有鑠(?)妥哩。一羣男的，女的，老的，少的，村的，俏的……還有丘八先生，巡警老總，黑鴉鴉跪了一地，香煙繚繞，祝語呢喃，喝！真神秘！我們也實行「到民間去」，上了香，拜了神，求了聖水，（是半壺涼開水），尋了仙丹，（小土塊而已矣）照了像，回來了。

在場有位仙童（只好這樣稱呼），是位癩子，好像很有接近仙真的權能，手裏拿了一個紙片，歪歪斜斜寫着：

胡二爺治全病，灰七爺治腹病，胡三爺治全病，黃八爺治全病，
柳元青治外科，白五爺治癆病，柳元波治眼科，寶四姑治婦科。

原來各位仙長，各顯奇能，都有專長，這癩仙童便是院長，我便問他的腿因何不求大仙治癆，他楞了一楞說「辦不了」，我們也都一笑走了。——這是多妙的境界。

過些日子痰下來了，誰知「神得很哩」，從河南繼山(?)的國民革命第十二軍寄來一件「奇文」，承他們美意，但是只好說是「奇文」，說是發現了「劉伯溫的預言碑」，上面有「遺迹」兩字，彷彿「就欠亭」。這類「妖書」現在多得很，大蓋都說「大劫就到」「不信的嘔血而亡」「傳送的脫災免難」，這樣宣傳法，還不如說「真龍出現」來得痛快呢。分明是魚腸吊書，合篝火狐鳴的故智，正真夠上「妖言惑衆」，別替宣傳去臉了。真想不到自命革命軍的會有這樣蠢的手段，這樣鈍的腦子。說來說去，無怪我們處處落伍，因爲大家都想着走巧道兒啊！

▣我們還談什麼

鐘吾

我們還談什麼「文化」，說什麼「主義」，趁早可以不必罷！

在這樣一個科學長足進步的世界上，人家時時刻刻的從事於「幼稚的形而下之藝」，我們却潛心於「高深的形而上之道」，（我時常聽見一班自號通儒的，這樣的高談闊論），結果他們幼稚幼稚儘，却造出很多有用的物色，來供養中國人，如鐵道，輪船，以及於什麼「電氣」呀，「化學」呀，一切物質享用。——或者給些飛的跑的殺人利器，叫你嘗嘗甜頭。

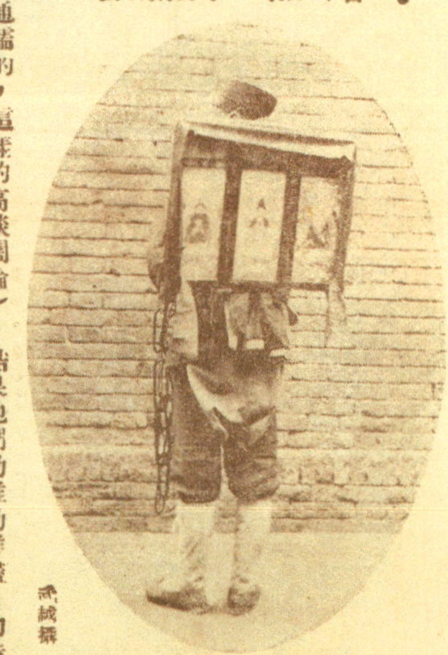

▷一個奇異的化緣老道◁
A taoist priest who solicites for alms.

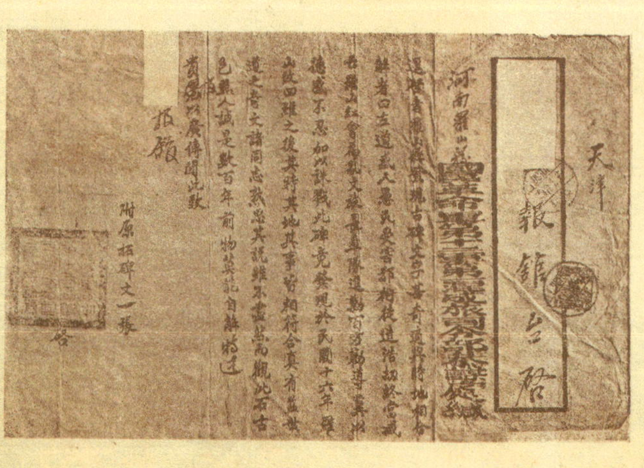

天津
報館台啓

◁匪夷所思國民軍之一種宣傳品▷
One form of propaganda used by the Kuomingchun.

此函及原佈碑文，係由郵局自河南遞來，寄致本埠某報者，未貼郵件，檢查員收沒。聞於此類之宣傳文件，各報所收甚多，但未嘗有若此之怪者耳。

《北洋画报》
第一百零九期　2版
1927年8月3日

《迷信专刊》除旧

“迷信”，《现代汉语词典》解释为：“相信神灵鬼怪等超自然的东西存在。泛指盲目地信仰崇拜。”[3]这一定义当然远比世俗社会的理解要严谨得多。人们在具体运用这一词语的时候，常常会以“破除迷信”来作为叙述的基础。可以说，“迷信”只要被提出，就往往连带着“破除”；“迷信”作为一种评价，一经使用就已经被置于明确的贬义语境下了。事实上，就像常识与新知的关系——不同的时代和背景，许多“新知”最终会演变成“常识”，“迷信”在未被“破除”之前，一定是以“信仰”乃至“真理”的样貌被信众所尊崇的。所以，古今中外总会有迷信和破除的故事。

第109期《北洋画报》，在2版开设了《迷信专刊》。发刊词说：“本期所得材料，大部分系关于迷信之文字与图画，此固系偶然之现象，但既有如许迷信材料同时发见，似不妨即名之为迷信专刊，以博读者一粲。”

专刊以6张照片和1篇长文构成，照片分别注释为“本社同人参加陈唐庄寻丹运动”“陈唐庄仙窟前寻丹之妇人”“军民男女拜求狐仙治病”“新造古碑——刘伯温‘遗迹’”“一个奇异的画缘老道”“匪夷所思国民军之一种宣传品。”长文的标题为《我们还谈什么……》，作者“钟吾”。节录于下：

> 我们还谈什么“文化”，说什么“主义”，趁早可以不必罢！在这样一个科学长足进步的世界上，人家时时刻刻的从事于“幼稚的形而下之艺”，我们却潜心于“高深的形而上之道”，（我时常听见一班自号通儒的，这样的高谈阔论），结果他们幼稚幼稚尽，却造出很多有用的物色，来供养中国人，如铁道，轮船，以及于什么“电气”呀，“化学”呀，一切物质享用。——或者给些飞的跑的杀人利器，叫你尝尝甜头。

作者随后把诸如求神拜仙、占医卜药、假借先人、刀枪不入等怪乱现象做了具体描写和有针对性的阐述，尤其是对于所谓革命军的怪力乱神的举动毫不留情面地批驳，言辞犀利。并以此结尾：“真想不到自命革命军的会有这样蠢的手段，这样钝的脑子。说来说去，无怪我们处处落伍，因为大家都想着走巧道儿啊！”

这篇犀利深刻的文章，秉承着当时进步知识分子的一贯思考逻辑：他们希望国民能够接受新的文明事物和理念，摒弃自古而来的迷信思想和习惯。但是，迷信之所以根深蒂固且信众众多，和当时的生活水平、文化结构有极其深刻的联系。从这一专刊披露的内容看，编辑记者罗列的现象之繁多、领域之广泛、迷信之深入人心，绝非一篇长文、几张图片所能改变的。正因为如此，推崇新知理念的《北洋画报》一直没有间断和迷信做斗争的工作。从办报初期到后期，画报常常会有杂文或者报道登出，既有针对地域性的消息，如第952期2版文章《谁不迷信》；也有针对行业的披露，如第856期3版文章《破除迷信的基础》；更有试图给读者分析如何看待“迷信”事物的说理文章，如第1476期3版文章《用科学的方法来解释迷信》。凡此种种，《北洋画报》在“破除迷信”上可谓不遗余力。

3　《现代汉语词典》(第7版)，商务印书馆，2016，第897页。

《北洋画报》
第一千四百七十期 2版
1936年10月27日

“集团结婚”新风

自1935年开始，《北洋画报》中“集团结婚”的图文报道逐渐增多，达几十次，地域涵盖了上海、天津、北平、广州、南京等主要城市。《北洋画报》对“集团婚礼”的报道不仅展示了一种社会新风的逐渐形成，也反映了当时被人们逐渐认可的新婚俗理念。

“集团结婚”又名“集体婚礼”，曾盛行于1920年代的欧洲。当时的意大利政府为增加人口，鼓励结婚生育，并规定每年10月30日为集团结婚的日期，1923年参加集团结婚的夫妇已有2600多对。1930年代，这一结婚形式作为一种新的生活方式（仪式）被引入中国，其时恰在南京国民政府提倡“新生活运动”时期，因此迅速得到推广。

1935年2月7日，《上海市新生活集体结婚办法》公布，有60对准新人报名参加。社会局对每位登记者进行资格审查，最后核准了57对。4月3日，上海举办了第一届集团结婚典礼，时任南京国民政府上海市长吴铁城、社会局长吴醒亚担任证婚人。《北洋画报》于4月13日第1230期刊登了这次集团结婚的大幅照片，并以《沪第一届集团结婚》为题报道了此次婚礼中很多有趣的幕后花絮：

> 本届领取登记证者有四百二十人之多，而实行结婚者仅有五十九对。其中有一对，因新婚夫妇于婚书盖章之时，为社会局人发觉新妇已大腹翩翩，故被取消，而其中又有一对，则以其家长认为四月三日在历书中为诸事不宜之一大破日，故临时退出。主办人等认为此种迷信在新生活运动与国府明令废除阴历之后，殊为荒诞，本拟严惩，以儆效尤，嗣后仍以迷信深入人心，非可强制，亦只听之。

婚礼当天盛况空前，上海各界代表和市民都前来观礼，新婚夫妇“步入礼堂后，由市长及社会局长两证婚人颁发婚书及纪念章，章为银质，做成太极圆形，太阴、太阳上各刻结婚人姓名，系两证婚人所赠，嗣由市长报告结婚人姓名，并致训词，然后奏乐成礼。在返至上海路，经过复旦大学门口时，所有车辆，多为该校学生拦住。经过一番庆祝表示后，始被放行。自首届典礼成功举办之后至全面抗战爆发，上海共举办了13届集团结婚，《北洋画报》陆续报道至第11届。

1935年6月15日，继上海之后，天津首次举办集团结婚活动，《北洋画报》于三日后刊发多幅现场照片和报道文章《本市集团结婚志略》从文章可见：天津第一届集团结婚由基督教青年会主办，在宁园礼堂举行，共九对新婚夫妇。“每对收费十元，其为青年会会员者，则只收费五元……其章程不代收礼品，亦不代为陈列，并不得雇用花车，过事铺张；尤为崇尚俭德，免除奢靡。”时任南京国民政府天津代市长商震、前市长张廷谔、社会局长邓庆澜、基督教青年会会长雍剑秋，担任证婚人。文章称：

> 津代市长商启予氏之致辞，言简意永，为是日演说诸人中之冠。最末谓：“古人说，愿天下有情人都成眷属”。博得全场掌声雷动……前市长张廷谔致词中，大引古书，如孟子中之“不听父母之命，媒妁之言”，学庸中之“君子造端乎夫妇”等。更谓集团结婚，在古时确已有之。因引用周礼“仲春之月，令会男女，奔者不禁”为证。

本市青年會主辦之第三屆集團結婚於廿四日在寧園舉行，禮成後全體合影（1：證婚人張市長·2：馬彥翀·3：社會局長李在中）。天津同生攝。

△佳謎錄▽

一人一口又一丁，竹林有寺卻無僧，清霄不見雲頭月，自古春無三日晴。（射四字）

胡故主席國葬典禮，中央特派王寵惠，孫科，陳立夫赴粵致祭·圖為離滬時留影（右至左：王氏·孫氏·吳鐵城·楊虎·陳氏）

本市第三屆集團結婚紀瑣

如愚

青年會主辦之第三屆集團結婚，廿四日在寧園禮堂舉行。新夫婦共十五對，為第一第二兩屆之共數，是日寧園之觀衆，達四五千人。惟因所發觀禮券所限，得至禮堂觀禮者，僅千餘人而已。茲就會中瑣事，略誌一二。

第一對新夫婦交換戒指時，因事前無準備，新娘之戒指，久除不下，需時稍久，臺下大為鼓掌。

十五對新夫婦中，因新娘許鳳蘭最胖，新郎邵宗敬最瘦，對立台上，儼如電影中之「哈代」與「勞瑞」。此一對新夫婦每有動作，全場即為鼓掌，致使新夫婦面紅耳赤，躅促不安。

老舍母壽

舊歷九月十四日為作家老舍（舒舍予）之萱堂九十壽辰。老舍已於前數日携眷來平，特在西直門內衞蔔院六號本宅高搭彩棚，預備大舉。開鼎日所有在平名作家暨各大學敎授，皆往慶賀云。（逸飛）

本市名閨劉黛茜女士。天津同生攝。

全國警界集款購置之警察號飛機在首都舉行命名禮，由首都警察廳長王固磐之女公子擲瓶。國際社攝。

魯迅之「吶喊」不為其母賞識

大·白·

魯迅先生之母，周老太太，雖為一舊式女子，然亦係大家女，幼曾讀於私塾。嫁後，於操持井臼之暇，亦常披閱說部。舊小說幾於無書不讀，新小說則喜李涵秋之「廣陵潮」，雜誌則喜「紅玫瑰」。當魯迅昔年居平之時，一日，周老太太謂魯迅曰：「人家都說你的「吶喊」做的好，你拿來我看看如何？」及看畢，曰：「我看也沒有什麼好！」事載章衣萍之「枕上隨筆」。

故名作家魯迅之母（左）與妻（右）。宋致泉攝。

施劍翹接見平市婦女界（右至左：劉卓生，潘毓桂夫人，施劍翹小姐）。宋致泉自平寄攝。

歇後瑣譚（二）

湘·如·

然在昔日，則此等技倆，秀才家頗優為之。相傳有縣令貪贓黷貨，與某大紳朋比為好。去之日，紳乃假借名義向民間醵資，造萬民傘以頌德政，而與某秀才議題詞，某遂題「善政得民」四字畀之，縣令受之甚喜。其後被人道破，始知乃一歇後語，蓋用論語：「善政得民財，不善政得民賊」一句，隱一財字，以彰其墨也。桐陰清話載：南海某太史，不能操北音，見客輒曰係係（土音言是曰係），或贈以聯云：「江淮河漢，日月星辰」，某大喜，而不知其歇後語也。人傳為笑。又嘉慶間粵東莞鍾孝廉榮焜，才名藉甚，性不羈。少時在省塾讀書，有盤龍癖，書籍衣物悉典質以償負，至欲歸而不可得，乃作歇後詩一首，寄其家人云：『打點行程「大學之……」（道，粵語與渡同音），皆因「子所雅言詩……」，（書與輸同音），早知「戒慎其所不……」，（睹借作賭），何至而今賦「詠而……」』（歸）。其父得詩大異，立寄百金速之歸，不責其賭負也。又一笑話云：土地新蒞任，設筵招其所轄境內之二秀才飲。甲闕其唇，乙聾於耳。酒酣，行觴令；土地曰：二先生咸具異人之相，各不相同，而老漢體態龍鍾，面目可憎，亦能令人望而生畏。今日之會，良非偶然，所行酒令，自當以貼切為主。衆皆稱善。遂各舉經傳中之有其本相字者三句，但須將此本相字删去，而末字必叶韻。土地以主席，先盡一觴，發令云：「入其疆闢，入其疆荒蕪，狄人之所欲者吾」。次及闕唇者，亦飲盡一觴，曰：「多聞疑，多見殆，君子於其所不知，蓋」。及聾者，聾者舉觴而言曰：聾字不見於經傳，但余之耳，本有若無也，無已，截去下半截，而以龍字代之，何如？衆曰可。聾者乃盡其手中酒而言曰：「飛在天，見在田，其不可拔潛」。蓋亦歇後語也。（完）

參加平市中等學校秋季運動會師範女生之一部。致泉。

宋哲元委員長（↓下）致祭畿輔先烈後向燕冀學生訓話情形。致泉。

张氏这番复古言论在观众中引起怎样的反应，文章并未记述，令人观之却颇可领略在那个新旧羼杂的时代，新生活方式从旧观念中寻找“合法性”的印迹。天津的集团结婚典礼当日也是人头攒动，很多人来到现场感受这一新生事物。《画报》载：“是日有联华公司在礼堂外拍摄新闻片。观众中有三五着红绿衣服之女性，其中一人曳其女伴之袖曰：‘二姑快躲开吧，别让照相的给照上！’据记者观察，此辈无上镜头之必要。”《北洋画报》对于天津首届集团结婚的报道，延续了报道上海首届集团结婚的文风，不仅将典礼详尽陈述，还有趣闻呈现：“筹办此事之该会宗教干事张益三君，现尚未结婚，有人谓之曰：阁下单人婚尚未结过，今办集团结婚，何来此经验？张谓古人云未有学养子而后嫁者，今我办集团结婚，他日做单人婚之新郎时，岂不经验更丰？正所谓推翻古人学说也。”

1935年10月12日，由基督教青年会主办的天津第二届集团结婚在宁园礼堂举行。据《北洋画报》报道：“新婚夫妇只有六对，较上届少三对，闻因限制较严之故。然市民对于此种婚礼，不感兴趣为最大原因。”由此也可看出当时的人们对于集体婚礼乃至于新式婚礼相对保守谨慎的态度，尽管如此，画报还是辟出很大的版面对这样的新风不遗余力地宣传。

1936年10月24日，宁园礼堂举行了由天津基督教青年会主办的第三届集团结婚，三日后的第1470期《北洋画报》2版刊发了婚礼照片。

文章《谈集团结婚》代表《北洋画报》编辑部发表了对当时社会状况下，关于这一新兴事物的一些思考：“吾人处此都市繁华销耗之地，与夫社会经济凋敝之时，十九为生活所鞭策，日常生计，犹感困难，一旦有婚嫁大事，确有疲于奔命之苦，自集团结婚之制行，此最严重之切身问题，乃得迎刃而解矣。若青年皆能起而行之，将来更当有良好成效也。”

1937年6月22日的《北洋画报》报道了“平市第一届集团结婚于本月二十日在怀仁堂举行”，并配有现场的多幅照片。报道再次思考集体结婚的意义，对人们接受新事物的态度予以肯定，但也提出了“无论什么事物到了中国来就会变味”的质疑，认为“接收了新的东西，与以改变，不是错误，不过要看改变得怎样”。这也是在行将停刊的《北洋画报》上最后一次报道集团结婚的图文内容。

第1470期《北洋画报》的同一版面上，新式集团结婚的报道之下还有一张照片居于版中位置，注文为“故作家鲁迅之母与妻”。照片中端坐椅上的是鲁迅的母亲鲁瑞（1858～1943），正如照片旁文章所述“鲁迅先生之母周老太太，虽为一旧式女子，然亦系大家女，幼曾读于私塾。嫁后，于操持井臼之暇，亦常披阅说部”。画报刊出这幅照片的时间为鲁迅去世后的第八天，鲁母旁边侍立的就是鲁迅的原配妻子朱安（1878～1947）。生于绍兴商贾人家的朱安，虽识字不多，但通晓旧礼，性格温和。她与鲁迅是完全依从父母之命而成婚的。鲁迅父亲去世后，其母就开始劳心于儿子的婚事，并相中朱安为儿媳人选。1901年4月3日，鲁母在没有征得鲁迅同意的情况下，按照婚仪正式到朱家“请庚”。由双方父母做主，定下了鲁迅与朱安这对陌生男女的婚姻大事。订婚后鲁迅赴日留学，四年后，其母以病重为由拍电报令鲁迅回国。1906年7月6日，鲁迅与大他三岁的朱安完婚，三日后又重返日本。从此之后，无论是在老家侍候婆母，还是迁居北京照顾家人，朱安都与鲁迅维持着形式上的夫妻关系。鲁迅曾这样描述这段婚姻：“这是母亲给我的一件礼物，我只能好好地供养它，爱情是我所不知道的。”足见这段婚姻给两人带来了无尽的痛苦。朱安于1947年去世，临终遗愿则是“死后葬在大先生之旁”。

《北洋画报》这样的版面编排不知是有意为之还是无心之举。新式婚礼的初肇与旧式婚姻的晚景同版刊发，两张照片呈现了不同的况味。诚然，在那个时代，新式婚礼中不乏“父母之命”的夫妇，旧式合卺中也有举案齐眉的璧人。但毋庸置疑的是，在新知思想的推动下，更多相识、相知且勇敢相爱的新青年已登上历史的舞台。

防御毒瓦斯

第 1486 期《北洋画报》“介绍防御毒瓦斯法专页”用 3 篇文章和 8 幅图片，介绍了关于毒瓦斯，尤其是防御毒瓦斯的知识。1936 年，世界格局急剧变化。尤其是欧洲，伴随着国家间不断的关系冲突，一场巨变似乎就在眼前：10 月 24 日，德国和意大利签订《柏林协定》，形成“柏林—罗马”轴心；11 月 25 日，日德两国在柏林签署《反共产国际协定》。此前，日本对中国的蚕食和入侵已进行了多年。这样的时局推动《北洋画报》关注武器方面的话题，毒瓦斯即是其中一例。

专页最长的一篇文章名为《毒瓦斯之种类》，署名“亦云”。文章开头就说：“近世因科学发达，战争工具，日新月异。兹将英国保维（C.E.Bower）君所著市民对于毒瓦斯防御方法，介绍读者，用增兴趣，且可防患未然也。”这里，作者仍将毒瓦斯的防御方法纳入“新知”的范畴，但是相信当时的读者是能够体会这样的知识对未来生活的意义的。

文章介绍了当时毒瓦斯的种类，尤其是受害后的症状，以及应对、抗御方式等。末尾最后几句中还提到“上述瓦斯皆为人所共知，至若各国正在秘密制造中者，不知尚有若干种。甚至相传有以猛烈病菌散布，遇之即罹危疾。此或系传闻，想人类不致遭此浩劫也”。这段文字如今读起来令人五味杂陈，因为“浩劫”终究还是来了，编辑乃至报社的期望并没有实现。

除了这篇文章，专页还有一篇《战术的进步》，也在用一种现在看来有些讽刺和无奈的笔触，论述了人类科技发展的所谓“进步”。署名“左右”的作者在借用了中国春秋时代“不龟手药”的掌故作比喻之后说：“……这其（期）间的进步是：春秋时代的人只知想法子让自己不冻（动）手去打敌人，而现在的人，却想用毒气杀死敌人，使他不来打自己。”

专页还有一篇名为《避毒室》的文章，内含介绍文字和 8 张图画，从佩戴的防毒面具到幕帐、地窖等防毒方式，面面俱到。从实用性上来说，这是一份可以收藏保存以备不时之需的说明书。

这一专页发布之后的 10 天，1936 年 12 月 12 日，西安事变爆发，“停止内战，一致抗日”在随后的日子里将不再是口号。更加有意思的是，1936 年 12 月 29 日的《北洋画报》第 1497 期 2 版上，多幅照片报道“首都（南京）各界庆祝蒋委员长安全返京”，包括一张北平学生在天安门庆祝的照片。在这些图片报道的中间，题为《飞机，潜艇，烟幕，毒瓦斯》的一篇文章格外醒目，直言武器的产生是科学发达的必然结果。

△佳謎錄▽
左邊三十一，右邊一十三，總共三百二十三。（射一字）

介紹防禦毒瓦斯法專頁

避毒室

市民之防禦毒瓦斯，以設一避毒室爲宜。如住室不多，則須將應用物品預備齊全，臨時將所有孔隙窗戶嚴封，亦可得保安全。普通在九英尺高之房內，有二十尺平方之空間，卽足容一人，與外間隔絕，在十二小時內，不致缺乏空氣。爲避彈計，應以地窖爲宜；但爲避毒瓦斯計，則不宜於地窖，因毒瓦斯比空氣爲重。如房頂及牆壁不致爲炸彈所毀，則以平房爲妙。最重要者，爲封閉房屋時，勿忘牆間煙筒，通氣管，電線管等透氣之處。究其實言之，則何時氣來氣散，在外國皆有當局鳴笛或其他號誌以告市民，並遍設救治站，以醫中毒者。而我國則尙無此類設備也。

愚如

◁此圖房門卽接連於下圖之過道。一切設備，極爲周詳，倘將不必需之物酌爲減去，當無不可。▷

◁此圖適用於樓房之樓梯間或平房之過道▷

毒瓦斯之種類

近世因科學發達，戰爭工具，日新月異。茲將英國保維C.E.Bower君所著市民對於毒瓦斯防禦方法，介紹讀者。用增興趣，且可防患未然也。

毒瓦斯破壞力之大，舉世無匹。其施放方法有二：一以製成炸彈，爆成氣體；一以液體，噴成煙霧，然皆通稱爲瓦斯(GAS)，其種類又分二種：一易消散；一不易消散。易消散者，不能在高空施放；而製成炸彈者，則能施放任何種類之瓦斯。如用一炸彈施放綠氣(CHLORINE)，此雖爲易消散氣體，但亦能做成一高十尺之煙幕，籠罩地面，直至與空氣慢慢混合後，始行消散。有一種Mustard (Dichloro-Diethyl Sulphide)其性質不易消散。落於地面或房頂上時，如不經消毒，恒經過數日或數星期，尙能發出毒氣，且施放時並無氣體可見，故躱避尤難。而其傷害程度，並不祇有害於呼吸，皮膚觸之，亦能潰爛。受此毒者，並非遇之卽發，須在八小時後，始知受毒也。被毒者，須先脫去衣服，然後入避毒室，將身體洗清潔。有一種Lewisite (B. Chlorovinyl Dichloroarsine)與上述性質相同，亦不可見，不若綠氣之能見綠色煙幕也。有一種Phosgene，亦爲不能見者，遇之眼卽刺痛，呼吸困難，胸部作痛。中毒者須於溫暖處所，平臥待醫。無論何種瓦斯，如眼受毒，可速用食鹽水洗之（須煑沸，待涼後用），卽能治愈。更有一種來勢極猛，但無毒害之Diphenylamine Chloroarsine，施放時無色無味，過之者，打噴嚏，刺鼻喉，頭，牙，牙牀皆作痛，精神恍惚，但過半點鐘後，可以復原，爲瓦斯中之最有人道者。但上述瓦斯皆爲人所共知，至若各國正在秘密製造中者，不知尙有若干種。甚至相傳有以猛烈病菌散佈，遇之卽罹危疾。此或係傳聞，想人類不致遭此浩劫也。

亦云

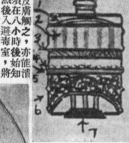

防毒面具呼吸筒構造

上圖：1：彈簧(spring)，2：距離(distance pieces)，3：棉花墊(cotton pad)，4：隔膜(diaphragm)，5：纖維素(cellulose)，6：木炭(charcoal)，7：氣門(valve)。此呼吸筒可裝於任何形式之防毒面具中。

有工作人適用防毒面具

防毒幃幕之內形（其出入口作一袋狀）

◁普通人適用之防毒面具▷

戰術的進步

美國愛迪生對於電學的發明，大家都稱讚電燈電話的便利，但也有人坐在電椅上受刑。一種東西的於人類是否有益，不在這東西的本身，是在用的人的意向而已。「不龜手藥」本是作洴澼絖用的，聰明的人却用它來大破越師。但這是春秋時代的戰術，現在已不適用。如果在現在也還應用那不龜手藥的方法，也許會收到敵方贈送一面「是乃仁術」的大旗。這不是方法的不摩登，而是古之戰者利己，今之戰者損人的原故。就以毒瓦斯說吧。毒瓦斯中有綠氣的一種。綠氣是可以用它漂白的，但聰明的人就用它來殺人。這似乎還是襲用春秋時代聰明人的故智這其間的進步是：春秋時代的人，只知想法子讓自己不凍手去打敵人，而現在的人，却想用毒氣殺死敵人，使他不來打自己。

左右

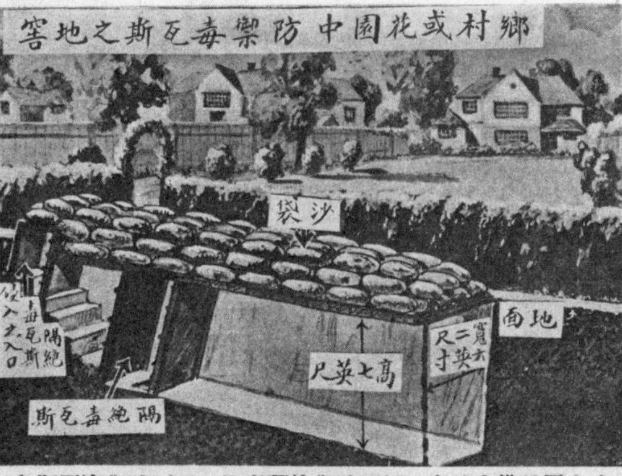

◁上圖設備之地窖，既可防禦炸彈轟炸，又可防禦毒瓦斯▷

◁防毒幃幕之外形（適用於廣場或大廳中）▷

飛機，潛艇，烟幕，毒瓦斯

首都各界舉行慶祝蔣委員長安全返京大會後民衆遊行經過大行宮之情形。國際社自南京攝寄。

蔣委員長由陝西出險後廿六日由洛飛抵首都（上）蔣氏下機留影，下：蔣氏（×）向林主席（⊙）點首致謝

△佳謎錄▽ 寫了一撇又一皿，莫作血字猜。（打一字）

閒話爆竹

首都各界慶祝蔣委員長安全返京大會何應欽代表蔣委員長致謝詞。國際社攝寄。

新婚倩影 旅平之合肥名閨吳光珍小姐。彭克讓贈刊。

挽李直繩將軍

蔣委員長安全返京，京市民燃放爆竹之狂歡情形。國際。

平學生爲蔣委員長出險在天安門開慶祝會。仲昭。

北平燕京大學慶祝聖誕節之冰上運動（右至左：傳球競賽，冰上走木棒表演，推椅競走）。李堯生自北平攝寄。

廿五年十二月念九日 （2） 星期二 第一千四百九十七期

《北洋画报》 第一千四百九十七期 2版 1936年12月29日

半年多之后，卢沟桥事变爆发，中国进入全面抗战阶段。在旷日持久的第二次世界大战中，毒瓦斯以及原子弹，最终都成为让敌人心惊胆寒的武器。

《北洋画报》
第一千四百八十六期 2版
1936年12月3日

最后，需要备注的信息是：中文“瓦斯”一词来自日文，系日文汉字的直接挪用，并非音译的英语，也非传言中荷兰语的音译。

航空“飞将军”

飞行，是《北洋画报》一个醒目且重要的话题。这一话题是画报主编冯武越家国情怀的体现，也是当时中国航空科技的一个缩影。从1926年第3期开始，航空内容的图文就不断出现在《北洋画报》上。而在随后的10多年中，《北洋画报》上不时会出现一些“飞行家”的照片，更是为有关飞行的新知内容注入了时尚、鲜活的元素。

比如第997期《北洋画报》2版上有两幅照片：一幅是“飞将军”孙桐岗携王祖文在沪虹桥机场与电影明星王元龙等人合影，另一幅是另两位飞行家陈文麟、潘鼎新在汉口接受小学生鲜花时的合影。

这两幅照片印证了这一年在中国一件颇为轰动的航空事件，即孙桐岗与陈文麟两人在这一年的“环中国飞行”。据记载，这一飞行活动之前，孙桐岗和陈文麟已经有所谓环球飞行经验。1929年，陈文麟自英国起飞，途经8个国家飞抵福建厦门。而更堪称壮举的是1933年孙桐岗从德国启程，历时28天，经13国抵达南京，成为单机飞越欧亚两洲的第一人。最为关键的是，他们二人在1933年的“环中国飞行”，正值中日局部战争愈演愈烈之时，全国“抗日救国”呼声渐盛。所以，这次的“环中国飞行”便以宣传航空救国为主题。“环中国飞行”的飞行器由两人驾驶，陈文麟、潘鼎新一组，驾驶二人设计完成的“江鹊”号飞机；孙桐岗则与王祖文一组。飞机在杭州起飞时，受到了航空署派八架飞机送行的待遇。这一期两图一文的报道是对这一飞行事件最早的记录。

同版有名为《欢迎‘飞将军’孙桐岗》的文章，作者是《北洋画报》著名的特约主笔王伯龙（孙桐岗照片也是他的作品）。王伯龙在交代了其弟王元龙与孙桐岗幼年同学的背景后，还披露了两人少年时的抱负和思想：

> 那时他们都极用功，我听孙君对元龙说“咱们现在念的这些书，未必是将来我们做事情所用的。”我很是奇怪他们，说话与思想，颇有见地。……不想这话已经隔了十几年。孙君果应了幼年所抱志向，学习了应时代所需要的航空技能，并且完成了远隔重洋，飞归祖国的壮举。

作者在感慨一番后落笔：“……据闻孙君将于月内完成飞行全国，唤起国人对航空之重视。到津时当以老朋友资格，表十二分敬意，以欢迎之。”

被称为“飞将军”的孙桐岗是当时中国最为出名的“飞行家”。他于1928年赴德国学习航空；在毕业第二天的1933年6月26日，即驾驶“航空救国”号小飞机，从柏林启程回国（上述环球飞行创纪录之举），后拜为杜月笙门徒。杜响应“航空救国”的号召，先后购买两架飞机，其中一架即赠予“飞将军”孙桐岗，命名为“鹏程万里”号。孙桐岗战前将两架飞机捐赠国有，自己随后参军抗战。抗战中，孙桐岗任中国空军第二大队（轰炸机）副大队长，在战场上出生入死。1991年，孙桐岗病逝于美国加州，享年83岁。

在1933年到1934年，孙桐岗先后至少十一次登上《北洋画报》。他俨然成为这家画报弘扬科学新知与航空救国的典型形象。而“飞行”这一主题，在当时的历史背景下亦有更为深刻和宏大的内涵。

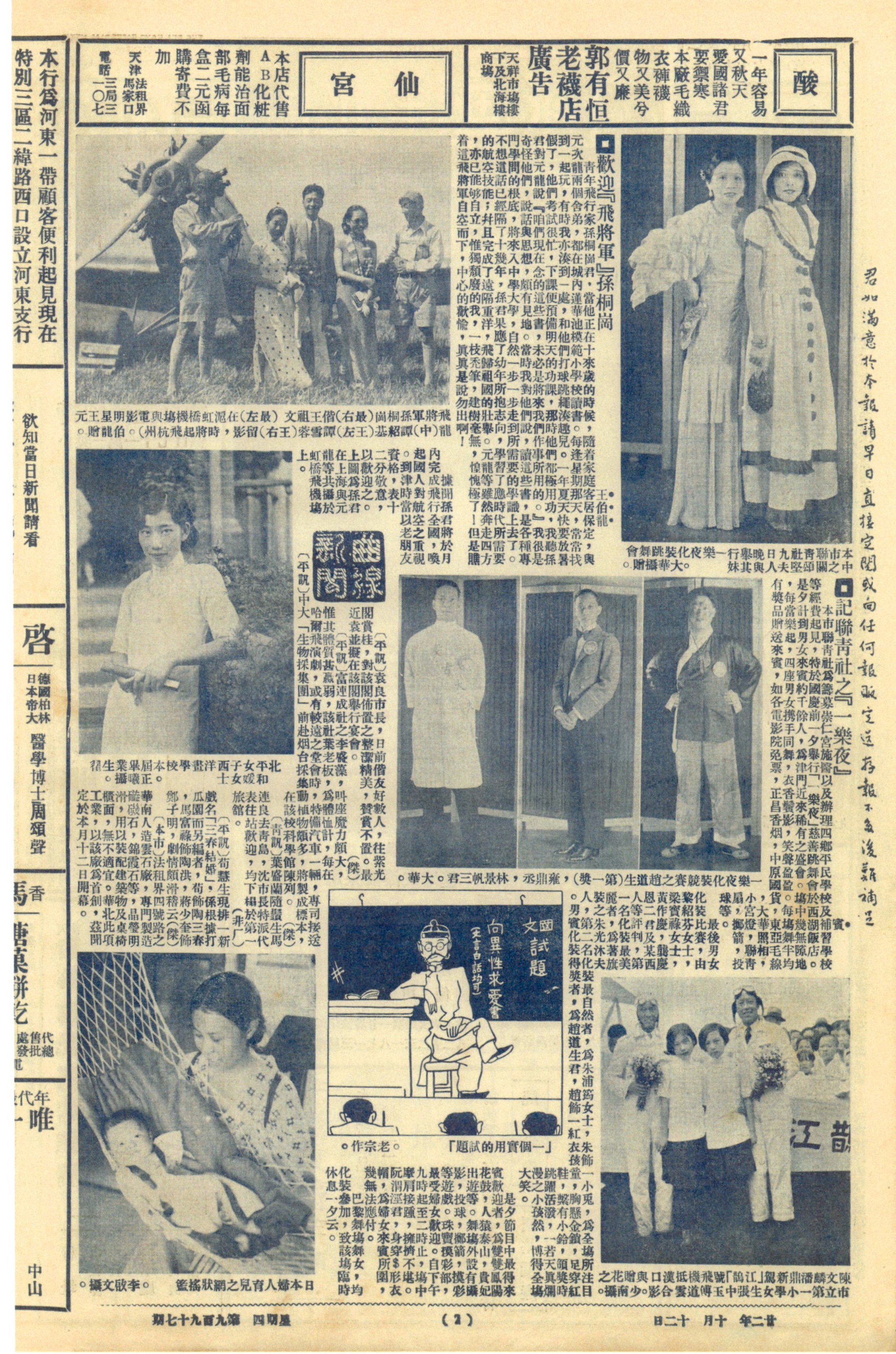

歡迎『飛將軍』孫桐崗

飛將軍孫桐崗（最右）偕王祖文（最左）在滬虹橋機場與電影明星王元龍（中）譚紹基（王左）譚雪蓉（王右）留影，時將起飛赴杭州。（伯龍贈）

本市聯青社九日晚舉行一樂夜化裝跳舞會中之關頌堅夫人與其妹。大華攝贈。

記聯青社之『一樂夜』

北平女子西洋畫學校本屆畢業生翟和媛女士。正曦攝。

一樂夜化裝競賽之趙道生（第一獎），雍鼎丞，林景帆三君。大華。

「一個實用的試題」老宗作。

日本婦人育兒之網狀搖籃。李啟文攝。

陳文麟潘鼎新駕「江鵠」號飛機抵漢口與贈花之市立第一小學女生張玉中傅道雲合影。少南攝。

廿二年十月十二日　（2）　星期四　第九百九十七期

《北洋画报》第九百九十七期　2版　1933年10月12日

妇女文化促进会

从五四运动到国民革命时期，各种新思潮应运而生，其中妇女社团的蓬勃发展，在中国近代史上留下了精彩的篇章。《北洋画报》中所记录的妇女社团基本上分为两类，一类是有教会背景的团体，另一类是民间自发组建的社团。《北洋画报》自创刊起，便记录了诸多妇女社团的建立与发展，其中包括天津妇女协会、北平妇女协会、上海妇女协会、南京妇女文化促进会、北平妇女社会服务促进会等。第567期《北洋画报》记述了天津妇女文化促进会于1930年12月21日成立的情景。当日的成立大会进行了主要负责人的选举，“选举先用提名法预选二十人，再由二十人中选干事七人。惜乎大家彼此初未尽相识，举手写票之际，乃大费踌躇，有中场未举一手，而写票不能凑足七人者，时间匆迫，固未足以为病也”。

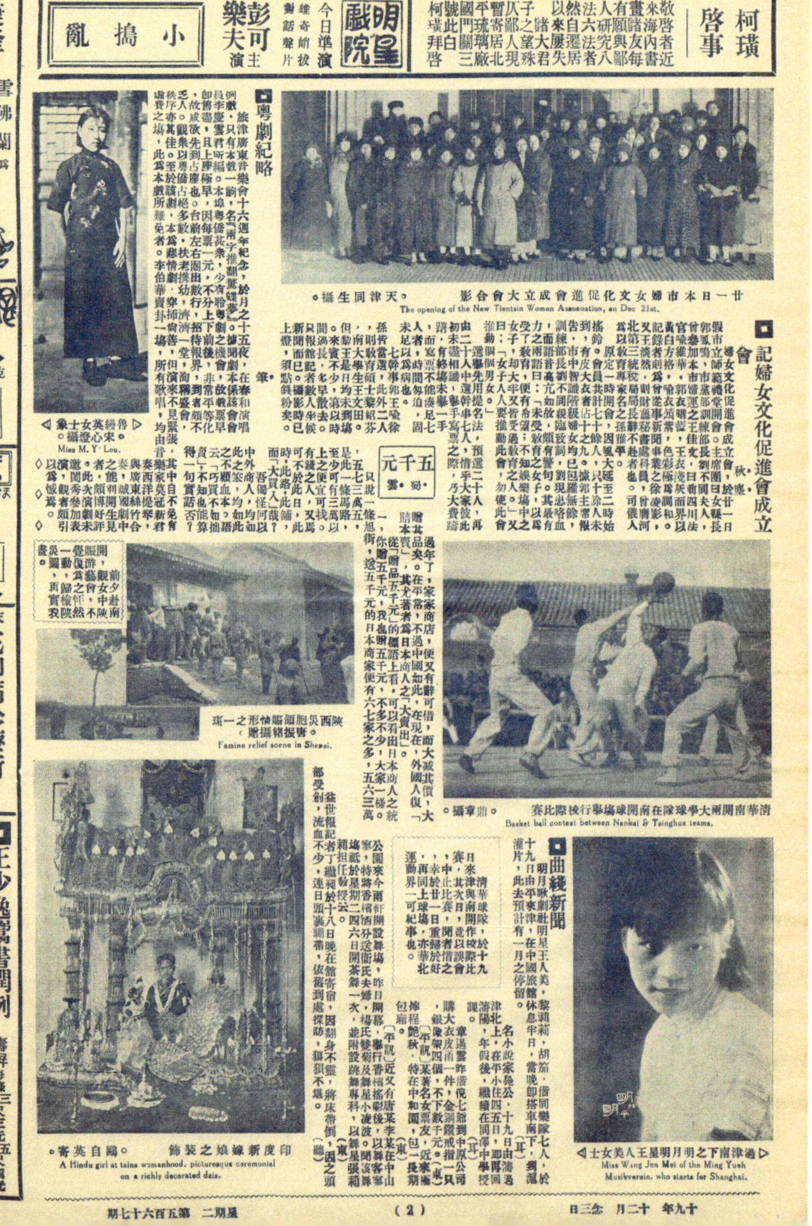
記婦女文化促進會成立

廿一日本市婦女文化促進會成立大會合影　天津周生攝

The opening of the New Tientsin Women Association, on Dec 21st.

清華南開兩大學球隊在南開球場舉行比賽　曲章攝

Basket ball contest between Nankai & Tsinghua teams.

陝西災民饑餓情形之一斑

Famine relief scene in Shensi.

過津南下之明月明星王人美女士

Miss Wang Jen Mei of the Ming Yueh Musikverein, who starts for Shanghai.

印度新嫁娘之裝飾

《北洋画报》
第五百六十七期　2版
1930年12月23日

1931年3月8日《北洋画报》首次报道了三八国际妇女节，这次的活动就是由天津妇女文化促进会主办的。国人开始纪念三八妇女节，始于1924年。时任国民党中央执行委员会妇女部部长的何香凝在广州发起了三八妇女节纪念大会，并提出了“打倒帝国主义”“打倒军阀”“争取妇女解放”等口号，这成为中国纪念妇女节的开端。一年后的1925年3月，妇女节纪念活动扩展到了北京、上海、天津等地。

《北洋画报》所载1931年的三八妇女节意义非凡。彼时中国燃起了抗日的烽火，在爱国热情的激发下，天津妇女文化促进会发表了《“三八”国际妇女节纪念宣言》，代表中国女性竖起了抗战的大旗：“日本帝国主义的炮火掀起太平洋的战云，中华民族的碧血染赤了黄海的波涛……我们要横卧于走入一切战争的轨道上，阻止不人道的惨剧发生！”节日当天，天津妇女文化促进会又发起了妇女节纪念大会。纪念会在天津市党部礼堂举行，与会人士包括各界代表。首先是相关人员发言，之后是主题发言，“会中请讲演者二人：一为蒋逸霄，说三十年来中国妇运，层层有次如剥笋，完全学者态度……一为丁懋英，果然是出席过世界妇女大会的人物，无一语不中肯，无一语不滑稽而有哲理，处处以治病喻妇运，尤觉生面别开”。由此之后，天津及全国妇女社团积极参加反帝爱国运动，为追求妇女解放做出努力，妇女社团也成为那个时期推动社会进步的一股重要力量。

《北洋画报》
第一千四百九十一期　2版
1936年12月15日

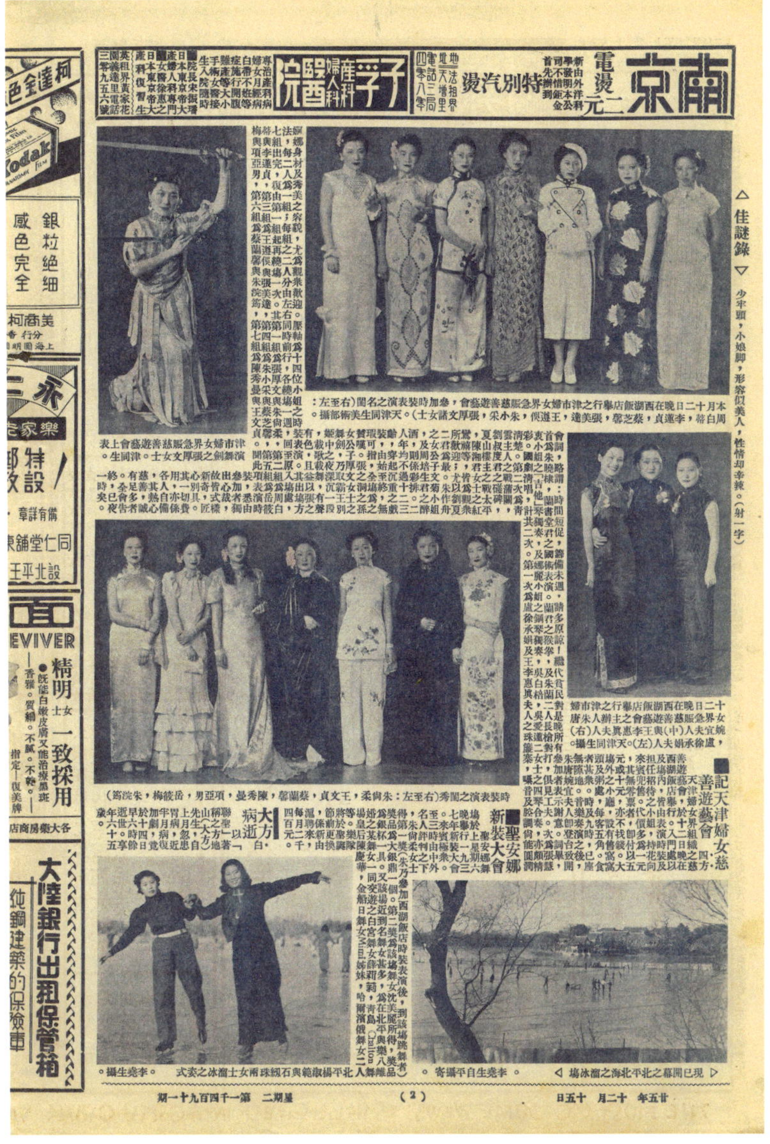

南京 電燙二元 特別汽燙

子宮 婦產科人科 醫院

柯達全色

Kodak

大陸銀行出租保管箱

廿五年十二月十五日　（2）　星期二　第一千四百九十一期

游艺会慈善表演

《北洋画报》中所刊载的游艺会类型很多，包括节日类型游艺会以及体育及娱乐类游艺会，以女性为主角的游艺会则属于娱乐类的内容。1936年这次女性游艺会又有着赈灾募款的意义。一般来说，这一类女界游艺会由当时的名媛发起，有一定的主题，在娱乐的同时达到社交和深化游艺主题的目的。

《北洋画报》第1491期第2版记录的这场游艺会的主办方并不是妇女社团，而是女性代表们自发组织的游艺募捐活动，画报称为“津市妇女界急赈慈善游艺会”。举办地点在西湖饭店，募捐方式“皆由表演时装及担任招待之小姐持花向来宾兜售。代价多为一元，其无零票者，即付以五元或十元，亦不找钱。大场外之小厅，设有售窝窝头及粥处，每客五角”。游艺会演出除国术、吉他演奏、钢琴独奏、四重奏、京剧等，“压轴为十四位小姐之时装表演”。

《北洋画报》所载的这一次游艺会时装表演，只是女性服饰内容的侧面展现。画报中尚有很多对女性审美新知予以引导和展示的内容。20世纪是一个充满变革的时代，女性服饰审美也发生了很大变化，当晚游艺会时装表演的服装“悉由参加者独出心裁，故皆式样新奇，匠心别具。其一切费用，亦系个人自备，其热心慈善，诚有足多者”。从照片中可见，游艺会服装表演中女性服装的种类多样，无论是西式晚礼服还是中式改良旗袍等服饰，都体现了“西风东渐”与“中体西用”的审美转变。

首期《儿童专刊》

随着新文化运动在各领域给国人带来的影响，《北洋画报》的编辑们也逐渐将儿童列入了关注的视野。1931 年 1 月 8 日《儿童专刊》正式发刊，画报从此开始集中版面刊载与儿童有关的内容。正如《儿童专刊》的发刊词《儿童专页之两特点》所述：“本报今天也发行儿童专刊了，这是套老把戏各报都办过了。我们从前虽然不曾正式发刊专刊，但我们也确曾登过‘孩子们’不少的像片。”早在《北洋画报》创刊之初，关于儿童与幼教的内容就曾零星地出现在新闻版面。而这一次开辟专刊，可以说出自画报编辑部对“儿童热”这一新现象的持续关注。

新文化运动后，对儿童问题的关注与探讨成为一种强烈的时代情绪。人们希望打破“三纲五常”与“老者本位”对儿童的束缚，并借助对新社会、新道路的追求，以新的视角看待儿童。新文化运动提出要“把儿童当作人”“把儿童当作儿童”，鲁迅、周作人、丰子恺等以文学作品为武器展开了对封建儿童观的猛烈批判。鲁迅的《我们今天怎样做父亲》《从孩子的照相说起》等文章明确提出健康认识儿童生理及心理特点的观点。他甚至提出了“儿童本位主义”，竭力主张理解儿童，尊重儿童，要任“儿童的天性自由发展”。1919 年 5 月，美国教育家杜威应北京大学、江苏省教育会等五个学术团体之邀来华讲学。这位进步主义教育运动的代表人物在中国的巡回演讲，也推动了中国的教育现代化和儿童观的更新。陶行知和陈鹤琴两位儿童教育的先驱更是为建立新的儿童教育观而身体力行，发出研究儿童、尊重儿童、理解儿童的先声并将其付诸实践。在“儿童热”的不断升温的过程中，《北洋画报》的编辑们也在为健康和先进的儿童观努力发声，“我们在希望这不定期的专刊，为孩子们所喜欢，也为孩子们的父母们所喜欢”。

首期《儿童专刊》中主要展现的是培才幼稚园小朋友的风貌，内容以小朋友们的娱乐和表演为主，据文章描述，其中既有“耶稣降生”“滑稽舞”等表演，又有京剧《黄金台》《捉放曹》的清唱。培才幼稚园还与北洋时期一个出名的事件“血溅佛堂”有关联。施剑翘撰写的《是我杀死了孙传芳》一文中记载：“孙（孙传芳）有个女儿叫孙家敏，1933 年同我的大孩子克峰（那时叫施大利）在法租界培才幼稚园同学，知道孙住在法租界三十二号路……从看守房子的赵副官的口中，了解到孙已迁住英租界二十号路……我既然找到了孙的住处，就积极准备复仇工作。”[4] 培才幼稚园附属于私立培才小学，位于天津法租界。因与基督教维斯理堂毗邻，各种大型活动常借用维斯理堂，即首期《儿童专刊》《培才园》一文中提到的“维斯礼堂”。

1930 年 7 月，天津的一些有识之士提出了举办“儿童康健比赛会”以改善儿童身体健康的倡议。1930 年 10 月 12 日，中国近代第一次以儿童健康为主题的“儿童幸福运动会”举行，开始了长达一周的儿童节日。在此之后，全国各地都开始争相举办“儿童幸福运动会”。在这种新风的感召下，《北洋画报》的《儿童专刊》应运而生。第 573 期封面刊载的照片就是一个洋溢着幸福的笑容，正在吃早餐的儿童，且成为《北洋画报》中为数不多的儿童封面之一。

1931 年 3 月 7 日，中华慈幼协会“建议将每年的四月四日确立为儿童节”的提案由上海市政府转呈国民政府，获得批准。《北洋画报》于转年 4 月 2 日儿童节前夕发表文章《第一次儿童节之明日》详细报道了上述经过，并将当时著名的“儿童歌”附录于文后“以备小弟弟小妹妹后日之需”，歌曰：

> 四月四，儿童节，我们大家都快活！青山含笑水欲语；春花灿烂春草碧。一片大自然，生气正蓬勃，我们大家都快活！四月四，儿童节，我们大家要努力！燕子做窝养儿女；蜂儿采花去酿蜜。一片大自然，自强不休息，我们大家要努力！

4　方博：《培才幼稚园》，《今晚报》2021 年 3 月 29 日，第 12 版。

北洋畫報

THE PEI-YANG PICTORIAL NEWS, TIENTSIN.

本報恢復價目

（自九月一日起）每大洋一元定閱二十期 七十五期三元七角五分 全年百五十期七元五 半年

◻一個可愛的孩子吃早餐‖

"Breakfast"

◦黃耀庭攝◦

《北洋画报》
第五百七十三期　封面照片
1931 年 1 月 8 日

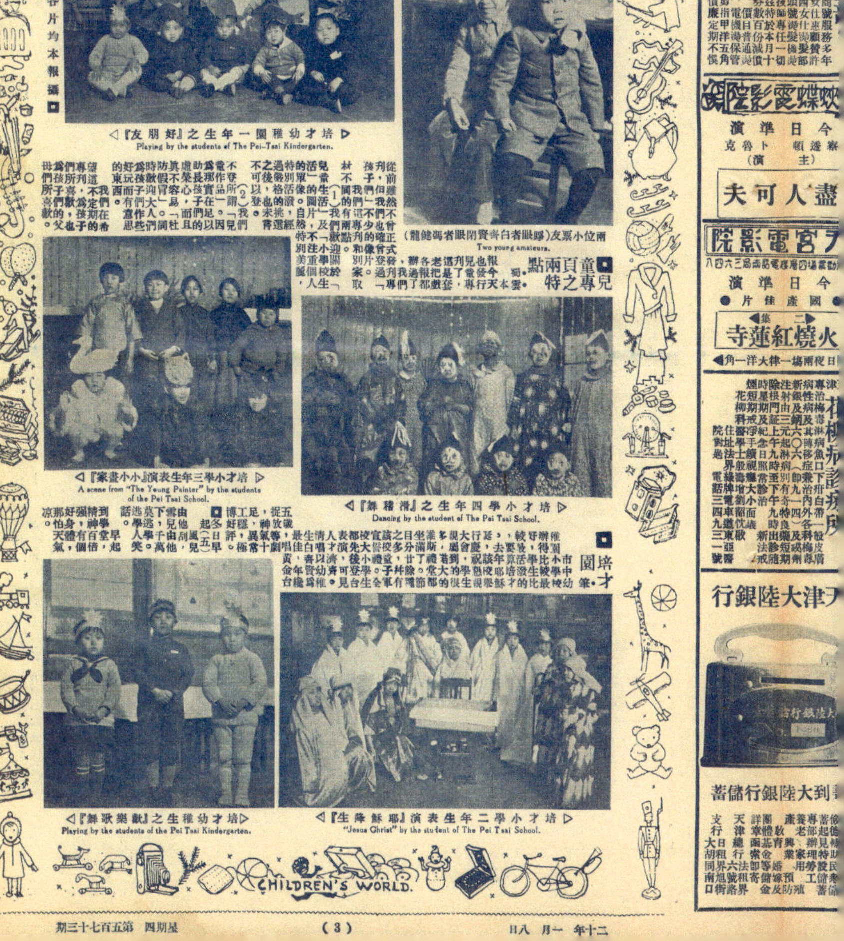

天津大華照相材料公司 特一區中街起士林對過〔電話〕三一二三四

春和大戲院 法租界馬家口 今日準演拿手好戲 杜麗雲 王清塵 李春恒 王勝虎 劇目請參看各日報

兒童專刊〔1〕

◻本頁各片均本報攝◻

▷培才幼稚園一年生之『好朋友』◁
Playing by the students of The Pei-Tsai Kindergarten.

兩位小票友（蹲睡者白齋賢閉眼者馮健龍）
Two young amateurs.

◻兒童專刊兩點之特

▷培才小學三年生表演『小小畫家』◁
A scene from "The Young Painter" by the students of the Pei Tsai School.

▷培才小學四年生之『滑稽舞』◁
Dancing by the student of The Pei Tsai School.

◻培才園

▷培才幼稚園生之『獻樂歌舞』◁
Playing by the students of the Pei Tsai Kindergarten.

▷培才小學二年生表演『耶穌降生』◁
"Jesus Christ" by the student of The Pei Tsai School.

CHILDREN'S WORLD.

天津大陸銀行

到大陸銀行儲蓄

盡人可夫

火燒紅蓮寺

二十年一月八日　（3）　星期四　第五百七十三期

《北洋画报》
第五百七十三期　3 版
1931 年 1 月 8 日

画斯文

“斯文”语出《论语·子罕》，“天之将丧斯文也，后死者不得与于斯文也”，后常代指文人或文化。本章“画斯文”以文人与文化为内容，展现《北洋画报》文以载道的一面。《北洋画报》发行的 1926 年至 1937 年，正处于所谓的“黄金十年”（1927 ~ 1937）。这个时期，除了政治经济的发展，文化也有了新的样态。以“传播时事、提倡艺术、灌输知识”为办刊宗旨的《北洋画报》有自己清晰的文化定位：

> 我们常说：画报为休闲读物，不做任何宣传。故我们所取的唯一方针，便是迎合读者的心理；所处地位，偏于客观。然而，一方面却立出几个范围，便是“传播时事，提倡艺术，灌输常识”；我们以为一个以画为报的报，至少必具此三项条件，始能算得是个完全的画报；而读者对于我们同情，那便是我们所见不谬。[1]

这样的办刊理念并非一蹴而就，而是来自此前文化的积累与更迭。19 世纪末“维新变法”运动中的一批改良主义知识分子对 20 世纪初民国文化产生了重要影响，其中尤以康有为、梁启超、谭嗣同等为代表。1895 年的“公车上书”，使维新派登上了历史舞台。他们成立学会，开办报刊，创办学堂，积极宣传新学，对后来的青年知识分子产生了深刻的影响。《北洋画报》虽然出现于“维新”的 30 余年之后，但是对于前辈新学文人的报道兴趣依然不减。其中，有关康有为的内容，图片多于文字，除书法作品外还有逢其逝世纪念日的照片刊载。梁启超晚年寓居天津，“饮冰室书斋”就是他在天津意租界的寓所。近水楼台，《北洋画报》刊载的关于梁的时效性报道内容更多，除了其新做诗词及文章，还选登其新近的书法作品。1929 年 1 月 26 日，梁启超的照片登上了《北洋画报》的封面，配说明为“最近逝世之中国时代思想先驱者梁任公先生遗像”。这一期画报在 2 版设纪念专版，内容包括各界纪念文章及梁启超的诗文、书法等。画报创办人冯武越发表了署名“笔公”的版头文章《记梁任公先生》，文章回忆了 1919 年梁启超在瑞士考察时与冯武越等“旅瑞友人”的聚会，那也是冯第一次见到自己“十年来仰慕之近代中国大文豪”，在文章的最后冯武越写道：

> 光阴似箭，倏忽十年，而梁先生乃以逝世闻；夫先生之文章盖世，故无论矣，其所灌输之思想，实开新学界之先河，故称为三十年来时代思想之先驱者，绝非过誉。先生晚年致力整理国学，尤能造福后世；是则其师康南海亦有所不及已。至于先生之政治生活，其为功为过，则非余辈后生小子所敢置论，惟其“顺应时代之潮流，而永远站在第一个浪头上”，则实为中国近代学者所未能；此殆梁氏之所以为梁氏欤？

此后，连续数期《北洋画报》刊载多位编辑同人撰写的挽联，以及社会各界对梁启超的悼念文章，足见《画报》对其人的重视。

19 世纪末，近代中国开启民智的另一位重要人物——严复，曾在天津创办《国闻报》，亦是《直报》上笔锋甚健的作者之一，并在此期间翻译出版《天演论》。"物竞天择""适者生存"成了之后几十年影响中国文人与文化的重要词条与理论。《北洋画报》的编辑出版宗旨，亦是在前人新学影响下，于当时画报界的"物竞"中而产生的"生存"思考。每逢画报的周年纪念或重要节日，编辑主笔的文章中总会将《北洋画报》的生存环境加以分析，并制定出将来更优的出版计划和方案。1930 年 7 月 7 日的《四周年致语》中，报社编辑部发文：

> 回顾最近一年中华北画报，再度涌起。独立经营者，在平有安琪儿，在津有玲珑。附大报而发刊者，在平有名言之星期三，在津有午报之天津，有商报之图画周刊。从可知社会人士，对于画报之兴味，益觉深切；而办画报者，对于社会之关系亦日以密。本报之创刊也，谬获前无古人之誉。而丁此竞争时期，本报价值不以同业众而稍损其声名，不以产量多而稍减其销路，在画报界犹得保持其固有宝贵之地位，有画报之嗜好者，亦无不乐道本报之成绩，此则同人所视为最可欣幸者也。[2]

《北洋画报》在当时构建了一个以"文人名士"为主体的编辑、记者、同人群体。这其中最为重要的，便是被时人称作"北画主人"的冯武越。正是由于他的主导，《北洋画报》的办报理念与理想构划才成为现实。籍贯广东番禺的冯武越，其父冯祥光，流传最广的说法是"曾任清政府驻墨西哥公使"，而李文杰在《中国近代外交官群体的形成》一书中明确提出冯祥光是当时清廷的"驻德参赞"。其叔冯耿光，1911 年任清政府军咨府第二厅厅长兼第四厅厅长。武昌起义后，被清廷派为参加南北议和的北方分代表，后担任中国银行总裁。他曾是梅兰芳重要的支持者和资助人，被称为"梅党"中坚，也是梅兰芳访美的重要筹划人之一，并因此被世人所熟知。冯武越 16 岁时留（游）学欧洲，曾研修过航工机械及无线电工程；1921 年回国后，曾进入相关航空署从事工作；1926 年曾任《益世报》总监察兼撰述，同年 7 月创办《北洋画报》。这样的家世与履历，成为这位新式文人入主《北洋画报》的重要资本。

《北洋画报》前后共有五任编辑（主编），分别为张寥子、童漪珊、刘云若、吴秋尘和左小蘧，同人、记者中的代表人物有方地山、袁克文、王小隐、李直绳、宣永光、施永厚、吴云心、唐立厂等。他们中既有崇尚新学的先锋，又有礼尚孔孟的拥趸；有新兴文学的作者，更有传统诗文的贤达……形形色色的编辑、记者、同人，代表了彼时的文人群体。

孔子创立的儒家学说自汉武帝时期“罢黜百家、独尊儒术”后历经千百年，始终是中华文化的主体思想。虽然其地位屡有起伏，但始终没有对儒学正统带来根本的影响。但到了19世纪末，儒学的礼教思想开始饱受质疑和批判。辛亥革命后，封建帝制被推翻，为了使“民主共和”深入人心，蔡元培开始在教育方面进行改革，主张“以自由、平等、博爱的资产阶级道德教育代替以忠孝为本的三纲礼教的伦理教育，并在学校中实行思想自由的原则，以打破两千多年的思想专制、墨守儒家一家之言的旧习”。[3]与此同时，保守派知识分子掀起了“尊孔复古”的思潮。在20世纪初期的新文化运动中，以陈独秀、李大钊、吴虞、易白沙、胡适、鲁迅、周作人为代表的知识分子，从政治、社会、文学等角度反孔批儒。1920年代末，“新文化运动时期反孔派对于孔子儒学的批判异常激烈，但在新文化运动后期他们都进行了不同程度的反思，都选择采取一种比较温和的态度去对待儒学，这些都使得新文化运动时期的反孔思潮声势渐微，逐渐走向衰落”。[4]但无论如何，一系列的政治和思想变革仍使以尊孔为代表的儒学逐渐走下神坛，其在中国文化中一家独尊的地位宣告终结。《北洋画报》创刊于反孔批儒思潮的末期，彼时的知识界正处于对儒学客观反思的阶段，并将孔子本人与旧礼教分开来看待。因此，画报中关于孔子及儒学的报道相对客观，呈现内容也更加多元。

1926年10月2日（农历八月廿六）创刊不满三个月的《北洋画报》于第25期出版“孔诞专页”。当期封面为“端木子贡手刻孔子夫妇楷木遗像”，专页中有冯武越摄影的“国子监祭孔襄礼之乐生”照片两张，以及“本年北京国子监秋祭演礼之所见”展示的“大成殿前古乐器”的照片。其中“孔诞专页”主文为署名“二板”的作者撰写的《谭谭孔二爷》一文，从中可见《北洋画报》对孔子及儒学的态度：

> 《新青年》杂志人们，每喜欢说“孔家店”。我却打算一生住在“孔家店”，不搬家了。……我崇拜孔二爷，自信不是盲从的，所以得这个结论，还是用的胡适之的“实验主义”；却与一般闭着眼大谈“违经叛道”的学究名士们不同；尤其与康有为一派，打着孔二爷的招牌，去钓名干禄的大不一样。总起来说，新的错了，旧的也未尝对，——自然不是绝对的——康有为这般人更谈不上对不对了！

文章虽以"孔二爷"拥趸自居，却也承认儒学的影响力无可挽回地式微："惟其愈是孔教会成立了，孔二爷更倒灶了。"但作者并不认同"孔子学说太旧了"的观点，认为"物件有新旧，学说只有是非，——对不对——何尝有什么新旧呢？"可见，作者虽则知道孔教会的不争气，但在西学与儒学之间，其基本上持保守主义态度，"物件有新旧，学说只有是非"一语尤其值得注意，这是保守主义者理性的体现，不盲目崇新，坚持对"旧"的合理性及有效性持审慎态度。

文章最后比较了作为两派论争阵地的报刊：

> 从前北大胡适钱玄同一般人，出了一种"新潮"，同时也就有一般人出了一种"国故"……出了没几期，便停了，由此不能不佩服"新潮"——其实只能算"西潮"，——这辈人，毕竟脑筋灵活些。接着国故的，有"唯是"……也出得没有很常久！现在与"新"抗衡的，有"华国""学衡"等等。

因"国故"派在与"新潮"的论战中迅速败阵，作者对前者的"落花流水运去也"虽然不无揶揄，但对"新潮"也不无警惕，称其只能算"西潮"。这样的观察当然也有其准确、犀利之处。总体而言，此文体现了当时的《北洋画报》对"新学"的态度，虽则潮流浩浩汤汤，不可阻挡，但对这股潮流，画报同人不无警惕。与此同时，身在潮流中的《北洋画报》在一定程度上做到了兼容并包，不仅经常刊出与儒学和孔子相关的文章、诗词、书法等内容，也频频报道李大钊、陈独秀、胡适、鲁迅、周作人、钱玄同、刘半农、傅斯年、沈从文、徐志摩等新派文人，其内容不仅包括这些人的动态、生活趣闻，亦有对其学说的评论文章。

1927年，在日本讲学3年后回国的辜鸿铭出现在第128期《画报》上。3版刊发了70岁的辜鸿铭与妻子和女儿回国后的照片，在照片旁发表文章《辜鸿铭与其妻》，与读者原来认识的辜鸿铭不同，文中讲述了其惧内的事情。《北洋画报》还曾多次登载辜鸿铭的经典语句，其中441期《辜鸿铭妙语》载录：

> 一日，辜先生论及新名词，言有许多不足为法者：类如"设计"二字，我国成语有所谓"设计害人"者，故设计殊非好话；至于"改良"二字，用途极广，殊不知亦有"改良为娼"之一成语，更属不堪；国人到处袭用，不以为意，遂每致成为笑话，遗讥大雅，亦可见其盲从，不求甚解也云。

见微知著，可知《画报》同人对于20世纪初，汉语自域外引进的一些新词、热词的态度，推而广之，也看见其对“改良”等社会思潮的态度。但《画报》同人绝非顽固的保守派，或许是兼容并包的立场使然，抑或是出于销路的考虑，当时的新派文化人在《北洋画报》上的曝光率绝不低于旧派文人。

作为“新月派”文人的代表，作家徐志摩与陆小曼的婚姻被时人所关注。《北洋画报》第29期就以“徐志摩先生之新夫人交际大家陆小曼女士”为封面，关注这一新闻。之后又在第33期发表《新诗人之得意缘》一文记述婚礼情况，并“将徐陆婚礼请柬披露吾北洋画报，不见情丝固袅袅于满纸间乎”。1931年徐志摩乘机罹难后，《北洋画报》于708期发文《关于徐志摩之死》讲述失事情由，并载当时的两种说法：“一为气象报告迟误以致因雾触于开山。一为汽缸破漏，以致飞机堕落。”

更加值得一提的是，李大钊的最后时刻也被记录在了第83期、第85期《北洋画报》中。

1927年4月30日，《画报》2版刊载了4月6日李大钊于北京被捕的图片，由右至左注明“张挹兰女士、李大钊、路友于”；5月7日《画报》2版发表文章《处决李大钊等琐闻》记述李大钊执行绞刑的过程：

> 首以李大钊送往绞刑台，李见此……乃曰：“请以纸笔来，俟书一遗嘱。”执刑者曰：“此时已完，由不得汝矣。”李无言，神色尚未变。既上，执刑者令其颈稍伸长，李如言应之，厥态殊从容，二十分钟始绝。

《北洋画报》最后一篇有关李大钊的内容出现在1934年8月30日，第1134期3版刊发《刘半农书李大钊夫妇墓碣之误》。文中对于刘半农书写李大钊夫妇的生卒时间进行了质疑和释疑，确切地推断了逝者的农历与阳历的生卒日期。文章最后说：“李先生是历史上有名的人物，他们的墓碣，必是将来金石录上的珍品，现在有这么个错误，我所以不惮烦的给复核一下。”可见《北洋画报》将李大钊定位为重要的历史人物，不得不说，一个最初由“奉系军阀”出资的刊物，能在当时有此论述，殊为不易，也从一个侧面体现了《北洋画报》的言论尺度。

20世纪上半叶，天津会集了众多文人墨客、遗老名宿，他们在这里以文结社，诗酒唱酬，使天津成为当时国内传统诗词创作重要的阵地之一。“沽上之有诗社，盖始于民国初年。首创立者为严范孙主办之城南诗社，继之先后成立者则有犀灵社、俦社、河东诗社、水西诗社、丽则诗社、寒山诗社、不易诗社、冷枫诗社，此外尚有存社、梦碧词社、玉澜词社等。”[5]《北洋画报》于1926年开始记录那个时代的传统诗词创作，除了城南诗社等代表性诗社成员的作品选登，还有名家创作的作品刊载。这其中，发表传统诗词及文言文章居多的有：以严修、赵元礼、陈宝琛、郑孝胥、杨圻、章钰等为代表的传统文人；以王小隐、方地山、袁克文等为代表的编辑同人群体。

《北洋画报》上绝非仅有旧文学，就全国范围内而言，当时天津的通俗小说可谓一枝独秀，且独具地方特色，涌现出戴愚庵、李燃犀、刘云若等一批通俗小说作家。其中尤以《北洋画报》第三任编辑（主编）刘云若最为著名，他于1930年发表处女作小说《春风回梦记》获好评，此后专攻社会、言情题材，创作了《红杏出墙记》等40余部小说，其中《换巢鸾凤》在《北洋画报》连载至停刊。以刘云若为代表的天津通俗小说家，着重描写天津的世俗风情与市井生活，善于展现天津底层民众的情感世界和心理状态，塑造了一批具有鲜明"津味"的人物形象。刘云若曾经这样描述"津派"通俗小说的创作："说到我的写作态度，是不大严肃的，这原因是我的幽默感太多，能把一切可惊可惧可恨可怒的事，完全使之'归哏'。"[6]

自1926年7月7日创刊之日起，《北洋画报》的第4版就是连载小说和文学作品的常用版面。1927～1928年曾短暂出现了副刊与增刊的第6版同时做小说连载的"盛况"，但持续时间不长。1926～1937年，除了部分翻译作品外，《北洋画报》陆续连载原创小说《津桥蝶影录》（喜晴雨轩主著）、《武侠逸闻：山东七怪》（赵焕亭著）、《金月梅传》（斗山山人著）、《辽东侠盗轶闻》（蕴珊著）、《穷酸们的故事》（吴秋尘著）、《帘卷西风记》（左次修著）、《姑妄言之》（赵焕亭）、《球场上底蔷薇》（李熏风著）、《换巢鸾凤》（刘云若著）等。

一时间，新旧文学及其代表人物在《北洋画报》上同版出现、无缝对接，可谓兰桂齐芳。新，新得亮丽；旧，旧得隽永。1937年，《北洋画报》出版最后一个年头的1月7日，发表了半阕《满江红》的"卷头语"以彰其斯文：

似水韶光，去匆匆又逢岁首。看世事扰攘难言，如瓶守口。眼底沧桑空浩劫，几番变幻如苍狗。且从头收入画图中，珍敝帚。

1 笔公：《三周例话》，《北洋画报》第341期，1929年7月7日，第2页。
2 记者：《四周年致语》，《北洋画报》第495期，1930年7月7日，第3页。
3 宋仲福、赵吉惠、裴大洋：《儒学在现代中国》，中州古籍出版社，1991，第8页。
4 张在利：《新文化运动时期反孔思潮研究》，硕士学位论文，曲阜师范大学，2017，第25页。
5 陈友苓：《回忆沽上诗坛》，《天津文史资料选辑》第32辑，天津人民出版社，1985，第196页。
6 曲振明：《刘云若幽默的背后》，《今晚报》副刊《津沽》，2021年11月3日。

斯　文

THE PEI-YANG PICTORIAL NEWS, TIENTSIN.

出版三周年紀念號

THIRD ANNIVERSARY COMMEMORATION ISSUE.

寒雲鬻書

聯屏直幅橫幅每尺二圓半 紙每尺一圓 摺扇每件六圓 過大過小別議 以上皆以行書爲率 篆倍 直楷隸加半 點品別議 先潤後書 親友減半 磨墨費加一成 英租界五十八號路兩宜里四號 日租界利亞書局

溫軟潔白 ■ 人人樂用

上海三友實業社出品

天津法租界念六號路 光明社對過 電話三三八〇三

北方煤業的新紀元

天津 唯一 機製煤球

德國機器專門技師改良煤球發售開始

招請煤廠推銷利益格外優厚 躉購從廉

(原料)西山最高煤末 (特點)無烟無臭易燃力强耐久易透 (價格)與人工煤球同價 (運輸)汽車運送

請與工廠(特三區緯六路北頭路西即大王莊福中廠內)接洽 電話三一三零號

金幣 商標

現由上海名廠辦來大批金幣牌各種襪子其絲質高純纖工堅固早蒙各界仕女贊許今爲推廣銷路提倡國貨起見所有男女長筒絲襪以及最新式繡花長筒跳舞絲襪各色齊備惠顧諸君認明本牌請購試之方知言之不謬也

本埠各洋貨店均有代售

西醫梁寶平

專門眼科 耳鼻喉科 內外科 癆傷 皮膚花柳 淋濁 婦嬰各症

■設備■ 太陽光燈 熱燈 蒸溜電機 診療儀器 折光配鏡電機

地址：法界馬家口基泰大樓二層

時間 上午十時至十二時 下午三時至五時

電話 醫室三二七八八 住宅三〇七二二

同生美術照像部

華北美術攝影的先驅

採用最新式弧光攝影法

北平王府井大街

請看德昌省油精片證明效力來函

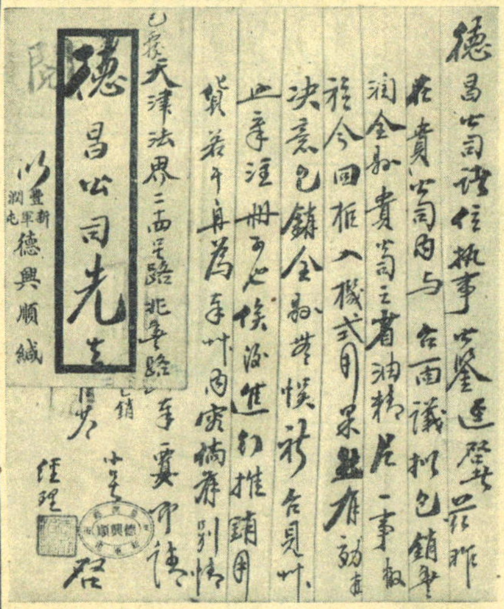

德昌公司諸位執事先生台鑒：逕啟者……（手書來函）

天津法界德昌公司先生 ……德興順織……

藝術化的理髮館

■洗頭不加價■

現在氣候炎熱人身汗液之排出亦最多頭髮日久不洗必至汗臭難聞而頭癢頭暈更覺難受本店辦到大稱洗頭藥水優待男客頭髮者概送藥水洗頭并不另加價

天津法界馬家口電話三三一〇七

下列各種新到貨品

■定價格外從廉■

各醫士藥方由經驗藥劑師配製 新由歐美名廠運到大批最新芬芳化粧香料 注意新奇最好的美容霜及護面具

大批禮物人形玩具美麗的粉碎器等等 Marks化粧品撲粉等 撲粉匣及鵝絨撲

最新式春季香水花露 宴會游步時及適用

新到 Norma Bourke's 香粉香水 欲得最好之香水 地方出品如香粉 美容霜等 Cologne 最好的 請購

本藥房設天津英租界中街 電話三一六八六 來電話三一八二五

維多利亞大藥房

◁ 星期日營業由九至一時 ▷

大公報

在北方是最老的報 在全國是最新的報 銷數最多 廣告效力最大

天津商報

大津法租界二十四號路

評論時事最精當 傳達消息最靈確 記載新聞最公正 編輯方法最新穎 商業市況最翔實

同生

大凡照片上印着同生的 照相都是好的

天津東馬路東南城角 北四 二五二〇 總

中國眼鏡公司

法界海大道五十六號 電話(三)三一三九四

本公司特聘津門光學首創專家陳繼淞君爲經理秉驗光主淞並由美洲運到最新式驗光器光準確不爽毫厘凡我津門士女如有患目力不足者請速駕臨敝公司驗目光還配上料交貨極準定價極廉尤足爲優待顧主之表示也

滋補戒煙新法

戒煙需從滋補入手西醫愈保康有獨特之經驗曾經完全戒除者非但毫無痛苦且身體健永無後患凡普通藥丸無法去盡或戒煙期內期後有種種不舒服等現象均係煙積未盡身體之抵抗力未能恢復需用特別治法方能見效欲知其詳請惠臨敝室面談可也

診病時間 上午十時至十二時 下午二時至六時

天津法界馬家口基泰大樓樓上 愈保康診療所啓 電話三二九五五

華安合羣保壽公司

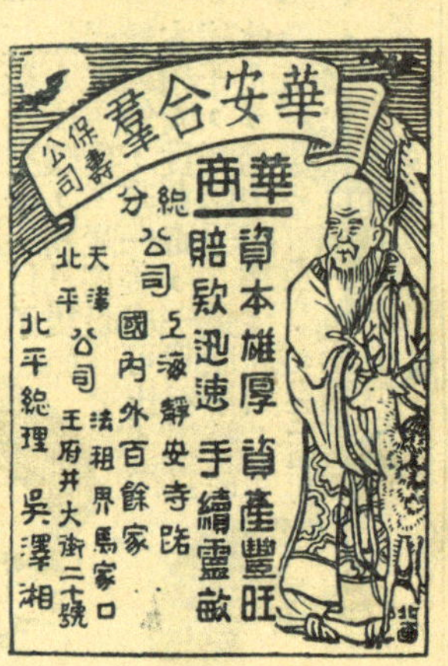

華商 資本雄厚 產業豐旺 賠欵迅速 手續靈敏

總公司 上海靜安寺路 分公司 國內外百餘家 天津公司 法租界馬家口 北平公司 王府井大街二十號 北平總理 吳澤湘

利華放欵公司

專辦珠寶典質 利息輕微 信用昭著

天津英租界中街匯豐大樓旁門由三梯直達 電話三一三六七九

美國內外科醫學博士 兼耳鼻口喉眼神經各科 林世熙 時間上午十至十二時 下午三至五時

牙痛麼？牙有了毛病了！快去看——美國牙科醫博士黃子濂·他有辦法！

天津英租界中街七號三一三樓上 ◇ 電話三一六二九

中國無線電RCA業有限公司

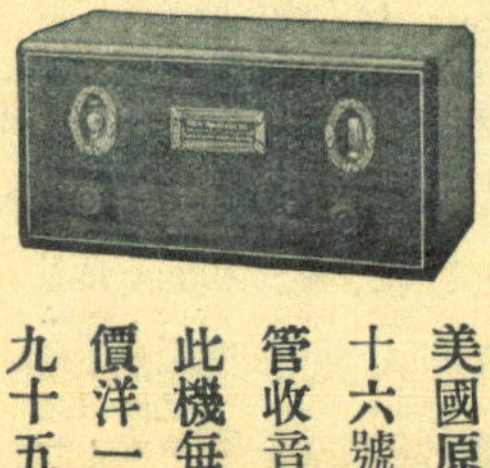

欲聽平津滬哈各處電台所發戲曲須購美國原製十六號六管收音機 此機每具價洋一百九十五元 如購全套一架共計價洋貳百九十五元

總公司 天津法租界馬家口 電話三一三五七

分公司 北平王府井大街八面槽 電話東五六七

現代最進步的日報 庸報

天津法租界廿一號路

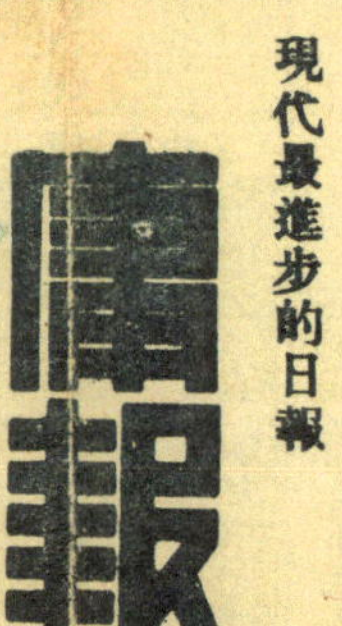

十八年本報價目表

每逢期二四六出版每期一張或二張，每月三十期零售大洋四分五期外埠增加郵費，閱一月一元，本埠一角二分另二定期不論外埠每份在內，郵費一律加一，日外行他地外國一律加二報費需先將款由郵局寄交本社，本報價目均以大洋計算，國外加郵費另議，本社設天津法租界六號路四十一號。

Published three times a week. Subscription; China, Mex. $1.00, including postage, 20 issues. Foreign Countries, 15 issues. Office: No. 124 A. Rue Maréchal Foch. Tientsin, China. Tel. No. 2645 S. O.

“北画”的文人群体

第 341 期是《北洋画报》在创刊三周年时出版的纪念专号，想必焕彩的套色印刷在当时报刊的单色世界中定会脱颖而出。红色的封面图片是大幅“寿”字中堂书法，两旁衬联语：

> 大地山河即此三年小收拾，
> 有情眷属都于七夕祝长生。

与常见的《北洋画报》传世单色影印版不同，通过清晰的故纸原件，可以窥见其有层次的真容。原来，“寿”字的框架中另有一番世界，内里的工笔画铺陈出了一幅群仙祝寿的图卷。“寿”字中，从下到上依次勾勒出了：牛郎织女七夕相会、寒山拾得仙山问对、蓬莱八仙东海献瑞、福禄寿三星瑶池贺岁等内容。这精美的中堂画及对联周围环绕的则是各种新式广告，其中有：天津日租界购物商场中原公司、步峰妇产科医院，法租界的中欧贸易公司、仁聚洋货钟表行、餐厅（舞场）大华饭店，老城里的敦庆隆绸缎庄，英租界西餐厅西湖别墅，以及洋行和汽车的内容。这些极具现代气息的广告与传统书画，构成了一个中西合璧的旖旎场景，在墨纸香中散发着“中学为体”“西风东渐”的气息。这正是以“文人名士”为编辑群体的《北洋画报》审美趣味的代表性展示。

这一期《北洋画报》从封面开始，就已经不言自明地勾勒出了报社的审美旨趣。而翻开这期纪念专号，第二版中的卷首语——《三周例话》又方言矩行地代表报社直抒真意：

> 北画产生于民十五年七月七日；若照我国旧俗算来，早已交过四岁；若按西洋风俗算，今天刚满三岁；但是无论如何，他今天庆祝他的三周生辰，那是一定的了！
>
> …………
>
> 若论材料，精否自有公论，亦不容我们自家鼓吹；我们只认定读者的需求，而作相当的贡献！销路日广，便是读者承认本报取材得当的明证。
>
> …………
>
> 因本报今日，譬诸建屋，基础已奠，规模已具，所需者仅装潢涂饰之工；故惟有对于取材一端，力图精进，总期报面“美化”，凡不能引起美感之图画，避免不用；即时事照片，亦不求全，而求其精与美；此当为读者全数所乐许者。时效如何，尚祈拭目以待，荣有未逮，敬乞勿吝指教，是则同人所祷祝者也。

这篇极具自豪感的文章，署名为“笔公”，它是《北洋画报》创办人冯武越的笔名，袁克文曾风趣地解释此名由来：“自以头尖，号曰笔公。”

冯武越曾于《北洋画报》发行百期时撰文，称自己 13 岁就与邻人合作创办过《儿童杂志》。有材料说，冯武越的岳丈是津浦铁路局局长赵庆华，冯夫人赵绛雪是赵一荻的大姐。冯武越曾是张学良的法文秘书，经过他的介绍，赵四小姐与张学良相识，便有了那段广为人知的情缘。[1]此说虽未经考证，但有一点是可以肯定的：《北洋画报》的主要资助者是以张学良为代表的“奉系”。如果这是真实的情况，那么也就不难解释张学良为什么会自掏腰包支持“北画主人”了。

1931年，冯武越又创办了《图画新闻》，由《北洋画报》的重要同人作者王小隐任主编。后因国内局势变化，冯武越旧病复发，1932年停刊。1933年因家中变故及身体原因，《北洋画报》被转予同生照相馆经理谭林北。1936年冯武越病逝。

冯武越在《北洋画报》中有过几次出镜，以合影居多，最清楚的照片为第495期3版中他与妻子赵绛雪的合影。第341期2版左下角是“汪申”为他做的一张漫画像。画里那个身穿西式礼服，双手揣于裤兜之中，目视远方的大鼻子青年，就是时年32岁风华正茂的“北画主人”。《北洋画报》不仅是他抒发斯文理想的阵地，也是他实现出版抱负的舞台。

冯武越的离开，并没有让画报如斯而逝、文道中落，反而因其知人善用，后继的编辑（主编）们延续了他的理念，以笔为炬，使“北画”光芒愈耀。

《北洋画报》创刊的第二年（1927），销量已经达到8400份左右。1928年，在刘云若任主编后，画报采编水平继续稳定上升，最高时已达万余份销量。关于刘云若主编《北洋画报》的情况，吴云心在《我所知的刘云若》中曾这样写道：“冯善经营，用人必尽其力，故刘办《北洋画报》并无助手，编校均一手承办，使该画报在质量上达到了最高峰。”[2]

刘云若（1903～1950）原名兆熊，又名刘存有，字渭贤。1926年为《东方时报》副刊《东方朔》撰稿。后于《北洋画报》《商报》《天风报》任编辑。刘云若主编《北洋画报》之初尚未成为大众熟知的继承“鸳鸯蝴蝶派”衣钵的言情作家。1930年后他开始写社会言情小说，且为多家天津报纸争相刊登。代表作品有《红杏出墙记》《粉墨筝琶》《情海归帆》《歌舞江山》《换巢鸾凤》等，在全国亦广受关注。

1930年底，同为《北洋画报》撰稿的原《商报》编辑沙大风创办了《天风报》，并请刘云若任副刊《黑旋风》的主编。此时，他以记述下层劳动人民的生活且津味十足的文笔撰写的第一部长篇社会言情小说《春风回梦记》开始连载，受欢迎程度直逼张恨水的小说。《天风报》因为这部小说销量大增。刘云若以连载小说出名后，最多时曾给10多家报刊连续写作。1934年已卸任《北洋画报》主编的刘云若，开始在画报中连载他的长篇小说《换巢鸾凤》。

据《刘云若评传》作者张元卿统计，刘云若先后共写出50部小说，此外还有大量杂文、诗词，其作品内容对研究民国时期天津的市井文化极有价值，他笔下小人物的喜怒哀乐是那个时代世间百态的真实写照。抗战时期，刘云若的作品相继热销上海、北京和东北市场。其作品《红杏出墙记》《粉墨筝琶》还被当时的电影公司看中，拍摄成影片。他以世情小说写尽天津小人物，既开拓了都市言情小说的题材，又继承了“鸳鸯蝴蝶派”的传统，至今仍被喜爱民国小说的读者津津乐道。

刘云若在《北洋画报》担任编辑（主编）的时间大致为1928年7月～1930年春。第341期“三周年纪念专号”中的他，已是《北洋画报》的编辑（主编）。就在专

1 胡荣华：《粤人冯武越创办〈北洋画报〉》，《羊城晚报》2018年11月3日，第8版。按：本自然段引用论述出自本文。

2 吴云心：《我所知的刘云若》《苏州大学学报》2002年第4期。

号备稿出版的时候，刘云若因患眼疾无法全身心投入画报三周年纪念专刊的稿件编排。但是同人们还是给他留出版面，发表照片一幅、漫画一张。刘云若风趣的为这张漫画像做了小文《云若画像自题》：

> 刘夫子，胡乃一美至于此？头颅五六月间旱，旱至一汪秋水矣！一目了然人所难，独具慧眼尤可喜，岂独眼龙之伦，非一只虎可比，从古相人贵在奇，一瞳不让重瞳子，吁嗟乎！飞眼吊膀从此止，努力北画从此始！

另有一行小字作跋：

> 比来病目甚苦，北画三周纪念，竟无所致力，胡君图吾害眼状颇肖，因自为赞，并以入纪念号，北画固日即于发皇光大者，而吾目之日趋光明，或于是兆焉。

1950年2月18日，据传刘云若于影院观看了自己小说改编的电影《红杏出墙记》后回家，因心脏病突发离世。

《北洋画报》自创刊之日起，就形成了一个以文人为中坚力量的报社同人群体。同人们既建言办报方向，也为画报提供稿件。他们的意趣直接影响了《北洋画报》的办报风格。这其中尤为著名是“民国四公子”中的袁克文，第341期纪念专号“寿”字中堂两旁对联的书法就出自他的手笔。这期3版刊有他的照片和王小隐为其所撰的一篇小文：

> 天下莫不识寒云，而能知寒云者谁乎？方地老有言，其中昭昭，其外昏昏，旨哉言矣。和以天倪，与世委蛇，遇之者咸恍然自失，此其所以为寒云欤。诗酒风流，多才与艺，犹不足以尽寒云也。

袁克文（1890 ~ 1931），字豹岑，号寒云。时人多称其为“寒云公子”，寒云也是其书画中常用的款识。他是袁世凯的次子，生于朝鲜汉城（今韩国首尔），生母金氏是朝鲜人。袁克文幼时就被过继给袁世凯的大姨太沈氏。袁克文自幼熟读四书五经，袁世凯曾因其天资聪慧一度有立其为“太子”的想法，这也是之后造成袁克定与袁克文兄弟嫌隙的原因之一。

成年后的袁克文精通书法绘画，享誉京津沪。他的老师方地山对他的诗书认知影响极大。袁克文主张书法要从篆书练起，他的篆法取法于钟鼎文字，楷法从颜体入手，不但真、草、隶、篆四种字体均能书写，而且出手不俗，颇有学者的风范，袁克文的书法作品也就成了《北洋画报》书画版面的“常客”。

“绝怜高处多风雨，莫到琼楼最上层”，袁克文在1915年做的《感遇》一句流传甚广，也成为反对袁世凯称帝的常引诗句。《洪宪纪事诗本事簿注》中记载：“克定拥乃父称帝，克文时作讽诗示幾（讥）谏之意，后以《感遇》诗获罪。诗云：乍着微棉强自胜，古台荒槛一凭陵。……绝怜高处多风雨，莫到琼楼最上层。初，克文逐日辟觞政于北海，结纳名士，从者颇众。克定阴遣岭南诗人某窥克文动静，某检举《感遇》末二句诗意为反对帝制。克定禀承世凯，安置北海，禁其出入。克文唯摩挲宋板书籍、金石尊彝，消磨岁月。”[3]如文中所述，由于诗句中蕴含的无尽想象，令当时的反袁称帝的人士大为鼓舞。其实，与其说以诗酒风流为人生追求的袁克文写下如此诗句是“众醉独醒”，莫不如说是

3 刘成禺：《洪宪纪事诗本事簿注》，《民国笔记小说大观》第3辑，山西古籍出版社，1997。

其放荡不羁的性格使然。他无意政治宣泄，更重风花雪月。也有记载称此诗几经修改，并在政治界和舆论界的宣传和夸张之中更为著名。袁克文的诗作有《寒云诗集》三卷行世。

袁克文的藏书和收藏古玩的癖好更是被人们津津乐道，他曾斥巨资购买古籍、金石、书画、钱币等。他对古籍版本极为热衷，先后收藏宋元明古籍数百种，仅宋版书就达200种，曾撰有《寒云手写所藏宋本提要二十九种》。

文人雅好中的“曲”，袁克文也很擅长。他痴迷京剧、昆曲，不但精通戏剧理论，也经常发表剧评文章。他还是京津一带的“名票”，时常粉墨登场。郑逸梅曾在《袁寒云的一生》一文中记述：“（袁克文）又演《惨睹》，饰建文帝，影载《游戏新报》。范君博题诗其上云：‘有脚不踏河北尘，此身即是建文身。闲僧满腹兴亡史，自谱宫商唱与人’。他演该剧，触及自己身世，沉郁苍凉，回肠荡气。方地山听之，为之潸然下涕。”[4]

这样一位诗词歌赋无一不精的“皇二子”还有一个身份——“天津青帮帮主”。袁克文的“青帮”渊源还有一段故事，据传青帮辈分是以“清净（静）道德，文成佛法，能（仁）仁（论）智慧，本来自性（信），圆（元）明兴礼”的单字顺序排列的，到了清末又加入“大通悟学”四字。袁克文客居上海的时候机缘巧合拜在了青帮“礼”字辈老大的门下，排辈“大”字。因此，也就有了黄金荣（通字辈）、杜月笙（悟字辈）也是他晚辈的说法。而袁克文本人似乎对这个身份并不在乎，仍旧沉溺于他的诗酒风流。袁世凯死后，他分得十几万银元的遗产全部用尽，之后开始典当古籍字画，但仍旧无以为继，便开始卖字度日。第341期《北洋画报》三周年纪念专号的1、4版中缝上刊有“寒云粥（鬻）字”的广告：

> 连屏、直幅、横幅整纸每尺二元，半纸每尺一元。折扇每件六元，过大过小别议。以上皆以行书为率，篆倍，直、楷、隶加半，点品别议。先润后书，亲友减半，磨墨费加一成。

不到两年后，1931年3月22日袁克文因病去世，终年42岁。1931年3月26日《北洋画报》刊出袁克文遗照，并配讣告：

> 寒云主人潇洒风流，驰誉当世。尤工词章书法，得其存楮者，视若拱璧。好交游，朋侣满天下，亦本报老友之一。体素健，初不多病，而竟以急症，于廿二日晚病故津寓。从此艺林名宿，又少一人，弥足悼已。

据传，因家中拮据，青帮子弟凑钱置办了他的丧事。袁克文一生，交友无数，唐鲁孙回忆：“灵堂里挽联挽诗，层层叠叠，多到无法悬挂。”出殡之日，有和尚、道士、尼姑、喇嘛出家人诵经接引，送葬的队伍中亦有很多亲朋及红颜知己。

袁克文的老师方地山为他写下了那幅著名的挽联：

> 聪明一世，糊涂一时，无可奈何唯有死；
>
> 生在天堂，能入地狱，为三太息欲无言。

并于其墓碑撰文：“才华横溢君薄命，一世英明是鬼雄。”

袁克文去世后，《北洋画报》仍不断刊登他的书画作品及怀念文章近50篇。

4　郑逸梅：《世说人语》，《郑逸梅美文类编》人物编，北方文艺出版社，2008。

“联圣”方地山

方地山之于《北洋画报》，是亦师亦友的存在。早在《北洋画报》创刊之初，方地山的联语、诗词和书法作品就经常刊登在画报上。以方地山为代表的文化名流经常为《画报》出谋划策，身份等同于顾问，北画每有聚会更是少不了方地山的身影。第1492期2版照片中那位鹤发童颜、笑容可掬的老人就是方地山，这张照片在后世出版物介绍方地山时援引最多。

方地山（1873～1936），名尔谦，字地山，江苏江都人（今扬州），出身诗书世家，父亲方沛森是清同治丁卯科举人。其弟方泽山也曾名重一时，兄弟二人曾共称“二方”，因此方地山也被称为“大方”。

1905年，方地山曾在天津《大公报》撰写时政评论《论说》专栏。时任直隶总督的袁世凯每天必看《大公报》，报中必看方地山写的《论说》专栏，便开始关注方地山并将其招揽到总督门下，请其担任几个儿子的老师。因此袁克文、袁克良、袁克端、袁克权等皆为方地山弟子。同时，方地山还在北洋客籍学堂、法政学堂教课。他与弟子袁克文相交甚笃，后来结成儿女亲家。1916年，袁克文寓居天津，方地山随后也从北京搬来。他在天津的20年间，结交文人雅士，研习书法楹联，尽显其诗酒风流。

《北洋画报》中曾多次刊载方地山题识的古泉拓片，方地山的古钱币收藏在当时的津门颇具名声。“天成元宝”“大蜀通宝”“建炎元宝”等珍品都是他的藏品。据传，由于这些极品古币价值连城，也是为了便于欣赏把玩，暑热冬寒方地山都把它们缠于腰间。他与袁克文结订儿女亲家时，双方都以一枚珍品古钱作为订礼。他将旧藏中的金石书画几乎全部卖出换成古钱币，其时于收藏界传为佳话。

方地山更为出名的是治撰联语的功夫，北京大学历史系教授周一良评价方地山：“善诗词，尤善于联，雅言俗谚，情文相生，信口而成，闻者惊服，人称‘联圣’。”[5]前文第341期《北洋画报》封面的三周年联语就是由方地山撰写，袁克文手书的。《北洋画报》五周年纪念刊时，报社围绕“画楼”这一主题发表文章、书画，其中方地山为其书嵌字联：

> 画里江山终古在；
> 楼中图画美人多。

方地山的联语尤擅即兴，并且浑然天成，恰如其分。据传在他幼时就显露出了联语造诣。一次，年少成名的方地山随父亲游览焦山，寺院方丈请他以寺中四面佛为题做一副对联，他略加思索做对：

> 面面皆空，佛也须有靠背；
> 高高在上，人到此要回头。

方地山的“嵌名”“嵌字”联语更是被世人称奇。他不仅精于用典，而且对仗工整，词句雅俗共赏。他为《北洋画报》的第三任编辑（主编）刘云若做的嵌名联，上联出自陶渊明《归去来辞》；下联出自楚辞《山鬼》。不事雕琢，浑然天成：

> 倦飞知还，云无心以出岫；
> 含睇宜笑，若有人兮山阿。

这位“联圣”也以放浪不羁闻名，他时常出入烟花柳巷，很多风尘女子都有他的墨宝。他曾标榜风流不是皮肉交易，而是自娱的狷狂与性情。正如《北洋画报》第1492期2版文章《悼大方先生》所述：

> 津市青楼中多有先生手书；即龟

5 周一良：《郊叟曝言：周一良自选集》，周奎杰、张世林主编《名家心语丛书》，新世界出版社，2001，第146页。

奴亦有得之者，所署上款亦为“仁兄大人”。其玩世不恭如此；其无阶级观念，亦于此得见。

1936年12月15日第1491期《北洋画报》2版刊出一则《大方病逝》的消息：

以“联圣”著称之方地山（大方）先生，自上月忽患胃病，近半月病复加剧，竟于十四日早六时余逝世。享年六十五岁。

方地山去世后，《北洋画报》曾刊登文章及各界书作进行悼念。方地山病重的时候，正值日军侵占华北，国土沦丧。1937年1月16日的《北洋画报》发表《本报挽大方联》，以方地山最喜爱的方式寄托哀思：

联堪称圣，书自成家，沽上早知名，遗墨顿成和氏璧；

病已濒危，心犹念国，中原何日定，思君怕诵放翁诗。

联后附一小注：

先生易箦之前，犹诵陆放翁示儿诗：“王师北定中原日，家祭无忘告乃翁”。

南京 電燙二元 特別汽燙

子孚產婦科醫院

佳謎錄

名不正

悼大方先生

軟語

精明士女一致採用

大陸銀行出租保管箱 純鋼建築的保險庫

廿五年十二月十七日 （2） 星期四 第一千四百九十二期

《北洋画报》
第一千四百九十二期 2版
1936年12月17日

孔子七十七代孙大婚

儒学是中华传统文化中最为重要的内容。儒家思想在春秋战国时期诞生，在百家争鸣中脱颖而出，汉武帝时“罢黜百家，独尊儒术”，此后，儒家文化一直流淌在中国人的血脉里，并潜移默化地影响着中国人的思想和生活。崇尚儒学的中国人只认一个“圣人”，那就是儒家学派创始人——孔子。第1495期《北洋画报》的核心内容就与孔子有关。

这一期封面照片旁有一行图注：“新结其褵之大成先师奉祀官孔德成夫人孙琪芳女士在喜宴上留影。”这也是本期画报关注的重要事件：孔子第七十七代孙孔德成大婚典礼。名门之后的婚礼，在今天看来并不是什么了不起的事情，而在20世纪上半叶，孔门之后的婚礼则是举国关注的大事，甚至被称为“民国时期最重大的婚礼”。《北洋画报》对这次婚礼的关注与报道在当时新旧观念的研磨中极具代表性，封面安排透出编辑们的良苦用心。孔门大婚的封面是这位孔夫人，而非孔子后人或夫妇两人的合影，这与儒学礼教对女子的认知大相径庭。翻开2版的专题报道，新娘孙琪芳[6]（1919～2011）俨然是这场婚礼的主角，新郎孔德成倒成了陪衬。

孔德成（1920～2008），字玉汝，号达生，孔子第七十七代孙。从宋代至和二年（1055）开始，皇帝就专门为每一代孔府的继承人封了一个专门爵位——“衍圣公”，此爵世袭罔替，代代享受国公的待遇，历经了宋、金、元、明、清各朝代，历经800多年这个爵位一直传到民国。1920年6月6日，北洋政府徐世昌的大总统令到达孔府，出生刚满百日的孔德成袭封第三十一代衍圣公。此时，不少有识之士认为在共和制下仍保留“衍圣公”爵号有伤国体。1929年10月，蔡元培等国民政府委员拟订《改革曲阜林庙办法（草案）》，提出“撤消衍圣公名号”。民国24年（1935），15岁的孔德成有感“世袭爵位不宜存于民国”，主动请求南京国民政府撤销“衍圣公”之爵号。以蒋介石为代表的国民政府以为“道统”不可废黜，就将“衍圣公”的世袭爵位取消，改为“大成至圣先师奉祀官”，成为中华民国的世袭特任官。至此，孔德成也就成了中国历史上最后一代世袭衍圣公和第一任大成至圣先师奉祀官。

第1495期《北洋画报》2版专题报道的中图“新郎与新娘之合卺宴”中可见孔德成的清晰形象。新郎是世袭贵胄，新娘也是名门之后。孙琪芳的曾祖父孙家鼐是清咸丰九年（1859）的状元，与翁同龢同为光绪帝师。曾以吏部尚书、协办大学士受命为京师大学堂（今北京大学）首任管理学务大臣。如此家世显赫的两位新人大婚，自然成为当时媒体关注的焦点，《北洋画报》刊发《志孔奉祀官婚礼》记述盛况：

> 大成至圣先师奉祀官孔德成与前清状元孙家鼐之孙女琪芳女士，于本月16日在曲阜举行结婚典礼。中央及各省党政军长官及地方各界，纷纷致贺。所收礼品堆积如山……

6 曲阜文史馆员付鸿杰考证孙琪方家谱，孔德成结婚请柬、证书及各界名流所赠大婚礼品刻款等文献，认为孔德成夫人名为孙琪方，而非孙琪芳。本书为确保图文一致，仍用《北洋画报》中所载“孙琪芳”一名。

文中详细记录了参加典礼的贵宾，其中有中央党部代表、内政部代表、教育部代表、财政部代表、军政部代表等，前来观礼的人有万人之多。值得一提的是，按照常理，如此重大的婚礼，尊崇“道统”的蒋介石及国民政府各部门要员都应到场。但是典礼中最高级别的人物却只有作为“中央代表兼山东省政府主席韩主席代表”的山东教育厅长何思源，其他各部门均为一般代表。据说，蒋介石原定是要参加孔德成的婚礼，但当天还是没有成行。有一些文章将孔门大婚的时间由上午改为下午的原因，归结为等待蒋介石的到来，或有一说。但是，婚礼的当天已是“西安事变”后的第四天，此时的蒋介石正身陷西安，无法脱身。孔府的讯息不应如此闭塞，故《北洋画报》所载的天气因素更令人信服：

> 婚礼本定上午十时举行，嗣以阴雨不止，临时将礼堂移设孔府前账房内，因布置需时其久，乃改于下午举行。……至下午一时许，孔德成先至孙府（婚期前孙琪芳在曲阜入住的宅邸——引者注）迎亲，行奠雁礼，孙宅以两鹅代两雁。奠雁礼毕，迎新人至孔宅，于下午二时举行婚礼。婚礼采用新式，由王文夫司仪，王小隐纠仪。礼成，各贵宾相继致辞……词毕，新夫妇向来宾致谢后，即由男女傧相引入洞房。孔氏家族及接近之亲友，乃拥入闺房，新娘曾被罚站片时，召人发笑不止。嘉礼告成，即由省立剧院学生演剧，以娱来宾。圣地庄严，气象热烈，诚为前空盛况。

从当时的报道中可见孔门后人婚礼“中西合璧”。车马仪仗、拜庙奠雁、敬茶献菜等尽显中式礼仪；捧花牵纱、婚礼白裙、鞠躬献乐等足见西来婚仪。据记载，孙琪芳着白纱长裙礼服，左右有两位牵纱小姐作前导，出厅堂升轿，合轿门后，新郎向彩轿鞠躬，并走出厅堂到院中升轿，绿轿先行，彩轿在后，行数步后，绿轿转回谢亲，这样迎亲礼才结束。证婚人宣读证书后，新郎新娘交换饰物，相对鞠躬行结婚礼，然后在证书上钤印，再依次由主婚人、介绍人、证婚人用印。婚礼上还有明德中学的师生集体歌唱以示庆祝。嘉宾礼品繁多，其中孙琪芳的嫁妆更引起媒体的兴趣，据载其中有：一对赤金戒指、一对赤金镶珍珠翠戒指、一对赤金镶珠宝石耳坠、赤金镶珠宝石戒指、赤金镶珠戒指、白金钻石戒指、各色绸缎衬绒旗袍十二件、貂皮大衣、云狐腿皮大衣……[7] 本版《北洋画报》中所载照片“新娘妆奁中最珍贵之金珠饰物”就是媒体津津乐道的金银细软中的一部分。

《北洋画报》第一千四百九十五期　封面　1936年12月24日

抗日战争前夕，日本曾屡次派员前往曲阜，邀请孔德成赴日参加日本孔庙落成典礼，均遭拒绝。1949年4月，孔德成迁居台北，2008年10月20日病逝。

2006年元旦，孔德成的曾孙孔佑仁出生。他的另一个称谓是——孔子第八十代嫡长孙。

7　孟坡主编《曲阜小城故事多》，中国文史出版社，2012。

No. 1495 (Vol. 30)
Thursday Dec. 24, 1936

南京 電燙二元 特別汽燙

子平婦產科醫院

佳謎錄

孔奉祀官婚禮誌

吹魯迅(下)

不脛而走之中原頭水

女大衣

天津診療所

精明士女一致採用

大陸銀行出租保管箱

孔德懋女士(左)孫琪芳伴娘(右)　青島時代照像館攝

孔奉祀官與孫琪芳女士舉行婚禮後留影　定謀攝　寄生堯

新郎與新娘之合巹宴　傅定謀攝　李堯生寄

新娘特攝　青島時代照像館攝

新娘粧奩中最珍貴之金珠飾物　青島時代照像館攝

新郎新娘新房時留影　時代

新房之一角(右)，禮堂之一暫(中)，嫁裝之一部(左)　青島時代照像館攝

廿五年十二月念四日　(2)　星期四　第一千四百九十五期

《北洋画报》 第一千四百九十五期 2版 1936年12月24日

清康熙窰彩筆架照像(現在本市美術館主辦之歐美博物館展覽會陳列)

梧軒雜俎

文雨

桐城張文端公(敦復)在有清中季，聖眷極隆，父子並為宰輔，里人尊之為老宰相小宰相而不名。相傳小宰相(廷玉)幼時，即才思敏捷，除夕日循例祭祖，小宰相嬉戲堂前，老宰相慊其不敬，出一聯，罰令屬對，否則將加夏楚。其聯云：「除夕月無光，然數盞羊角燈，助乾坤生色」。小宰相聞之，至祭席旁，援桴擊鼓三通。老宰相大怒，叱曰：令汝屬對，汝何擊鼓？小宰相從容曰，對已成矣。老宰相未寓其意，促其言，乃云：「深冬雷未發，擊三通牛皮鼓，代天地揚威。」老宰相始為霽色。

名畫家鍾質夫繪翎毛花卉精品 迪生贈刊

柚子豆莢新蔬果

竹杖藤鞋舊布衣

清新羅山人墨寶 源記贈 迪生寄

文字革命和新文字

輕烟

三國演義開頭一句，「話說天下大事，合久必分，分久必合」，這理論好像要應用到文字革命上了。

最初，中國沒有被秦始皇統一之先，文字原亦不甚統一的，後來在秦始皇併吞六國，文字也便劃一起來。這以後，中國的文字只是形體上有變動，大致是不變的。據說這文字統一，關係中國整個的統一，中國這麼大的地方，方言又特別複雜，而幾千年來，在漢人的勢力範圍內沒有長時間的分裂，便得歸功於文字統一的，有小分裂的原因，有人便歸答於語言不統一了。所以在民國初年，便制定了國語，這論調至今似乎還被一般人所深信，但另有聽明的人卻認為是緣木求魚了。

這就用着了「合久必分！」

新文字便是文字分化的一種工具。關於新文字，不是黎錦熙等所主張的國語羅馬字，而是拉丁化新文字。後者是主張用方言的，北方有北方的新文字，南方有南方的新文字。拚法完全不同的。新文字主張者說：「新文字是不採用一種標準語(如同什麼「官話」)來統一全國，卻是去把各地的方言寫法拉丁化。」這就是說，新文字的字音隨地而異的，廣東的新文字，北方人便不能讀了。關於這點新文字主張者編了一段問答：

(問)：可是假使一且廢除漢字，各地都用起新文字來，那麼比方說一個北方人到廣東那樣的地方去，不是會覺得有點像到外國一樣了麼？因為在以前有漢字的時候，雖然不懂當地方言，也可以藉漢字之助，讀當地的報紙，看旅館裏或電車上的價目表，菜館裏的菜單。

(答)：不必再往底下說了，聽我給你講吧！第一，在新文字實行之初，漢字還能夠存在一個時期，懂得漢字的人，自然不妨繼續使用，雖然漢字的使用範圍逐漸狹小，而被擯棄的。所以你以為實行新文字以後，北方人到廣東會有點像到外國，不是有點過慮了嘿？第二，我問你所說的北方人是那一種人。如果是窮苦的農民，或者是苦力，那麼恐怕他們壓根兒目前就沒有去廣東這地方的可能，即使去了，他們一定也不會走到有柒單的飯館去吃飯，更談不到什麼旅館了。如果是有錢的北方人，那麼可以帶着翻譯，並且他也都是認識漢字的。至於說到將來新文字普遍以後，頭一樣那時方言傳習會變得極容易，第二樣，即使只懂得本區文字，那時的報紙或者什麼價目表之類的東西不妨用各區的文字分別來印刷書寫。說到這裏，我可以問問你是不是現在還處處替有錢的知識漢字的人着想，而不替窮苦的文盲大衆着想？我在前面早對你說過，漢字的存在與否，對於文盲是沒有關係，所以他們決不能因為廢除漢字而吃虧，在推行新文字的過程中，他們是一無所失，而有所得的。

這一問一答，當是這位新文字的提倡者，自己假定自己答的，不過這一問一答作的太不聽明，因為問的確是一道難答的問題，他的答法又不太漂亮。第一他說新文字實行之初有漢字，可以不必過慮；那末，真等到新文字代替了漢字時，廣東一定要成為外國似的了。第二他說：勞苦大衆不能到廣東，到了廣東也不一定到有柒單的飯館；但除了柒單之外，別的不用新文字了嗎？一條巷的名子有時不一定非識漢字的階級要認識的，一個勞苦農人或許有用着打聽某某地名的必要。新文字是廣東的音，你讓他那里找去呢？第三，一個中國人到中國的地方要帶翻譯，是不是巴然把那地方看成外國了？據說新文字要把中國分成若干區的，某一區用某一種拚法。換句話說，便是把中國的國語分化成幾種語言，把中國的文字分化為幾種文字。分化之後，再經過一個時期，由方言傳習給統一起來，但能否統一現在是看不到的。有人說，新文字是便於接受「國際化的語根」的，此中是不是另有別的意思，我們不必多談了。

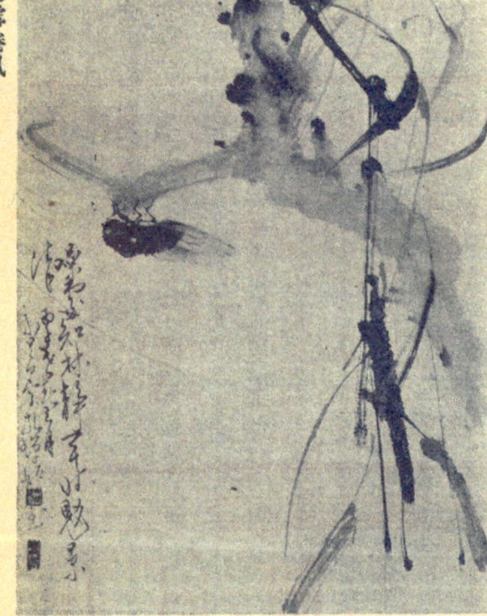

嶺南畫家趙少昂所作「蟬蝎集」之第四頁

清磁鴨照像(現在本市美術館主辦之歐美博物館展覽會陳列)

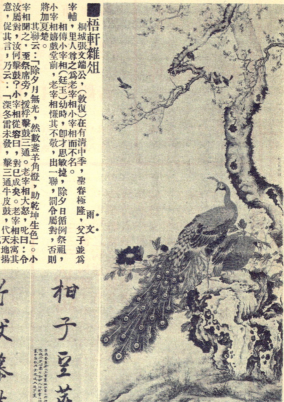

雍正粉彩罐照像(歐美博物館展覽會陳列)

清帳紙橫梅影淡，滿杯霞泛酒香濃，城敲冷柝霜輝月，釣罷寒蓬雪捲風。

文字革命

1936年，风头正劲的“文字革命”与“拉丁化新文字”在知识界引发广泛反响。第1452期《北洋画报》发表的《文字革命和新文字》正是对这一风潮的关注。

以拉丁字母为汉字注音，始于明朝末年，主要为便利传教士传教。1605年，利玛窦的《西字奇迹》开先河，1867年，时任英国使馆秘书的威妥玛出版了《语言自迩集》，创立了威妥玛拼音，之后的各种汉字拉丁化内容都以此为参照。时至清末，包括谭嗣同、康有为、梁启超在内的维新派人物，都赞成推行拼音文字，但这一轮汉字拉丁化随着“维新变法”运动的失败而告终。中华民国成立后，伴随着新文化运动的兴起，以刘半农、鲁迅为代表的学者再次提出“汉字拉丁化”之必要。《文字革命和新文字》一文，开篇便说：

> 三国演义开头一句，“话说天下大事，合久必分，分久必合”，这理论好像要应用到文字革命上了。……在民国初年，便制定了国语，这论调至今似乎还被一般人所深信，但另有聪明的人却认为是缘木求鱼了。这就用着了“合久必分”！

随着南京国民政府对“国语”的推行，1926年，以钱玄同、黎锦熙、赵元任、林语堂为代表的学者，在“国语统一筹备会”组织下发布了“国语罗马字拼音法式”。但是，由于罗马字母固有的局限，以及大众认可度等问题，该方案并未全面实行。《北洋画报》的《文字革命和新文字》也论述了拉丁化的“新文字”与“罗马字拼音文字”的区别：

> 新文字便是文字分化的一种工具。关于新文字，不是黎锦熙等所主张的国语罗马字，而是拉丁化新文字。后者是主张用方言的，北方有北方的新文字，南方有南方的新文字。拼法完全不同的。

1935年12月，上海中文拉丁化研究会发起《我们对于推行新文字的意见》的签名活动，翌年5月，已经有蔡元培、鲁迅、郭沫若、茅盾等各界人士600余人签名。随着“拉丁化汉字”运动的升温，全国各地开始推广不同方言的“拉丁化汉字”方案。

《北洋画报》发表这篇文章时，正值国内部分知识界推动“新文字”运动如火如荼，文章最后这样写道：

> 据说新文字要把中国分成若干区的，某一区用某一种拼法。换句话说，便是把中国的国语分化成几种语言，把中国的文字分化为几种文字。分化之后，再经过一个时期，由方言传习给统一起来，但能否统一现在是看不到的。

1955年，“拉丁化新文字”方案停止使用。

《北洋画报》
第一千四百六十八期　2版
1936年10月22日

鲁迅逝世

《北洋画报》中关于鲁迅（1881 ~ 1936）的报道始于 1931 年。其时，“左联”作家柔石等被捕，之后“鲁迅被捕”的谣言传得沸沸扬扬。1 月 27 日《北洋画报》第 581 期发表了《“吊嗓”与“转磨”的鲁迅》，文章先简单介绍了鲁迅小说的风格及文笔，后转述情况：“最近报载他在上海被捕。有的说并不曾捕到他，他还在日本朋友家藏着。”这一论述与后来证实的内容一致：当时鲁迅由内山书店老板内山完造安排到上海黄陆路 30 号的花园庄旅馆避难。文章进而分析如果鲁迅被捕，那么原因应是“普罗文学”（表现无产阶级意识的文学）惹的祸。而后，文章继续论述鲁迅的代表作《呐喊》与《彷徨》，并将“一位朋友”对这两部作品的玩笑言语载于报端：

> 谁叫他成天“呐喊”，每日“彷徨”？好好的叫唤什么？好好的又溜跶什么？假定逮捕之说属实，而今而后，也就用不着再吊嗓子（唱戏的人呐喊，谓之吊嗓），再转磨（无一定之标准而乱转之意。可做彷徨之俗译解）了。

最后作者话锋一转，将趣论的话逐一正解、以正视听，似为鲁迅辩护：

> “呐喊”，“彷徨”是鲁氏生平最著名的两部小说集，尽人皆知。“呐喊”二字可代表其激亢，“彷徨”二字可代表其忧闷，而两集则固皆五年前旧作，又无与于所谓“普罗文学”也。

此后，《北洋画报》对鲁迅的关注逐渐增多，内容涵盖文学探讨及与鲁迅有关的各种活动。1936 年 10 月 22 日，鲁迅去世三天后的第 1468 期的《北洋画报》发表“巴人”的文章《哀悼鲁迅先生》：

> 听见鲁迅先生逝世的消息，感到像是从光明中突然坠入黑暗里那样的恐怖与悲哀。编者要我写一点追悼的文章，提起笔来却实在觉得这工作是非常艰难。在这样的时代，对于这位伟大人物的死，能说什么呢！一个伟大人物活着的时候，大抵有若干恶势力攻击他，嘲笑他，躲在黑暗里放冷枪矢中伤他；而真能认识这伟大人物的人们，一定是拥护他，站在同一线路上向那恶势力进攻。及至这伟大人物一死，那恶势力却也蹙起眉来故意做出戚然的样子，而且说出种种惋惜的话语；其实这几乎是等于欢呼的，他们对于那人物的死是高兴的。而真能认识这伟大人物的品格的人们，到此时却反而沉默。他们知道怎样踏着先驱者的足迹迈进，他们知道多说只有空虚。
>
> 特别是鲁迅先生，在这数十年中用了坚毅的精神，满怀了对于人类爱护的热情，与一切“哈巴狗”斗争。他打败了多少“哈巴狗”，他也就树立了多少敌人。他生前虽然受了种种中伤与魔难，这些却也正养成了他那伟大的人格。他们中伤他，正因为他是黑暗中的火炬，可以照见了他们的丑恶象。现在他已不能言动，“哈巴狗”们该觉得可以出来跳动了吧！然而鲁迅先生的讽刺是依然存在的，并不会随了先生的死亡而消失。
>
> 一个人的死亡，渐渐会被大家所遗忘，然而有的时候也还会因想起他的言行而惊心的。鲁迅先生的死，将永远留给“哈巴狗”们以不快的记忆，他们将称这为“刻薄”。然而也给另外一种人以失去导师的悲哀！前者一定希望即刻把这伟大人物的言行忘却，以使更放肆的过着日子；后者却希望这位伟大人物的遗范，永远存在，他们将从其中求得做人的方法。
>
> 因为刊物的性质的关系，在这里我所能说的只有这些，假使编者对我还有什么更大的属望的话，我只好敬致歉意了。

同版刊发的两张照片一为“十九日在沪逝世之文坛名作家鲁迅象”，一为“上海万国殡仪馆任人瞻仰之名作家鲁迅遗容”。

《北洋画报》
第一千四百五十二期 3版
1936年9月15日

△詩餘拾錦▽

閬苑瀛洲，金谷瓊樓，算不如茅舍清幽；野花綉地，剩却閑愁，是也宜春，也宜夏，也宜秋。酒熟堪篘，客至須留，更無榮無辱無憂；退閑一走，着甚來由；但倦時眠，渴時飲，醉時謳。

魯迅所遺之家屬：弟建人，子海嬰，夫人許廣平（由右至左）

右圖右至左，前臥者：趙燕生。前排：龔明安，孟廣禮，吳叔奇，沈康南。中排：孟夫人，張琬華小姐，趙夫人，張夫人，沈夫人。後排：沈訥齋，古志安，宋棣卿，趙廷珍，張喬奇。

北平聯青社社員及眷屬來津參加「聯青夜」時留影。天津同生攝。

哀悼魯迅先生

巴人

聽見魯迅先生逝世的消息，感到像從光明中突然墜入黑暗裏那樣的恐怖與悲哀。編者要我寫一點追悼的文章，提起筆來，卻實在覺得這工作是非常艱難。在這樣的時代，對於這位偉大人物的死，能說什麼呢！一個偉大人物活着的時候，大抵有若干惡勢力攻擊他，嘲笑他，躲在黑暗裏放冷矢中傷他；而真能認識這偉大人物的人們，一定是擁護他，站在同一線路上向那惡勢力進攻。及至這偉大人物一死，那惡勢力却也蹙起眉來，故意做出戚然的樣子，而且說出種種惋惜的話語；其實這幾乎是等於歡呼的，他們對於那人物的死是高興的。而眞能認識這偉大人物的品格的人們，到此時却反而沈默，他們知道怎樣踏着先驅者的足跡邁進，他們知道多說只有空虛。

特別是魯迅先生，在這數十年中用了堅毅的精神，滿懷了對於人類愛護的熱情，與一切「哈叭狗」鬥爭。他打敗了多少「哈叭狗」，他也就樹立了多少敵人。他生前雖然受了種種中傷與魔難，這些却也正養成了他那偉大的人格。他們中傷他，正因爲他是黑暗中的火炬，可以照見了他們的醜惡相。現在他已不能言動，「哈叭狗」們該覺得可以出來跳動了吧！然而魯迅先生的諷刺是依然存在的，並不會隨了先生的死亡而消失。

一個人的死亡，漸漸會被大家所遺忘，然而有的時候也還會因想起他的言行而驚心的。魯迅先生的死，將永遠留給「哈叭狗」們以不快的記憶，他們將稱這爲「刻薄」。然而也給另外一種人以失去導師的悲哀！前者一定希望即刻把這偉大人物的言行忘却，以便更放肆的過着日子；後者却希望這位偉大人物的遺範，永遠存在，他們將從其中求得做人的方法。

因爲刊物的性質的關係，在這裏我所能說的只有這些，假使編者對我還有什麼更大的屬望的話，我只好敬致歉意了。

滬慕爾堂學生徐秀君小姐。進之。

十九日在滬逝世之文壇名作家魯迅遺像

魯迅生前致其友人之遺札

北平青年會迎新會中表演鋼琴獨奏之鄧敬言女士。子衡攝。

軟語

左・右・

△古時的婚姻，重在「門第相當」；今日的婚姻，重在「志趣相近」，今且有人力主打破門第的觀念，但這是把門第用窄義來解釋，如用廣義來解釋，門第就是環境。所處的環境相近，則雙方的志趣也相近。所以婚姻注重門第相當，亦不爲無理。

△女子是造人的機器，男子不過是擦機器的油而已。

△醜女能知人之美，而不知自醜。惡人能見人之善，而不知己惡。

上海萬國殯儀館中任人瞻仰之名作家魯迅遺容

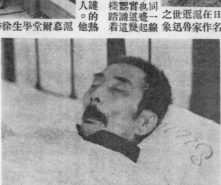

南開出演之「我倆」

[illegible]

德人Ludwig Fulda所著 [illegible]

北平女一中口琴班全體與導師林鳴（後排中立者）。子衡。

「我倆」之一幕（右至左：唐克銘，許伯華，周小娥，唐太太，周媽）

张竞生导演盘丝洞

《张竞生导演盘丝洞》这篇文章所描述的内容，已经是张竞生第二次赴法归国后的事情了。早在张竞生第一次学成回国出书之时，《北洋画报》就开始关注他和他的作品，并曾掀起讨论《性史》的小高潮。

1920 年，在法国里昂大学获得博士学位的张竞生归国。1921 年，受北京大学校长蔡元培的聘请担任哲学教授，专门开设性心理和爱情问题讲座。1923 年 5 月，北京大学成立“风俗调查会”，张被推举为主席。在拟定风俗调查表时，他列出 30 多项，“性史”便是其中一项。在他看来，“人生哲学，孰有重大过于性学？而民族学、风俗学等，又处处与性学有关”。1925 年，正在研究情爱与性之关系的张竞生，在《京报》发表题为《一个寒假的最好消遣法》征文启示，公开征集个人的性经历，先后收稿 300 余篇。最终将其中部分稿件编为《性史》第一辑，1926 年 4 月由“性育社”印行。1926 年 5 月，《性史》出版后供不应求且掀起抢购热潮。由最初的刊行 1000 册至 5000 册，还是一抢而空，几经加印最多时每日可售上万本。以至于盗版成风，并出现假借张竞生之名的《性史》第二辑、第三辑等。关于冒用张竞生之名假作《性史》第二辑售卖的事情，《北洋画报》也给予正面“打假”，于第 47 期中一则启事中声明：

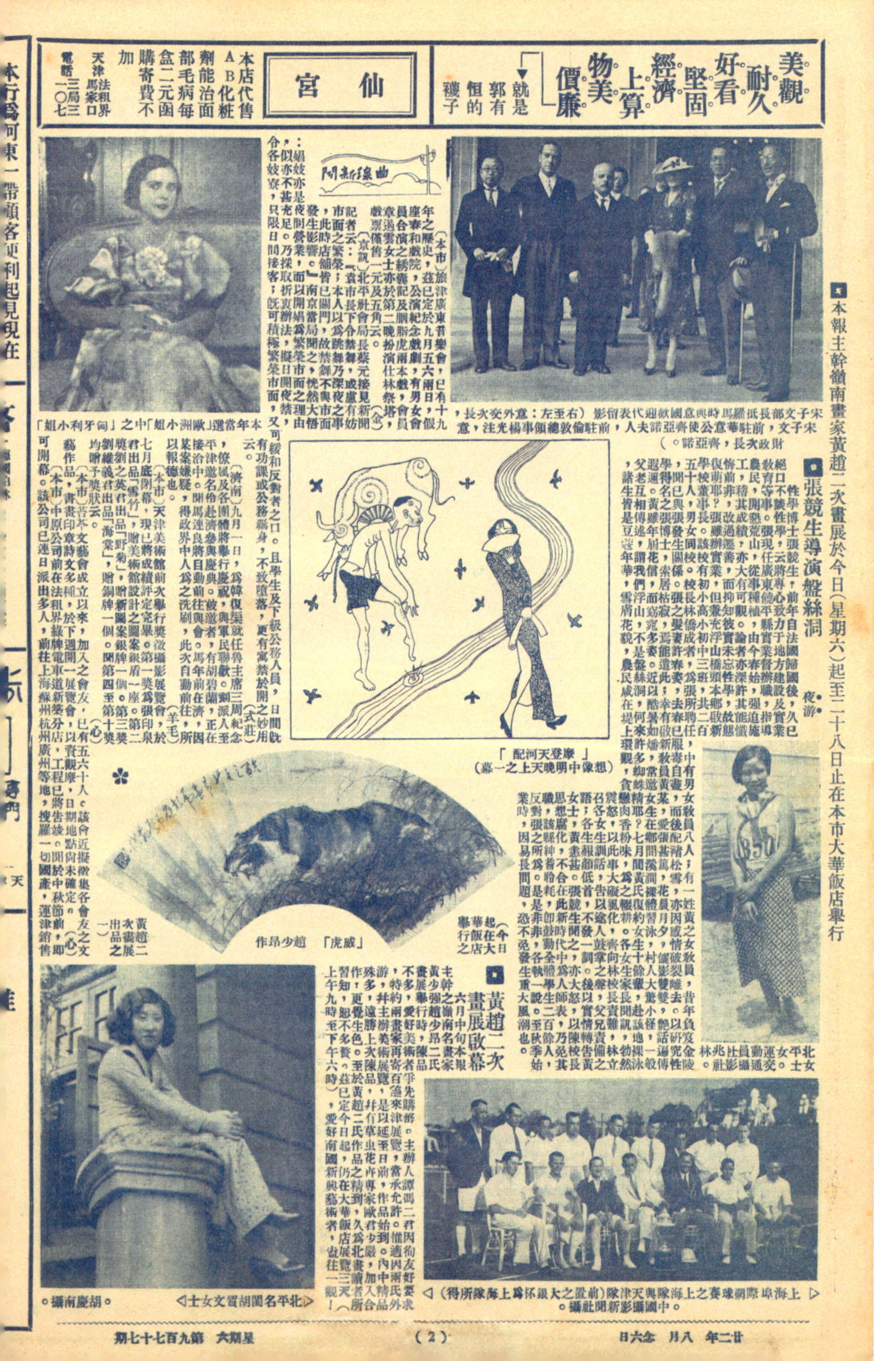

本報主幹嶺南畫家黃趙二次畫展於今日（星期六）起至二十八日止在本市大華飯店舉行

美觀 耐久 好看 堅固 經濟 上算 物美 價廉 就是郭有恒的襪子

仙宮

宋子文部長抵羅馬時與意國歡迎代表留影（右至左：意外交次長，宋子文，前駐華意公使齊亞諾夫人，前駐倫敦總領事楊光注，前財政次長，齊亞諾。）

張競生導演盤絲洞 夜游

本年當選「歐洲小姐」之中「匈牙利小姐」

「摩登天河配」（想像明晚天上之一幕）

「虎威」 趙少昂作

黃趙二次畫展開幕

北平名閨胡蘭文女士 胡慶南攝

星期六 第九百七十七期 （2） 廿二年八月廿六日

《北洋画报》
第九百七十七期 2 版
1933 年 8 月 26 日

假冒张竞生博士的招牌刊行的性史第二集，已经到津公然贩卖了，本报接到不少的批评这本书的稿子，大概都认这书为抄袭，重价骗人，没有一读的价值。我们觉得说的有理，不过不愿替这部书卖广告，所以有关系的来稿，恕不登出，还祈投稿者原谅。

与《性史》热销成对比的是社会上有识之士对该书的抨击，刘半农、梁实秋、宋子文等，都把这本书批判得体无完肤。南开大学校长张伯苓率先发难，以“诲淫”的罪名提请天津警方查禁这本书。而后全国范围内都对《性史》进行了封禁。一时之间，《性史》由畅销书变为“淫书”，张竞生被讥讽为“性博士”“大淫虫”等名号。1926 年 7 月甫一创刊的《北洋画报》便对《性史》一书刊发评论文章，且不以一方观点示人。第 33 期《北洋画报》又一次刊发与《性史》相关的文章，题为《性史闲评》，通过作者和一个朋友的趣谈表明了支持张竞生的立场：

张竞生的“性史”写得痛快淋漓，各报上攻击得他体无完肤；在我们眼光看着本书真是凶来兮；在老学究眼光中，当然要说一声“诲淫”。可是张先生早已在开宗明义第一章上，早拿金圣叹搞了出来，说什么谁人说这是淫书，要入十八层地狱。有一位朋友，他对我说道：这本书还说不是淫书，那么张竞生死了，真要入十八层地狱了。我一定要说他是淫书，就是张先生请我到十八层地狱里去，也不敢说不是淫书。我听了朋友说的话，不觉失声道：哦！那么这书应该禁止得一光二净，为什么中国地不许卖，外国租界里，却到处买得着呢？难道外国人就不禁卖淫书么？后来那位朋友想了想，回答我道：现在我明白了，正为的是张竞生说过入地狱这一句话，而外国人最怕听的是“Go to hell”（译意就是往地狱里去）张竞生既已声明在先，那当然就不便去干涉他了！

另一种观点也在《北洋画报》的第 54 期刊出：

性史这一部书，在张竞生以为绝不是淫书……但是以在下的眼光来看，性史实在逃不脱淫书两字的罪名，因为淫书只是以文学手段，描写性欲方面猥亵行为的著作，性史恰合乎这个性质。

在沸沸扬扬的大论争之后，张竞生于 1928 年再度赴法从事学术研究。1933 年回国后，受陈济棠之邀任广东省实业督办。在任期间，回家乡饶平组织实业经济。《张竞生导演盘丝洞》所述的内容，就应发生在这一时间段。这篇文章，语带轻佻，内容无从考证，可当茶余逸事来看。但从作者的表述中足见其对张竞生并无好感，透出一股“看热闹不嫌事大”的意味。

1937 年 5 月 20 日的《北洋画报》发表了最后一篇有关张竞生的报道《张竞生在粤提倡民众娱乐》。文章内容翔实，记述了张竞生向广州市当局建议在白云山建设民众娱乐场所，被很多人非议，有朋友向他询问原因，张竞生表示：

人民生活，日间劳动辛勤，自不能无所调剂，而环顾市内环境，自烟赌严禁后，茶楼酒肆，利市三倍；屋顶花园，游人如蚁；私家舞会，较前尤多；歌坛剧院，营业旺盛，足见人民生活，要求娱乐之趋向，不可复制。“抽刀断水水更流”，与其强制，不如利用；倘能以白云山一角，妥为布置，遍设各种娱乐，复加以正当纠正，使人民有轨可遵，得以舒适其日间之疲倦，恢复工作之精神，则利益更大。一方面可减轻流娼之马路追逐，及其他之不正当娱乐，于市容方面，应有相当之裨益也。

现在看来，张竞生的这种规划大胆超前，一如他对性学与“节育避孕”的认知。纵览《北洋画报》对张竞生的报道，折射出了他与性学紧密相连的前半生。其实，他的后半生也没能走出前半生带给他的影响。二次回国赴粤后，张竞生再也没有离开过老家广东。张氏 1969 年去世，终年 82 岁。

校长偷电

民国时期的文人在《北洋画报》中经常呈现出多种样貌，每一位先生都有属于自己的“北画”版速写。这篇第857期3版的文章《校长偷电》中所记述的就是曾任北平大学校长沈尹默的一桩悬案。沈尹默（1883～1971），字中，又字秋明，号君墨，祖籍浙江湖州。早年留学日本，后任教北京大学并参与新文化运动，与陈独秀、李大钊、鲁迅、胡适等同办《新青年》，历任河北教育厅厅长、北平大学校长、辅仁大学教授等职。沈尹默以书法闻名，其时与于右任的书法并称为“南任北沈”。

以斯文著称的名士竟做出“偷电”这种“斯文扫地”的事情，虽然事实情由难辩真伪，但此内容足以引起《北洋画报》读者的兴趣：

北平某大学校长某宅内，被电灯公司查出偷电情事，为北平世界日报刊出后，极为社会人士所注意。此事之确实与否，亦成为闲谈之中心问题。盖以堂堂大学校长而偷电，似乎不近情理，而世界日报向来与某校长不大融洽，亦为人所素知，故颇有人疑为不确。但校长对此毫不辩白；又类显有疑问。

文中提到的《世界日报》曾在1932年11月7日最早报出沈尹默偷电事件，沈发表声明辟谣，随后《世界日报》又于11月11日连续报道，意在驳斥沈公言论。关于这段旧事可查阅的资料较少，后世研究相对稀缺，现辑录《北洋画报》其余报道如下，以供参考：

众人于此将信将疑之际，突于各大报纸上，发现如左之一广告：

“史家胡同三号沈宅启事：本宅电表安置大门内壁上高处，向归仆人启闭电门管理一切。日昨电灯公司查表人与本宅仆人略有误会，致生纠葛，顷已由该公司派员来宅道歉。某报所载各端，全非事实，承各位亲友纷纷电询，深感不安，用特登报声明。”

此广告不留心者，却不知某宅之为谁何。而知校长者，则又无人不知系校长之在辩解，其措辞之巧，殊使吾人五体投地。且启事明言电灯公司道歉，绝似校长确未偷电。不谓广告出现之翌日，世界日报又有一条新闻，谓系见校长之启事后，即分访电灯公司与区署。详述采访者与电灯公司区署负责人某某之谈话。电灯公司区署之职员皆言，证据确凿，校长偷电是实，启事岂能欺人等语。记者因此对此事遂发生兴趣，而往访一电灯公司之友人高级职员某君，询其究竟。据某君谈：“校长偷电毫无疑问，年前校长即曾偷电，为公司查出，而被罚。此次已为第二次矣！某君曾留法，与中法系人接近，知校长素好小便宜。前者辞校长职，但出入仍坐学校之汽车，为某报举发后，彼自知理亏，乃将六百号之汽车牌号摘下，以为无六百号之车牌，即可以瞒人，其贪小便宜有如此者。”某君并云：“迄今公司尚未为校长接火，校长宅中现在点煤油灯之事，已可战胜一切之雄辩矣。”记者询最近校长与公司有否接洽，某君云：“校长宅每月只电费为十元余，偷电照章应罚千元。现校长托人接洽，拟以百二十元为罚款，公司以情面攸关，已拟允许。但校长另要求公司为之登报更正。公司以为偷电为事实何能更正，乃嘱彼自登广告更正。合计彼所出之百廿元，与各报广告费，为数当在百五十元左右，如不偷电，亦不过如此。”该校长者，真可谓贪小便宜者之前车矣。

之后，第860期《北洋画报》在11月22日又发表文章《平记者再受一次侮辱》，提及：

某校长现并非名义上之校长，而只为事实上只校长。盖彼一出头，必有学生起而反对。于是无已，只得躲在幕后，指挥其一月一换之替身。但校长何以如是倒霉，则太上感应篇有言曰：“福祸无门，惟人自招”而已！

文章随后讲述了所谓“偷电”事件之后北平某周刊撰文，谈到北京的记者“向吃了亏而无所申告的教育界……肆其威虐”，文中举例一小学教员因制止记者拍摄学生运动的照片，结果被爆出贪腐事宜。而后经记者工会调查此文为颠倒黑白：

始知此周刊乃以某校长为后台。其“向教育界肆虐”云云，乃系彼个人实受某报之气之故，故对记者一律仇视。记者公会对此事将谋应付，现已传入某校长之耳，某校长并云彼决不惜与记者公会一拼。苟如是，行见某校长之韵事艳闻又将为各报所共载，而大饱吾人之眼目矣！不过记者公会之应战方略如何，现尚不知，容当探明续报也。

▷廣東七十三藝術團體歡迎高劍父赴世界宣傳文化歸國美術展覽會之雕塑室◁

每恨陶彭澤，無錢對菊花。如今九日至，自覺酒須賒。

巢章甫書冊頁之一（沈寐叟即[illegible]夫人之尊人）

校長偷電

北平某大學校長某宅內，被電燈公司查出偷電情事，為北平世界日報刊出後，極為社會人士所注意。此事之確實與否，亦成為開談之中心問題。蓋以堂堂大學校長而偷電，似乎不近情理，而世界日報向來與某校長不大融洽，亦為人所素知，故頻有人疑為不確。但校長對此毫不辯白；又類顯有疑問。眾人於此將信將疑之際，突於各大報紙上，發現如左之一廣告：「史家胡同三號沈宅啓事：本宅電表安置大門內壁上高處，向歸僕人啓閉電門，管理一切。日昨電燈公司查表人與本宅僕人略有誤會，致生糾葛，頃已由該公司派員來宅道歉。某報所載各端，全非事實，承各位親友紛紛電詢，深感不安，用特登報聲明。」此廣告不留心者，決不知某宅之為誰何。而知校長者，則又無人不知係校長之在辯解，其措辭之巧，殊使吾人五體投地。且啟事明言電燈公司道歉，絕似校長確未偷電。不謂廣告出現之翌日，世界日報又有一條新聞，謂係見校長之啓事後，即分訪電燈公司與區署。詳述採訪者與電燈公司區署負責人某某之談話。電燈公司區署之職員皆言，証據確鑿，校長偷電是實，啓事豈能欺人等語。記者因此對此事遂發生興趣，而往訪一電燈公司之友人高級職員某君，詢其究竟。據某君談：「校長偷電毫無疑問，年前校長即曾偷電，為公司查出，而被罰。此次已為第二次矣！某君曾留法，與中法系人接近，知校長素好小便宜。前者辭校長職，但出入仍坐學校之汽車，為某報舉發後，彼自知理虧，乃將六百號之汽車牌號摘下，以為無六百號之車牌，即可以瞞人，其貪小便宜有如此者。」某君並云：「迄今公司尚未為校長接火，校長宅中現在點煤油燈之事，已可戰勝一切之雄辯矣。」記者詢最近校長與公司有否接洽，某君云：「校長宅每月之電費為十元餘，偷電照章應罰千元。現校長託人接洽，擬以百二十元為罰欵，公司以情面攸關，已擬允許。但校長另要求公司為之登報，更正。公司以為偷電為事實，何能更正，乃囑彼自登廣告更正。合計彼所出之百廿元，與各報廣告費，為數當在百五十元左右，如不偷電，亦不過如此。」該校長者，眞可為貪小便宜者之前車矣。

（次修治印一）

「芙蓉鵪鶉」（此幅曾出品於比利時百週年紀念博覽會，得金牌獎。）嶺南女畫家張坤儀作。

外國小笑話 老宣譯

（九十三）大發莊

青年父親（很關心的）：「生下來了嗎？是男是女？」

收生婆：「恭喜，恭喜，先生，一共三個，全是男孩！」

青年父親：「唉呀⋯⋯誰叫我當初偏要娶那開批發商店人的女兒呢！」

「普陀落日」 。劉海粟最近作。

請人代為領帖之奇聞

漢忠自港寄

李濟深主粵時代之參謀長鄧世增，最近丁母艱，以鄧公館治喪辦事處家人名義登報報喪曰：「家老爺鄧參謀長世增之老太⋯⋯（下略）」。老爺二字，已經政府禁用，若在舊紳士家用之，猶有可言，以堂堂國民革命軍之參謀長而稱老爺，未免不倫！況即使非用「老爺」不可矣，亦必曰「家主鄧參謀長世增老爺⋯⋯」，漏去「主」字，總嫌不妥，然此亦可不論。最可笑者，告白上大登「代領帖處」若干處，撰稿者似不知領帖即為受弔之謂，受弔只能限於一日一地，絕無隨時隨地可以舉行者。何況鄧參謀長所擇各地，又多為軍事機關，如南京十九路軍後方辦事處，上海淞滬警備司令部，福州駐閩綏靖主任公署，廣州國民革命軍第二軍司令部，梧州第四集團軍總司令部之類，是眞笑話之尤者矣。令鄧氏所為，在不知者視之，以為係到處張設靈幕，請人代執行孝子職務，以受人弔祭者，詎能不令人大惑不解耶？其實此乃撰稿人太無常識，以致出此大大笑話，蓋所謂代領帖處者，實「代收禮處」之誤，而常人所書為「賜唁請寄⋯⋯」者是也。然而此不通之奇文既刊報端，乃不得不滋人指摘矣。

（次修治印二）

「綠水行舟」 。劉維義攝。王士魯贈。

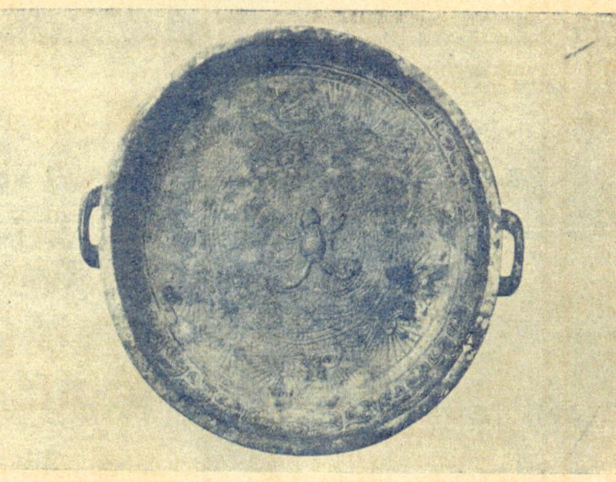

「漢蟠龍盤內面」 。中國圖案學會藏片。

君如同情於本報請廣為介紹於君之親友彼等對君必永遠表示特別好感

画体魄

1891年，“奥林匹克之父”顾拜旦在其创办的《体育评论》杂志中写下了这样一段文字：“体育的本质是和平年代的战争。但是这是更加文明和进步，合理而且合法的战争。与带来大量的生命戕害与社会破坏的真正的战争相比，体育竞赛非但不会带来巨大的灾难，还能让人们从中受益。”这个时期正是世界近代体育的萌芽发展期，作为“和平年代的战争”，与体育相关的组织纷纷成立，一些初期的体育职业联赛开始发展。

彼时的中国已经历了两次鸦片战争，“东亚病夫”的梦魇挥之不去。国内积贫积弱，国外列强环伺。战争年代的民族危机，严重影响了中国近代体育的发展。这一时期，在争取国家民主独立的道路上，国人对于体育的关注极少，普及全民体育更成了一种奢望。

20世纪初，这样的状况有所改变，民国时期，中国的现代体育开始发端。《北洋画报》见证了以“强健体魄”为目标的中国现代体育发展的历史，本章“画体魄”则是《画报》中与体育相关内容的撷英。

1911年的辛亥革命结束了在中国延续了两千多年的封建君主专制制度。此后，体育经历了从初期发展到繁荣兴盛、再到艰难前行的发展历程。1912～1926年，是民国体育的初期发展阶段。1912年1月，南京临时政府成立。9月，由蔡元培任教育总长的教育部正式颁布“壬子学制”。[1]这一学制对学校明确的规定：“初等小学堂宜授以适宜之游戏，渐及普通体操。高等小学宜授普通体操，切时令游戏，男生加授兵式体操……中等学堂男生每周体操课三小时，女生每周二小时。体操分普通体操、兵式体操两种，兵式体操尤宜注意。女子中学免修兵式体操。”[2]可见，随着近代学校制度的确立，体育被赋予强种、强国、强兵的意义。同时，竞技体育亦开始出现。当时“在各学校之间进行对抗赛和联合运动会的基础上，开始出现了各省、市的运动会。如天津市在1911年前已举行过8届联合运动会，算是占风气之先。而北京市在1914年才开始举办全市教育系统的运动会；广东开始举行全省运动会在1918年；福建全省运动会则始于1920年；湖南省运动会从1914年的第三届才开始有田径比赛等等”。[3]要之，民初，不仅社会精英开始关注体育的发展，民众也开始参与各种类型的体育运动会。

1926～1937年，是民国体育的兴盛阶段，这与《北洋画报》的发行时段完全吻合。此时的中国，体育教育及制度基本成形。在体育行政管理制度上，国民政府、国民革命军内部都成立了体育的管理机构。同时，奥运会的相关组织也开始出现。在运动竞赛制度上，形成了省市级、大区级和全国性的三级体育运动比赛体系。在体育法规制度建设上，更是公布了中国历史上的第一个《国民体育法》及其实施方案。在民族传统体育的继承、改造和发展方面，同样有重要的举措，当时专门成立了中央国术馆及全国的国术馆系统。

发展并非一蹴而就，《北洋画报》记录下了10余年间社会大众对体育由看客到参与者的变化。

在《北洋画报》初创时期，报社曾对当时相对低迷的体育运动状况提出质疑：

> 提倡体育，振发精神，亦大佳事，惜乎社会多数人众，习于淫佚，素常即萎靡不振，运动之事，勿谓不肯躬亲尝试，即使参观，亦不动兴，以如此堕落之民族，而欲其发奋有为，岂可得乎！清末民初，社会之于体育，性味蓬勃，迥非今比，洎至近年，几有无人过问之势，是或提倡不利之故欤？[4]

之后，虽办报方向各有侧重，但包括冯武越、谭林北以及吴秋尘、刘云若等历任主编始终把体育作为《北洋画报》的必选内容之一。

《北洋画报》第一篇体育相关的内容出现在1926年11月3日。当日刊登了配文“上月九日天津民园国际运动场开幕”的照片。虽然只有一张图片，下方只用中英文标识出照片的简要内容，但这是《北洋画报》体育报道的开端。西方自古希腊以来，就以体育为个人全面发展的手段之一，竞技类体育更是公共生活中的大事，中国亦有“穷文富武”的老话。因此，当一座大型体育场伫立在天津英租界的时候，它被刊登在这个城市乃至北方最流行的画报上，并引起社会性话题也就自然而然了。

1920年，英国工部局决定于天津英租界新建一个现代化体育场。规划占地近四万平方米。英国运动家埃里克·亨利·利迪尔[5]受邀参与设计规划体育场。据记载，他带来了伦敦斯坦福球场（现为英超切尔西足球俱乐部主场）的设计图作为参考。这位中文名为“李爱锐”的英国人也因此被称为“民园之父”。

民园体育场是中国最早达到西方竞技体育标准的体育场，它还是中国第一个灯光足球场。在当时的亚洲地区则是首屈一指的综合性体育场。随后多年，这里举办的远东运动会、万国运动会、华北运动会等国内外大型比赛，以及各种大型集会活动经常被《北洋画报》报道。因此，那幅配文“上月九日天津民园国际运动场开幕”的照片有着开创性的意义，它记录了中国近代体育发展史上的一件大事。

《北洋画报》中的体育报道涵盖了国内外重要的综合体育赛事、单项运动赛事、学生体育、全民健身、知名体育团队以及明星运动员等内容。在众多体育内容中，画报还以一定篇幅报道近现代中国体育教育的风貌。其中，创办系列学校，弘扬体育精神的教育家张伯苓，[6]不仅经常出现在《北洋画报》的文化版面，同时也是体育版面的主角。

作为近代体育的先驱，张伯苓不仅是中国近代体育的推动者，更是中国奥林匹克运动的发起人。近代中国体育的发展以引进西方体育项目为开端，1904年张伯苓开办私立中学敬业学堂时，便将西式体育引进学校教育体系中。天津基督教青年会是中国最早引进篮球、乒乓球等西方体育项目的组织。1908年张伯苓加入该会，10年后当选董事长，积极投身于西方体育的引进工作。张伯苓曾聘请同在天津基督教青年会的美国跳高名将饶伯森，以及格林、蔡乐尔等国外运动员到南开学校教授足球、篮球、网球、乒乓球等运动项目。1922年，张伯苓聘请董守义为南开学校体育教员，教授学生田径、柔软体操、篮球等。1926年，张伯苓特请奥运400米冠军李爱锐到南开学校教授中长跑技巧。这些教学实践，大大促进了体育在南开的普及，推动了近现代中国体育的发展。1928年12月25日，《北洋画报》刊登了“天津南开校长张伯苓赴美启程时情形”的图片，张氏此行的目的是考察欧美各国包括体育在内的教育，并于转年9月回国，画报在其归国后也予以报道。

在引进西式体育教育的同时，张伯苓还是本土体育赛事的推广者。他曾长期领导中华体育协进会，负责组织了国内外多场大型比赛。1912年起由张伯苓与其同人发起的远东运动会，以及1923年起由张伯苓组织举办的华北运动会，此后都成为《北洋画报》关注的重大赛事。1927年，创办不到一年的《北洋画报》就在显著版面连续报道第八届远东运动会的筹备、开幕及比赛的盛况。此后，1930年参赛人数达1627人的第四届全运会，张伯苓任总裁判长；1933年第五届全运会张伯苓连任总裁判长；1935年第六届全运会张伯苓担任主要组织者、裁判委员会主任委员。这些赛事与张伯苓的身影，都被《北洋画报》以翔实的图文记录下来。

《北洋画报》的视野不限于国内，据现有文献，《北洋画报》是中国最早报道奥林匹克运动会的综合性画报。1928年8月25日，第215期《北洋画报》第一次出现了奥运会的图文消息。画报2版中，将近一半的版面图文并茂地展现了13天前在荷兰阿姆斯特丹举办的第九届奥林匹克运动会的盛况。当时的奥运会名为"万国运动会"。报道涵盖《本年九届万国运动会之公告图》（奥运会海报图片）、《万国运动会趣闻》（文字报道）、《荷兰邮政为万国运动会特制之邮票》（图片）。其中还有一段向读者介绍奥运会的文字：

> 万国运动会，一名浩运会Olympiade，发源于希腊。相传希腊古城马拉屯marathon，常为长距离赛跑之终点，图正中绘一长距离赛跑之运动员，而右方靠边处有一本年新造之马拉屯高墙，即此意也。塔顶有极大之盘，夜间光影融融，下照涵塘Amsterdam，与塘面之灯火相映，颇极一时之盛。万国运动，每隔四年一会赛，涵塘市之第九届万国运动会赛，乃以五连环相连为标识；如图右塔畔之大旗，以及图下方观赛台上之小旗，尽系此种标帜。五连环五色分列，每一色代表一州，橘黄者亚，黑者非，绿者澳，蓝者欧，红者南北美，五环相属，盖示五洲人士之相携手也。

1932年8月11日，正在洛杉矶举行的第十届奥林匹克运动会受到了《北洋画报》的关注，一幅题为《洛杉矶世界运动大会"欧林匹克"城之空中摄影》的照片为读者提供了这一届奥运会的清晰图像。本届奥运会上，中国第一次派员参加，刘长春[7]成为奥运史上的第一位中国参赛运动员。在此之前，关于刘长春的报道并不多，而《北洋画报》是最早记录这位"中国奥运第一人"的媒体之一。1932年6月2日第786期《北洋画报》在显著的位置刊登了5月29日在"辽东队与天津队对抗赛"中400米赛跑第一名刘长春的照片，并配以报道："辽东体育家刘长春等……与天津运动家在南开操场举行田径赛运动。结果：辽东队得四十分，天津队得三十八分，棋逢对手，十分热闹，造成新纪录七种。"这是记录刘长春在洛杉矶奥运会前运动经历的珍贵影像及报道。同年10月20日《北洋画报》在华北运动会的报道中又独家刊登了刘长春的运动照及签名。

1936年，第十一届奥运会在柏林举办，中国派出了包括刘长春在内的多名运动员参赛。奥运会开始为更多国人所知，并成为媒体关注的焦点。此时的《北洋画报》已有记

者从国外发回的专门报道，关于奥运的新闻不仅聚焦中国运动员，而且更加关注体育运动本身。

1936年4月14日，第1386期《北洋画报》以《我国参加世运会之平津京沪选手十四人》为题，公布了参加柏林奥运会的北平、天津、上海三地14名篮球选手的名单及合影。6月18日，又刊登了中国奥运代表团田径队在上海训练的合影。6月20日，在显著版面刊登了《北洋画报》“老朋友”、时任上海市长吴铁城，德国驻沪总领事克里拜为中国代表团举行欢送宴，以及中华、精武两体育会及中华武术会等团体为运动员举行欢送会的照片。6月27日，报道了中国奥运代表团出发前在南京拜谒中山陵的仪式，刊登了代表团在励志社听国民政府主席蒋介石训话后的合影。在柏林奥运会的足球预赛中，由粤籍省港球员组成的中国足球队遭淘汰，中国队虽然被英国队击败，却赢得了现场观众的敬意，队员离场时，许多观众用掌声与欢呼为他们送行。8月13日的《北洋画报》刊载了署名“左右”的打油诗：“输罢足球将欲行，忽闻台上好运声，会中赠予金牌奖，不及欢呼观众情。”8月20日，《北洋画报》以希腊取奥运火种的图片报道为读者详尽介绍了奥运火炬传递的知识。9月5日，《画报》以图片报道的方式报道了本届奥运会打破世界纪录的百米跑女子冠军史蒂芬与亚军华莱希维芝。9月8日，又以《“黑选手”欧文斯近况》为题报道了在柏林奥运会中有着奇迹表现的美国黑人选手杰西·欧文斯。从文章中不难看出，此时《北洋画报》的体育报道已经不只是关注体育比赛的胜负，而是开始关注竞技体育的精神，显示出了更广阔的视野与思考。

1937年7月27日，《北洋画报》停刊的两天前，第1586期画报刊登了最后一篇体育图片报道。内容是广东游泳女运动员梁咏娴、杨秀珍、陈凤馨在游泳后的合影。

从1937年开始，正是国民体育发展的艰难前行阶段。由于战争环境的影响，无论是学校体育，还是社会体育和竞技体育的发展，都受到了极大的限制。至此，以体育强族、全民健体为宗旨的《北洋画报》体育报道也宣告结束，它积累下来的丰富的图文资料，翔实地记录了那个时代的体育风貌。

---

1 壬子学制系1912年（壬子年）民国政府教育部制定的区别于清政府的新学制。在这一学制下，普通、职业、师范三种教育各成系统，与清政府公布的学制相比，壬子学制在课程设置上取消了忠君尊孔内容，增加了自然科学和生产技能训练，并缩短了学习年限。

2 舒新城：《中国近代教育史资料》中册，人民教育出版社，1981，第181、123页。

3 谷世权：《试论北洋军阀统治时期的体育》，《体育文史》1989年第4期。

4 记者：《南新两运动会琐记》，《北洋画报》第85期，1927年5月7日，第2页。

5 亨利·利迪尔（Eric Henry Liddell），中文名李爱锐、李达。苏格兰人，1902年生于天津，父亲是英国传教士。1907年就读英国爱丁堡大学时即崭露运动才华。于1924年巴黎奥运会上获得径赛400米冠军，并打破世界纪录，这段经历被拍成电影《火的战车》，并获得奥斯卡最佳影片等四项大奖。1925年，利迪尔作为传教士回到天津新学书院任教。随后参与规划设计民园体育场。1945年，病逝于日本占领军设在山东潍坊的集中营内。

6 张伯苓（1876～1951），中国现代职业教育家、天津人，原名寿春，字伯苓，是私立南开系列学校创办者，西方戏剧以及奥运会的最早倡导者。他把教育救国作为毕生信念，先后创办南开中学、南开大学、南开女中、南开小学和重庆南开中学，形成了著名的南开教育体系。

7 刘长春（1909～1983），辽宁省大连人，历任第五届全国政协委员、中华全国体育总会常委、中国奥委会副主席、辽宁省体育协会副理事长、第四届辽宁省政协常委等职。1927年就读于东北大学体育系，1932年毕业。1932年7月8日，参加于美国洛杉矶举行的第十届奥运会，成为第一位正式参加奥运会的中国运动员。1936年再次代表中国参加在柏林举行的第十一届奥运会。

体　魄

篮球名将靳淑荃[1]

1936 年 9 月 12 日第 1451 期《北洋画报》的彩页封面上这位健康大方的女子叫靳淑荃，这是她第三次登上《北洋画报》的封面。作为一名女子篮球运动员，靳淑荃大约享有那个时代最大的关注：她至少 13 次被《北洋画报》报道，三次成为封面人物。第一次是 1933 年 6 月 6 日的第 942 期，之后便是 1934 年 7 月 12 日的第 1113 期。前两次都是室内肖像照，而这一次是全身泳装照，上色彩印于当期封面，配文“健美典型之本市篮球名将靳淑荃女士摄于北戴河海滨”，更凸显运动员的健康形象。

爱好者和研究者都相信，《北洋画报》的封面女性是当时中国社会文化演变的一面镜子。从小家碧玉、大家闺秀到社会名流、娱乐明星，再到青春气息的女学生和健康动感的女运动员，折射了社会的发展和时代精神的变迁。

靳淑荃作为健康积极形象的代表，是众多出现在画报中女运动员的一个缩影：专业上有成就、形象上惹人喜爱。她们最为著名的是来自广东的游泳运动员杨秀琼，她以健康的形象与骄人的体育成绩而名闻全国。靳淑荃则是天津乃至北方运动员的代表，《北洋画报》对她的重视也出于地域贴近性方面的考虑。颇为有趣的是，靳淑荃第一次登上《北洋画报》是出现在一张游泳运动员的合影中，配文为“善于游泳之本市靳淑荃、张美和唐少梅”，靳淑荃高挑的个子在其中十分显眼。而她第一次登上封面则是以篮球运动员的身份，介绍文字为“本市黑白篮球队健将靳淑荃女士”，随后《北洋画报》还登载了靳淑荃入选河北女篮并担任队长参加全国比赛的消息。

1891 年，近代篮球运动产生于美国。1895 年 12 月，天津中华基督教青年会举行了中国近代篮球运动史上最早的一次篮球表演活动，这就是中国篮球运动的开端。天津成为中国篮球运动的摇篮，华北则是中国开展篮球运动最早的地区。1912 年，篮球运动在全国展开。1916 年，上海女青年会体育示范学校成立，在国内最早开展女子篮球运动。1930 年 4 月，在杭州举办的第四届中华民国全国运动会将女子篮球正式列为比赛项目。[2] 篮球这种对抗性较强的运动，因为对场地和运动能力要求较高，其推广是循序渐进的。这其中固然有运动本身规律的要求，也与当时的世俗观念和社会伦理分不开。1930 年 11 月 18 日出版的《北洋画报》第 552 期 2 版上有一篇发自北平的新闻侧记，描述了当时上海两江女子篮

1 本章“释画”撰文：宋昉、马千。
2 李辅材、文福祥、董尔智、申恩禄、钟添发：《中国篮球运动史》，武汉出版社，1991，第 9、14、30、31 页。

北洋畫報
THE PEI-YANG PICTORIAL NEWS, TIENTSIN
廿五年九月十二日 星期六 第一千四百五十一期（第三十卷）
No. 1451 (Vol. 30) Saturday Sept. 12, 1936

健美典型之本市籃球名將靳淑荃女士攝於北戴河海濱 。慧贈刊。

球队在京比赛的现场状况。因为两江队实力较强，她们的比赛从竞技角度也是很有看点的，但是当时的观众很多人不是为着比赛而来的。这篇名为《两江球战记屑》的新闻侧记写道：

……但三层看台上，人上落人，插足无地之际，门外仍有观众若干，以票罄不能入场……彼等参加（观看）之目的，只是抱了看女人打球之心理而来，故时有令人不快之下流语，送入人耳，颇足使人不快。两江女队员下场前，着灯笼裤。比赛时，则脱灯笼裤而着黑短裤。看台上对于脱裤一举，群声赞美，谓即此两角已值，恶，是何言欤！……

中国最早的女子篮球运动就是在这样的环境下成长起来的。进入 1930 年代中后期，不少地区已经可以组建女子篮球队，女孩子们可以参加全国比赛，甚至出国比赛。上文中的“两江女子队”便是其中的佼佼者，这一切也是众多专业人士努力的结果。

之后的中国女篮曾产生一批世界名将。无论是上世纪末的杨洁、田文惠，还是后来的陈月芳、丛学娣、郑海霞、李昕，再到如今的李月汝、邵婷……在这些耳熟能详的名字中，靳淑荃也许是早已被遗忘的一个，但她是当之无愧的女篮运动先驱，《北洋画报》记录了她自信的笑容。

“美人鱼”杨秀琼

第 856 期 2 版中唯一圆形构图的照片，是香港女孩杨秀琼第一次出现在《北洋画报》上，当时她年仅 14 岁。在这之后，照片里这位清秀、健康的女孩子将登上各地报刊的封面与头条，成为那个时代的头号体育女明星。

与当时全国开始大力倡导体育运动尤其是女性竞技体育有关，游泳是诸多新兴体育项目中的热点之一。作为体育明星的传播样本，《北洋画报》中的杨秀琼形象极为典型，成为后世传播学、社会学等领域的重要研究对象。

1932 ~ 1936 年，《北洋画报》共计刊登含杨秀琼的照片 35 幅，其中，3 次是封面照片。此外，还有 3 幅相关漫画。先看封面：

在1933年10月21日的第1001期上，出现了杨秀琼的泳装全景站立照。题图文字为“全运会之标准美人杨秀琼女士”，这是杨秀琼作为体育明星在《北洋画报》的正式亮相。1934年8月7日的第1124期，杨秀琼再次登上封面，配文：“在京表演之‘美人鱼’杨秀琼”。依旧是泳装着身，暗蹙娥眉，身躯丰腴，这次是大半身的中景呈现。1933年10月11日，第1152期的封面，杨秀琼以时装着身，发型秀丽，半身照片呈现的是她攒眉凝望的瞬间。配文：“‘美人鱼’杨秀琼女士最近影。”

除去封面，《北洋画报》在随后的三年中开始频繁刊登杨秀琼的照片。在“健康美”的定位下，杨秀琼逐渐成为全国性的新女性标志人物。1934年5月之后，也就是杨秀琼和她的队友在远东运动会上获得多项冠军后，《画报》的图文报道更加集中，而且传播方式、内容以及意味更加多重化，“美人鱼”成了杨秀琼的专享绰号。以下列举《北洋画报》对杨秀琼的部分报道：

1933年10月26日，第1003期，2版的左下位置是一张杨秀琼背手的泳装照，配文是“全运会游泳名手杨秀琼又一影”。这时报道对杨秀琼的定位基本还是运动员。

两天后的10月28日，第1004期，2版右上，一幅四人行进侧面照记录了杨秀琼参加“首都轮渡”剪彩仪式的内容。

到了1934年5月25日，第1091期2版出现的两幅照片是参加远东运动会全体女运动员的合影与四位女游泳运动员合影，皆为旗袍装束。杨秀琼随后在比赛中获得四项冠军，包括四人接力赛冠军。

1934年7月31日，第1121期2版左上刊登了杨秀琼着礼服全身照，配文“赴赣过沪表演游泳之‘美人鱼’杨秀琼”。在此前一系列的公共活动中杨秀琼已经成为知名人物，不仅是运动员这样单一的身份了。

1934年8月21日，第1130期2版右上刊登了一幅配文为“国府主席林森与杨秀琼家属合影”的照片。至此，杨秀琼俨然成为公众人物。

1935年10月19日，第1311期，2版右上，一幅杨秀琼着类似比基尼样式的泳装照出现，配文指出她是远东和全国纪录保持者。同版还有一篇杂文，题目叫《说美人鱼兼及六不将军》，文章说“惟近来美人鱼杨秀琼……且数年来抱持游泳王座，更无后来居上之人，其舆也暴，其运也长，风头之盛，虽非绝后，敢曰空前。委员长专电特邀，秘书长屈尊为御，国府主席且同照像焉，‘时论荣之’，‘举国仰慕’”。

到了 1936 年，可能因奥运会的失利，渐渐地，杨秀琼的形象淡出了《画报》。虽然如此，与许多其他报刊不同，《北洋画报》自始至终没有对杨秀琼进行嘲讽、贬低。

最终，杨秀琼在《北洋画报》上的形象定格在了 1936 年 11 月 12 日，第 1477 期 2 版上。配文这一次没有称呼她“美人鱼”，只是：“我国出席本届世运会之游泳选手杨秀琼与美国游泳选手 DoroEhy PoynEen 合摄于柏林”。这是一张双人侧面仰拍照片，杨秀琼占据了大部分画面，美国选手只有半张脸。杨秀琼面对着画外，笑容灿烂。巧合的是，杨秀琼在《北洋画报》上报道的起始，都定格在了 11 月 12 日这一天。

《北洋画报》有许多贯穿始终、密切关注的人物，他或她伴随着画报编辑的文字、摄影记者的镜头走过近乎传奇的一段岁月，甚至是一生。杨秀琼无疑是这个名单里最为耀眼的一个：短短的四年（1932 ~ 1936），她从一个广东小女孩成为时代女性和红极一时的体育明星。回过头再看她最早刊登在《北洋画报》第 856 期 2 版上的这张小图，她有些害羞却又稚嫩单纯的面庞实在是最为珍贵的记忆。这可能是她一生中最为真实、美丽的样子。这张照片拍摄的 50 年后，1982 年 10 月 10 日，杨秀琼女士仙逝于加拿大温哥华，享年 64 岁。

《北洋画报》第八百五十六期 2版 1932年11月12日

《北洋画报》第一千四百七十七期 2版 1936年11月12日

栾秀云与国术

栾秀云（生卒年不详），出身于山东青岛武术家。1933年因在青岛举办的华北运动会上夺得国术剑术冠军为媒体瞩目，随后又在1934年华北运动会夺得杂项器械冠军和剑术亚军，名冠全国。有媒体冠之以“华北第一女剑客”称号。

栾秀云首次出现在《北洋画报》上是1934年9月8日第1138期，在2版中有两张照片，分别是“青岛国术馆准备参加十八届华北运动会选手姜爱兰，张定秋，栾秀云习武之姿势”和“栾秀云之单人舞剑”。随后的几年，栾秀云作为“国术名家”先后11次被刊登在《北洋画报》上，第1510期与之后的第1522期，栾秀云均以封面人物出现。

栾秀云有小学教员的职业经历，曾在青岛国术馆学习并参赛（有人认为她自己也开办了国术馆）。当时，青岛国术馆蜚声华北乃至全国，培养了众多名家；国术馆本身也是青岛的著名地标性建筑，很多文人名家曾来此拜访，比如老舍、萧军、王度庐等。

1934年，作家郁达夫和妻子王英霞到青岛，行程中就包括参观青岛国术馆。据称他两次见栾秀云，特请栾秀云表演剑术。特意赠诗一首：堂堂国士盈朝野，不及栾家一女郎。舞到剑飞人隐处，月明满地滚青霜。[3]

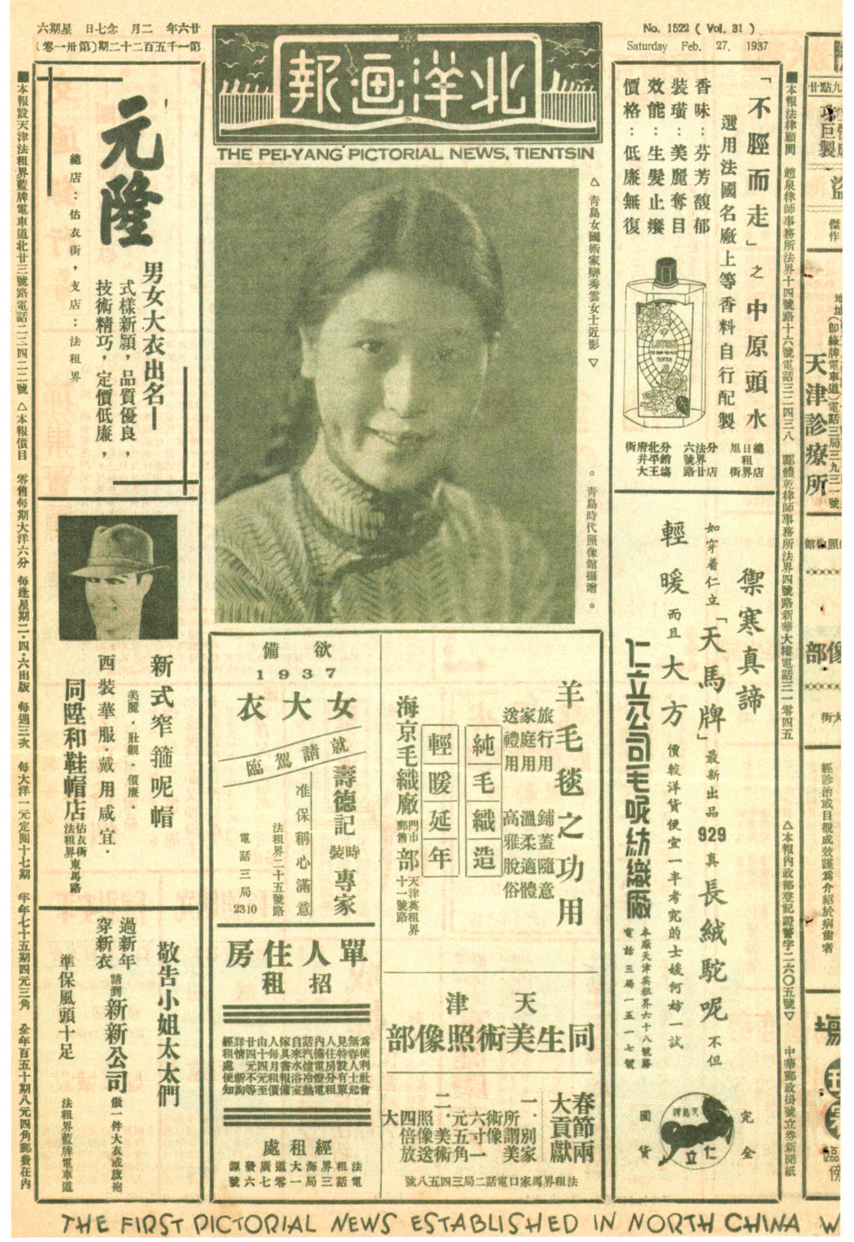
廿六年二月念七日星期六
第一千五百二十二期（第卅一卷）
No. 1522 (Vol. 31)
Saturday Feb. 27. 1937

北洋画報
THE PEI-YANG PICTORIAL NEWS, TIENTSIN

△青島女國術家欒秀雲女士近影▽
。青島時代照像館攝贈。

■本報設天津法租界藍牌電車道北廿三號路電話二三四二二號 △本報價目 零售每期大洋六分 每逢星期二·四·六出版 每週三次 每大洋一元定閱十七期 半年七十五期四元三角 全年百五十期八元四角郵費在內

元隆 男女大衣出名— 式樣新穎，品質優良，技術精巧，定價低廉， 總店：估衣街，支店：法租界

新式窄緣呢帽 美麗·壯觀·價廉· 西裝華服·戴用咸宜· 同陞和鞋帽店 估衣街 法租界東馬路

敬告小姐太太們 過新年穿新衣 請到新新公司 做一件大衣或旗袍 準保風頭十足 法租界藍牌電車道

欲備1937女大衣 就請駕臨 壽德記 時裝專家 准保稱心滿意 法租界二十五號路 電話三局2310

單人住房招租
經租處 法租界海大道廣發源 電話三局一零七六號

羊毛毯之功用 旅行用 家庭用 送禮用 鋪蓋隨意 溫柔適體 高雅脫俗 純毛織造 輕暖延年 海京毛織廠門市部 天津英租界十一號路 郵售

天津同生美術照像部 春節兩大貢獻
法租界馬家口電話二局三四五八號

「不脛而走」之中原頭水 選用法國名廠上等香料自行配製 香味：芬芳馥郁 裝璜：美麗奪目 效能：生髮止癢 價格：低廉無復 總店：日租界旭街 分店：法界廿六號路 分館：北平王府井大街

禦寒真諦 如穿着仁立「天馬牌」最新出品929真長絨駝呢 不但輕暖而且大方 價較洋貨便宜一半考究的士媛何妨一試 完全國貨 仁立公司毛呢紡織廠 本廠天津英租界六十八號路 電話三局一五一七號

■本報法律顧問 趙泉律師事務所法界十四號路十六號電話三二四三八 鄭體乾律師事務所法界四號路新華大樓電話三一零四五 △本報內政部登記證警字二六〇五號▽ 中華郵政掛號立券新聞紙

天津診療所

THE FIRST PICTORIAL NEWS ESTABLISHED IN NORTH CHINA W

《北洋画报》
第一千五百二十二期　封面
1937年2月27日

3　张文艳：《那一年，轰动全国的华北运动会》，《半岛都市报》2018年10月23日，第23版。

4　万籁声（1903～1992），我国著名的武术家和武术教育家、福建省政协委员、自然门武术一代宗师，见福建海峡自然门研究院编《万师百年——中国著名武术家万籁声先生诞辰一百周年纪念》，海风出版社，2007。

1935年，已经成名的栾秀云与山东媒体发生龃龉。当时，她与青岛媒体记者的争论被冠以“摸不到边际”之争。当地有评论认为，栾秀云的国术表演只不过是表演性质的“艺术拳”，栾秀云予以反驳。来回几次，据称到了要“请打手”会战的程度。此事《北洋画报》也予关注：1935年12月10日的第1333期2版上刊登照片，并配文字说明：“青济国术界因‘摸不到边际’问题引起笔战之中心人物栾秀云女士。”照片中，栾秀云手持月牙双钩，两臂外展，呈金鸡独立式。

研究武术的一些人士认为，中国武术从成为职业和竞技项目之始，就和媒体、文学艺术界产生了千丝万缕的联系，甚至是互为贡献的关系。普通民众了解武术多通过武侠小说。现实生活中，武侠的气质也被武术从业者认可并彰显。武术家所具有的传奇色彩越来越浓烈。而栾秀云的形象和故事，是《北洋画报》在“国术”报道中比较突出和生动的一个。事实上，《北洋画报》对于国术的报道不仅数量多，规模大、形式杂，并且贯穿发行始终。

武术，作为一种体育运动或者健身项目，成为中国民众生活中的话题本不足为奇。它的趣味性和普及性乃至操作、实践的多样化，受到普通大众喜爱，甚至成为自我文化认同的一部分，更是水到渠成。但是，武术绝不仅是一项单纯的体育运动，它和许多国人青睐（足球、篮球）或者强势（乒乓球、跳水）的体育项目相比，还具有一个不可替代的属性——“民族传统”。“武术”很早便成为极具普及性的体育项目，从《北洋画报》的报道可见，当时国民政府和民间团体对普及这项运动做过诸多的努力。武术成为普罗大众的话题、媒体的热点乃至官方运动会的项目，和多方面的推动与宣传密切相关。以下仅举《北洋画报》的三篇相关报道为例：

1928年8月8日《北洋画报》第210期2版，有一张配文为“北平大武术家万籁声[4]表演自然门内功上桩之影”的图片。照片上，一名男子紧身打扮，腹部核心支撑在一根并不太粗的木桩上，全身笔直，充满力量，很有竞技体操的专业动作形态。此图并未配专文，仅有一句图注：“能于桩上旋转四五周。”这张当时不起眼的图片后来被广泛传播，成为武术神奇形象一个历史证据。

1934年11月24日，《北洋画报》第1171期2版刊登了一篇署名“人渣”的杂文，起名《俄力士偃武，中力士修文》，文中记载了“大力士”俄国人麦加洛夫在各地表演却独独不敢应战北平天桥艺人沈三的事情，节文如下：“一条条的好汉，吓得大力士退避三舍。一般小市民觉得非常得意，好像自从鸦片战争至今八十年来的委屈，这回算由诸位好汉报了仇，统统在麦加洛夫身上出了气。……咱们中国人真是不可了解，器量大的时候，东北失了四省，若无其事；器量一小，连一个走江湖的卖艺人，眼里便容不下，这大概也是阿Q精神的一种吧。”

而之前的第1170期上也有一篇相关文章，署名“野尔姑搿”的《“燕子”与“力士”》，文章写道：“欺中国无人者固另有人在，何必对此穷途末路的大鼻子做赶尽杀绝之壮举哉！”

其时，与各国所谓大力士比武，是中国武术发展的一个重要看点。甚至有好事者写出“历史上打败过外国人的二十五位中国武术家”的文字。其中最出名的自然是“天津大侠”霍元甲击败英国拳击手和日本武士的旧事。除此，还有诸如“丁发祥康熙十五年连击两名俄罗斯大力士”“李书文枪挑四名日本武术家”“孙禄堂震飞五名日本武士”“张占奎打败六国摆擂的德国大力士”等故事，叙事模式和主题如出一辙。

1936年10月8日第1462期2版一幅三人合影照片，配文为“最近返国之我国出席世界运动会之国术女选手（右至左：刘玉华、翟连沅、傅淑云）”。据记载，1936年春，参加第十一届奥运会的“国术表演队”在上海举行选拔活动，最终选出六名男运动员和上述三名女运动员。在奥运会举办期间，这支“国术表演队”在汉堡动物园进行表演，受到普遍欢迎和赞许。与本届奥运会中国参赛的正式项目均未获得好成绩相比，武术表演收获颇丰。

“武术”被称作“国术”背后有复杂的民族情感，与洗刷“东亚病夫”的愿望紧密相连。同时，尽量将传统“国术”纳入西方的竞技体育传统中，又是那个时代的中国人“与世界接轨”的诸多努力中的一个。不过，这是一条很长的路。2020年1月8日，武术被列入第四届青年奥林匹克运动会正式比赛项目。2021年4月29日，中华人民共和国教育部经研究决定成立教育部中国武术教育指导委员会。

健美运动

从 1935 年 7 月 30 日的第 1276 期开始，《北洋画报》用 3 个多月连载介绍并推广了当时被认为能影响都市民众审美价值取向的“健美运动”。这 3 个多月里，《北洋画报》用大约 50 余幅图片，接近 10 篇的相关文字推广健美运动，推广对象是女性群体，画报为她们介绍了女性练习的必要性、练习方法与练习目的等多方面内容。从最初一期的《序言》，到随后连环画式的图解报道，其间不断配合专业的指导文字。《北洋画报》关于“健美运动”的系列报道，呈现出《画报》其他体育报道从未有过的样态，在同时期其他诸多纸媒中也不多见。

从 1935 年 8 月 26 日的第 1279 期开始，一幅幅身着连体运动衣的女性健体动作图开始出现在《北洋画报》上。这些被称为“健美运动姿势”的图解共分为八类，分别为：1. 怎样使身体柔软——此为练习各部前之基础功夫；2. 腹部运动；3. 胸部运动；4. 背部运动；5. 肩部运动；6. 臀部运动；7. 腿部与足部运动；8. 项部运动。图解详细介绍了健美运动的练习步骤，每幅图均配有动作要领、姿势要求等文字讲解。

为配合这次集合式图解报道，《北洋画报》还经常在同一版面登载世界各地“健美的女性”身体摄影照片。这种直观地展示女性健康、美丽身体的方式，无论是对《画报》的哪一类读者都是有吸引力的。

不过，上述“健美运动”并非目前形态极其成熟的职业健美，也不是商业链非常完整的健身运动，如果要和现在的运动、健身方式做一下类比，从这些图示中的动作形态和训练方法上看，其更接近现在的瑜伽，或者是健身运动中的拉抻训练。

其实，在这个系列报道出现之前，借着影片《健美运动》1935 年 1 月 13 日在天津的河北影院上映之机，《北洋面报》已经开始介入“健美运动”的相关话题了。在这部影片开演的前一天，《北洋画报》第 1192 期 2 版刊登了一幅剧照，配文为：“明日在河北影院开演健美运动之一幕。”这部上一年已经在上海上映的影片，其实是“健美生活”被大力提倡的结果之一，而不是发端。之所以这样说，是因为健美运动被介绍到中国是 1920 年代末的事情，只不过它和同时被推荐的溜冰、游泳等运动相比，普及性确实不高。当时，溜冰、游泳、排球等需要一定附加成本的运动推广也并不顺利，何况是针对女性的健美运动。其出现时，曾引起社会某些阶层人士的侧目。而且越是附加成本低的运动，越是需要参与者的坚持和自律，所以，当时的“健美”或“美身运动”其实少人问津。

《北洋画报》这一时期所涉及的女性健美运动话题多以图解和诠释的方式呈现，关于此项运动的社会进展、相关活动、人物故事的报道则略有缺失。这当然和这项运动的特征有密切关系：健身是个体运动项目，其参与度、游戏感都不如球类、溜冰、游泳的等项目。不过，《北洋画报》所展示的“健美运动”体现了当时社会风尚的变化，有超过运动本身的意涵。

秦淮盛事

不鳴

金陵自古佳麗之地，六朝曾繁盛一時，迄唐時巳衰落，所以韋莊有詩云：「江雨霏霏江草齊，六朝如夢鳥空啼」。到明代又繁盛起來，卽以秦淮河舫而言，已夠人醉心的了。續板橋雜記云：「秦淮河船，上用蓬廠，懸以角燈，下設迴欄，中施兒榻，盤盂尊罍，色色皆精。船左右不設窗寮，以便眺望。每當放船落日，雙槳平分，撲鼻風荷，沁心雪藕，聆清歌之一曲，望彼美兮盈盈，眞乃縹緲欲仙，塵襟胥滌矣。」又有賣茉莉花珠蘭花的。亦頗富詩意云：「日初過午，賣花聲便盃街市，茉莉珠蘭，提蘭掣櫨。近更綴以銅絲，幻成魚籃飛鳥，可以懸諸帳中，比及酒醒夢迴，芳馨橫溢，和以柔肌藕澤，如遊衆香國中矣」。不僅此也，還有南朝金粉：她們的鬢髮如雲，明眸似水，早已令人魂銷了。錢牧齋詩云：「一夜紅箋許定情，十年南部早知名，舊時小院湘簾下，猶記鸚哥喚客聲」。偶一吟哦，不禁神往。

▷南京夫子廟秦淮河畔之畫舫◁ 。張鏖攝。

本月廿七日先師孔子誕辰紀念各界代表在孔廟舉行紀念會，為教育局長鄧慶瀾致開會詞：要人與會之為下：公安局長劉玉書(1)，鄧慶瀾(2)，工務局長楊豹靈(3)。天津同生攝。

△佳謎錄▽

介尊，介堂。（射詩經二句）

北平名畫家郁風(左)方菁(右)兩女士近影 。張鏖攝。

養汗齋雜屁(二)

若雲

又是那麼一套

一蟬高掛報新涼，便似積囚開赦章，當夏汗為天下養，入秋冰患滿城荒，情人夢換女兒酒，泗水池移跳舞塲，檢點秋衣且行樂，何人水珮更風裳。

天涼了，一聲蟬鳴，如開炎帝大赦天下。前數日售冰者貨竭，可知酷暑程度，今後可釋冰糕涼品，而重溫我陳紹之酒。摩登諸公，亦將自泳池移至舞塲矣。大家及時行樂，莫管水鄉澤國中尚有待死人也！

▷南京國樂家衛仲福夫人◁ 。林隱賢攝。

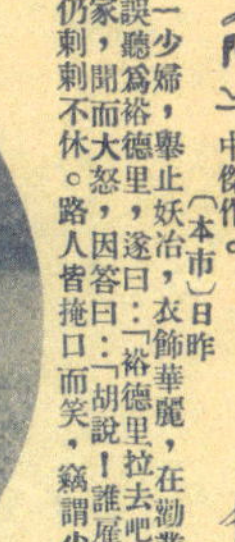

(本市)施聆秋，浣秋姊妹國畫展覽會，定於八月三十日至九月二日，在法租界大華飯店舉行四天。出品計有山水，花卉，人物多種，均為近中傑作。

(本市)昨日有一少婦，舉止妖冶，衣飾華麗，在勸業塲旁雇車，因說話不眞，車夫誤聽為裕德里，遂曰：「裕德里拉去吧，給兩毛錢。」不意少婦亦是行家，聞而大怒，因答曰：「胡說！誰雇裕德里？」車夫再三道歉，少婦仍刺刺不休。路人皆掩口而笑，竊謂少婦之衣飾，亦有自取之道。

時人素描：廬山避暑之林森。童濤璜作。

(本市)法租界春在樓，現因地址不敷應用，巳在天祥市塲對過，覓妥新址，房屋寬大，現正興工，卽將喬遷。

(平訊)前外之五牌樓巳換好洋灰柱，重新蓋好，惟未油漆。因洋灰有鹹性未退，又恐市民誤會何以不油，乃在柱上掛一鐵片，上書洋灰鹹性未退，油漆明春動工字樣。東長安街牌樓亦巳動工，改換灰柱。西長安街牌樓木料倘完好，乃決先塗油防朽，然後上漆，不再換洋灰柱。

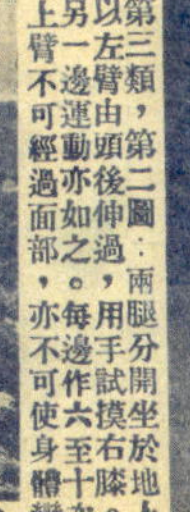
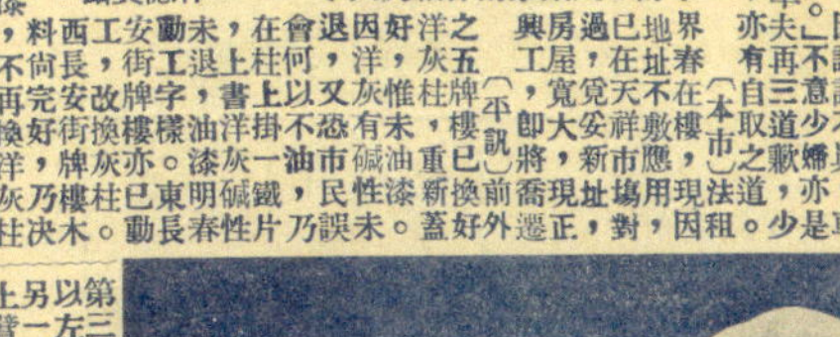
武漢大學武昌落珈山風景壯麗，上為該校新建之圖書館，下為化學館及標本室。國際社攝。

第三類，第二圖：兩腿分開坐於地上，以左臂由頭後伸過，用手試摸右膝。其另一邊運動亦如之。每邊作六至十次。上臂不可經過面部，亦不可使身體彎伏。

▷健美運動第三類第二圖(腰部運動)之姿式◁

《北洋画报》
第一千二百八十九期 2版
1935年8月29日

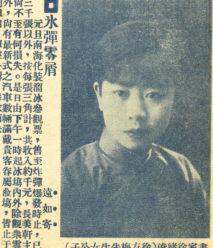

中南海飛彈溜冰之元旦

宗憲

北平中南海溜冰塲籌備巳久之化裝大會，於元旦日下午舉行。記者二時赴會，天安門前車馬水龍，頗極一時之盛。購票入門，行數十武，忽爲蕭門所阻，蓋冰塲所製之二門也。凡入內者，倘須購銀洋三角之參觀券。遊人並不因之少減，擁擠不堪。入則觸目皆人，冰上，岸上，土山上，樹枝上，房頂上，一片爲黑，其數近萬。費時十五分始得由人綫中擠登冰塲，化裝人員早巳開溜良久矣。化裝報名者達三百餘，出席者未及其半，尤以女子爲少，全塲不及十人也。化裝者均係青年，長者不過三十，幼者僅七歲耳。化裝種類與往年相同，別出心裁者甚少：赤身露體塗以彩色者有之；男扮女裝大作其肉麻表演者亦有之。有某胖子裸其體，着紅兜肚，類「西遊記」中紅孩妖者，園塲跑躍，白而多肉之身軀，哆哆嚓嚓，異常有趣。其餘如小販，和倘，車夫，乞丐，以及新郎新娘，吹鼓手，搽取燈兒的，搖煤球兒的……奇形怪狀，不勝枚舉。衆人正在興高彩烈，忽聞塲內轟然一聲，聲宏而有餘音，類花炮之「兩響」然。響初發時，多疑爲塲內所備之開幕炮，後見北方觀衆羣起逃避，始知有變，當時秩序大亂，觀衆散去十之三四，化裝人員奔上塲外者亦佔大半。記者遍訪冰塲主事者不見，良久始有憲兵數人驅前查看。往觀之，見距蓆園墻五尺處，已被爆炸物炸成一洞，約可尺半見方。蓄係一手溜彈之類，而自墻外拋入者也。半小時後，始有報告員入塲報告，謂：「今日評判已畢，卽時散會。」於是平完結。記者出門時，忽聞有某化裝者曰：「媽的！這不是安心攪和嗎？各幹各的，家裏休息會多好！大爺愛玩，你管不著！」

元旦北平南海化裝溜冰會被炸彈炸壞蓆棚之一角。金宗憲攝。

南海冰塲上之袁紫君女士。金宗憲攝。

南海化裝溜冰會得第一獎飾浪漫舞女之王以屏君。李堯生攝。

冰彈零屑

遠如寄

元旦南海化裝溜冰參觀票，售至炸彈爆發時止，已達三千張以外，按每張三角計，共收入約千元，長美軒主人尚不至有何損失。是日由下午一時起，冰塲內外除觀衆雲集外，尚有最新式之汽車數輛，滿載貴客眷屬蒞塲，皆止于大門以內，彈聲一響，率隊而去。

元旦南海之聲樂統計，共有汽車喇叭聲，嬉笑聲，辯嘴聲，冰刀互擂聲，指揮聲，收票聲，冰刀磨冰聲，開道鑼聲，出爽用響筒聲，號筒報告聲，軍樂聲、炸彈爆炸聲，警笛聲，逃避聲，蓆牆破裂聲；婦人呼子聲，罵聲，讚揚聲，汽車飛奔聲，友人互戒退場聲，等廿種之多，不啻一大音樂會。

彈聲發動時，名閨秀率多尚未到場，僅見吳忠嫫，陳法岩二女士，下午四點許，呂孝信孝恭二姊妹偕女友到。友人告以有彈險，孝恭悵然返寓，乃姊仍昌險入場尋友，想係女士方由滬上歸來，與冰場別離過久故也。

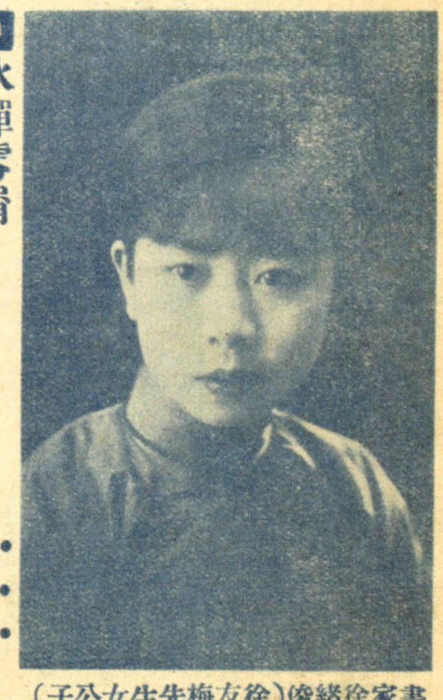

畫家徐緒俊（徐友梅先生女公子）女士象。子平贈。

南海冰塲上化裝清道夫之廖書筠女士及化裝「換取燈兒的」之沈時敏女士。李堯生攝。

搬家論

蜀雲

這似乎不必諱言，有許多住在「中國地」的人，是在那兒又忙着搬家。有的太太催着老爺：『趕快想法子搬家罷；住在「中國地」總有些担心』。有的老爺在抱怨着太太：『我早說不搬回「中國地」來，你偏要省錢，現在又得費事』。半有錢半無錢的人，是這樣的主張：『雖然破銅爛鐵，不值什麼，命總是要緊的。搬家破財，也是沒法的事』。沒錢的人只好這樣想了：『反正搬不動，就任命罷！』——這搬家的問題，似乎比什麼都值得注意。

當然，誰的家也不願意這樣搬來搬去的，然而事實上，中國人二十幾年來的家，眞好像安着車輪似的，不定什麼時候，就會移動起來。

這倒不完全是租界不租界的問題，在沒有租界的地方，不也是時常城裏的人，會搬到城外；城外的人，也會搬到城裏嗎？總之，「不遑寧處」，總是事實。

有家朋友，前年九一八從瀋陽搬到天津的河北，十月八號以後，又從何北搬到租界，從租界後來又搬到北平，最近又從北平要搬到天津租界來了，一年半之內，就搬了五次家，誰能說中國人不善於活動？

要說搬了家就一定不會有什麼不幸的事，這誰也不敢保，我敢說，如果自己不爭氣，不想安定自己的治本辦法，你搬上天；上天有飛機！你搬入地，地下有地雷，依舊是「東手無策」，「坐以待斃」！更不要發什麼：「現在最好是到西北去」的妙論，那是作夢！除非你有錢出洋，也許可以逃於中國「天地之間，不然，搬也是白搬。

「一動不如一靜」，同胞們有時候很明白這個大道理，不知道何以對於搬家，卻並不如此。民衆責政府將士守土，那末，我們自己也先應當「守家」，國之本在家，自己連家都不能守，還談什麼衛國？所以，在謠言孔多的時候，大家更應格外鎮靜！雖然也許有不可避免的危險，但這危險，絕不是像鍋碗瓢盆之類，一搬就搬開的，我們應當另想法子，另想可以消滅危險的法子。

有個朋友在租界裏有處空房，原來月租七十元，三天之內，漲到了一百五，而且要六個月的合同，先繳三個月的房租，這是多大的「飛來鳳」！然而一個月沒有人過問的房子，昨天已經有人搬進去了。事情不知在那兒，先換了這一「悶棍」，卻爲何來？

與其拚命搬家，何如「毀家紓難」，與其爲零碎之搬家，何如爲整個的衛國？國若不幸，家必不保，世上無國亡家與之理，世上亦無所謂絕對的「安全地帶」。眞要想過安生日子，還須由我們自己來創造！來奮鬥！

飾「鄧祿普」廣告人之華以壽君

南海冰塲上化裝母子之龐永煥（左）陶希亮（右，年七歲）。金宗憲攝。

◁廣東惠州大石壁瀑布▷ 奇峰贈。

君如滿意於本報請早日直接定閱或向任何報販定送存報不多後難補足

中南海溜冰

1933年，第880期《北洋画报》2版中溜冰的主题占据了大幅版面。2版右上图是这期溜冰报道中最具戏剧性的一部分，配文称“元旦北平南海化装溜冰会被炸弹炸坏席棚之一角”。照片旁边，配有一篇题为《中南海飞弹溜冰之元旦》的文章，署名“宗宪”。记者用特写式的报道简单描述了所见所闻。文章强调了溜冰会人数众多、票价不菲等讯息。记录了自己亲闻爆炸声的前后过程，还援引所谓目击者关于“手榴弹”从院外扔进来的描述。文章最后的记录也很有趣：“记者出门时，忽闻有某化装者曰：‘妈的！这不是安心搅和吗？各干各的，家里休息会多好！大爷爱玩，你管不着！’”除了这一事件的两篇特写式报道以及一幅记录照片，这一版还有四张化装溜冰者的照片。后者是《北洋画报》在各次相关报道中的重头戏。每年，化装溜冰会的呈现实在丰富有趣，有人模仿《西游记》人物，有人模仿外国人，呈现出市井百态。

在《北洋画报》的体育类报道中，溜冰不仅是一个重要内容而且可以说是最早报道的一个群众性运动项目。《北洋画报》的溜冰新闻最早出现在1926年12月18日第47期，这一期2版左上角一幅照片注解称：“北京万国体育会东单滑冰场开始溜冰。”随后，差不多每年，《北洋画报》总会在岁末年初的刊物上给溜冰“一席之地”。这其中天津的冰场自然是报道主角，不过，一百多公里之外北平的消息也层出不穷，甚至不亚于天津本地。从报道的内容看，这和昔日皇城“太液三海”的溜冰传统想必是分不开的。

其实，溜冰这项运动在普通民众中的实际参与度并不高，它除了需要较为专业的场地，也需要参与者具有一定的经济实力。后世许多研究者往往将溜冰与那一时期大力提倡运动、崇尚“健康美”甚至女性新形象等现象结合看待，这些推断当然不无道理。不过，《北洋画报》关注的溜冰，至少与“化装”和“中南海”两个关键词相关，其中有一定的历史沿革。

《北洋画报》
第八百八十期 2版
1933年1月7日

根据记载，溜冰作为前清一种宫廷游戏——“冰嬉”，在昔日的皇城、彼时的北平是一项由来已久的运动。而“冰嬉”场地北海则是传统的溜冰活动首选地。作为昔日的皇家禁苑，冬至以后，清宫常在这里举办冰嬉盛典。

1925年的8月1日，继中央公园（现中山公园）、天坛公园等皇家禁地开放之后，当时的北平特别市政府也将北海公园正式对外开放。

当年冬，一位名叫文实权（有说他曾给清廷权贵表演溜冰）的人在这里建起了北海开放后的第一块冰场，地点就在白塔北部的漪澜堂前。随后，这一溜冰传统场地开始南扩，直至中南海。1929年5月，北平特别市政府将俗称“太液三海”的北海、中海、南海命名为“三海公园”正式开放。1930年12月，又将公园名称改为中南海公园。据记载，就在新华门楼底层门内，曾悬挂由清遗老张海若写的魏碑体“中南海公园”的横匾。

彼时的中南海因为引入了商业经营模式，除了冬季开设溜冰场举办溜冰会，还会在夏季的园中布设游泳池对外开放，市民畅游中南海也经常出现在《北洋画报》的图片报道中。这个曾经的宫闱西苑，春秋赏景，夏日戏水，冬日冰嬉，成为古都普通民众的休闲去处。

于是，在《北洋画报》的体育报道中，与中南海游泳、溜冰有关的各种趣闻、各类花絮层出不穷。有趣的图片、丰富的文字把中南海公园的故事讲得引人入胜，读者常有亲临参与的冲动。本版的元旦化装溜冰会只是其中一个缩影。

清末会元陆增炜（1873～1945）曾有《故都竹枝词》描述民国年间的溜冰盛况：

> 玉虹金鳌路不迷，院开博物仿欧西。
> 故宫从此无禾黍，骨董纷陈任品题。
> 离宫别苑尽芳茨，禁地来游太液池。
> 戏着彩衣穿利屐，纷纷士女作冰嬉。

廿三年十月十三日星期六
第一千一百五十三期（第廿四卷）

北洋畫報

THE PEI-YANG PICTORIAL NEWS
TIENTSIN
No.1153(Vol.24) Saturday Oct. 13 1934

■本社設天津法租界藍牌電車道北廿三號路電話二二四二二號 △本報價目 零售每期大洋六分 每逢星期二·四·六出版 每週三次 每大洋一元定閱十七期 半年七十五期四元二角 全年百五十期八元四角郵費在內

△來津參觀華北運動會之北平名閨蕭美眞女士▽
。天津同生攝。

《北洋画报》
第一千一百五十三期　封面
1934年10月13日

华北运动会

第1153期《北洋画报》的主题是正在天津举办的“华北运动会”。封面人物则是“来津参观华北运动会之北平名闺萧美真女士”。

华北运动会自1913年开始举办，地点在北京的天坛，此后各届由华北各地轮流主办。[5]张伯苓是华北运动联合会的负责人，他打破了运动会由西人垄断的状况，并多次担任运动会会长和总裁判。

1930年代，天津市政当局筹资30万元，修建主办华北运动会的主会场，运动场于1934年5月动工，9月竣工，是当时国内甚至亚洲的顶级体育场馆。1934年10月10日上午8点，华北运动场落成典礼和第十八届华北运动会开幕式同时举行。冀、察、热、绥、晋、豫、鲁、陕、辽、吉、黑十一个省，北平、青岛两市，及哈尔滨特别区的1000名运动员参赛。时值东北沦陷、华北危机，抗日救国呼声日盛。当东北运动员列队入场时，南开拉拉队“以黑白旗布置字形，如‘勿忘国耻’‘勿忘东北’等，极得好评”。[6]运动会共五天，许多成绩打破华北及全国纪录。运动会第三天，天降大雨，运动员仍冒雨比赛。运动会闭幕式上，大会副会长、总裁判长张伯苓做总结，称：本次运动会，第一个建设是华北运动场的物质建设；第二个是全体运动员的精神建设；第三个是大家守秩序，使大会有圆满的结果。最后他希望“我们进一步地把我们的国家，亦如十八届华北运动会治理得这样好”。[7]

《北洋画报》对华北运动会的报道始自1928年北京举办的第十三届，此后连续报道了1929年沈阳举办的第十四届、1931年济南举办的第十五届以及1932年开封举办的第十六届，但这几届均未成为重点报道对象，体现在画报上也只是零星几篇图片文字。到了1933年青岛举办的第十七届，画报对于运动会的报道一下就多了起来，派出记者、编辑追踪报道。

5　第1～18届华北运动会的举办时间和地点分别为：第一届，1913年5月，北京天坛；第二届，1914年5月，北京天坛；第三届，1915年5月，天津南开学校运动场；第四届，1916年5月，北京汇文学校运动场；第五届，1917年4月，天津南开学校体育场；第六届，1918年5月，保定东关校场；第七届，1919年4月，太原小五台；第八届，1920年5月，北京汇文学校运动场；第九届，1921年5月，沈阳小河沿；第十届，1923年5月，天津南开学校体育场；第十一届，1924年5月，开封河南省体育场；第十二届，1925年5月，济南山东省体育场；第十三届，1928年5月，北京汇文学校运动场；第十四届，1929年10月，沈阳北陵体育场；第十五届，1931年5月，济南山东省体育场；第十六届，1932年10月，开封河南省体育场；第十七届，1933年7月，山东青岛市体育场；第十八届，1934年10月，天津河北省体育场。参见《中国体育通史》第三卷，人民体育出版社，2008。

6　罗儒：《华北运动会之趣事》，《北洋画报》第1152期，1934年10月11日，第2页。

7　齐宇：《天津承办第十八届华北运动会》，《今晚报》2017年8月14日，第12版。

《北洋画报》
第一千一百五十三期 2版
1934年10月13日

第十八届华北运动会1934年10月10日在天津举办，被后来许多媒介冠以“体育救国”“弘扬民族”等主题的这届运动会是在当时的“国庆日”当天开幕的。《北洋画报》对此做了全系列的追踪报道：自9月18日，开始零星介绍一些参赛队的动态；到了1934年10月6日的第1150期，正式开始进入这届华北运动会的系列报道。先是介绍刚刚落成的现代化的主会场；紧接着的第1151期、第1152期逐渐增加篇幅介绍运动会开幕以及比赛的情况；图版中的第1152期则比之前更为密集地报道了运动会的赛事；1934年10月16日的第1154期特辟专刊，内容除4版一篇连载小说以及广告皆以“华北运动会”为主题，封面是参赛的“北平女子垒球队之刘友锦女士”，2版、3版则是“华北运动会专页”。由此可见，这一系列内容是《北洋画报》发行期间对这项体育赛事集中报道规模最大的一次，但也是最后一次报道——本届华北运动会是最后一届。

关于华北运动会停办的原因有很多解释，归纳多数研究的结果，其中重要的有以下几个：资金问题、承办地点问题、其他运动会（全国运动会、奥运会）影响、国家政局影响（七七事变等）。

这个被后来研究者称为“中国近代体育史上影响力最大、持续时间最长的区域性运动会”“旧中国举办时间最长，参加范围最广、水平最高、影响最大的地区性运动会”的综合性赛会在《北洋画报》的体育报道中是一个值得注意的案例。

冥冥之中似有天意，最后一届华北运动会因时局动荡，呈现多种主题，充满了各种情绪，为后世解读留下了很多空间。学界对民国期间华北运动会的研究也多集中在最后一届上。《北洋画报》的报道，为历史留下了珍贵资料。

△相對論▽ 聽「槍」實下三聲淚（改杜詩）

女子百公尺接力第一之北平隊（右至左）：藍瀛青，徐秀榮，張素慧，方絅，（天津同生攝。

◁女子五十公尺決賽到達終點之情形▷

天津同生攝。

花絮

▽▽▽ △△△

△大會第二日，升旗處工程未竣，一工匠攀桿揉升，捷若猿猴！觀衆咸爲注目，有人曰：「此乃眞正國術，惜無人賞識耳。」

△第二日上午，特別來賓看台上，除褚子等要人外，女性有馬艷雲女士，冷燕社兩演員鄂文卿與陳曼麗，亦各懸一證，高據座上。

△可令台報告員，聞爲北平羅君，有綽號曰：「老蘑菇」。報告時語多尖酸，殊失大會職員氣度，識者咸謂其有傷厚道。第二日田徑賽舉行方烈時，報告員忽發質問曰：「女子推鉛球挪見，怎麼這麼多的人呢？」又賽四百米時，報告員以東北爲西北，旋自認錯曰：「不知是我轉了方向，也不知是別人轉了方向」，言下有不認東南西北之概。

△攝影記者暨攝影員在田徑場中將膠片之黑紙撕下，亂擲場內，亦招報告員大發牢騷，代衆選手請命曰：「諸位先生，別把黑紙亂投，免得影響了運動員的成績，成全這點好事！」

△大會入門票，有人用包買戲票之法，買去居奇。原價一角者，且索三四角，此雖見參觀者之踴躍，但實[illegible]

……屬不赦，爲正相反，幾於無日無飯，報告員對此，亦屢施幽默，嘗有「下了汽車就到飯店，到了飯店就吃飯」之語。可謂極盡費話之能事。

女子鐵球第一陳婉若擲球之姿式　天津同生攝。

女子擲壘球決賽之優勝者：第一河南原恆瑞（上）第二青島紀淑雲（右）第三山東丁桂梅（左）第四河北胡文蘭（下）。天津同生攝。

華北體育界之蕭美眞女士游泳園留影　天津同生攝。

如是我聞

△河北省黨部[illegible]

運會拾零

△北平某女選手，因[illegible]

女子百公尺起跑　天津同生攝。

宴請各單位選手領隊及大會職員，並備有各種遊藝助興。

△昨日女子籃球河北隊與河南隊對戰，[illegible]

會場上之兩位女攝影記者及其簽名：祁敏與王若蘭。南開新聞社。

女子五十公尺決賽之前三名：第三河北戴荃莉（左）第一河南焦玉蓮（中）第二北平藍瀛青（右）。天津同生攝。

奥林匹克运动会

1936 年的柏林奥运会，是中国第二次组成体育代表团参加奥运角逐，也是 1949 年之前中国奥运代表团规模最大的一次。自 1928 年《北洋画报》开始对阿姆斯特丹奥运会进行报道，奥运会就成了《北洋画报》体育报道中极其重要的内容。

在《北洋画报》发行期间曾举办过三次奥运会，在其报道中，“奥运会”的称谓至少有三种：“浩灵会”“万国运动会”和“世界运动大会”。1932 年的洛杉矶奥运会，《北洋画报》使用了“世界运动大会”的称谓。虽说这是中国第一次派代表团参加奥运会，但是《北洋画报》的报道却不如上一届丰富。到了 1936 年的柏林奥运会，《北洋画报》的报道规模空前，以至于赛会结束、代表团归国后报道的热度依旧不减。可见，奥运会在当时已经成为热点新闻。8 月 1 日，柏林奥运会开幕。10 月 8 日《北洋画报》的 2 版刊出了中国队抵达上海码头时的四幅照片，并登出国术女选手的归国合影。本版还刊出了“中国奥运先驱”王正廷以“总领队”身份出现的照片。

1949 年之前，中国派出代表团参加了三届奥运会。虽然成绩不理想，但是依旧在中国体育史上产生了诸如刘长春这样耳熟能详、励志且传奇的名字。外交官王正廷在中国奥运史上所起的作用也值得后人记述：王正廷，1882 年出生于宁波奉化，推动中国体育走向世界，让中国人参加奥运会是他的杰出贡献。1922 年 12 月 11 日，经“现代奥运之父”国际奥委会主席顾拜旦亲自提名，王正廷获得一致通过，担任国际奥委会委员。他是中国第一位、亚洲第二位国际奥委会委员。1924 年 8 月，王正廷与张伯苓筹备的“中华体育协会”正式成立，王正廷被公推为董事主席。组织名称正式定为“中华全国体育协进会”，并于 1931 年被国际奥委会认可为“中国奥林匹克委员会”。正是在王正廷推动之下，中国在 1949 年之前先后参加了 1932 年洛杉矶奥运会、1936 年柏林奥运会和 1948 年伦敦奥运会。王正廷担任了后两届代表团的领队。1949 年之后，王正廷移居香港。1961 年病逝。

《北洋画报》
第一千四百六十二期　2 版
1936 年 10 月 8 日

△詩餘拾錦▽

燭花無賴，背銀缸，暗劈瑤釵，待玉郎，回抱相偎，愛顰蛾，捲袖低徊；月到三更一笑回。春宵一刻千金價，挽流蘇，羅綺顛開，結連環，紅襦褪解。（憶阮郎）

我國參加世運代表團三日抵滬（右至左）：總領隊王正廷（左）與陳寶球，下輪時之女選手，女選手之一部，男選手排隊高呼「中華萬歲」。（興華）

軟語

△結婚是人生前進途中的接力點，但這與賽跑不同。賽跑是：先跑的人在接力點把木棒遞給後跑的人，自己便站住；結婚是：兩人在接力點會合後，並駕齊驅，向前邁進。可惜現在的女子，一結了婚，就認爲把木棒遞給男子，自己便卸了責任。即所謂賢妻者也不過看見丈夫跑累了時，喊幾句「加油」而已。

△在男女戀愛途中，急於要完婚的女子，必是忠厚的人。

左右

本市籃球名將靳淑荃女士在北戴河海濱留影。慧刊。

日本女作家林芙美子在北京飯店留影。田英魁攝。

王人美(×)與其女友在譜趣園留影。崔光驪寄刊。

王人美遊平小記

崔光驪

影星王人美，此次隨其「黑漆板凳」來平，悠遊旬日，悄然南返。茲將其旅平情形，略述於下：王女士來平，係下榻中央飯店二樓三號，影迷來訪者，絡繹不絕。女士性情恬靜，對於應接不暇之來客，頗感煩勞，故多謝而不見。女士到平後，蓄「蟈蟈」二籠，手「小武義」一卷，朝夕不離，蓋女士初次閱讀北方武俠小說，故興味甚濃。茶餘飯後，於「蟈蟈」聲中，手執一卷，頗有幽人深致，倘無特殊事故，必不肯離其新侶也。行前二日，女士與友人遊頤和園，是日適値星期，遊人甚衆，有知其爲王人美者，輒求簽名，女士悉笑應之。遊園後，野餐於湖上舟中，客有請其作歌者，王惟含笑，不肯啟喉。下午再遊玉泉山，全體提倡於第一泉畔作牛飲，衆皆和之。飲畢，女士謂人曰：「西山酸棗，玉泉清泉，其味殊令人難忘也」。行至八大處山下，有一遊人指女士大呼曰：「看，王人美！」全體聞之，趨前亦大聲問之曰：「誰是王人美？」同遊者皆大笑，而呼者反愕然良久。日暮，王與金焰回請友人於東來順。金神情豪放，倜儻不羈。飲間，金謂客曰：「君等如啗飯三碗，我當食生肉數盤。」客從其請，金亦如言。翌日，友人約其同遊天橋，次日下午，即促裝南返矣。

津浦路客貨車一日晨在柳泉站相撞之情形。大恩贈刊。

聯青夜頊聞

四方

聯青夜遊藝中之「檀島之[illegible]

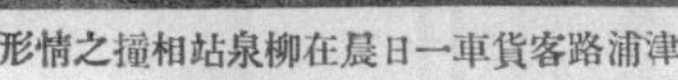

（本市）前影星賈塞玉女士，於日前偕其夫陰鐵閣君來津；賈衣西式黑斗篷，艷麗不減當年。

（本市）益世報編輯吳雲心君，定今晚六時假座登瀛樓，與南開女中孫秀蘭女士結婚。證婚人爲羅隆基。

（本市）北平聯[illegible]，來津參加九日晚[illegible]晚八時到津。由津[illegible]爲文輝君等在東站[illegible]

（本市）聯青夜[illegible]君經募之邱凌雲君捐贈之古玩[illegible]募得冠生園食品七十餘包，且[illegible]

最近返國之我國出席世界運動會之國術女選手（右至左）：劉玉華，翟連沅，傅淑雲。國際社攝寄。

北平青年會迎新會表演水手舞之慕貞學生（右至左）：顧惠如・史貞・金玉珍・賀榮珍・薛淑敏・李女士）

画氍毹

“画氍毹”[1]一章，展现的是《北洋画报》中与舞台艺术相关的内容。在《画报》中，涉及同时期舞台艺术的新闻报道、图片、书画、文章等内容非常丰富，涵盖的舞台艺术门类相对全面。在内容取舍上，本章选择偏重于戏剧。

在现代中国，“戏剧”一词有两种含义：狭义专指以古希腊悲剧和喜剧为开端，在欧洲各国发展起来继而在世界广泛流行的舞台演出形式，英文为 drama，中国又称之为“话剧”；广义还包括东方一些国家、民族的传统舞台演出形式，诸如中国的戏曲、日本的歌舞伎、印度的古典戏剧、朝鲜的唱剧等。[2]本章“画氍毹”所对应的“戏剧”仅指戏曲和话剧，歌剧、舞剧等内容将纳入“画笙歌”一章。

在创刊之初的几年里，《北洋画报》所谓的戏剧曾经单指中国戏曲。1926 年 7 月 21 日出版的第 5 期《北洋画报》第一次出现了戏剧类文章和图片：《孟小冬为造谣家的目的物》，署名“傲翁”，图片是孟小冬“反串化装近照”。自此，《北洋画报》从未间断过戏曲内容的报道。最初，戏曲类内容刊登在时事版面之中，《北洋画报》编辑部将这种编排方式称为“混合制度”。

1928 年 2 月 29 日，《北洋画报》第 166 期开始创设《戏剧专刊》，随当期增版刊行并注明“此张概不零售”字样。这个专刊初期将戏曲作为主要内容进行专版报道，图文并茂且兼顾剧评。《戏剧专刊》出版至《北洋画报》第 747 期时宣告暂停刊发，回归之前“混合制度”的编排方式，在时事版中随时插刊。据说“读者对此殊未满意”，也受到了业界批评。因此，第 820 期《北洋画报》恢复了《戏剧专刊》（该专刊总第 175 期），并聘请熊佛西、王泊生、言菊朋、徐凌霄、王小隐、张谬子等当时旧剧（戏曲）与新剧（话剧等）著名的编剧、演员及剧评人分期担任主撰稿人。截至 1937 年《北洋画报》停刊，《戏剧专刊》共出版 422 期。

《北洋画报·戏剧专刊》的主笔和创始人之一沙大风曾在《戏剧专刊》第 14 期《戏剧是“平民”的》一文中写道：“戏剧在社会上，占极大的势力。关心社会者，颇有视戏剧之变化以定社会之趋向。其为人所重视也如此。戏剧之真义，在乎描写平民阶级之生活。如庆顶珠之写渔家景况及受恶绅劣官之逼迫，情理兼至，感人最深，实为最佳之剧本。”从这段文字可见《北洋画报》创办初期的“戏剧”一词，指代的是以京剧为代表的中国传统戏曲，而不包含话剧等其他舞台形式。

天津是当时的戏曲大码头，彼时的天

津，剧场林立、票友云集、戏迷众多、名伶辈出。京剧界素有“北京学戏，天津唱红”的说法。戏曲也是民国时期天津民众最重要的娱乐、休闲方式，是《北洋画报》十分推崇的艺术门类之一。戏剧在当时能够广泛地为民众所接受与认可，其群众基础与传播效果是其他艺术门类无可媲美的。20 世纪上半叶，天津的民间剧社林立，如群贤留韵社、永兴国剧社、开滦国剧社、天津电报局国剧社等国内首屈一指的票房[3]，都是在这个时期出现并发展的。仅以设在天津南市的永兴国剧社为例，剧社成员最初以买办、洋行职员为主，后吸收各界人士，发展社员 500 多人。[4] 足见当时戏曲的受欢迎程度。

《北洋画报》的编辑群体大都对戏曲有着很高的热忱，很多人是京剧、昆曲的资深戏迷。他们将自己对戏曲的观看、感悟、理念等记录在报刊上，也为人们了解民国时期的戏曲文化提供了重要的史料。《北洋画报》中的戏曲内容虽然以京剧为主，但关于其他剧种的报道也并不少见。

昆曲：同时期天津的昆曲班社较多，专业演员与票友的演出水平都相对齐整。昆曲爱好者中不乏文人雅士，《北洋画报》的编辑作者中就有刘云若、王小隐等加入当时著名的“同咏社”研习、传播昆曲艺术。《北洋画报》对当时活跃的各昆曲社及其演出进行了详细的记载，并撰写了剧评、艺评。

梆子腔：当时，秦腔开始流行，但在《画报》中以山西梆子报道居多。

粤剧：民国戏曲理论界普遍认为粤剧与秦腔关系密切，因此《北洋画报》的撰稿者更多从这一视角解读粤剧。又由于画报创办人冯武越籍贯广东，因此大力推广“粤声津渡”。1934 年千和粤剧旅行剧团来津演出，天津观众“莫不一睹为快，故上座颇不恶。是晚剧目为《皇宫艳史》《新珠》《伊秋水》，表情颇细腻动人，口齿俐落，嗓音亦宏亮。女伶飞花雪、西洋女、玉壶水、佩剑珍等歌喉婉转，有如黄莺出谷，身段婀娜，步若凌波，其服装之裁制，甚能表现南国佳人之姿态。他如男女伶服装及道具，鲜艳夺目，足资北剧之借镜”。[5] 相比于京剧，粤剧对天津观众来说是一种新颖的音乐样式，许多人也因好奇进入剧场。

沪剧：《北洋画报》记载了民国时期沪剧来津演出的身影。当时的沪剧也被称为“申滩”。上海“施家班”是活跃在中国北方的重要沪剧演出团体。据《北洋画报》记载，1930 年至 1931 年，施家班曾在天津演出近一年的时间，可见当时受欢迎程度。

评剧：在《北洋画报》中曾称为“唐山落子”“蹦蹦戏”，也因其流传到天津，而后定名为“评戏”。《画报》的报道及观众对这一剧种的喜爱程度，可以佐证评剧发祥于天津的说法。

基于当时天津特殊的地理位置，全国各地的人来此讨生活、定居，各地的剧种也纷纷以天津为重要演出基地，在天津站稳脚跟，也就打出了知名度。又由于租界的存在，许多社会上层人士及知识分子也选择在天津生活，他们既是戏剧的欣赏者、消费者，也是戏剧的品鉴者、戏剧风尚的引领者。天津出现了众多的戏院、剧社、票房，以及研究者、评论家、票友、戏迷及观众，基于多方面的因素，民国时期天津形成了有别于其他城市的独特戏曲文化。这些都被《北洋画报》广泛而深入地记录了下来，且不局限于天津的范围内，它的视野扩展到全国，讨论整个戏曲界存在的现象与问题，让人们可以透过《北洋画报》的视角来探究报民国时期的戏曲文化。

《北洋画报》中的戏曲新闻涵盖了当时的名角名剧和很多演出盛事。其中京剧旦角演员如梅兰芳、尚小云、程砚秋、荀慧生、章遏云、新艳秋等；京剧生行演员如杨小楼、余叔岩、高庆奎、马连良、谭富英、杨宝森、奚啸伯等；昆曲演员庞世奇、韩世昌、康小玲、李凤云、陶显庭、刘福芳、魏庆林、侯益隆等；评剧演员白玉霜、芙蓉花、刘翠霞、李宝珠等。每有名角名剧的重大演出，《北洋画报》还会刊发演出和剧评专页。

《北洋画报》也记录了当时中国传统戏曲的对外交流：从1928年韩世昌访日被日本学界誉为“复兴昆曲的伟人”，到1929年梅兰芳访美大获成功，《画报》都有深度的报道与评论。尤其是梅兰芳访美，《北洋画报》是国内最早报道梅兰芳赴美消息的刊物，从筹备之初到确定行程，以及天津登船、途经日本、美国演出、旅美过程、演出反响、此行趣闻、载誉归来等内容及后续影响、艺术评论等内容，详细报道了近一年之久。同时针对梅兰芳赴美的成败与否，《北洋画报》更从“物质”与“精神”两个层面进行了理性分析，驳斥了很多人对梅兰芳赴美的非议。其中一篇文章总结了这次梅兰芳赴美之行：

> 盖余以为梅氏赴美，所负责任，厥为研究西洋乐剧之组织，与夫剧场之建设管理种种之有为吾国所不及之处，当取长补短，以使国剧日臻于高尚于发达。至于宣扬文化云云，题目太大，梅氏不敢当之，更不宜贸然任之。盖吾国文化之足以压倒西方者正多，国剧仅其小焉者耳。况以毫末一见国剧之西方人，断不能因偶观一二梅剧，而自诩为窥见国剧之奥妙。[6]

另有身在法国的撰稿人将法国媒体的评论转寄报社，并发表综合文章，评论梅兰芳的越洋演出虽然没有到达其他国家“而已博得法国最大日报之好评，他日更进一步，中华文物之声光，或将由此一举，而复振于全世界也”。[7]

除了对戏剧领域重要新闻事件的报道，《北洋画报》还曾举办戏剧评选，其中最为著名的是“四大女伶皇后”的评选。1930年5月3日，《北洋画报》发布了“四大女伶皇后”

选举的公告，希望借由“公意选举”的方式来解决戏剧界对于“谁才是四个最佳女性旦角演员”的争论。投票方式采用不记名投票，之后每期的画报都会附选票，投票者寄至报社。最初期限为一个月，后因投票踊跃“展期半月”。正是因为“四大女伶皇后”选举活动，《北洋画报》一时间洛阳纸贵。6月21日刊载结果公布，“胡碧兰二万五千五百三十四票，孟丽君二万一千七百六十七票，雪艳琴二万〇八百〇九票，章遏云一万九千一百三十一票”，这四位女伶因为票数居前，当选为“四大女伶皇后”。与“四大名旦”评选的是男性演员不同，该选举注重女性艺人的选拔，成为当时最有影响力的艺人选举之一。

《北洋画报》并不是为娱乐而娱乐，在这些活色生香的报道和活动之外，画报同人有自己清晰的“戏剧观”。一篇名为《绘画与戏剧》的文章，曾对比舞台艺术和绘画这两种艺术样式：“盖舞台上的艺术是要合时代化的，要迎合当时社会心理，绝不能离开一般观众的眼光。绘画则可以不必去投时好，只要是佳品，虽当时未能受人欢迎，或在千百年后有人会赏识他的。所以绘画与戏剧，虽属同为艺术，然其流传与剩迹，为截然两事，不可同日而语。”[8] 由此可见，《北洋画报》的编者和作者已清晰地意识到：戏剧是大众的艺术、大众的审美。

《戏剧专刊》的发刊词曾旗帜鲜明地提出：

> 以艺术之眼光，褒贬伶人。以改进社会之宗旨，批评剧本……凡于戏剧有研讨之兴趣，有改良之愿望者，以及伶人有关于剧艺上之意见，必当尽量容纳，以公究讨。俾吾国戏剧，日趋于辑熙光明之域。[9]

可见，《北洋画报》报道伶人、评选“四大女伶皇后”不是为了“捧角”，而是为了形成正大光明地品鉴舞台艺术的氛围，它已“改进社会”为宗旨，把戏剧当作寓教于乐的艺术形式，愿意听取各种不同的意见，“以公究讨”，形成时代的艺术风尚和审美风尚。第820期《戏剧专刊》复刊时也提出要“新旧剧并重，对于剧艺持研究态度，力避捧角恶习，持论务求严正”。[10] 凡此种种，可见《北洋画报》的“戏剧观”在当时具有引领风气的开创性。

随着时代的发展，被称作“文明戏”和“新剧”的话剧，也被纳入“新旧剧并重”的《北洋画报》的视野中。出生于天津的李叔同被誉为“中国话剧奠基人”。他于1906年在日本留学期间受日本“新派”剧启示与同学曾孝谷等人在东京组织建立了以戏剧为主的综合性艺术团体——春柳社，这被戏剧界普遍认为是中国人最早成立的话剧团体。翌年，春柳社在日本东京演出《茶花女》《黑奴吁天录》，这标志着中国话剧的发端。之后，出现在辛亥革命前夕的“新剧”（亦作“文明戏”）就成为中国近代话剧的雏形。1907年至1917年，上海、北京、天津先后出现文艺新剧场、进化团、南开新剧团等一批新剧团体。五四运动以后，欧洲戏剧传入中国，话剧的又有了“爱美剧”“白话剧”“真新剧”等称谓。1928年，导演洪深首次提出“话剧”之名称，以统一有关这个新的艺术形式的多种不同称谓，并区别于中国传统戏曲，使其以独立的艺术品格和崭新姿态屹立于中国艺坛。

《北洋画报》的话剧报道紧随着时代的发展。在创刊后的 1926 ~ 1928 年之前，对话剧的称谓多为“新剧”，如《南开学校新剧之种种》（1928 年 12 月 29 日第 263 期）。1926 年 7 月 31 日，《北洋画报》创刊后第 8 期的封面为“天津圣功女中学学生扮演《仙园》剧之一幕”（该剧有歌舞及话剧成分），这种新的舞台剧样式，第一次登上了《北洋画报》的封面。1929 年之后，《北洋画报》开始在话剧中分出悲、喜剧，如 1929 年 9 月 7 日第 368 期的两篇话剧报道《三幕悲剧“一片爱国心”》《独幕喜剧“压迫”》。当时正处于“话剧”一词刚刚兴起，称谓没有固定，故又有悲、喜剧之称。1930 年 7 月 26 日《北洋画报》第 503 期第一次出现了“话剧”的称谓，署名“蜀云”的作者刊发了《话剧要职业化》一文，文章直言：

> 谈到中国的新剧，真是可怜，除了介于国产电影和杂耍之间的文明戏算不了戏以外，纯正的话剧就没有一个固定的团体，仅仅在纪念会和游艺会上，我们可以看见爱美的剧团的表演。为了爱美剧团，在事实上组织不能完备，排练不能娴熟的缘故，观众们便发出以下的论断：看话剧不如看电影，看电影不如看大戏，国剧看百回不至生厌，看新戏每出至多不能看过三次以上。[11]

可见作者认为“爱美剧”还不是真正意义上的“话剧”，但知识分子和文化从业者已经意识到了“话剧”所应有的艺术建构与现实之间的距离。值得一提的是，此时与“话剧”有关新闻报道、艺术评论已基本列入《戏剧专刊》的内容，所占比例虽不能与戏曲相比，但《北洋画报》将话剧与戏曲同列为戏剧范畴的“大戏剧”观已很超前。

《北洋画报》中话剧的相关内容堪称中国现代戏剧发展的重要文献。以南开新剧团为代表的的全国各地新剧团体的活动经常出现在戏剧版面，如国立北平大学、燕京大学、北平艺专戏剧系、北平女一中等学生剧团的演剧活动。《北洋画报》中还有很多关于专业话剧演出团体的报道及评论。其中，中国旅行剧团[12]是出现频率最高的话剧团体。该团自成立翌年的 1934 年 7 月起，北上北平、天津等地旅行公演。在此期间，《北洋画报》不惜版面予以大篇幅图文报道，观众亦趋之若鹜，《茶花女》一剧在天津连演 50 多场仍一票难求。此外，中国旅行剧团的《少奶奶的扇子》《梅萝香》《名优之死》等剧目在天津及华北地区也相当卖座。知名演员唐槐秋、唐若青、陶金、章曼萍等都成了《北洋画报》上闪亮的明星。甚至剧团每公演一段时间后离津《北洋画报》都会发文，既呈娱乐八卦内容以飨读者，也会预告下期返津的剧目用以安抚观众：“中旅赴沪，除陈教授不能随行外，其余全体出发。该团在华南不过勾留四五月，大约在南京、汉口、长沙等地出演后，仍返津门。其计划公演之戏目有《晚宴》《罪与罚》《祖国》等剧。至行装布景等件，拟由轮船运往，其运费约需五六百元云。”[13]以此可见当时天津乃至于华北地区对话剧的欢迎程度。

中国旅行剧团的另一代表剧目，就是有着“中国话剧现实主义基石”之称的《雷雨》。《雷雨》的作者曹禺 1922 年进入天津南开中学读书，1925 年加入南开新剧团并得到了张彭春的青睐，1930 年考入清华大学西文系。1934 年毕业回到天津执教于河北省立女子师范学院，同年在《文学季刊》7 月号发表话剧《雷雨》剧本。《北洋画报》于 1935 年就对《雷雨》进行了相关报道，其中 1935 年 8 月天津市立师范学校孤松剧团演出话剧《雷雨》曾被视为该剧的国内首演。《北洋画报》的相关记述，日后也成为中国话剧史的重要史料。画报当时对《雷雨》的诸多评论文章，今日读来仍觉深刻：“一对年轻的不知道已经是造成罪恶的孩子，整个的是一对怀了三十年悔恨的年老人的影子。现在这一对已经觉悟的老年人，只有对着天说：‘人不许走错一步’了。”[14]

《北洋画报》的戏剧报道并没有躲进艺术的小楼自成一统，而是与时代命运、家国命运紧密相连。九一八事变爆发后，“国难时期的中国戏曲何去何从”以及“西方戏剧（新剧）与中国戏曲（旧剧）之间的关系”成为当时的讨论焦点。戏剧从业者、研究者以《北洋画报》为平台，各方观点轮番刊出，以期“越辩越明”，这一过程也是戏剧人、学者的理念传达给读者的过程。如认为戏曲靡靡之音消磨斗志而反对国难时期戏曲演出的一方与认为理性欣赏并借助戏曲演出鼓舞斗志的一方，时有论争。又如保守派维护旧剧认为传统不容更改且应原汁原味的呈现，而革新派则认为中国戏剧已经到了必须向西方戏剧学习的改革时期。且不论其结果如何，这些讨论深化了时人对戏剧的认知，且理念之争渗入戏剧教育、剧本、导演、演员、舞台效果等方方面面，从而促进了中国戏剧的进一步发展。

1936年7月7日《北洋画报》创刊十周年之际，《戏剧专刊》主撰稿人之一熊佛西与特约撰稿人“杀黄”各撰一文，阐述十年来的中国话剧与中国京剧。有关京剧一文写道：

> 以言京剧命运……民十八年以后，建设工作，渐趋积极。又经爱好者之提倡，风靡一时。研究京戏之团体，公立如戏曲音乐学院，省立剧院；私立如国剧学会，国剧传习所，国剧保存社，国剧研究社等……研究之观念不同，于京剧真正艺术之发展，力量尚嫌薄弱也。以言精细之出路，自十五年迄廿年之间只挣扎于此策源地中，并未有何发展。……“十年来京戏概况”何止于此矣。惟更有进者，最近各报，多从事戏剧之提倡，风起云涌，不可胜计。而画报有戏剧专页之设置者，则自北洋始，其创作之精神，诚可钦佩。吾甚望北画今后更努力前进，使京戏前途，赖提倡之力，发扬光大，则更幸矣。[15]

有关话剧一文阐述：

> 十年前，中国的话剧运动在盲目地探索中。十年来，中国的话剧运动已由摸索中得到了正确的认识，更从认识中解放出远大的前程。这两点都是剧运划时代的，无容忽视的进展，其结果不但把以往无所适从的剧运引入正轨，更将影响今后百年的剧运……过去十年来的话剧运动在推行上虽无显著的成绩，但在学术的研究与实验上寻得了正确的道路，并开拓了远大的出路。但是今后十年我们应该集中精力于人才训练，准备做推广的工作。推广有两种可能的态度：一，即与政治或教育工作联锁推进，做非职业的戏剧；二，自己独立，自给自足，做职业的戏剧。二者相辅进行，中国话剧界自有其无限前程。[16]

---

1 氍毹：一种毛麻混织有花纹图案的毛毯。中国汉代就有氍毹一词的文字记载，同本意。至明代，氍毹逐渐演变为对舞台的代称。当时昆曲在商贾之家的私人演出多在厅堂中进行，演出地面铺红地毯。自此，“氍毹”开始代表戏曲舞台。后演变为舞台的代称。

2 《中国大百科全书·戏剧》，中国大百科全书出版社，1992，第3页。

3 票房：旧时指票友聚会练习的场所。

4 姚惜云：《天津的票友和票房》，天津市政协文史资料委员会编《京剧艺术在天津》，天津人民出版社，1995，第381页。

5 《粤剧公演记》，《北洋画报》第1096期，1934年6月2日，第3页。

6 乐天：《梅兰芳赴美成败论》，《北洋画报》第473期，1930年5月17日，第3页。

7 昭实：《梅兰芳誉满法兰西》，《北洋画报》第479期，1930年5月31日，第3页。

8 曼秋：《绘画与戏剧》，《北洋画报》第985期，1933年9月14日，第3页。

9 游天：《开场白》，《北洋画报》第166期“戏剧专刊第一号”，1928年2月29日，第5页。

10 记者：《复刊开场白》，《北洋画报》第820期，1932年8月20日，第3页。

11 蜀云：《话剧要职业化》，《北洋画报》第503期，1930年7月26日，第3页。

12 中国旅行剧团是中国早期话剧团体，1933年冬成立于上海，1947年在南京结束活动。创办时主要成员有：唐槐秋（团长）、戴涯（副团长）、吴静、唐若青等。中国旅行剧团是唐槐秋借鉴欧洲旅行剧团的形式在中国发起组织的民间职业剧团，完全依靠演出收入来支持全团的活动经费和生活费用。

13 雷欧：《中旅离津琐闻（下）》，《北洋画报》第1378期，1936年3月26日，第2页。

14 石灵：《“雷雨”的介绍》，《北洋画报》第1284期，1935年8月17日，第3页。

15 杀黄：《十年来京剧概述》，《北洋画报》第1422期，1936年7月7日，第8页。

16 熊佛西：《十年来之话剧运动》，《北洋画报》第1422期，1936年7月7日，第3页。

氍 毹

■戲劇專刊第壹百期紀念號■

〔第十卷〕第四六七期 No.467〔Vol.10〕
每份大洋五分 5 cts.

十九年五月三日 星期六
Saturday, May 3 1930.

北洋畫報

THE PEI-YANG PICTORIAL NEWS, TIENTSIN.

■梅蘭芳在美演「汾河灣」戲裝象

（圖為梅在紐約國家戲院演劇時當塲用電光所攝）

○秋岳贈刊。

A recent photo of the world famous actor Mei Lan-Fang taken in New York.

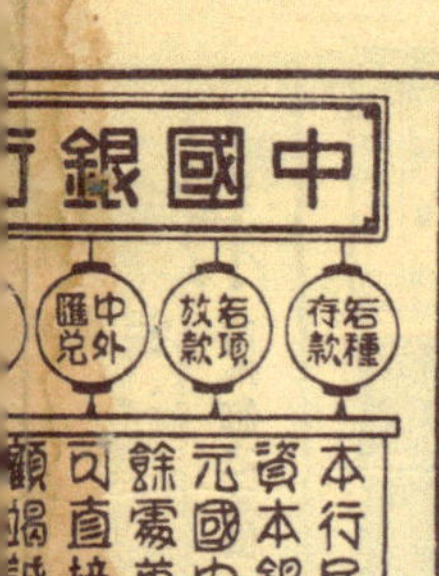

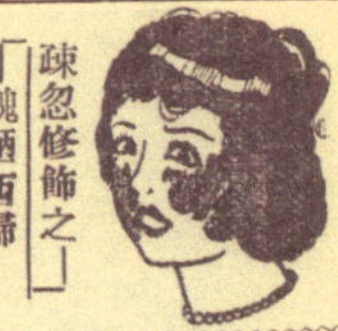

遼東俠盜軼聞

蘊珊著 （念七）

忽轉念道。此時父親存亡未卜。我何不親自走遭。探個虛實。父親若還生在。萬事皆休。設有不幸。那裏容得。憑我一身本領。那怕上天入地。必要得著仇人。手刃此獠。轟轟烈烈作一番。方顯得閨閣下也自大有人在。主意立定。便把家中細軟。綑作一包背了。又換上一身勁裝、套了鐵尖鞋。隨身帶了一柄長劍。一切都收拾完畢。尋把鎖頭。把大門鎖好，這才邁開大步。一路迤邐來至十八村。因見天晚。便來白大均店裏投宿一宵。打算天明再去塔晃滯。尋找父親。當時

。秋雯隨了店主白大均。來至後院。果然是兩間上房。房後便是一間破亂馬棚。堆積着好多的柴草。槽頭上已有兩匹馬。拴在那裏。秋雯也不在意。一逕入房。解下包裹。便在朝南一張椅上坐了。須臾店主將來一盞油燈。一壺茶水。安放在棹上。一面問道。姑娘敢未打火。秋雯這時奔馳了一日。委實覺得有些飢餓。却又奈着自己是個孤身女子。男人出進。終覺不便。便向白大均道。相煩將些米來。我自來打火煮飯。白大均也自知趣。便將來一些米粮。放在竈旁。臨行又用手向馬棚指道。用柴時。只管去那裏取。說着自向前院去了。原來秋雯雖是生長在強盜之家。却是守身如玉的女子。（未完）

《戏剧专刊》百期纪念

自1928年2月29日至1930年5月3日，《北洋画报》创设的《戏剧专刊》已满百期。“百期纪念专号”以梅兰芳（1894～1961）访美公演的剧照为封面，也是梅兰芳自《北洋画报》创刊以来第十四次登上画报封面。第467期内容除广告部分外，全部刊发戏剧类文章和图片。其中，以“梅兰芳访美”及“四大女伶皇后选举”最为有代表性。

署名“梦天”的记者代表编辑部发表了《戏剧专刊百期纪念致语》，文中论述：

> 举凡所谓纪念云者，殆不出乎二义，一为时间的过程，二为事业的纪录。北画之有戏剧专刊也，以时间论，及今而有一百期之过程，盈两年而弱……至于讨论戏剧之本体，概从客观立言，并以原理为标准，介绍国外之剧事，乃复以世界眼光为依归；总之，在凌乱稚弱之中国戏剧界中，颇能取得同情与权威也。过此以往，大抵努力于固有的精神之保守，而应付环境的需要以改进，愿与艺术界同人共勉之。

这也预示了从此之后《戏剧专刊》对中西戏剧形式“兼收并包”的办刊方针，百期以后的专刊则增加了推介话剧、歌舞剧以及西方戏剧的内容。

封面人物梅兰芳是当时最有影响力的戏剧明星。他生于北京，祖籍江苏泰州，时评京剧“四大名旦”（另有尚小云、程砚秋、荀慧生）之首。

1919年和1924年梅兰芳两次访日公演成功后，许多国际要人都以“观梅剧”“访梅宅”作为来华的重要安排之一。美国公使芮恩施（Paul Samuel Reinsch，1869～1923）在外交场合对中国官员表示希望梅兰芳赴美表演以促进中美国民感情，这契合了梅兰芳一直以来想去西方传播京剧的愿望。在友人齐如山（1875～1962）的帮助下，梅剧团开始了长达数年的筹备。1930年2月16日，梅兰芳演出团一行从天津取道上海，经日本，全程水路抵达美国纽约，在自筹15万经费且压力巨大的情况下，梅兰芳开始了长达72天的赴美演出之行。梅兰芳当晚演出的剧目有《剑舞》《汾河湾》《刺虎》等。第467期《北洋画报》封面照片即为《汾河湾》剧照，照片左侧注明“图为梅在纽约国家戏剧院演剧时当场用电光所摄”，梅兰芳饰演柳迎春。

京剧《汾河湾》是一出传统生旦对戏，剧情讲述的是唐初名将薛仁贵投军还乡，行至汾河湾，正好遇到其子薛丁山打雁，父子并不相识。突有猛虎蹿至，仁贵怕虎伤人，急发袖箭，不料误伤丁山。仁贵遂仓皇逃去，到寒窑和其妻柳迎春相会，发现床下男鞋而疑妻不贞，经柳说明为子所穿，即欲见子，始知方才误伤致命的就是己子丁山，夫妻悲伤不已，哭奔汾河湾。在美演出时，饰演薛仁贵的王少亭是梅兰芳访美主要的老生演员。戏剧家张彭春（1892～1957）将《汾河湾》改名为《鞋的问题》，在演出前向美国观众做了介绍。

据当时的报道，美国观众接受了梅兰芳的表演，两个星期的戏票，三天内便预售一空。梅兰芳在美国一炮而红，仅在纽约百老汇四十九街戏院、国家剧院就前后演出了35天。梅兰芳在各地演出的空前成功引起了美国学术界的重视，波摩那大学和南加州大学特别向梅兰芳授予了文学博士荣誉学位以表彰他在戏剧领域所取得的卓越成就。相较于日本、苏联等地的公演，在梅兰芳的几次出访中，美国之行演出时间最长、场次最多。

纽约《世界报》评论：“梅兰芳是最杰出的演员之一，纽约还从来没有见识过这样的演出。”《时代》评述：“梅兰芳的哑剧表演和服装展示的演出真是精美优雅，可爱绝伦，美妙得就像中国古老的花瓶或是刺绣的帷幔。这是一次接触，与一种在数世纪中不可思议地圆熟起来的文化的接触。”《太阳报》撰文：“几乎是一种超乎自然的发现，通过许多世纪，中国人建立了一种身体表情的技巧……这种表情达意的技巧是人类普遍适用的。”

“戏剧专刊百期纪念号”的第3版共6张图片，均为梅兰芳访美公演剧目的剧照，且都是演出时在美国拍摄的。剧目分别是《刺虎》《虹霓关》《天女散花》《汾河湾》。

《刺虎》是昆曲传统戏《铁冠图》中的一折，讲述的是亡明宫女费贞娥假扮亡国公主意图行刺李自成，却被李赐给虎将李固为妻。新婚之夜，费贞娥刺杀李固后自杀身亡。据齐如山所著《梅兰芳游美记》记载，《刺虎》一剧最初并不在公演剧目中，是访美公演艺术指导张彭春建议加入的。张彭春认为《刺虎》一剧“不但是演朝代的兴亡，并且贞娥脸上的神气变化极多，就是不懂话的人看了，也极容易明了”。结果如张彭春所料，梅兰芳访美期间《刺虎》是最受美国观众欢迎的一出戏，不仅上演次数最多，而且“演毕谢幕也高达15次”。在美国派拉蒙电影公司拍摄的梅兰芳访美资料中，昆曲《刺虎》片段也被记录下来。对《北洋画报》爱不释卷的好莱坞华裔女演员杨爱立（Olive Young）用英文微短片做了剧情介绍。

京剧传统戏《虹霓关》讲述虹霓关守将辛文礼之妻东方氏夫人为夫报仇，在阵上擒获王伯当，遂生爱慕改嫁王伯当的故事，访美公演选择该剧的原因是“情感因素是世界共通的”。

《天女散花》是梅兰芳与齐如山一起构思的一出神话京剧。全剧分为六场，主要表演在“云路”和“散花”两场。梅兰芳设计的长绸舞和各种身段动作，运用腕力、臂力及腰腿功舞动袖带，同时融人“跨虎”“鹞子翻身”等武功身段，构成各种优美造型，成为向外国观众展现中国传统戏曲之“舞”的代表剧目。

第467期《北洋画报》3版居中的大全景照片即为梅兰芳表演《天女散花》的现场，特别标明“梅兰芳在纽约演剧之特制舞台”。在梅兰芳访美事宜的各项设计中，齐如山与张彭春的作用至关重要，关于舞台设计他们都有具体要求。访美演出的舞台是单独设计的：“第一层仍用该剧场的旧幕；第二层是中国红缎幕；再往里——第三层是中国戏台式的外檐，龙柱对联（联文是：四方王会夙具威仪，五千年文物雍容，茂启元音辉此日；三世伶官早扬俊采，九万里舟轺历聘，全凭雅乐畅宗风）；第四层是天花板式的垂檐；第五层是旧式宫灯四对；最里——第六层，就是旧式戏台，隔扇、门帘、台帐，两旁也有同样的隔扇，镂刻窗眼，糊上薄纱。”除了舞台布置，“台上的桌椅是特别制的，任意放大或者缩小。所有尺寸都比中国普通的加大，因为国外戏台宽大。两边有龙头挂穗，朱红描金，颇觉富丽堂皇。外国人对这戏台上的一切，都感到壮丽调和”。此次赴美演出，梅兰芳的所有演出服饰都是重新定制的，“材料完全用真正中国绸缎绣花，花样也采取中国旧式的，一点也没有用现代世界化的时髦花样，像那玻璃棍、假钻石等等，更在摈弃之列了。这样，一则保持中国国粹，二则中国人虽然看着外国的化学制造装饰品新鲜，而外国人却深爱中国的绸缎绣货”。乐器采用了仿古的形式，材质是象牙、牛角、黄杨、紫檀等。乐队人员、剧场服务人员一律身着中式服装。剧场门口悬挂一百多个红色灯笼、几十幅图画、各种旗帜，一切都采取中国样式。[1]

《北洋画报》该版文字，除了梅兰芳的报道，还有《懂戏》一文论述“真知灼见、博证卓裁”的真懂戏之人。另有《剧界琐闻》一则。非常著名的“四大‘女伶皇后’选举”公告也于本期刊出，并附选票。

1 齐如山、齐香：《梅兰芳游美记》，辽宁教育出版社，2005，第41、42、45、61页。按：本段引文均出自本书。

名伶旧影

《北洋画报》第 571、572 合期是 1931 年的贺岁新年号，3 版则是《戏剧专刊》的第 129 期，专刊的右上方登载了一幅“三十年前谭鑫培坐骡车拜年图”。照片的主人公是中国京剧发展初期最为重要的人物之一——谭鑫培。谭鑫培（1847 ~ 1917）本名金福，字望重，因堂号英秀，当时的人们又以英秀称之，是京剧“后三鼎甲”中影响最大的人物。中国古代科举制度中，三鼎甲又称“连中三元”，是指连中解元、会元、状元三个第一名。由于京剧最初是以老生为主，所以“三鼎甲”就成了其形成初期重要的三位生行代表的称谓。京剧“前三鼎甲”指的是程长庚、余三胜、张二魁，其中，余三胜成名最早，隶属春台班，代表汉（汉调）派；张二魁随后成名，隶属四喜班，代表京派；程长庚成名较晚，隶属三庆班，代表徽（徽调）派。但程长庚后来居上，影响最大。京剧“后三鼎甲”指的是谭鑫培、汪桂芬、孙菊仙，其中以谭鑫培的成就最大，形成了对后世老生行当影响最大的“谭派”。

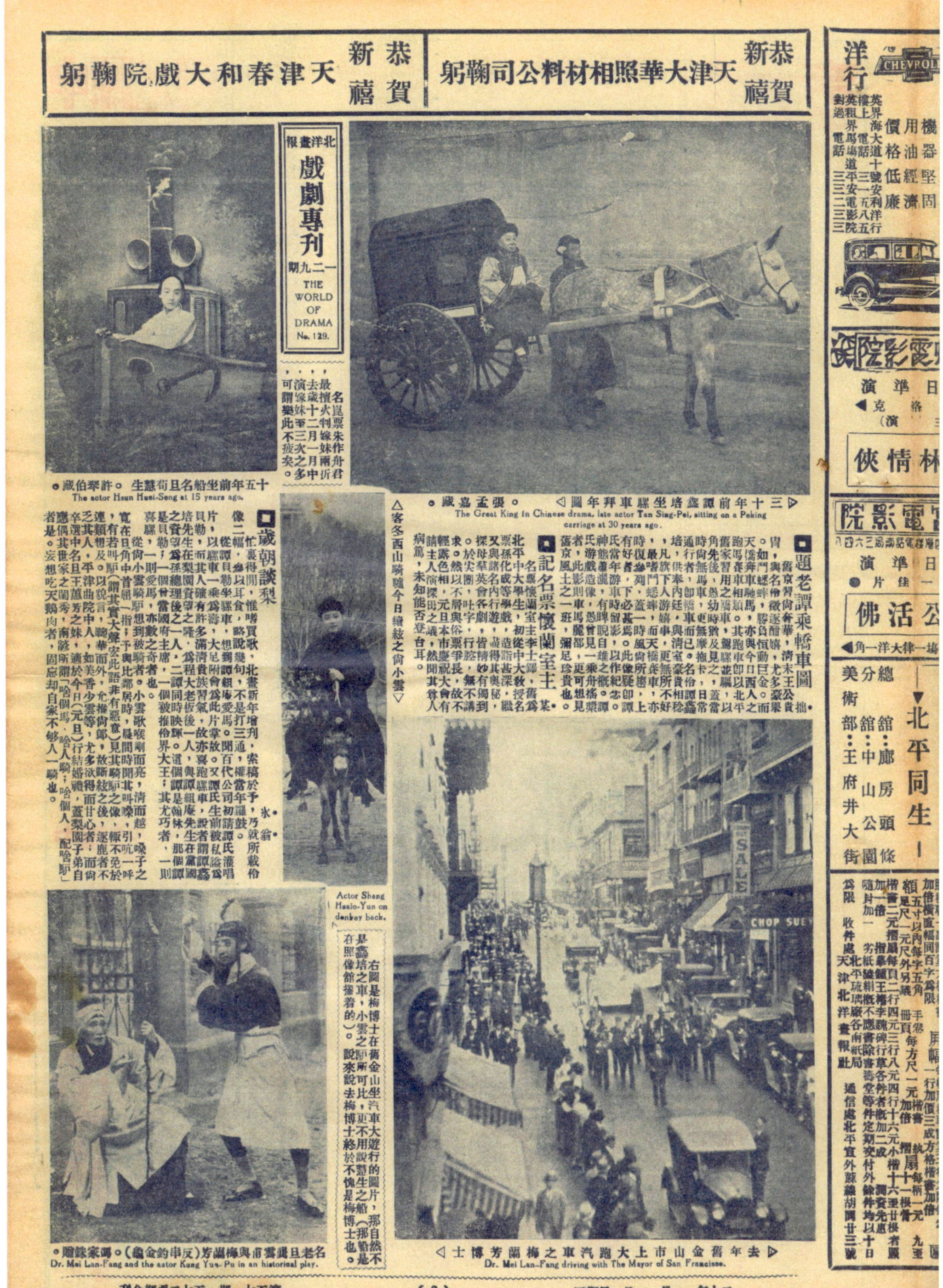

恭贺新禧 天津大华照相材料公司鞠躬

恭贺新禧 天津春和大戏院鞠躬

北洋画报 戏剧专刊 一二九期 THE WORLD OF DRAMA No. 129.

名崑票朱作舟君最擅火判，嫁妹二折，去岁十一月一次，两月中演嫁妹至二三次之多，可谓乐此不疲矣。

十五年前坐船名旦荀慧生 ◦ 许翠伯藏 ◦
The actor Hsun Huei-Seng at 15 years ago.

▷三十年前谭鑫培坐骡车拜年图◁ ◦ 张孟嘉藏 ◦
The Great King in Chinese drama, late actor Tan Sing-Pei, sitting on a Peking carriage at 30 years ago.

岁朝谈梨

记名票怀闻室主

题老谭乘轿车图

△客冬西山骑驴今日犹之尚小云▽

Actor Shang Hsiao-Yun on donkey back.

右图是梅博士在旧金山坐汽车大游行的图片，那自然不是骡车，但是梅博士之船（那船是梅博士的小汽船）也……

名老旦龚云甫与梅兰芳（反串）之（金钓龟）◦ 冯家妹赠 ◦
Dr. Mei Lan-Fang and the actor Kung Yun-Pu in an historical play.

▷去年旧金山市上大跑汽车之梅兰芳博士◁
Dr. Mei Lan-Fang driving with The Mayor of San Francisco.

第五七一期·五七二两期合刊 （3） 二十年一月一日 星期四

《北洋画报》第五百七十一、五百七十二期合刊 3 版 1931 年 1 月 1 日

1863年，谭鑫培出科，搭三庆班演出，其间拜余三胜为师，并得到程长庚的熏陶与影响。最初他以武生闻名，著名画作《同光十三绝》中唯一的武生就是谭鑫培饰演的黄天霸。1890年，谭鑫培以民籍学生的身份入选升平署当差，深得慈禧太后喜爱。慈禧对谭恩宠有加，授予六品顶戴，允许人们叫他“谭贝勒”“谭叫天”等称呼，并允其自由出入宫廷内苑，也因此有了“内廷供奉，伶界大王”的称号。据传，慈禧直到去世前还在听谭鑫培唱戏。谭鑫培低靡委婉、变化莫测的唱腔，不仅适合慈禧的口味，也寄托了国人在世纪末郁结的惆怅和迷惘，故有“国家兴亡哪得管，满城争唱叫天儿”之说。

1905年，谭鑫培在北京丰泰照相馆拍摄了黑白无声影片《定军山》，这也是中国电影史上浓墨重彩的一笔。梁启超以这样的诗句来描述谭鑫培：“四海一人谭鑫培，声名廿纪轰如雷。”谭鑫培作为京剧老生行当重要的奠基人，后世众多演员受“谭派”影响极深。其孙谭富英的新“谭派”基本上是在其代表的老“谭派”基础上所发展的。其他行当的演员如武生杨小楼，旦行梅兰芳、王瑶卿等，也都受到了他的启发和影响。

《北洋画报》第571、572合期3版右上照片中的谭鑫培端坐骡车，一位车夫驾辕。关于这辆骡车，还有个有趣的说法：由于程长庚非常欣赏谭鑫培，便在晚年把自己的一辆骡车送给了谭鑫培。对此事谭鑫培颇为得意，专门同这辆骡车拍了一张照片，名之为《出行图》。画报题图的文字标注了“三十年前”，也就是1901年，应是程长庚去世后的21年，以此时间推算似乎不恰。也许是老照新题，抑或是梨园轶事的趣味杜撰而已。在图片下方还有一篇署名为“拙”的文章《题老谭乘轿车图》，细述旧京王公贵胄与名伶的爱好，并指出“此照疑即谭氏当年游车时留影，以作纪念……谭氏游戏造像，余曾见一乘舟摇桨者，此影则车马丽都，更可想见旧京风土之一斑，弥足珍贵也”。

同版中谭鑫培《出行图》左侧的照片是“十五年前坐船名旦荀慧生”。荀慧生(1900～1968)初名秉超，后改名秉彝，又改名“词”，字慧声，艺名白牡丹，1925年起，改名荀慧生。荀慧生1900年出生于河北省东光县一个贫苦的农民家庭，由于家庭生活艰难，从小被卖给天津一个梆子戏班学戏，后又被河北梆子花旦庞启发收为徒。8岁登台表演，11岁跟师父入北京三乐班。后改学京剧，与侯喜瑞、刘鸿声合演《胭脂虎》一炮打响。1919年与杨小楼一起组班赴沪，被剧院一再挽留，前后在沪达四年之久。四年之中投师访友，技艺日进，成为崭露头角的旦角名伶。1927年和1931年两次当选“四大名旦”。

《北洋画报》
第五百七十一、五百七十二期合刊
3版　局部
1931年1月1日

《北洋画报》第五百七十一、五百七十二期合刊 3版 局部 1931年1月1日

荀慧生在京剧四大名旦中唱念做打都有其独特的风格和魅力。他的唱腔委婉动听，俏丽多姿，声情并茂，感人至深。在唱腔上，他结合剧中人物的需要，根据自己的天赋条件大胆创造。在念白上他创造出介于京白、韵白、苏白三者之间的所谓“风搅雪”的念白，顿挫有致，娓娓动听，既具有音乐美，又具有生活美，从而创立京剧旦角的“荀派”艺术。按照常规，荀慧生1915年就应出师还自由身，但由于荀父与庞启发在荀慧生学艺的契约上没有标明具体的出师时间，荀慧生在学艺后期红极一时，赚钱卖座，庞启发威胁并软禁了他，不准其出师。荀慧生在李洪春、尚小云的帮助下逃走，由当时白社及三乐班主李继良出面，以折中办法达成协议，延长出师时间两年，演出所得与师父对半分成，才解决了这个麻烦。1916年10月6日，荀慧生出师。1917年，加入朱幼芬戏班。《画报》配文所提示时间为“十五年前”，即1916年。照片中，崭露头角、正面临着人生重要转折的荀慧生在船头凝视远方，蓄势待发。

第571、572合期3版中间刊载了一幅冬日骑驴的照片，主角是“客冬西山今日续弦之尚小云”。尚小云（1900 ~ 1976），原名尚德泉，字绮霞，出生于北京，祖籍河北南宫县，京剧演员、编剧，工旦角。1905年，5岁的尚小云开始读私塾。1907年，拜师习京剧老生，后又改习京剧武生。1908年，改习京剧旦角。1912年，逐渐在京剧界受到关注。1914年，被北京《国华日报》评选为“童伶大王”。1916年，正式出科。1918年，被北京《顺天时报》评选为“童伶大王”。1921年，为宣统帝爱新觉罗·溥仪大婚庆典演出京剧《五花洞》。1923年，他主演的京剧《秦良玉》《红绡》相继问世。1924年2月，与梅兰芳、程砚秋、荀慧生被北京《顺天时报》评选为京剧“四大名旦”。1925年，创办“协庆社”，自任社长。1936年，创办荣春社科班。1937年至1944年，在经营荣春社外，还创编了多部剧目，如《九曲黄河阵》《九阳钟》《北国佳人》《福寿镜》《梅玉配》等。尚小云剧照和便装像相对普遍，而头戴裘帽便装骑驴的留影则比较少见。这一版面的图片，选取角度是平时并不多见的名伶旧影，想必更能引起读者的兴趣。

《北洋画报》
第一千四百六十期　3版
1936年10月3日

戏剧家齐如山

齐如山是民国时期著名的戏曲理论家，也曾经是梅兰芳艺术上重要的合作伙伴。齐如山原籍河北省高阳县，1877年生于一个书香世家，祖父及父亲均是进士。家中兄弟三人，大哥齐竺山曾与蔡元培等留学法国，在法国经营中国豆腐公司。齐如山曾几度赴欧洲游历，对欧洲戏剧有着浓厚的兴趣。归国之后，齐如山在正乐育化会（由谭鑫培等人组织的京剧从业者公会组织）讲演，后撰写《说戏》一书，“立论是完全反对国剧的”，书中介绍西方戏剧的长处，贬抑中国戏剧的不进步。若干年后，齐如山回忆这段经历时认为“其实我在书中所写的改良国剧的话，到如今看来，都是毁坏国剧的”。[2]1912年齐如山在北京因观看演出而结识梅兰芳，经常对其表演及剧本提出修改意见。1916年以后近20多年，齐如山为梅兰芳编写剧本40多部，编排新剧及改编的传统戏有20余出剧目。梅兰芳几次出国演出，都是齐如山协助策划并随同出访的。1931年齐如山与梅兰芳、余叔岩等人组成北平国剧学会，并建立国剧传习所，从事戏曲教育。编辑出版了《戏剧丛刊》《国剧画报》，搜集了许多珍贵戏曲史料，并著有《中国剧之组织》《京剧之变迁》《戏班》《脸谱》《梅兰芳艺术一斑》《梅兰芳游美记》等书，如“有声必歌”“无动不舞”等京剧论述中很多标志性的研究成果也来自齐如山。很多文献记载1932年（亦说1933年）梅兰芳举家南迁，从北平到了上海，这也标志着“梅齐合作”的告终。

全面抗战爆发后的1937年至1945年间，齐如山拒绝了日本人的各种邀约，躲在家中著书。1947年齐如山到上海停留一周，每日都和梅兰芳及其家人会面，这段时间的会晤也是他们最后的相聚。1949年，齐如山取道香港至台北，从此便没有离开台北。他曾经担任台湾“中国歌剧改良研究委员会”主任。梅兰芳去世转年的1962年3月18日，齐如山在台北观剧时因心脏病突发逝世。

值得一提的是，很多文献记载梅齐合作于1933年终止，直至1945年才有最后一次见面。按照《北洋画报》的编辑习惯，新闻时事及艺术等各界闻达消息都会刊载时效性的照片。因此，1936年10月3日这张刊发于《北洋画报》第1460期3版的梅齐合影就有了实际意义。按照常理，梅兰芳举家南迁后首次回到北平及在平演出期间，齐如山如在北平，梅兰芳一定会看望齐。同时也有记载1936年齐如山曾为梅兰芳推荐学生。这幅《北洋画报》所刊载的梅兰芳与齐如山同框的照片，则为这段历史做了图像留存，具有重要的价值。

在这版的第380期《戏剧专刊》中，左上方刊登了两张梅兰芳应中华戏曲学校之约在该校向学生演讲的照片。中华戏曲学校即中华戏曲专科学校，是一所培养京剧演员学校。1930年6月在北平筹办，8月成立，9月开学，曾隶属于中华戏曲音乐院，后改名为私立中国高级戏曲职业学校，校址于崇文门外木厂胡同52号。焦菊隐、金仲荪先后任校长，教师有王瑶卿、曹心泉、高庆奎、郭际湘等。该演讲共两张照片，一张按正常标准演讲照片构图；另一张照片中，梅兰芳正在向学生们发表演讲，照片的拍摄位置在梅身后，就有了这张难得一见的梅兰芳的背影照片。

2　齐如山：《齐如山回忆录》，辽宁教育出版社，2005，第89页。

戲劇專刊

The World of Drama No. 380 第三八〇期

梅蘭芳在平應中華戲曲學校之約在該校向學生演講。魏守忠攝。

■聞妙鶯。

梅蘭芳在中華戲曲學校演講時之神情。魏守忠攝。

梅蘭芳（左）與戲劇理論家齊如山（右）。田英魁攝。

名伶小翠花（即于連泉）之戲裝象。戲迷生贈刊。

■門外漢談劇

大弓

△汾河灣，與武家坡桑園會劇情彷彿，其箭射丁山之荒謬無論矣。劇中尤不近人情處，爲發現男子之鞋後，始追詢其鞋之來源。殊不知就情理論，爲人妻者，丈夫一別數年，撫字嬰兒，至於成立，其勛勞艱辛爲如何也。一旦藁砧歸來，破涕爲笑，未有不首將生子之事，欣欣然以告其夫者。若入門先問升官發財，直待發現男鞋，疑而相詢，始告之，必無是理。聞英倫舞台恒演此劇，名爲「鞋的問題」，此因不明中國社會情形，遂以最無道理處，採爲劇中之精華，去原來面目遠矣。

△科諢須要見景生情，當場抓哏，方愈見新穎，不落窠臼，李笠翁曾先吾人言之。昨聆某電台播放票友之法門寺，趙廉見劉瑾時，劉瑾問賈貴兒：「鄖鄔縣他好大的架子？」賈貴兒答：「架子不小，本來是票友麼！」又劉瑾問趙廉：「……這話可說回來啦，你眼裏沒有皇上，還有咱家嗎？」貴兒接白：「這話說回來，可又說回去啦，你眼裏沒有千歲，還有咱家嗎？」普通丑兒說「這話可又說回來啦」，今改爲「說回來又說回去」，緊承劉瑾語氣，的是打諢妙品。

△文昭關一劇中，當東皐公留伍員暫宿其家時，伍謙讓，東皐公謂「忠臣孝子，這有何妨」。以忠臣而加於伍員，實屬不倫。

●●京劇臉譜談●●

京劇臉譜，爲吾國戲劇中特別之蘊藏，其妙在使人能於審美觀念之下，而見其個性。茲以兩部分述之：

（一）顏色：紅色，多示其忠心，而無善終，若姜維，穎考叔是。黑色示其戇直而勇武，若姚剛，尉遲恭是。白色示其奸惡刁滑，若司馬懿，嚴世藩是。藍色示其兇暴梟勇，若竇爾墩，李佩是也。

（二）字畫；若趙匡胤於純紅中，更以黑白兩色夾於眉額間，蓋黑爲山，白爲川也。又於左加龍，右加日形，表示其龍顏日角，帝王相也。若姜維於上層額庭中，用一太極圖，蓋表示其有神機妙算也。此外若包公於上額中有半月形，爲其能理陰司事之記號。張飛左右兩額有雙蝴蝶，乃取其名爲張翼而飛。家奇冲鼻樑有緣蝠，乃示其凶惡有武。諸如此類，洵非一筆所能述盡也。（金曉嵐）

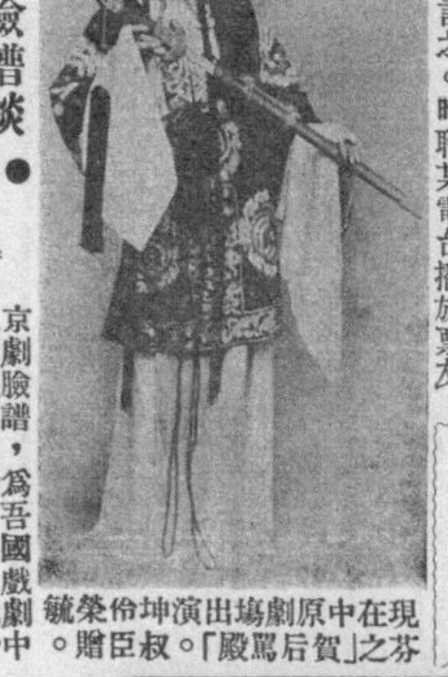

現在中原劇塲出演坤伶榮毓芬之「賀后罵殿」。叔臣贈。

下圖由右至左：廣智院經理梁子恪，公安局局長劉竹泉，侯玉山，白雲生，韓世昌，魏慶林，侯炳文，侯瑞春（韓世昌之老師），河南新生活總會盛主任，韓前坐地下者，爲盛主任之女公子。

■贈崑曲名伶（續前）

仲瑩

△侯益隆，字一龍，高陽河西村人，年四十六歲。邵老默工架子花臉，一龍得其指授，能傳薪火，與其叔祖玉山齊名。

聲譽曾聞滿舊京。做工純熟宛天成。玉山相映稱雙璧。衣鉢堪傳邵默名。

△王祥鳳，字允儀，容城北章人，年二十七歲，朱玉珍弟子，工丑劇，尤以山門之賣酒人，及五人義之丑校尉爲最佳。

雙眸奕奕有精神。妙絕山門賣酒人。唱徹杏花村畔路。隔林香送甕頭春。

近在漢口出演之崑曲名伶白雲生飾「千金記」中之韓信劇照。炎臣贈。

■韓世昌近訊

炎臣

崑伶韓世昌，白雲生及其所率領之崑弋社魏慶林，侯玉山，崔祥雲，劉福芳一行六十餘人，自六月離津，而濟，而汴，出演以來，極受歡迎。韓白等前已離汴到漢，於上月十五日出演法租界大舞台。事前曾經河南劉主任及商主席，代向漢口何主任，楊主席，分別紹介。故抵漢之日，各界紛紛舉行盛大歡迎，所贈之聯帳，達百餘件之多。昨白雲生曾致函津市友人，內有：「此行之榮耀，真夢想不到者，既感且愧，迫吾等更不得不爲崑曲努力，庶不負南北名流期望之殷……」之語。在漢出演之期爲一月，現長沙萬國戲院經理梁月波已到漢，接洽在漢演畢，即去長沙，預訂登台十八天，或推展至一月。屆時韓白乘粵漢車南下，班底則搭江輪前往云。

譚派鬚生孟小茹之「盜宗卷」。大中贈。

崑曲名伶韓世昌等離汴時在廣智院門前留影。炎臣贈。

戲劇專刊

The World of Drama No. 385 三八五

梅蘭芳參觀天津南開學校與校長張伯苓合影。王錫璋攝贈。

梅蘭芳（中）與李世芳（右）毛世來（左）合影。俞勛

論近代老生人才

金曉嵐

論者謂今日老生人才之興盛，遠過於昔日。余則以為此係皮相之談，實際較昔年之譚（鑫培），汪（桂芬），孫（菊仙）等，其火候大有天壤之別。茲將近日之老生人才，略述於下：

譚富英雖號稱譚派，亦僅唱工，氣力尚充沛，略似老譚而已。至念做則極不相似。馬連良初亦學譚，後以嗓音不似，乃自成一腔。其人頗能努力，中年時運甚佳，方有今日之成就。言菊朋在中年時代，亦為老生中之宗匠，聲名亦駕乎譚富英馬連良之上。惜近年來，運蹇時乖，又秉唱作，流入歧途，以致不如昔日之有味。王又宸為老譚之婿，幼年卽得乃岳親傳，晚年頗受人歡迎。唱做均有老譚之風味。故繼老譚而起者，惟又宸一人差堪與比。（小培，叔岩二人現巳息影家居，富英未得親傳，喜聆譚劇者，多往觀又宸。）時慧寶晚運不佳，秉以唱作不合于時流。故近年來，只一度演唱，終不再起。其實慧寶為孫菊仙派之正宗，年事過老，雖偶一登台演唱，惟肯用功，摹摹不輟，然能挑班演唱，卽非易，惜知之者鮮耳。王鳳卿為昔日老牌生角，近巳唱，但亦只勉強而巳。雷喜福于坐科時，藝卽平。在今日梨園中，雖不能與富英連良輩並駕齊驅事耳。李盛藻可稱後起之秀，惟因天賦嗓音關係，雖一心學馬，但終不能如願。平心論之，其「四進士」一劇，間有過于馬連良，其他則稍次于馬耳。至若息影之余叔岩，譚小培以及後起之老生，因限于篇幅，姑不論。

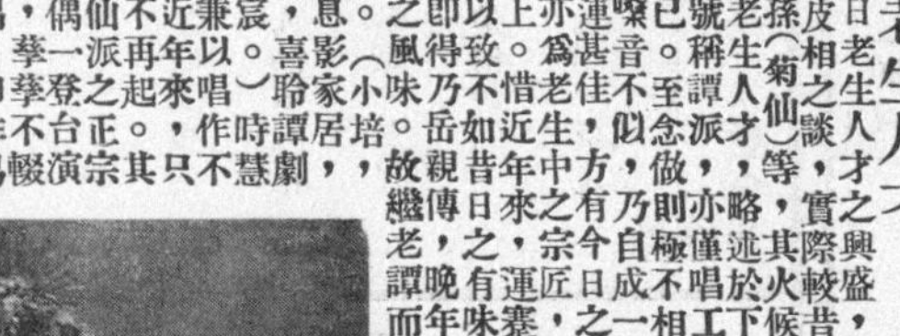

梅蘭芳在中國戲院出演「西施」之一舞台面。楊任鎔攝。

梅蘭芳演西施

雨文

△調寄浣溪紗

宛似吳宮絕世姝。

輕顰巧笑寫相扶。

傳神一幅且真圖。

翩躚舞態千重影。

宛轉歌喉一串珠。

梅郎才調世間無。

：……」。元璋曰：「……但有人保護，便可無虞。」大將吳禎願保前往，胡大海亦欲隨行。元璋[illegible]天德率軍後隨，遇有急變，速卽殺出。」二人領命，當卽檢選壯士千名，令徐[illegible]前行。卽日至濠。孫德崖巳得人還報，急命吳通等布置妥當，然後離[illegible]後面護兵不及千人，以其中計，心中大喜。遂挽手入城，卽令[illegible]只吳禎一人，寸步不離。敘談不久，言語衝突，德崖令將士[illegible]伏劍立奔德崖，德崖非禎對手，被禎擒起，充為護盾，抵擋衆兵，[illegible]吳禎遂令德崖送元璋出城，德崖滿口應允，吳禎仍不放鬆，出廳令徐達胡大海保元璋先行，己與德崖後隨，及出城關，吳禎方放下德崖，被胡大海一斧劈為兩段。吳禎見胡惹禍，遂令徐達速保朱先行，己與胡大海領兵斯殺，復得大兵來援，遂將吳通等殺死，並奪得濠城云云。

以上為其大概史略，本為孫德崖，京劇則誤為劉福通，此實應改正者。餘如蔣忠帶箭而亡，亦實無其人，不知何以揑造出此。至於本事並未書有百涼樓，但或係史略，亦未可知。餘如常遇春救鴛一節，殊屬無稽，因斯時常倘未出山也。全劇不失為精彩武劇，惟詭點殊有改正之必要，倘望方家注意及之也。

■羊，五羊，猶犬羊，其父攘羊，見牛未見羊，何可磨也以羊，伐冰之家不畜牛羊，子貢欲去告朔之餼羊。

葉世長「黃鶴樓」之　。曉嵐寄。

坤伶銀艷芳出演青島時飾廉錦楓之劇照。青島同生攝。王靜波贈刊。

北平太平社科班社長陳富康之「殷家堡」飾殷洪之劇照。炎臣贈刊。

名小生葉盛蘭之「雅觀樓」劇照。熊百吟贈刊。

興隆會之考證及其訛點（下）

俞勛

[illegible]

《北洋画报》
第一千四百七十五期 3版
1936年11月7日

张伯苓与梅兰芳

教育家张伯苓不仅倡导新剧（话剧），同时对传统戏曲非常喜爱，他最欣赏京剧演员梅兰芳和郝寿臣的艺术。据郝寿臣回忆，“张伯苓不在天津看戏，以防给学生造成不良影响”，[3]名伶在北京演出时，张伯苓则经常到场。据张伯苓的儿子张锡祚回忆，他的父亲曾自信地评价自己的教育事业：“在今日的中国社会里，人们在不断的升升沉沉、上上下下，从民国以来，声誉和事业能天天随着时代不停的长的，惟有我和梅兰芳先生。”[4]可见其对梅兰芳的评价之高。

说到梅兰芳与这位“中国现代教育奠基者”的渊源，不得不提张伯苓的胞弟张彭春。作为中国早期的外交家、话剧活动家和导演，张彭春曾担任梅兰芳出访美国、苏联等国演出的艺术指导，是梅兰芳出国巡演的重要合作伙伴。1936年秋，已经完成两次访日及访美、访苏公演而得驰誉国际的梅兰芳，到天津南开学校做演讲。张伯苓亲自陪同梅兰芳参观校园。学者靳飞于《舞台生活四十年：梅兰芳回忆录》[5]一书的导读中记述了这次演讲中的一则趣闻：正当张伯苓校长亲自陪同梅兰芳走上讲台之际，讲台的幕布后面，闪出一个在那里埋伏了许久的少年，冒冒失失撞上前要求梅兰芳签名。梅兰芳接过少年递来的本子，用清脆的京白客气地问：“您是让我竖写呢，还是横着写？”这个名叫容鼎昌的少年，后来改以黄裳为笔名行世，是现当代著名的剧评家、散文家和藏书家。

此次梅兰芳并不是专程来赴南开之约，而是在天津公演的同时安排的“进校园”活动。由于梅兰芳举家南迁，1933年开始便多在上海、武汉一带演出，后访问苏联。1936年是梅兰芳相隔4年后的北方之行，自然引起轰动。他先在北平演出，后到天津公演。正值艺术壮年的梅兰芳，自10月17日在天津中国大戏院登台，至11月10日，共计演出25场，场场爆满，第1475期3版中图就是梅兰芳在天津中国大戏院公演的新编历史剧《西施》剧照。在营业性演出之外，11月11日与12日，梅兰芳又为天津市慈善事业联合会公演两场冬赈义务戏。其中，11日梅兰芳前与“国剧宗师”杨小楼（1878～1938）合演《长坂坡》，后与马连良（1901～1966）合演《汾河湾》；12日两人联袂演出了他们的“剧坛绝唱”《霸王别姬》。11月13日、14日又与马连良（1901～1966）、杨宝森（1909～1958）合作演出。梅兰芳来津一个月，共演出29场戏，《北洋画报》对这些演出做了跟踪报道。演出结束后，大师南返，火车站月台站满了欢送的人群。他3个月前在北平富连成科班所收的新徒李世芳、毛世来等人也都前来送行。梅兰芳此去，直到1949年10月，才再次站在天津的舞台上。

3 翁偶虹、尹廉钊、佟志贤、刘剑华：《翁偶虹传》，北京戏曲学校主编《戏剧家传论丛书》，中国戏剧出版社，1985，第100页。

4 张锡祚：《先父张伯苓先生传略》，南开大学出版社，2016。

5 梅兰芳：《舞台生活四十年：梅兰芳回忆录》，新星出版社，2017。

梅兰芳与两位年轻弟子李世芳（1921 ~ 1947）和毛世来（1921 ~ 1994）的合影刊载于第 1475 期《北洋画报》3 版的右上方。李世芳（照片右立者）与毛世来（照片左立者）是梅兰芳早期弟子中最出名的两位。这张照片，正是当年（1936）梅兰芳来津公演之前，在北平收两人为徒后拍摄的。

李世芳，生于内蒙古包头，祖籍山西太谷。父母都是山西梆子演员，他从三岁开始跟随父母奔波演出，过着居无定所的生活。1931 年，家人在北京定居，他于同年进入富连成科班“世”字科，开始了从艺生涯。他专工青衣兼花旦、刀马。在科班学艺时即已享名，为“世”字科之高才生。该班排演《霸王别姬》《碧游宫》《盘丝洞》等戏，均由其主演。1935 年，李世芳主演的《霸王别姬》于北京广和楼首演，他的“梅派”技艺被观众认可，一时北京各报刊都连篇载文，并赠以“小梅兰芳”的美称。

毛世来，生于北京，祖籍山东掖县（今莱州市）。七岁入富连成社科班第五科，与李世芳同在“世”字科。先学小生、青衣、老生，后工花旦，兼演武旦，艺宗于连泉（筱翠花）。在富连成期间，他与李世芳二人逐渐成为科班的主要演员。1936 年，尚小云收毛世来为徒，并为其教授与编排了如《娟娟》《玉虎坠》《金瓶女》《昆仑剑侠》《天河配》等十几出戏，这些剧目都由毛世来与李世芳合作主演。

拍摄这张照片的 1936 年，梅兰芳举家南迁后首次回到北京。由于齐如山在与梅兰芳的通信中谈到“小梅兰芳”，令梅很感兴趣。在京期间，梅兰芳特意去看了李世芳主演的《霸王别姬》和《贵妃醉酒》两出戏，随即决定收李世芳为徒。同时拜在梅兰芳门下的还有毛世来、张世孝、刘元彤。收徒仪式在“北平国剧协会”举行，当时梨园名宿、各报记者数百人到场祝贺，盛况空前，一时“老梅”收徒“小梅”的梨园佳话盛传不休。

1939 年，《立言报》效仿评选“四大名旦”的方式，主办了从青年新秀中评选“四小名旦”的活动，最后选出李世芳、毛世来、张君秋、宋德珠。

1940 年，《立新报》又约请李世芳、毛世来、张君秋、宋德珠合作，在北京新新大剧院演出传统剧目《白蛇传》，他们分别在其中一折中饰演白素贞。宋德珠演《水漫金山》，毛世来演《断桥》，李世芳演《产子·合钵》，张君秋演《祭塔》，“四小名旦”珠联璧合，各展所长，演出效果轰动。

这一版的第 385 期《戏剧专刊》还刊载了陈富康、银艳芳、叶世长、叶盛兰的剧照及评论文章。

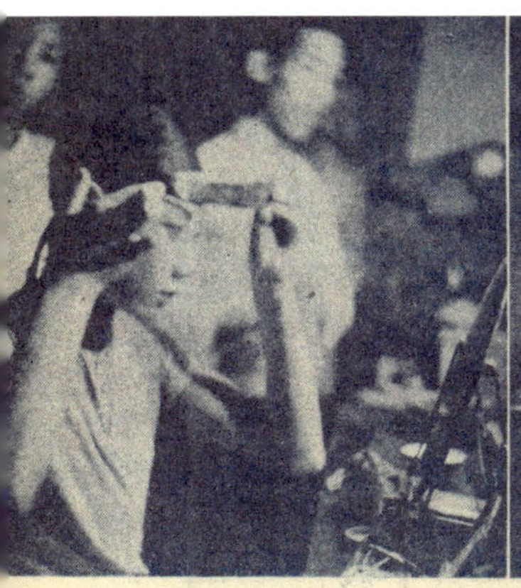
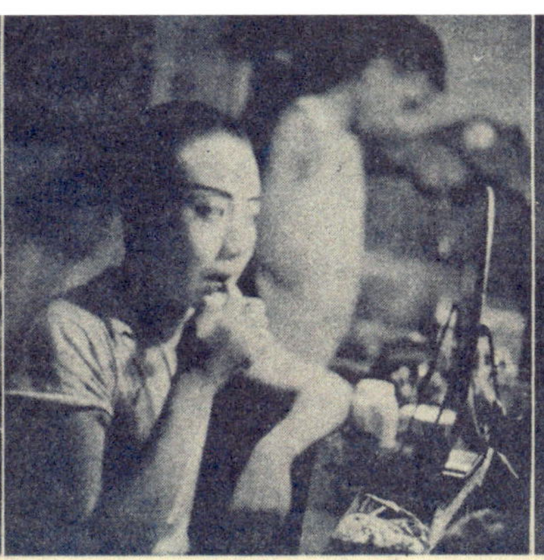
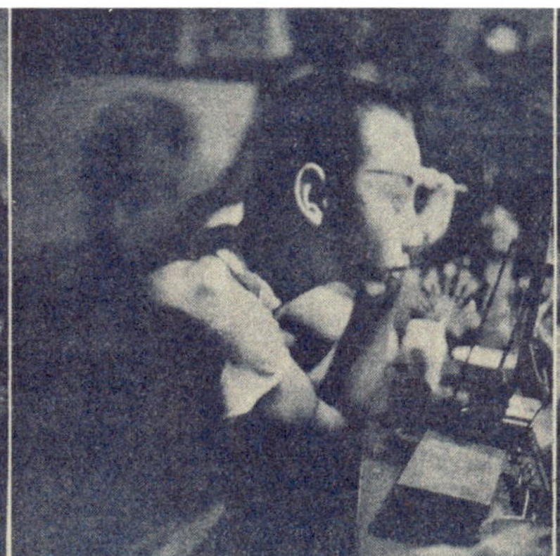
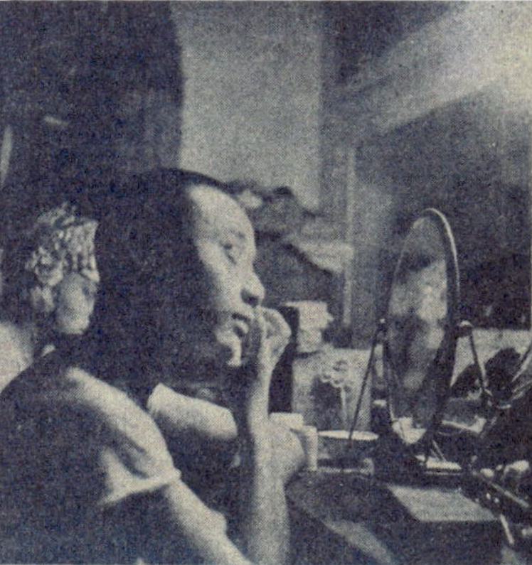

「小梅蘭芳」李世芳化妝之程序（1：擦粉，2：描眉，3：點唇，4：貼片）（由右至左）

《北洋画报》 第一千四百七十二期 3版 局部 1936年10月31日

“小梅兰芳”李世芳

《北洋画报》以“揭秘后台”为噱头，多次请名角介绍戏曲演员扮装步骤，一方面介绍京剧复杂而讲究的扮戏过程，另一方面也借用名角效应吸引读者。素有“小梅兰芳”之称的李世芳于其时是颇有号召力的青年京剧演员，所到之处一票难求。第1472期《北洋画报》3版顶、底版面刊载李世芳的化妆步骤分别为：擦粉、描眉、点唇、贴片、贴鬓、梳头、戴珠花、妆成对镜。同版刊文《戏剧与服饰谈》介绍京剧服饰穿搭规范。

细述李世芳的一生，不禁令人唏嘘，年少成名的他却英年早逝。1946年，李世芳排演《明末三奇女》遭梨园公会封杀，令他深受打击，并解散了自己的承芳社。同年夏天，李世芳到上海投奔梅兰芳。由于当时李世芳“倒仓”（变声期）恢复不久，在上海的演出也反响一般。此后，他又加盟中华音乐剧团，排练《孟姜女》，准备到美国公演，但不久行程又被取消，李世芳一时陷入人生低谷。为了安慰李世芳，梅兰芳让他搬到自己在上海的宅邸，方便他观摩自己的演出，并向他传授技艺。在上海这半年，经过老师的悉心指点和自己的刻苦努力，李世芳进步极大。梅兰芳曾骄傲地对外界称，目前唯一能够继承其衣钵者只有李世芳。此后，师徒在中国大戏院合演《金山寺》，梅兰芳饰白素贞，李世芳饰小青，大获成功。1946年12月9日，李世芳事先预订了机票准备回北平过年。但因梅兰芳当日有演出，他将机票退票改期，之后又有两次因故未能飞行。至1947年1月5日，机票本已售罄，但友人将自己当日的机票转让给他。李世芳乘坐的由上海飞往北平的中国航空公司121号航班飞至青岛上空遇大雾天气，触桃源山失事坠毁，机上38人无一生还。李世芳去世时年仅26岁。

《北洋画报》 第一千四百七十二期 3版 局部 1936年10月31日

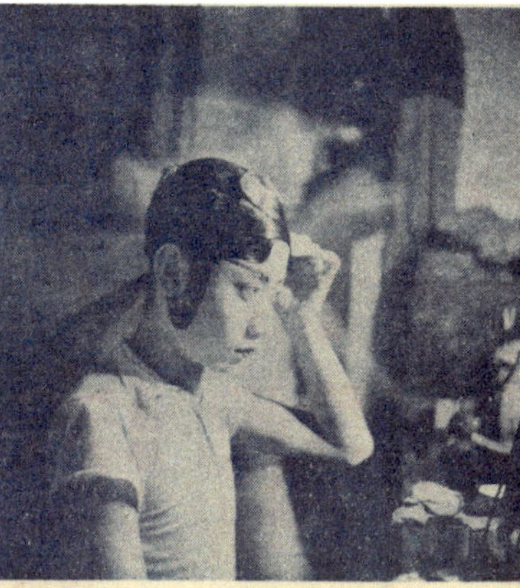

5：貼鬢，6：梳頭，7：戴珠花，8：妝成對鏡（由右至左）　。朱憲武寄刊。

《北洋画报》
第九百九十五期　封面
1933年10月7日

“坤生”孟小冬

孟小冬（1908 ~ 1977）曾经8次登上《北洋画报》的封面，在这些封面照片中，一半是女装造型，另一半则是男装形象。第995期是孟小冬第四次以男装形象成为《北洋画报》封面人物。

孟小冬是京剧坤生的代表人物。她自幼随父亲学习京剧。1915年，拜仇月祥为师，学唱老生。1916年秋，首次在上海登台演出堂会戏《乌盆记》。1919年加盟上海大世界游乐场乾坤大京班，成为正式演员。1925年春，随白玉昆戏班抵达天津，挂头牌演出。1926年，与金少梅组班演出。1927年，因与梅兰芳结婚而脱离舞台。1933年登报声明与梅兰芳脱离关系，同年9月25日正式重返舞台。1938年10月21日，拜“余派”创始人余叔岩为师。1947年9月，参加为陕西水灾义演暨贺杜月笙60岁生日演出。演出结束后，孟小冬宣布从此告别菊坛。1949年，与杜月笙、姚玉兰迁居香港。1950年秋，与杜月笙在香港举行婚礼。1967年9月，孟小冬迁居台北。

《北洋画报》是研究孟小冬生平重要的文献资料之一，它详细记述了孟小冬1926 ~ 1933年间的艺术与生活。同时也对梅兰芳与孟小冬那段婚姻状况有着很多记录。1925年孟小冬结识梅兰芳，8月合演《四郎探母》。1927年孟小冬以“兼祧之妻”的名义与梅兰芳低调成婚，深居简出。1928年11月10日《北洋画报》刊登文章《梅孟之谜》，直言二人结婚传闻，在社会上引起广泛关注。1929年2月16日，《北洋画报》公然称呼孟小冬为“梅孟夫人”，梅兰芳并未否认，这等于正式公开了他与孟小冬的关系。3月5日，孟小冬身着时装大衣以烫发形象出现在《北洋画报》288期封面上，配文“修到梅花之孟小冬自沪北归后最近造象”。5月7日，《北洋画报》更是刊登梅兰芳手影照片，配二人手书文字。孟小冬：“你在那里作什么啊？”梅兰芳：“我在这里作鹅影呢。”颇显两人婚后的浓情蜜意。5月14日，《北洋画报》封面孟小冬的照片则以“前名坤伶孟小冬嫁梅后之近影”配文，可见此时的孟小冬已淡出舞台。

1930年8月，梅兰芳的伯母（梅雨田之妻）逝世，她是梅兰芳的祧母。梅府并不承认孟小冬与梅兰芳的婚姻关系，拒绝孟小冬以儿媳身份为逝者戴孝。梅孟失和，孟小冬到天津吃斋念佛。同年11月15日，《北洋画报》刊载为天津冬赈及辽西水灾筹款义演的消息，证实久未登台的孟小冬重登舞台演出《四郎探母》《捉放曹》等剧目。梅兰芳也应邀至天津义演，两人重归于好。1931年年中，两人正式分手。在孟小冬聘请的郑毓秀律师和杜月笙的调停下，梅兰芳向孟小冬支付4万块赡养费。同年9月17日，孟小冬再次以男士便装形象登上《北洋画报》的封面，不同以往的是：这一次并非西式男装打扮，而是中式绸缎长衫。配文“今晚在春和出演赈灾义剧之孟小冬女士近影”。1933年9月，孟小冬在天津《大公报》刊登启事，声明与梅兰芳脱离婚姻关系，并说明原因。9月30日《北洋画报》发表《孟小冬离婚后第一次登台》一文，报道孟小冬在北京吉祥戏院演出全本《四郎探母》的情况。

1933年10月7日，第995期《北洋画报》封面上孟小冬的这张照片，实际上已是第二次刊登在封面上。该照片首次刊登于1928年3月28日，配文“久不登台之名伶孟小冬男子西装近影”。这一次的配文则是“重登舞台之名伶孟小冬女士男装像”，这也是孟小冬最后一次在《北洋画报》中出现。

1977年，孟小冬于台北离世，享年69岁。

北洋畫報

THE PEI-YANG PICTORIAL NEWS
TIENTSIN
No.995 (Vol 20) Saturday October 7 1933

重登舞台之名伶坤孟小冬女士男裝象。北平同生美術部攝。

本報法律顧問趙泉律師事務所 設在法租界二十六號路泰來大樓內三百零四號電話三三一四三八
△本報內政部登記證二一六〇五號▽
中華郵政掛號立券新聞紙
天津北洋美術印刷所製版承印

本報價目 零售每期大洋六分 每逢星期二・四・六出版 每週三次 每大洋一元定閱十七期 半年七十五期四元三角 全年百五十期八元四角 郵費在內
△本社設法租界三十三號路十號電話二二四二二號▽

廿二年十月十二日 星期四
第九百九十七期（第二十卷）

北洋畫報

THE PEI-YANG PICTORIAL NEWS
TIENTSIN
No.997 (Vol 20) Thursday October 12 1933

本報價目 零售每期大洋六分 每逢星期二・四・六出版 每週三次 每大洋一元定閱十七期 半年七十五期四元三角 全年百五十期八元四角 郵費在內
△本社設法租界三十三號路十號電話二二四二二號▽

本報法律顧問趙泉律師事務所 設在法租界二十六號路泰來大樓內三百零四號電話三二四三八
△本報內政部登記證二六〇五號▽
中華郵政掛號立券新聞紙
天津北洋美術印刷所製版承印

名坤伶章遏雲「四郎探母」劇照　○天津同生攝○

“珠尘馆主”章遏云

《北洋画报》对章遏云的报道极多，在1587期中，章遏云登上《北洋画报》封面的次数是戏曲演员里最多的，多达20次，梅兰芳也仅有16次。

京剧著名坤伶章遏云（1912～2003）原名凤屏，字珠尘，乳名萍儿，别号“珠尘馆主”。因家境贫寒，父母被迫将她送给养母邓氏，因自幼酷爱皮黄，7岁便开始拜师学戏，后随家迁至北京，12岁开始拜天津“票界大王”王庾生为师学习老生，后宗名旦张彩林改学青衣、花衫。她先后在上海、北京、天津、汉口等地演出，红极一时。

1928年2月9日至20日，章遏云曾在天津春和戏院连续演出10天，剧目为《四郎探母》《玉堂春》《花田错》《闹学》《汾河湾》《霓虹关》《珠帘寨》《游龙戏凤》等。日场、夜场，场场爆满。天津众多闻达，以及在津蛰居的寓公都想一睹章遏云的风采。他们或送花篮、摆筵席，或写文章、撰诗文。天津大小报刊更是推波助澜，铺天盖地地加以渲染。而《北洋画报》除以20余张图片、10多篇文章和1个专版，记录这10天的演出，画报主编冯武越亲自制定采访提纲，并对章遏云做了专访。从主编到编辑、记者都对章遏云欣赏有加，这也就不难解释章遏云频繁出现在《北洋画报》的原因了。

1930年，章遏云入选《北洋画报》“四大坤伶皇后”后名声大噪。《章遏云自传》曾经详细描述了“四大坤伶皇后”评选中不为人知的故事：

> 这个投票柜有几个，分别安放在北洋画报社和几家戏院的门口，投票柜是天天要开启的，每期的《北洋画报》上，都要公布各位当选人的票数，有时候某人多了几千票，一下子名次就升了上去，有时候某人被挤出了前四名，眼看就要失去“后座”，自然也是很紧张的。因此那时候的《北洋画报》销路特别的好，开票日期延后了两天，那也是他们为了报纸的销路着想。……这一场选举足忙了两三个月，最后总算有了结果，前面三位是我和雪艳琴、新艳秋，而争逐得最剧烈的便是第四名“皇后”，后来由洵贝勒（载洵）力棒的胡碧兰当选。

《北洋画报》
第九百九十七期　封面
1933年10月12日

《北洋画报》
第一千四百五十五期　2版
1936年9月22日

“四大女伶皇后”评选之后的8月，章遏云与安徽督军倪嗣冲之子倪道杰（幼丹）在大连举行婚礼，成为他第三妾。之后，两人感情失和、渐行渐远，并于1931年8月2日发生了舆论哗然的“跳车离婚”事件。6日《北洋画报》发表文章《珠尘劫》详细报道了事件始末：

> 事之发动，在二日上午，地点为法租界兆丰路大律师李景光门前，当章之跃车呼救，倪之保镖者出枪示威，几演武剧，终经法租界工部局之讯问，双方律师之愿为调解，乃假六国饭店为交涉地点，各报记之详矣。据闻此事起因，确由于倪之对章太干涉其自由，居家有人监视，出门更所不许。其母与姨，又不甘于白眼之加，北返故都。倪对章情感亦复日渐冷淡，因之曾谋自杀，未果。……章自念身世，复怀老母，终出探亲之计，求援律师之门其情固可悯也。章现住在六国饭店七号，门首仍榜“倪先生”之名。但章则对“三太太”之尊号，确将却而不受，终或诉诸法律。双方律师俱各有名，此一场热闹官司，尚不知将如何了结也。

并于文章之后附章遏云的求援书信。8月3日、4日双方律师在六国饭店谈判后，二人以不经官方、和平解决的前提脱离关系。8月29日，《北洋画报》670期2版刊载《遏云谈话》：

> 章遏云自与倪氏离异后，即迁入医院，一般记者，多未及访问。兹章氏业已出院，对记者作有关系之谈话如次：“云与倪幼丹君，前以彼此意见不合，委律师协议离异，一切手续，均已办理终结，所有以前一切，均算取销矣”云。

1932年3月26日，第757期《北洋画报》刊登了一则《章遏云将再度出台》的文章，报道了她即将于3月31日至4月3日的在天津春和戏院“复出”。这标志着章遏云已走出离婚阴影，登上阔别已久的舞台。《北洋画报》更是于1932年3月29日开设《珠尘特刊》，《画报》创办人冯武越亲自为特刊题名，庆祝章遏云的复出。

1948年，章遏云移居香港，后久居台北。

中国大戏院开幕

1934年，天津商界名流孟少臣邀集天津各界，提议为天津建造一座国内最高水准的大剧场，得到与会贤达的响应，共筹资50余万银元，并向社会公开出售股票，投股兴建。京剧名家马连良、周信芳、姜妙香、尚绮霞等均参股投资。曾任国民政府外交部长的顾维钧愿意出让名下天津法租界二十号路（现哈尔滨道）天增里旁土地2700平方米（合地皮3亩8分7厘）用于兴建这座剧院。法国乐利建筑工程公司的瑞士工程师洛普（Loup）和英国工程师扬（B.C.Young）联合设计该剧场。1934年奠基，1936年8月竣工，建筑面积约7770平方米的剧场，定名“中国大戏院”。剧场内有2000余座位，并设有贵宾包厢、休息室、贵宾接待室、售票处等，还有楼顶露天舞场，并安有电梯。

第1455期《北洋画报》2版所刊载的开幕报道及照片即为1936年9月19日举行的隆重开幕典礼。典礼本定于下午4时开始，因当时天津市长张自忠因事未到，而延时到5时开始。孟少臣的夫人在戏院正门行剪绳礼，随后观众进入剧场“未及3分钟座位已满”，马连良在戏台上行揭幕礼，舞台设置宫殿式布景，富丽堂皇，光彩夺目，台下来宾掌声雷动。接着马秘书长代表张自忠市长致辞，市商会纪华，来宾代表刘孟扬也相继致贺词，首任经理孟少臣因为连日忙碌，突然失声，刘孟扬向社会各界致答谢词，最后由马连良代表中国大戏院致辞。本版文章《中国大戏院开幕礼》详细报道了开幕当天的情况。

开幕当晚的演出，先由马富禄演《跳财神》，马连良演《跳加官》。很多文献都把这次演出记录为马连良“生平唯一一次演出跳加官”，实则不确，仅《北洋画报》就曾刊载马连良为北京新新戏院开幕表演《跳加官》的照片。中国大戏院开幕当日的大轴戏是由姜妙香、李洪福、刘连荣、茹富蕙等名家与马连良通力合作的《群英会》《借东风》。表演可谓精彩纷呈，将开幕演出推向高潮。开幕首期，是马连良的扶风社连演18天，场场爆满。开幕第二期演出则由梅兰芳剧团驻场24天，同样是场场客满。随后各路名家纷纷来此献艺，中国大戏院成为天津标志性的剧场，也是中国华北地区首屈一指的大型戏曲演出场所。

△四書酒令▽

酒，沽酒，不爲酒，鄉人飲酒，博奕好飲酒，詩云既醉以酒，是猶惡醉而强酒，曾元養曾子必有酒，有事弟子服其勞有酒。

本市中國大戲院於十九日開幕，參加典禮之來賓在台上留影：(1)名伶馬連良，(2)市府秘書長馬彥翀，(3)王文典，(4)紀華，(5)孟少臣。（天津同生攝）

中國大戲院開幕禮

本市中國大戲院，為聞人孟少臣集資興建，幾經波折，歷時二載，始行落成。院中設備，為本市冠。共三層，樓下正門有三，傍有太平門四，雖院中可容觀衆兩千，但在三數分鐘內、即可出盡；台上更有防險鐵幕之設，故觀衆可無火險之虞。全塲之頂皆為平面之磨光玻璃燈，光線柔和；亦為他院所不及。院中組織甚屬完善，前台管事為金班侯，後台管事為李華亭。所有女賣票生及男招待員，皆經考試錄取者。女賣票生着白色學生裝，樸素整潔，男招待員着白色中山裝式之制服，較之他戲院着白大褂者，自覺「邊式」也。該院本定十九日下午四時行開幕禮，惟以久候張市長不至，乃延至五時。首由孟少臣夫人在戲院正門行剪綵禮，門啓後，觀衆蜂擁而入，未三分鐘，座位巳滿。馬連良行剪幕禮後，由馬秘書長代表張市長致詞，首謂：「中國戲院開幕，讓我來說幾句話，但大家都希望聽馬老板的戲，我的話是沒有馬老板的戲好聽的」。於是臺下掌聲雷動，然後始「言歸正傳」、其詞巳見各報，茲不復述。繼為市商會執委紀華致詞，詞義甚簡。經理孟少臣因連日操勞過度，嗓瘖不能言，乃浼自治監理處處長劉孟揚致答詞，略作酬謝來賓之語。其最為人屬望者為馬連良之演說，雖馬老板之戲平日聆者甚多，然於其純白口之演說，則未之前聞。是以馬甫立臺前，觀衆即作熱烈之鼓掌。馬演詞之大意為中國戲院開幕，躬逢其盛，不勝榮幸；次叙與津人士闊別之意。僅寥寥數十言，亦頗動聽。最後曰：「祝諸君新添園地，福壽無疆」！惟此兩語巳為掌聲所亂，恐聞者不多矣。（愚如）

昨日平市義務短期小學總檢閱·社會局長雷嗣尚（×）·宋委員長代表楊兆庚（△）·秦市長代表戈定遠（○）下檢閱臺時之情形。許祖蔭攝。

廿九軍赴日觀操團由平啟程最右為教育處長徐庭瑗先生。堯生。

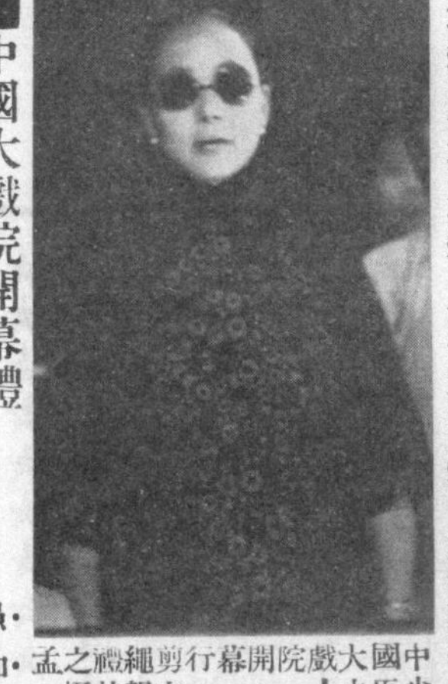

中國大戲院開幕剪綵禮之孟少臣夫人。本報特攝。

回力球塲之夜總會

回力球塲之宴舞廳現巳改為夜總會，四方人多從銀幕上振於夜總會中香艷之事跡，以為內藏無限春色，其實與以前之舞廳大同小異耳！茲記之以告讀者：以前之銀色牆壁，現巳改為淺綠色。其四方凹入神龕式之壁燈，改為凸出圓玻璃燈。以綠緞摺叠成綴，如昔之百褶裙狀之天花板，降至以身稍縱，即能以手觸到之低。會塲中闢兩塊各約二方丈之地，以為跳舞之所。四週皆鋪羊毛地氈，上設桌椅。音樂聲起，客人即趨與其相近之小塲而舞。塲之頂上有各色四方玻璃燈，其玻璃與天花板面之綠緞相齊。桌椅皆較前略矮。塲外之廳事，設一酒排間，有一妙齡俄女售酒，此乃佈置之大概也。置身其間，心情頗與熱烈之感，倘與愛人喁喁情話，興來偶一起舞，「於此間得少佳趣」數字，可以形容之。然此乃洋化之「佳趣」，非蘇東坡之「月白風清」也。所以男士最好着「挑屎袋」，女士亦須晚其裝為佳。星期六晚，舞迷萬不可往，因以豆腐乾大之地，「華而滋」，「唐戈舞」，固無從「下脚」，即使跳兩脚「狐步」，亦因人多之故，手肘如雨點般擁來，致舞興頓失。螞蟻式之「布露司」，亦祇能邁出半步，平常日子倘能小試數脚，然終不能旋轉如意也。

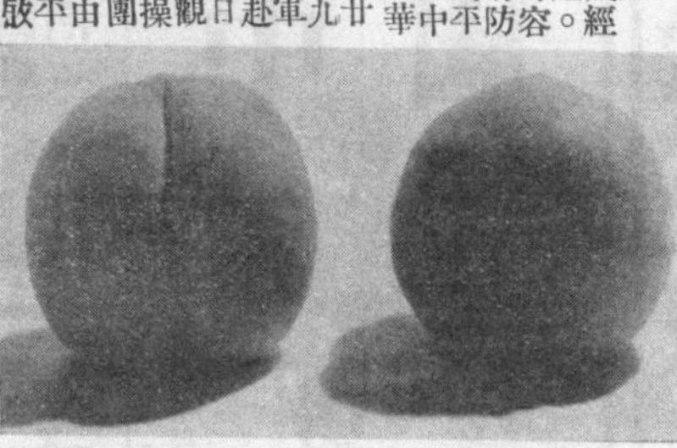

瑞蚨祥主人孟鏡宇君與本市聞人王雨生君贈王文典先生之肥城桃。誠齋贈刊。

今語有本

（湘如）

今人以小舅子，姑爺，因緣成黨，進據要津，或攫得膴仕肥缺者，為攀附裙帶勢力。按此語亦有所本。清波雜志云：「蔡卞之七夫人王荊公之女也，頗知書。蔡卞每有國事，先謀之牀第，然後宣之廟堂。時執政語曰：吾輩日奉行者，皆其咳吐餘也。蔡拜相家宴，伶人唱曰：「右丞今日大拜，都是夫人裙帶」，中外傳以為笑。

北平學生新聞社話劇團十九日在協和禮堂首次公演。上為全體團員，下為公演「求婚」之一幕。致泉攝。

軟語　右·左

△世間沒有不好修飾的女子，與其說是人類愛美的天性，不如說是世間動物，凡雌性都具有引誘雄性的本能。

△女子的財產是美貌，女子的勞力是哭笑。只要有美貌而善於運用哭笑的女子，在金錢上即有無量的收獲。

中華全國公教進行會總監督于斌博士榮任南京教區主教廿日在平天主堂舉行祝聖及授職典禮（×下為于主教）。宋致泉攝。

◘北平戲曲專科學校特刊◘

SPECIAL PAGE FOR THE SPECIAL DRAMATIC SCHOOL, PEIPING

▷北平戲曲專科學校學生表演之一斑◁

Students of the School in stage characters.

左圖（一），馮長鋏之問樵鬧府，（二），田玉茂之行路，（三）曹興詩之捉放曹，（四）傅克爲之硃砂痣，（五）趙志瀾之釣金龜，（六）女生除凌雲之女起解，（七）陸德忠之魚腸劍，（八）金世珍之鴻鸞禧。

◘北平戲曲專科學校創辦之意義

焦菊隱

北平戲曲專科學校，爲中華戲曲學院之一部份，一戲曲教育機關也。內分國劇，（文武崑亂以及平話大鼓書民謠小調均在研究之例。）話劇、音樂三系、將來更擬設電影跳舞二系，以求中西劇藝『一鍋煮熟』。其入學資格畢業年限及課程教授法，另見各大報章，茲不贅述。惟其意義何在，願略向讀者提醒之。創辦本校之意義有五：一曰發展藝術，二曰社會教育，三曰增進國劇在國際上之地位，四曰提高伶人在社會上之地位；其最末而最重要之一義，則爲開我國戲劇教育之先聲，使國人注意上述四項要義，羣起而成立同樣之組織，俾文化前途日見隆茂是也。

▷北平戲曲專科學校校長焦菊隱君◁

Mr. Chiao Chu Yin, principal of the Special Dramatic School, Peiping.

▷北平戲曲專科學校全體職教員（後排最右校長焦菊隱最左校務長林素珊女士）◁

The staff of the School.

◘談戲劇教育

秋塵

戲劇佔文學中之重要部份，亦藝術之一種，初非賤業也；然而國人之視以戲劇爲業者，又如何乎？固終未能破除其階級之見也。

在過去伶人之組織，誠不盡善，以其無教育之意義故。近二三十年來，人始稍稍知戲劇本身之偉大，於是始有人從事於戲劇之學。古之學戲者，學戲而已，今之學戲者，則於學戲之外，乃更不能不學「戲學」焉。自「戲子」變而爲「藝員」，名藝員乃亦備受人之推崇，然而只是少數中之少數。有遠渡重洋研究戲劇者，於是乃亦有所謂戲劇家者出，自北京藝專創戲劇系，而後又有正式的戲劇的教育，然而受教者不特爲少數，且全數皆受過中等教育之人，本非伶人也，伶人之不能受教育如故，則猶非探本求源之計。餘若僅見之南通伶工學校，陝西易俗社，及曇花一現之山東易俗社，雖已具有學校之規模，惜猶未能盡教育之能事，是伶人之與教育，蓋猶渺不相涉也。李石曾先生及教育界諸先進，現以改良中國戲劇編製，提高中國戲劇地位，開創中國戲劇教育爲己任，乃有中華戲曲學院之設。北平戲曲學校，即屬於學院者也。創辦爲日不多，已具相當成績，是誠一校可注意之事。戲劇界之隆替，當以此校之成敗卜之。長校者焦菊隱，燕京大學畢業生，頗負文名，對中西戲劇均有研究，其有造於將來之戲劇，蓋可必矣。

中國戲劇，在文學上，藝術上，確不容一筆抹煞，而有探討研究，發揚光大之必要。戲曲專科學校之使命，即在完成此項工作，至少，是爲此項工作建築一個基礎。

▷北平戲曲專科學校辦公室之一部◁

Office room of the School.

▷北平戲曲專科學校中之垂花門◁

The main entrance to the School.

焦菊隐与戏曲专科学校

《北洋画报》对各领域天津同乡的报道从来不吝版面，已离津发展并有所成绩的，更是积极予以宣传。在戏剧版面上，焦菊隐便是《画报》经常报道的天津老乡。

焦菊隐（1905～1975）生于天津，原名承志，笔名居颖、居尹、亮俦，艺名菊影，后自改为菊隐。1928年在燕京大学毕业前夕，焦菊隐和熊佛西组织了多幕话剧《蟋蟀》的演出，因讽刺军阀祸国殃民，而被通缉。大学毕业后，焦菊隐任北平市立二中校长，1930年就任北平国立研究院出版部秘书，兼任北平大学女子文理学院英国小说作品讲师。1930年，参加筹办北平戏曲专科学校，此校后改名为中华戏曲专科学校，焦菊隐担任第一届校长。

学校成立后不久，第569期《北洋画报》就开辟了“北平戏曲专科学校特刊”整版报道，并刊发焦菊隐署名文章《创办北平戏曲学校之意义》，以及画报编辑吴秋尘的文章《谈戏剧教育》。焦菊隐创办戏校以文化、剧艺并重，他力排众议，男女兼收。既注重学生学艺，又注重学生的文化与生活。他对课堂学艺、教室学习、课余生活等，都做了严格的规定，这些内容之前的《北洋画报》也经常予以报道。从本版的文章中可见，焦菊隐设立戏曲专科学校的目的不仅在继承和发扬传统戏曲，同时也在准备设立话剧、音乐乃至于电影、舞蹈等专科内容。众所周知，焦菊隐对中国古典戏曲和西方戏剧都有精深的研究。他在之后的话剧舞台艺术实践中，就以吸收中国古典戏曲艺术的美学观点和艺术手法为特色，将其融会贯通地运用到话剧艺术之中。

1935年，焦菊隐赴法国留学，广泛接触西方的文学艺术，观摩欧洲著名的各种戏剧流派演出。从法国留学归来参加抗战戏剧运动，他又深深地被契诃夫和丹钦科的戏剧所吸引，开始话剧剧本翻译及导演工作。1952年6月，北京人民艺术剧院改组成为专业话剧院，焦菊隐任第一副院长兼总导演和艺术委员会主任。1956年他通过《虎符》（郭沫若编剧）的排练，进一步探索话剧向戏曲学习和舞台艺术民族化的道路。

焦菊隐认为中国话剧应该大胆地摆脱西方话剧的演剧模式，借鉴和消化戏曲舞台突出表演的审美精神。在这一期之后，《北洋画报》也越来越多地关注焦菊隐的戏剧改革理念与实践。

《北洋画报》
第五百六十九期　3版
1930年12月27日

熊佛西的“戏剧运动”

《北洋画报》的《戏剧专刊》主撰稿人之一熊佛西（1900 ~ 1965），原名福禧，字化依，笔名戏子、向君，是中国话剧的拓荒者和奠基人之一。同时，他也是中国现代话剧小剧场运动的推动者。1887 年，法国戏剧家安图昂在巴黎组织了“自由剧场”，带领一些演员在一座简陋的大厅里演出了托尔斯泰的《黑暗的势力》、易卜生的《群鬼》、斯特林堡的《朱莉小姐》等剧，以直面现实人生的勇气，真诚、质朴的艺术追求，清新、自然的表演形式，为巴黎沉寂的戏剧舞台带来一股新的活力，戏剧史研究者就将此作为西方小剧场戏剧（experimental theatre）运动的开始。此后，小剧场戏剧运动风起云涌，席卷全球。

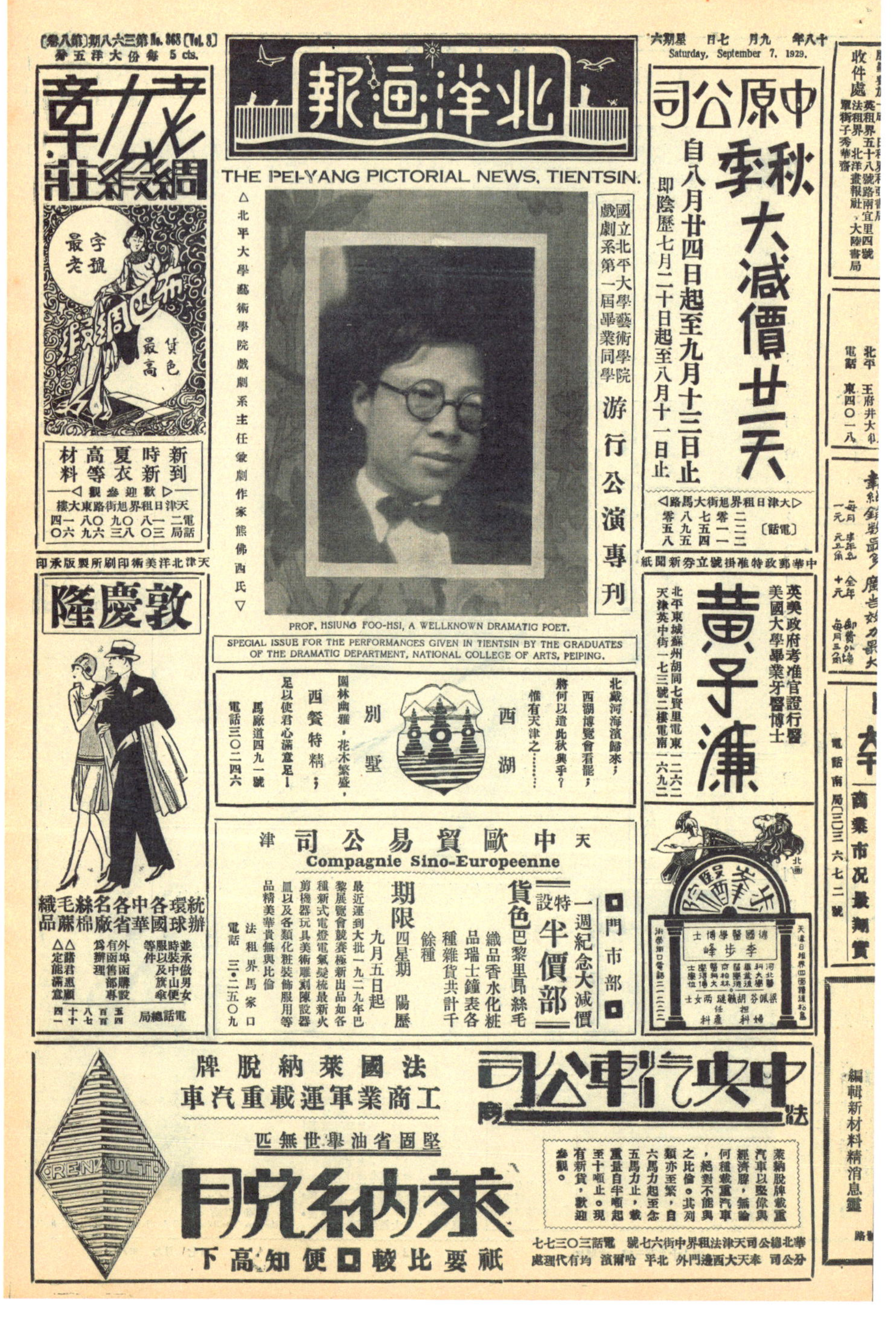
第八卷 第三百六十八期 No. 368 [Vol. 8]
每份大洋五分 5 cts.
十八年九月七日 星期六
Saturday, September 7, 1929.

北洋畫報

THE PEI-YANG PICTORIAL NEWS, TIENTSIN.

國立北平大學藝術學院戲劇系第一屆畢業同學游行公演專刊

△北平大學藝術學院戲劇系主任兼劇作家熊佛西氏▽

PROF. HSIUNG FOO-HSI, A WELLKNOWN DRAMATIC POET.

SPECIAL ISSUE FOR THE PERFORMANCES GIVEN IN TIENTSIN BY THE GRADUATES OF THE DRAMATIC DEPARTMENT, NATIONAL COLLEGE OF ARTS, PEIPING.

《北洋画报》
第三百六十八期　封面
1929 年 9 月 7 日

《北洋画报》
第三百六十八期　2 版
1929 年 9 月 7 日

■注意■此次不另印戲單及說明書，當場贈送本專刊以代之。

南開大學敎授張仲述先生（左數第二）及本屆全體演職員
Prof. P.C. Chang (2nd. from the left) of Nankai University and members of the staff.

■我們來津公演的意義

熊•佛•西•

我們這次來津是想得到天津民衆的同情和批評。

我們都知道戲劇是直接影響民衆生活的藝術。它可以使我們馬上笑，它可以使我們馬上哭，它能使我們的喜怒哀樂，得到正當的宣洩。它能使我們的情感有所寄打。所以歐美各國無不把戲劇當着主要文化事業。無不認爲戲劇是民衆生活的源泉。中國却不然。幾千年來受了傳統思想的毒害，把戲劇當做下賤的玩藝兒。民衆輕視學者不齒。因之中國的戲劇比之歐美發達較慢，幷且幼稚。我們有鑒於此，立志終身服務戲劇界。我們一蜚子要幹一般人不願意幹的，其實是與國家文化最有關係的戲劇。我們第一步的工作是想辦一個小劇院。把它當做一個研究戲劇的中心。把它當着中國戲劇運動的基礎。小劇院不是大劇院。更不是商業劇院。在裏面工作的人不是肥胖的大肚子，而是瘦弱的藝術家。在裏面來往的不是專門磕瓜子抽煙捲的人們，而是一般欣賞戲劇藝術的朋友。

可是小劇院雖是小，但也得需要相當的金錢才能實現。大多數的藝術家往往是寒士。他們有愛護藝術的熱血，但是沒有發展藝術的金錢。當然我們不是例外。但是我們不願擺出慈善家的面孔求人捐助。更不願操作乞人的慣技向人乞討。唯一正當的辦法只有『賣藝』。我們幷不覺得這是一件醜事。所以我們這一次到天津來是想天津的民衆和一般愛好戲劇，熱心文化事業的朋友能夠『買我們的藝』。

究竟我們的藝能值多少錢，這是另外一個問題。也許值萬金，也許一錢不值。因爲藝術的價值原非金錢所能估定的。

其次我們希望天津的民衆能給我們一些正確的批評。我們這幾年來都在北平研究，都在北平表演，從未出過平門一步。當局則迷，旁觀則清。自己的好壞自己不知。很想得到平外社會的批評。因此我們有全國游行表演的計劃。我們特先到天津。因爲天津是北方唯一商業中心。商業中心往往是文化中心。不過天津的民衆也許是聽慣了舊戲的。是看慣了電影和文明戲，或游藝會的新劇的。請天津的民衆千萬不要拿着看它們的態度來看我們的戲劇。這是我們最後的請求。萬一我們的戲劇不合天津民衆的脾胃，我們可以回到北平重新研究，亦不辜負此次天津之行。

『啞妻』中之麗君（于芊菁女士飾）
Miss Yu as "The Dumb Wife".

『壓迫』中之老媽（張寒暉飾）
Mr. Chang as "Maid Servant".

『醉了』中之王妻（張鏡如女士飾）
Miss K.J. Chang as "Mrs. Wang".

◁三位女演員化裝合影▷
The make-up of three ladies.

〔右〕『啞妻』中之麗君（于芊菁女士飾）〔中〕一片愛國心中之唐亞男（張鏡如女士飾）〔左〕一片愛國心中之周芝芳（張丕環女士飾）

本屆公演秩序

日期	場次	（一）	（二）		（三）
九月六日	△日場	致辭	醉了	休息	啞妻
	△夜場	致辭	壓迫	休息	一片愛國心
九月七日	△日場	致辭	壓迫	休息	一片愛國心
	△夜場	致辭	醉了	休息	啞妻
九月八日	△日場	致辭	醉了	休息	啞妻
	△夜場	致辭	壓迫	休息	一片愛國心

希望於觀衆者

1. 十二歲以下幼童恕不招待
2. 入座後請脫帽
3. 請勿高聲談笑
4. 表演時請勿鼓掌
5. 表演時請勿吸烟

■介紹藝術化的民衆戲劇

王•小•隱•

熊佛西先生努力於中國之戲劇革命，將近十年的工夫，纔創造了許多利於表演的好劇本，培養出許多精於表演的好演員。現在來津公演．想着把這種藝術，普遍到一班民衆。這是中國戲劇的一個新紀元，打破『小道可觀』的舊觀念。從穿『行頭』帶鑼鼓，新劇舊唱的奎德社派的戲劇；和穿便衣無脚本自由演說的春柳社派的戲劇中間，確定了戲劇在藝術上的地位。所以這次在天津公演，意義是如此的重大。况且選演的劇本，都有精彩緊張的情節，深刻顯露的涵義，能教一班人對於戲劇得到相當的認識。更是值得介紹。

『醉了』中之王三（王瑞麟飾）
Mr. Wang as "The Executioner".

本屆公演職員

導演兼舞台監督	熊佛西
舞台裝飾	張鳴琦
前台主任	秦麗琳
舞台管理	李書芬
事務主任	梁保如
編輯主任	劉尚達
攝影主任	趙澄

■戲劇系的預演

筆•公•

北平藝術院戲劇系畢業諸君來津公演．實敎育界戲劇界破天荒之盛舉。日來諸君行裝甫卸，即從事工作。一身兼任宣傳編撰交際布置以及表演等職。其一穉勇毅的，革命的精神，合人十二分地欽佩。五日日夜，該團預演四劇，愚躬逢其盛。始恍然於藝術化的戲劇，大有異於從來所可見之一切戲劇。其劇本之精選，劇情之緊張，動作之有程序，言語之有倫次，均非吾人所能夢到。至於布景之簡妙，用光之考究，則尤八年前愚在歐美時所尙未及見。夫如是始克當新劇之名而無愧。

『壓迫』中之巡警（謝興飾）•『醉了』中之趙五（韓廷讓飾）
Mr. Hsieh as "The Policeman." Mr. Han as "The Rent Collector".

戲劇專頁

〔一八一八期〕

〔北平小劇院公演茶花女專頁〕

茶花女的演員

林雪江

女演員：

（一）馬格里脫（即茶花女），她是一位多情的妓女。顧曼俠女士飾，她是小劇院基本會員，平大藝院戲劇系學生。

（二）尼希脫，她是茶花女的朋友，她由愛而與朱司打結婚。翊教女中汪莉玲女士飾。

（三）柏呂唐，她是帽工，很窮，常向馬格里脫借錢。馬靜蘊女士飾，她是燕大學生，交際家，為小劇院基本會員，曾以演「軟體動物」得名。

（四）那寧，她是馬格里脫忠實的僕人。春明女中林含英女士飾，她是一個活潑的小孩，北平話說得十分流俐。

（五）歐萊伯，她是茶花女的女友。兩級女中夏雲錦女士飾。

男演員：

（一）阿芒，他是一位純潔而熱愛茶花女的少年。藝院學生柏森君飾，他也是小劇院基本會員，曾演過「月亮上升」等劇。

（二）喬治，他是阿芒的父親。董駿君飾。

（三）加司東，他是馬格里脫的一位極忠實的朋友。包乾元君飾，他是北大法文系高材生，對戲劇極有研究。

（四）聖戈唐，他也是茶花女的朋友。趙汪雲君飾。留日學生。

（五）朱司打，尼希脫的情人。鍾辛茹飾。

（六）伯爵。趙冲匀君飾。阿芒的情敵。平大法學院。

（七）法繼爾。馬蕭君飾。

（八）醫生。北大于君飾。

（九）送信人。張琢如飾。

（十）男僕。仝前。

◁飾尼希脫之汪莉玲女士▷

◁飾茶花女之主角顧曼俠女士▷

導演茶花女之戲劇名家余上沅氏

◁飾朱司打之鍾心茹君▷

零訊「茶花女」

（一）本劇化裝排演在十六日舉行，各幕照片收齊後再在本報刊印。

（二）小劇院刊印茶花女特刊一種，內載胡適之，劉半農，顧一樵，潘家洵，余上沅，柏森，包乾元，鍾辛茹，諸君文字十篇，定價每本五分。並附印五女演員合影一幀。

（三）本月十三日北平晨報劇刊及世界畫報，又十六日世界日報均為該院刊行「茶花女」特刊。

（四）本刊各照片，均係維絲照相館王世廉君所攝贈。

（五）此戲排演時費一月，每次排戲對女角演員均以汽車接送，未演前由余上沅墊出汽車費不少，

（六）小劇院歡迎關于本劇批評文字，來稿請寄北畫轉交。

為什麼公演「茶花女」

鍾辛茹

北平小劇院是熊佛西余上沅等名家主持的，已經正式公演過很多次了，這次公演法國小仲馬的茶花女共演三天，從今天起（十一月十七日）到十九日止，地點在協和大禮堂。關於演茶花女的種種理由，我已在北晨劇刊九十七期中的「上演茶花女的公開剖白」，及世畫茶花女公演專頁中的「我們公演茶花女的態度」諸文詳細表明過，現在再總結一句，就是——任何藝術均可做廣義的武器；但為作武器而意識的地創造出來的藝術始終不能成為藝術。諸位同好！請你們明白我們這次公演茶花女的用意：我們很相信除開忠於它種作用而背叛藝術，或硬將戲劇這個東西拿來當做另外一種運動的工具的人們外，至少，至少應該公認茶花女站在藝術的發腳點上，是可以上演的戲。——茶花女是一齣悲劇，中國現在類似茶花女這樣的悲劇還少嗎？我們看這一齣的正面，并且再看看牠的背面，真不禁為目下的社會一哭！

◁飾男主角阿芒之柏森君▷

◁飾歐萊伯之夏雲錦女士▷

介紹小劇院

編者

此次北平小劇院公演「茶花女」，導演和演員都是北平表演話劇的名手，他們的成績，我們相信是十分美滿的。現在由鍾辛茹君的介紹，在本報出一次專刊，這是多樣的榮幸。主持小劇院的熊佛西余上沅是戲劇名家，茶花女是最負盛名的戲劇，協和禮堂又是北平唯一的集會場所，這真真所謂「三全其美」！

獻給茶花女

林含英

你在終夜看守着這脆弱的生命，你在你的肉體裏還留存着偎抱中所貫輸的溫和的柔情；你緊緊地對着他那默靜的無言的唇，這也是你愛阿芒而給阿芒的愛的初吻。無情的風，無情的雨，再加上一個無情洍柔弱無力的黃昏；你為了青春，你犧牲了你的青春，一個不可超越的身體，便會有憂悶，悲苦，和消滅的溫存。

◁飾柏呂唐之馬靜蘊女士▷

◁飾那寧之林含英女士▷

君如同情於本報請廣為介紹於君之親友彼等對君必永遠表示特別好感

1920年代中期，余上沅、熊佛西、闻一多、徐志摩、林徽因等一批留学生，因为热爱文艺，成立了中华戏剧改进社，商议共同发起一项新的文艺运动，他们称之为“国剧运动”，立志以爱尔兰阿贝剧院以及美国小剧场戏剧为榜样，吸纳民族戏曲的文化资源，结合现代的艺术观念，创造属于中国的现代戏剧文化。1925年，国立北京艺术专门学校（北京艺专）成立，北京艺专设有戏剧系，1926年熊佛西任系主任。1928年，一度被撤销的北京艺专戏剧系恢复后，改称国立北平大学艺术学院戏剧系，仍由熊佛西任系主任。

熊佛西认为推行话剧小剧场运动必须依靠天津特有的戏剧环境，京津联动才能取得更好的效果，因此他充分利用天津出版的《北洋画报》《大公报》《益世报》《庸报》《玲珑画报》等报刊对其团体来津公演进行宣传。1929年9月7日，第368期《北洋画报》以当期除广告外的所有版面，为熊佛西的北平大学艺术学院戏剧系第一届毕业生天津公演开辟专刊。这在《北洋画报》的历史上也是不多见的，足见编辑部对其的支持。

熊佛西在第368期《北洋画报》2版发表了《我们来天津公演的意义》一文，文中表示：

> 我们这几年来都在北平研究，都在北平表演，从未出过平门一步。当局则迷，旁观则清。自己的好坏自己不知。很想得到平外社会的批评，因此我们有全国游行表演的计划。我们特先到天津，因为天津是北方唯一商业中心，商业中心往往是文化中心。不过天津的民众也许是听惯了旧戏的，是看惯了电影和文明戏，或游艺会的新剧的。请天津的民众千万不要拿着看它们的态度来看我们的戏剧。……万一我们的戏剧不合天津民众的脾胃，我们可以回到北平重新研究，亦不辜负此次天津之行。

熊佛西认为：

> 我们一辈子要干一般人不愿意干的，其实是与国家文化最有关系的戏剧。我们第一步的工作是想办一个小剧院，把它当作一个研究戏剧的中心，把它当着戏剧运动的基础。

1929年10月，此次天津公演之后，熊佛西回京就与余上沅等人拟定公布《北平小剧院简则》，拟模仿美国加州的协会小剧院，对外招收赞助会员，推进小剧场运动。

1930年5月，北平小剧院召开成立大会。北大、燕大、清华等校的很多教授加入或赞助该剧院。从1930年到1933年，北平小剧院先后在京津地区举行过五次公演，《北洋画报》予以大力宣传。1932年11月17日，第858期《北洋画报》刊载的专页就是其中的一次在津公演《茶花女》的内容。

《北洋画报》
第八百五十八期　3版
1932年11月17日

《北洋画报》
第一千五百零八期　3版
1937年1月23日

外国戏剧《王宝川》

熊式一（1902～1991）出生于江西南昌，从北京高等师范学校英文系毕业并工作了几年后，于1932年赴英国攻读博士学位，研究英国戏剧。他不仅熟谙中国传统戏曲，还钟情于西方戏剧。他的英语功底扎实，翻译过萧伯纳和莎士比亚的剧作。

鉴于英国对中国戏剧缺乏了解，莎士比亚专家阿勒代斯·尼科尔教授建议他研究中国戏剧并以中国的题材写一部戏。经过仔细的分析，熊式一选择以京剧《红鬃烈马》为蓝本创作了英文话剧《王宝川》。熊式一把原剧作了浓缩，剔除了其中所有的唱段和武打部分，改成了一部两个小时左右的现代话剧，基本上能适应西方观众的口味。

《红鬃烈马》是一出中国古典传统剧目：唐丞相王允生有三个女儿，为了给小女儿王宝钏选婿，决定高搭彩楼，抛绣球选婿。绣球击中街头乞丐薛平贵，王允因嫌其贫穷而反悔，为此，王宝钏与父亲三击掌决裂，毅然离家与薛平贵在寒窑共度清贫。后来，薛平贵应征平定西凉，王宝钏十八年苦守寒窑。最后，薛平贵归来，与王宝钏团圆，并惩处了曾经害过他们的人。

熊式一在新剧中，把主角王宝钏的名字改为王宝川，并以此为剧名。同时，他在剧作内容上也作了不少改变，使它更容易让观众接受。譬如，《王宝川》添加了第一场丞相府花园内新年赏雪的内容，薛平贵由原先街头讨乞的流浪汉变成王允家的园丁，能文善武，王宝川对他暗萌爱意，两人私定终身。1934年，《王宝川》由英国麦勋书局（Methuen & Co.）出版，大受欢迎。不久后，伦敦小剧场的女经理南希·普莱斯签约此剧，熊式一亲自导演，把《王宝川》搬上舞台。上演之后，一周8场，连演了3年，场场满座。1930年代，百老汇的剧院正处于鼎盛兴旺时期，公众尤其钟情于英国戏剧。因此，《王宝川》也拉开了在美国百老汇公演的序幕。1936年1月27日晚，《王宝川》在布思剧院上演，美国演员海伦·钱德勒（Helen Chandler）饰演王宝川，英国演员布拉姆韦尔·弗莱彻（Bramwell Fletcher）演薛平贵。首场演出，名人和贵宾云集，剧院内座无虚席。1936年3月，《王宝川》移师到附近的四十九街剧院继续演出。至4月25日，在百老汇的首演季结束，《王宝川》共演了105场。之后，又到达芝加哥和中西部其他城市演出。

《北洋画报》第1508期刊载了两幅由外国人演出《王宝川》的剧照。之后，连续刊载了评论文章。其中，发表于1520期的文章《熊式一与田汉洪深之旨趣不同》更是报道了田汉、洪深对《王宝川》的"颇多不满"。洪深认为《王宝川》"中剧西化"，田汉认为该剧是"古董店"里的东西。但无论如何，"熊，田，洪三人，同为话剧而努力"，代表了当时戏剧发展的多种思考。

■東風齊着力。

戲劇專刊
The World of Drama No. 396 三九六

絕跡歌臺之名伶尙和玉之「長平關」。炎臣。

論小生

金曉嵐

生角門中，以小生為最難。能以小生成名者，除故伶王楞仙與老伶程繼仙而外，幾無一人。蓋伶界皆趨重生旦，輕視小生。又因小生難學，遂無專門研究之人。按小生運嗓須由丹田，唱須柔中帶剛，脆中含厲，方為適合。小生類別，約分扇子，雉尾兩種：扇子小生尚無甚重要處；惟雉尾小生在本行中，猶老生行中之靠把，唱作俱須武塲，尤以善耍雉尾為第一要着。今梨園中小生一行，老伶只程繼仙可稱全材。姜妙香終因青衣出身，不脫其脂粉氣。金仲仁武工不甚講求，嗓亦不亮。俞振飛善於崑腔，二簀不佳。尙富霞唱念尙稱中平，惟亦與妙香同弊。後繼小生人材雖有高維廉，陳盛秦，李繼香等，但各有優點。其較佳者，只葉盛蘭一人耳。盛蘭為富社四科學生，扮相清秀溫柔，唱亦剛柔並濟，至其武工，尤能為後起諸小生中之俊。其能戲如：「戰濮陽」，「伐子都」，「八大錘」諸大武劇。更能反串彩旦，若「南界關」之劉夫人，「木蘭從軍」之花木蘭，「芝龍記」之秦良玉等。此雖不關本行，然盛蘭之聽明，從可知也。

熊式一編導外國劇「王寶川」之女主角（中）及其宮娥。空了寄贈。

「一捧雪」考証（上）

雨文

按「一捧雪」係玉杯之名，清劉廷璣在園雜誌云：「曾見有人藏玉杯，氣魄甚大，情色俱美，主人云：此即著名之一捧雪玉杯也。映日細看，杯內雪片紛紛，如飄拂之狀……」今此劇乃以一捧雪為名；劇中情節，亦以玉杯為主。然引証史籍諸書、質詢博學之士，則事實與劇情多不符，言記各殊，莫衷一是。茲將所開及考証諸點列下，以供研究戲劇者作參考之助。明史載：「明季末年，張漢儒疏揭錢謙益謀取顧大章家羊脂白玉漢杯，即著名之一捧雪玉杯，價值千金……」此段記截，雖與「一捧雪」劇中之事實，略相吻合。而劇中之人物，謀奮玉杯者為嚴分宜，而非錢謙益，藏玉杯者為莫懷古，而非顧大章。此又不同之點也。又萬曆野獲編記：「一捧雪」一劇，所指乃王抒事：抒為王世貞之父，夯州人，當嚴分宜勢熾時，以珍寶充盈，逐旁及字畫，時鄢懋卿以總鹺使江淮；胡宗憲，趙文華以督兵使吳越，各奉意旨，搜括古物，不遺餘力。傳有「清明上河圖」一手卷，為宋張擇端手繪眞蹟。藏故相王文恪胄君家，王本鉅富，難以阿堵動。時有湯臣者，客嚴門下，與夯州王思質昆仲有舊，嚴命湯示意思質，令設法購獻，王百計不可得，又懼無以應命，遂託蘇人黃彪摹贋本以獻，黃亦畫家高手，繪筆酷肎其眞。嚴得此大喜，珍為異實，用為諸畫厭卷，置酒會諸貴人玩賞。有姤思質者，知其事，直抉其隱，嚴慙怒，乃搆罪下思質於獄，卒論斬。」按此段記截：除嚴分宜，湯臣（或即湯勸之變音）二人與劇中人名吻合外，其餘事實及人名皆不符，如劇中之莫懷古以藏玉杯得罪嚴分宜，此則為王思質因摹手卷而獲罪，姑勿論玉杯與手卷為二物，即其所藏之家亦大異，此又不同之點也。（未完）

熊式一編導外國劇「王寶川」中之王寶川

名伶何雅秋在「千金全德」劇中飾寶二夫人劇照。倪子衡攝寄

「王寶川」劇上演時舞台上着中國服之外國檢塲人

外門漢劇談

△小翠花前演大劈棺一劇，貼蝴蝶夢。按莊周夢蝶，與劇情毫無關係，似仍以貼大劈棺為合理。又是劇一特異之點：即田氏稱莊子為「先生」，莊子則稱田氏為娘子。按戲劇中相對稱呼，不脫下列範圍：若「老爺」與「夫人」，「官人」與「娘子」，「員外」與「安人」，「老老」與「媽媽」，「相公」與「小姐」。今莊子之妻稱莊子為「先生」，豈因莊子為道家而改易稱呼耶？但「先生」之稱，恐非戰國之時已有，容詳考之。（大弓）

崑弋班名伶侯永奎之「林冲夜奔」劇照　炎臣寄。

崑弋班名伶馬祥麟（中）與陶振江景和順之「昭君出塞」　炎臣寄。

■故退之。

南開女中本屆畢業班公演「少奶奶的扇子」專頁

時間：廿四．五日下午二時

地點：南開中學瑞廷大禮堂

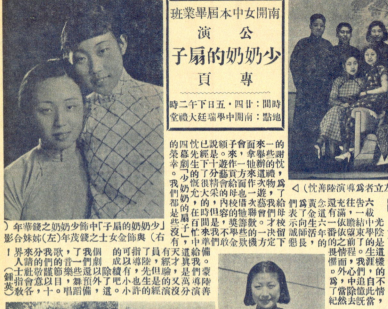

「少奶奶的扇子」中飾少奶奶之錢華年（右）與飾金女士之錢茂年（左）姊妹合影

▷「少奶奶的扇子」之重要職演員全體合影（最左立者爲導演陸善忱）◁

■寫在公演之前

光陰是這樣的不情，六載中學的生涯，自此當告一結束了。我們追憶既往，瞻望前程，心中除去充滿依依之情而外，當然還有一番的畏懼。爲了紀念這六年的黃金生活，爲了向師長們表示誠懇的謝忱，爲了給母校留下一些的禮物，我們才決定來舉辦這次遊藝會。一方面拿牠來作一次聯歡的機會，一方面也借牠籌些款子來作貢給母校的獎學金額。遊藝會的內容，不敢說是十分精采，但是我們巳經下了很大的時間來準備。蒙陸善忱先生的慨允，在百忙中給我們導演四幕劇「少奶奶的扇子」，這眞是萬分的榮幸。我們都是些沒有天才，又沒有經驗的演員，但是經了陸先生的指導，也許可以有小小的成續吧。除了這個劇以外，我們還預備了一些舞蹈，音樂，唱歌的節目。我們謹以十分的敬意，來請社會各界人士指教！（鍾英）

飾劉伯英之孟嘉齡女士與飾吳八大人之盧良湞女士

◁飾陳秀雲之鍾英女士▷

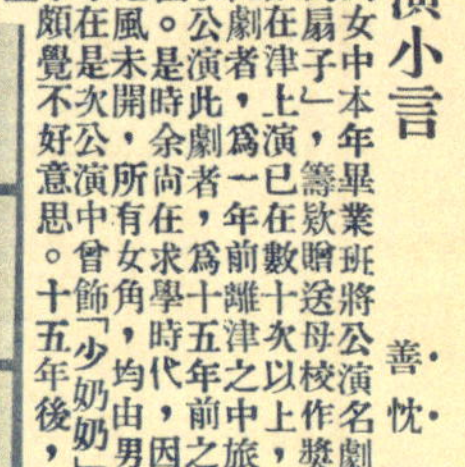

▷飾李不魯之靳淑荃女士◁

■導演小言

善·忱·

南開女中本年畢業班將公演名劇「少奶奶的扇子」，籌欵贈送母校作獎學金。此劇在津上演已在數十次以上，最近公演此劇者，爲一年前離津之中旅劇團。最初公演此劇者，爲十五年前之南開新劇團。是時余尚在求學時代，因男女合演之風未開，所有女角，均由男性充任。余在是次公演中曾飾「少奶奶」一角，演來頗覺不好意思。十五年後，中國話劇猛進，每次公演，均有進步。八年前南開大學女同學會公演此劇，由張彭春博士導演，一時轟動沽上。此次南開女中公演；命余任導演之職，因爲公務羈身，未克詳加研討。但該班學生頗多舞台天才，演來當能成功。且錢華年飾少奶奶，錢茂年飾金女士，以姊妹扮演母女，恰合身分，而盧良湞天性直爽，舉動多男性化，飾吳八大人，定爲全劇生色不少也。

■「少奶奶的扇子」的劇情

凌·犖·寶·

在一個富豪的家裏有一位廿歲的少婦（瑜眞）。她是美麗而高貴的，從小她就生活在一個安逸的環境中，醜和罪惡完全同她隔絕。她只懂丈夫的愛。一旦她發現了丈夫的軌外行爲，氣得她發昏。本着她自己的人生理論，她寧可做一個眞愛自己人的情婦，不願做個虛裝面子的妻子。其實她正是發生了誤會。她丈夫子明過從親密的女友正是她的母親（金女士）。可是瑜眞只當她母親巳經死了。子明所以供給金女士錢，是爲的攏絡她，敷衍她。這完全是爲了瑜眞。他怕瑜眞丟臉，羞憤，因爲有着這樣一個世人認爲墮落的女子做母親是一件極不體面的事。但是子明和金女士的關係給瑜眞一個很大打擊。最後瑜眞决心離開了家庭——這事碰巧只被金女士一個人知道。她以偉大的母愛，眞誠的情感挽回了瑜眞的心，把她從墮落的邊緣拉回。但因此金女士却被許多男子在半夜裏從一個單身男客的屋裏發現了。她將要爭得的社會地位又陷落下去；眼看將要彌補好的人格，又軋碎了。她只有墮入更深的淵中。結局還好：金女士同吳八大人一同遠颺。子明同瑜眞也遨遊去了。

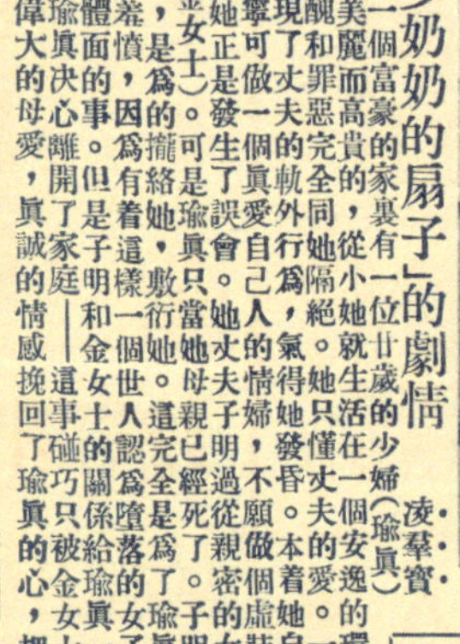

女主角錢華年女士之又一影

飾少奶奶之錢華年（右）飾徐子明之閻惠德（左）女士

△職員

導演	陸善忱
化裝	華靜山
化裝	鹿篤桐
化裝	沈希詠
服裝佈景	嚴仁駒
道具燈光	繆正心
幹事	張廷驪
幹事	高小文
幹事	邵增炎

△演員

	演員
少奶奶	錢華年
金女士	錢茂年
徐子明	閻惠德
張亦公	鄭德瑞
李不魯	靳淑荃
吳八大人	盧良湞
高桐	倪長潔
王老太太	凌犖寶
菊花	李潔珩
陳秀雲	鍾英
陳太太	陸寶琪
劉伯英	孟嘉齡
魏文齡	王昭
魏小姐	陶維正
何小姐	杜文芳
師爺	孫令儀
朱太太	杜榮

飾朱太太之杜榮女士（右）與飾王老太太之凌犖寶女士（左）

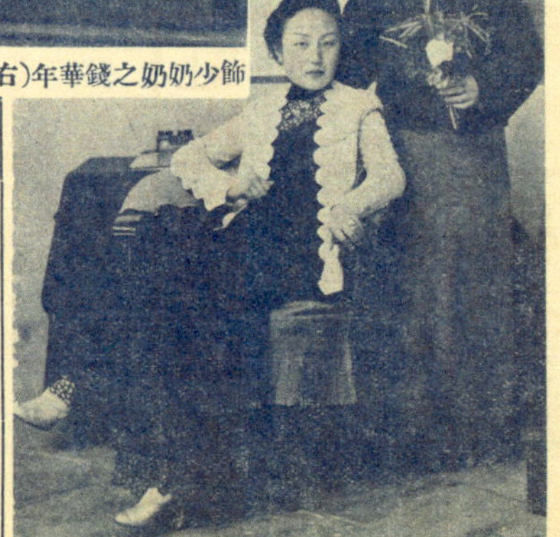

劇中吳八大人（飾盧良湞）與金女士（飾錢茂年）

《北洋画报》
第一千五百四十五期　3版
1937年4月22日

南开女中的“扇子”

《少奶奶的扇子》是中国早期话剧的代表剧目之一，也是在《北洋画报》上经常出现的话剧剧目。1924年，剧作家、导演洪深（1894 ~ 1955）将英国王尔德（Oscar Wilde，1854 ~ 1900）的剧本《温德米尔夫人的扇子》改编为《少奶奶的扇子》，并于同年4月在上海公演。这次演出确立了严肃认真的话剧舞台风格，洪深因此成名。洪深在翻译原剧本时认为“译剧乃甚难之事，往往有此国之风俗，习惯，行事，心理，断非他国人所能领悟了解者。勉强译出，观众仍然莫名其妙”。[6]因此，他根据欧美“改译之例”把剧名、人名、地名和室内陈设等都中国化了，《温德米尔夫人的扇子》就成了《少奶奶的扇子》，英国上流社会的温德米尔夫人成了上海滩的贵妇徐少奶奶。如洪深所言“取不宜强译之事实，更改之为观众习知易解之事实也。地名、人名以及日常琐事，均有更改”，但是洪深强调对于剧本的“意旨精神，情节布置，力求保存本来”，体现了他对改译剧“形变神不变”的追求。茅盾曾评价洪深的译本：“剧本就是洪深自己翻译的，译文很准确，很风趣，又很通俗，是地道的白话”。

洪深改编的《少奶奶的扇子》成为1920 ~ 1930年代最有影响力的国外剧目改编译本。话剧《少奶奶的扇子》在上海取得巨大成功之后，1925年开始，南开剧团根据洪深的译本，多次将该剧搬上天津和北京的舞台。曹禺在南开新剧团参与演出的第一部话剧就是《少奶奶的扇子》，这对他后来的戏剧生涯产生了重要的影响。《北洋画报》所载的南开女中毕业班公演此剧，就是沿袭了南开新剧团的传统。在署名“善忱”的《导演小言》中说道：“最初公演此剧者，为十五年前之南开新剧团。是余尚在求学时代，因男女合演之风未开，所有女角均有男性充任……十五年后中国话剧猛进，每次公演，均有进步。”

《少奶奶的扇子》也是中国旅行剧团、南开剧团等许多剧团的保留剧目。并于1928年、1939年两次拍摄成电影。

6　洪深：《〈少奶奶的扇子〉序录》，《东方杂志》1924年第2期，第23 ~ 31页。按：本自然段洪深引文均出自本文。

廿五年十二月卅一日星期四
第一千四百九十八期（第三十卷）

北洋畫報

THE PEI-YANG PICTORIAL NEWS, TIENTSIN

No. 1498 (Vol. 30)
Thursday Dec. 31 1936

■本報設天津法租界藍牌電車道北廿三號路電話二二四二二號 △本報價目 零售每期大洋六分 每逢星期二・四・六出版 每週三次 每大洋一元定閱十七期 半年七十五期四元三角 全年百五十期八元四角郵費在內

■本報法律顧問 趙泉律師事務所法界十四號路十六號電話三二四三八 鄺體乾律師事務所法界四號路新華大樓電話三一零四五

△本報內政部登記證警字二六〇五號▽

中華郵政掛號立券新聞紙

恭賀新禧

中國旅行劇團團員唐若青女士新年特攝。

天津同生美術照像部攝。

中華民國廿六年日曆

一月

日	一	二	三	四	五	六
…	…	…	…	…	1	2
3	4	5	6	7	8	9
10	11	12	13	14	15	16
17	18	19	20	21	22	23
24/31	25	26	27	28	29	30

二月

日	一	二	三	四	五	六
…	1	2	3	4	5	6
7	8	9	10	11	12	13
14	15	16	17	18	19	20
21	22	23	24	25	26	27
28	…	…	…	…	…	…

三月

日	一	二	三	四	五	六
…	1	2	3	4	5	6
7	8	9	10	11	12	13
14	15	16	17	18	19	20
21	22	23	24	25	26	27
28	29	30	31	…	…	…

四月

日	一	二	三	四	五	六
…	…	…	…	1	2	3
4	5	6	7	8	9	10
11	12	13	14	15	16	17
18	19	20	21	22	23	24
25	26	27	28	29	30	…

五月

日	一	二	三	四	五	六
…	…	…	…	…	…	1
2	3	4	5	6	7	8
9	10	11	12	13	14	15
16	17	18	19	20	21	22
23/30	24/31	25	26	27	28	29

六月

日	一	二	三	四	五	六
…	…	1	2	3	4	5
6	7	8	9	10	11	12
13	14	15	16	17	18	19
20	21	22	23	24	25	26
27	28	29	30	…	…	…

七月

日	一	二	三	四	五	六
…	…	…	…	1	2	3
4	5	6	7	8	9	10
11	12	13	14	15	16	17
18	19	20	21	22	23	24
25	26	27	28	29	30	31

八月

日	一	二	三	四	五	六
1	2	3	4	5	6	7
8	9	10	11	12	13	14
15	16	17	18	19	20	21
22	23	24	25	26	27	28
29	30	31	…	…	…	…

九月

日	一	二	三	四	五	六
…	…	…	1	2	3	4
5	6	7	8	9	10	11
12	13	14	15	16	17	18
19	20	21	22	23	24	25
26	27	28	29	30	…	…

十月

日	一	二	三	四	五	六
…	…	…	…	…	1	2
3	4	5	6	7	8	9
10	11	12	13	14	15	16
17	18	19	20	21	22	23
24/31	25	26	27	28	29	30

十一月

日	一	二	三	四	五	六
…	1	2	3	4	5	6
7	8	9	10	11	12	13
14	15	16	17	18	19	20
21	22	23	24	25	26	27
28	29	30	…	…	…	…

十二月

日	一	二	三	四	五	六
…	…	…	1	2	3	4
5	6	7	8	9	10	11
12	13	14	15	16	17	18
19	20	21	22	23	24	25
26	27	28	29	30	31	…

“中旅剧团”唐若青

第 1498 期《北洋画报》是即将到来的 1937 年新年贺岁号，封面照片的配文为“中国旅行剧团团员唐若青女士新年特摄”。

中国旅行剧团是于 1933 年成立的中国第一个职业话剧团体，这个演出团体中曾培养出戴涯、唐若青、舒绣文、曹藻、蓝马、姜明、章曼苹、陶金、李景波、白杨、项望、孙景路、杨薇、周楚、林默予、石挥、白穆、郭平、上官云珠、孙道临等众多中国戏剧史上的明星。《北洋画报》以中国旅行剧团为内容刊载的图文不胜枚举，而“中旅”演员中备受青睐的当属演员唐若青（1918 ~ 1983），她曾经 21 次登上《北洋画报》的封面，并有几十次的图文报道。

唐若青的父亲唐槐秋（1898 ~ 1954）就是中国旅行剧团的创办人，母亲吴家瑾（吴静）则有“南国女王”的美誉。唐若青同父母一起成为中国旅行剧团的创始人。1934 年，中国旅行剧团版《茶花女》在京津公演后，赢得盛誉。在唐若青的十余年演剧生涯中，《茶花女》是其备受推崇的代表作之一。随后她又出演了《少奶奶的扇子》中的女主角，唐若青把这一复杂的角色演得生动感人，此剧成了风靡一时的热门戏。中国旅行剧团是职业剧团中首演话剧《雷雨》《日出》团体，而在鲁侍萍、陈白露这两位女主人公的众多饰演者中，唐若青是最被人所称道的。由此，话剧也有了炙手可热的明星，其时，唐若青被媒体誉为“话剧皇后”。

《北洋画报》
第一千四百九十八期　封面
1936 年 12 月 31 日

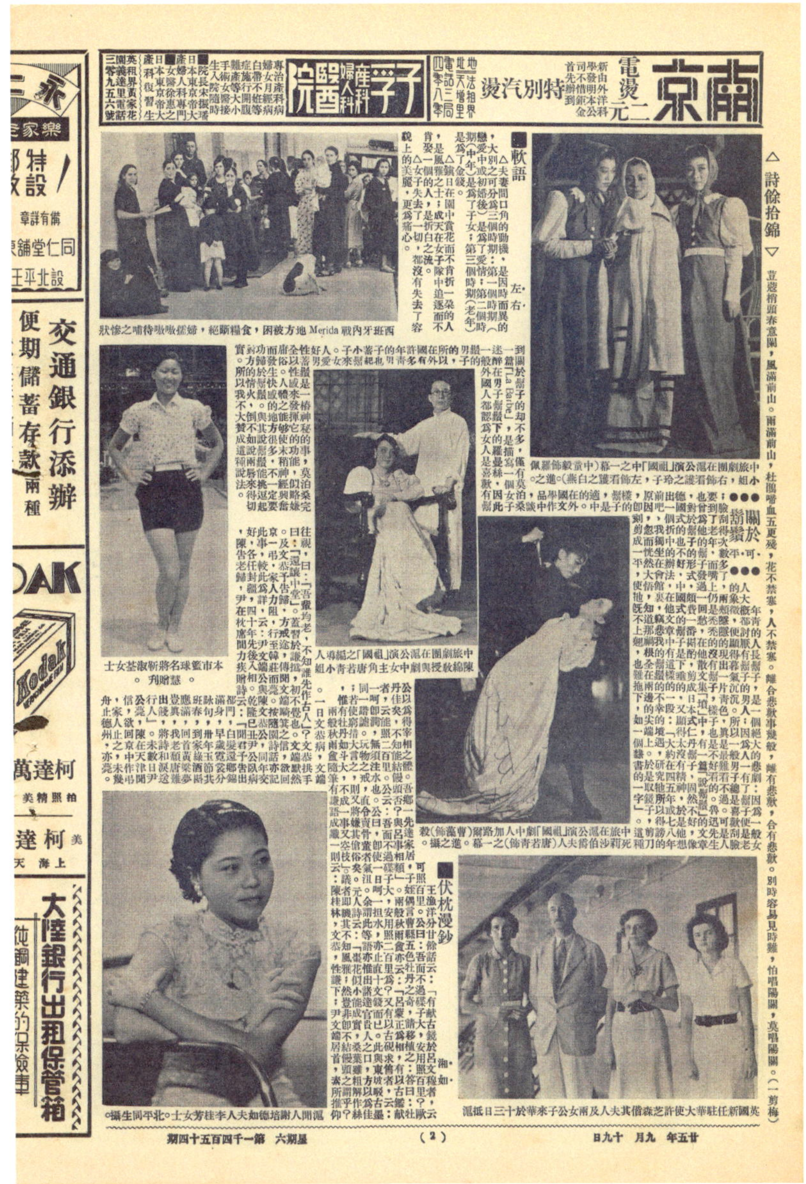
南京 電燙二元 特別汽燙

子宮產科婦人醫院

秋語

詩餘拾錦

關於

伏枕漫鈔

交通銀行添辦便期儲蓄存款

柯達

大陸銀行出租保管箱

廿五年九月十九日　（2）　星期六　第一千四百五十四期

《北洋画报》
第一千四百五十四期　2 版
1936 年 9 月 19 日

画笔歌

1926年，留德学生孙英回到天津，将他和其他三位德国留学生组成小型乐队的游戏照片寄到报社。《北洋画报》不仅刊出，还将音乐舞蹈对青年人的娱乐引领作用做了一番论述："留德学生四人，居德时曾合组一西乐队……记者以为此种游戏组织与青年人之娱乐，最为得法，而且合宜，应与跳舞同在提倡之列。比较流连花柳，沉迷赌博，贻害无穷，确胜百倍。因此特为刊出，以示本报提倡正当游戏之本质。"[1]这是《北洋画报》第一篇有关音乐的图文内容。

对于歌舞，《北洋画报》有自己的理解："吾所记之乐，非孙先生之制礼作乐之乐[2]，乃西方之乐。其舞亦即西式之舞。夫乐舞二者，本相辅而行……起士林屋顶花园，本为纳凉佳处，地既清静、布置又极优雅，一饮一勺，凉沁肺腑，是以津人趋之若鹜，而其音乐亦极佳，中外舞侣，咸莅止焉。"[3]同一期《北洋画报》刊出了一篇歌舞类报道，也是该刊大篇幅文字报道歌舞趣闻的开始。文章在报道一位外国舞者与中国乐手"斗乐斗舞"的同时，将音乐与舞蹈定义为"相辅而行"的艺术形式。

本章"画笔歌"将梳理《北洋画报》中"相辅而行"的音乐与舞蹈的相关内容。

中国的近代音乐与近代歌舞都是从19世纪中叶开始的，到20世纪上半叶出现了一段繁盛时期，《北洋画报》恰恰在这个时期诞生并记录了中国近现代音乐与舞蹈的发展。

1840年代以来的中国音乐，发展至1949年已有一百多年的历史。这一百年，中国经历了三千年未有之大变局，从老大帝国变成亚洲第一个共和国，近代化的浪潮、民族意识的觉醒与战乱相互交织，中国人历经战乱与离散，经历了血与火的考验。处在这样一个大变革时代的中国音乐与舞蹈也经历了前所未有的发展与变化。

19世纪中叶，西风东渐，尽管中国的传统音乐还在延续，中国人固有的音乐舞蹈观念和音乐舞蹈活动也还保有强大的惯性，但在"开眼看世界"的趋势下，已经出现了很多微妙的变化：袁世凯在天津小站练兵时在新式陆军中组建了中国最早的西式军乐队；上海工部局乐队的西洋人乐师在教会中演奏圣歌；津、沪租界中舞场林立，化装舞会、音乐会及歌舞剧频繁上演……这些看似平常的变化，孕育着新的音乐、舞蹈样式和审美风尚。

中国音乐的近代化始自对日本的学习。1868年日本"明治维新"，教育是重要的改革策略之一。在日本的新式教育课程中，音乐是必修课，后来才有专门的音乐学校，培养音乐方面的专业人才，这极大地促进了日本近代音乐文化的发展。很长一段时间内，日本式的道路得到了北洋时期教育界人士的认可，人们认为，要向西方学习，仿效日本就会有所收获。《北洋画报》创刊之初，对日本音乐文化及音乐教育成果的介绍是其高频报道的内容。但是，这种做法持续的时间并不长，很快人们就认识到了日本式道路的缺陷：日本音乐文化也是从西方学习来的，基础并不牢固。九一八事变之后，当时的有识之士认为：学习西方音乐文化的目的是改进、完善中国音乐，使其摆脱封建窠臼，与其一味照搬日本经验，不如向其源头欧美国家借鉴经验。在这种思潮的影响下，中国早期的音乐从业者开始摒弃“照搬东洋”的方式，开始向源头学习，“对位西洋”。正是在这样的历史背景下，1931 年以后，《北洋画报》中的音乐及歌舞报道涉及日本的内容开始逐渐偏重于文化交流方面。

中国的近现代音乐是从音乐教育发端的。大约在 1860 年前后，外国传教士在中国开办的学校中开设了乐歌课。戊戌变法后，维新人士开办了一些新式学校，也设有音乐类课程。同时，以李叔同为代表的留日学生取法日本学校的音乐教育，为中国引进了“学堂乐歌”，也成为中国近代较早的音乐教育内容之一。清光绪二十九年（1904），张百熙、荣庆与张之洞制定了《奏定学堂章程》即癸卯学制，其中明确地提出“乐歌”（即音乐课程）的设立。不过，直到 1909 年，当时的学部才正式在中小学普遍开设“乐歌”课程，但音乐教育并没有因此而很好地展开。

辛亥革命以后，蔡元培任南京临时政府政府教育总长，主张“以美育代宗教”，大力提倡包括音乐在内的“美育”。于 1914 年和 1916 年重新制定学制，把音乐课列为中小学必修课，同时制定了新的教育章程，其中对音乐教育做了明确的规定。不过，当时师资、教材、设备均极度缺乏，音乐教育的主要形式是在课堂上学唱“学堂乐歌”。五四运动后，中国的学校音乐教育有所发展，由于师资力量的增加，也出现了很多音乐类课外活动。相较于之前的“旧音乐”而言，其时出现的以“新音乐”为内容的教育活动，为当时青少年的文明健康发展，注入了新的活力。作为人们休闲时阅读的刊物，《北洋画报》所展现的中国近代音乐教育内容，已经超越了新闻报道本身的意义，对于中国近代音乐历程而言，这些图片、文字所展现的则是那个时期音乐教育的丰硕成果。

《北洋画报》对中小学、幼儿园的音乐活动都有详细报道，其中图文报道百余幅，并在其开设的《儿童专刊》和《学生专刊》中，曾大篇幅刊登儿童音乐的相关图片和文字。《北洋画报》对于儿童音乐教育的关注呈逐年增强的态势，从创刊之初全年只有 2 幅图文，发展到 1930 年儿童音乐教育的相关内容全年有 21 幅图文报道。报道的地区除天津外，还包括上海、南京、北平、沈阳、唐山、青岛、武汉等主要城市。报道的国内名校也很多，如天津南开中学、天津南开女中、天津圣功女中、天津中西女校、上海惠群女学、北京慕贞女中、北平女子两级中学、北平翊教女中、沈阳同泽女子中学、青岛两级女中、唐山淑德女中以及著名的小学与幼儿教育机构等。

中小幼音乐教育的出现，需要大量的音乐类师资，大专院校培养的音乐教育专门人才应运而生。1912 年 12 月，国民政府颁发《师范学校规程》，强调师范生应“习得音乐之知识技能，以涵养德性及美感，并解悟高等小学唱歌教学法”，这标志着艺术类教育的开始。同年，北京设立北京高等师范学校，音乐是必修课之一。同时期的《北洋画报》中也记载了彼时出现的很多音乐艺术类专门院校，如北平国立艺术院、上海国立音乐专门学校、天津市立音乐体育传习所等。其他的普通大学，也根据学校当时的条件开设音乐系，培养一些专门音乐人才。《北洋画报》记载了如河北女师学院、国立北平女子文理学院、北平女子学院、北平畿辅大学等大专院校音乐系的内容，并报道了很多大学的音乐社团活动。当时国内 20 余所从事专业音乐教育的院校，曾登上《北洋画报》。

此外，《北洋画报》还报道了那个时期天津及全国各地部分有代表性的音乐家的演出活动。1931 年，钢琴演奏家夏志真“偕中外男女门徒凡廿五人，于十三日之夜，开演奏会于维斯理堂”，当时报载“十五年前，夏即以琴授徒……夏奉教甚笃，与其妹事母俱孝不嫁，十年前，夏氏固亦颇有美名者也”。[4] 仅就此文便可见天津的钢琴教育及演奏，在五四运动前就已经开始了。自 1930 年始，《北洋画报》多次报道钢琴、小提琴、中提琴、大提琴、手风琴、口琴等门类器乐的演出活动。《北洋画报》对音乐会的报道也不限于天津本地乐手的活动，上海、北平、青岛等地的音乐名家和团体来津演出，亦是当然的报道内容。周素珍、姚兰彤、杨仲子、周英、王光祈、林鸣、周保灵、张隽伟、陈君婉、叶瑞灵、夏承瑜等音乐家，以及上海圣乐团、北平青年会口琴队等演出团体在津的演艺活动，在《北洋画报》上都有记述。1932 年音乐家刘天华病逝，《北洋画报》刊发连续报道，论述其对中国音乐的贡献；1935 年，作曲家聂耳去世，上海各界举办追悼活动，追悼会上演出了聂耳遗作《小野猫》，《北洋画报》上留下了相关的文图记述；1930 年代以来，欧洲声乐演员、美国歌剧团、日本歌剧团体等国外音乐团体和个人来华、来津演出的内容，在《画报》上也多有呈现。从这些报道可见当时以天津、北平为代表的北方音乐活动之活跃，平津地区也在这个时期成为华北的近现代音乐重镇。

《北洋画报》对中国传统音乐的推介也是不遗余力的。第一篇介绍民族传统音乐的文章《旅津广东音乐会缘起略史》（第 383 期 2 版）就详尽地描述了广东音乐在天津的历史与事略。以广东音乐开篇介绍民族传统音乐，与画报主编冯武越为广东籍有一定关系。当时的广东音乐表演并不完全以乐器演奏为内容，也包括粤剧清唱和粤曲，并区别于粤剧舞台演出，这也说明中国传统音乐与戏曲之间的微妙关系。在此之后，《北洋画报》经常对广东音乐演出进行推介和报道，在天津兴起了“广东音乐热”，并一直持续到了 20 世纪中叶。这也就不难解释时至今日天津这样一个北方城市仍有大批广东音乐的听众和爱好者的原因了。

《北洋画报》的编辑、主笔都是文人雅士，画报中会不定期地出现对中国传统音乐或乐器进行介绍与考证的文章，如琵琶、胡琴音乐演出的报道以及《箜篌考》《笛考》等中国传统乐器的介绍文章。中国传统文人钟爱的古琴自然也是《北洋画报》关注的对象。被誉为“民国古琴第一人”的琴学家杨宗稷“号九嶷山人，少有闻名，曾宦游各地，尤工古琴”，后任北京大学古琴教授。在他去世后不到一个月，《北洋画报》就以连续10期的篇幅对他所收藏的10张名贵古琴做了图片报道，“陆续印刊，以公诸海内外知音者”，[5]这些文图为中国古琴研究留下了珍贵的资料。

在《北洋画报》中，音乐和舞蹈“相辅而行”，可谓“乐舞交织”。以19世纪中叶为起点的中国近现代舞蹈，首先是继承了中国古代舞蹈的优秀传统，逐渐由宫廷文化、民间文化演进成为都市大众文化。随着清廷退出历史舞台，民国政府的建立，舞蹈亦是“西风东渐”，《北洋画报》记录了近代中国对西方舞蹈的引进与学习的过程。

《画报》中第一篇独立谈舞蹈的文章，是对交际舞的论述：“近日盛行之跳舞有狐步舞（Fox-Trot），是为两步舞之一种，而最时髦之查尔理士顿（Charleston），实其变态之支派……三步之华思尔舞（Valse）甚美，本不难，然舞者易疲乏，故乐简者恒不喜之。”[6]当时的“新舞蹈”首先是从大众喜闻乐见的西式交际舞开始的。

从《北洋画报》的记载来看，当时无论是舞蹈艺术的质量和民众的参与程度，都是以往历史时期不能比拟的。《北洋画报》中记录的女子“天乳运动”和“放足运动”都从一个侧面展示了当时在“妇女解放运动”感召下的社会现状，这也成为民国舞蹈发展的重要因素之一。也正是由于新旧观念的冲突，在这一时期的舞蹈发展中也出现了很多矛盾。1920年代开始的“禁舞运动”便是这种矛盾的集中显现。以往，学界谈及民国时期的“禁舞运动”，更多关注的是1930～1940年代上海“禁舞运动”和南京伪政府禁烟、禁舞、禁毒的“三禁”运动。实则有详尽史料记载的民国早期的“禁舞运动”发端于天津，并在新旧思潮碰撞后，以恢复民众的舞蹈活动收场。《北洋画报》详细记载了这场“禁舞运动”，并开辟专版进行论争。

1927年5月18日《北洋画报》刊文：“自近日福禄林大饭店举办跳舞以来，风气大开，盛极一时。开通者固视此为高尚娱乐，别有用心之徒，则侧身其中，以遂其拆白之欲，是盖难免者耳。”[7]《北洋画报》对禁舞运动的第一篇报道就直抒“跳舞本身，初不任其咎也”的意见。当时，在福禄林大饭店跳舞场的守旧派人士因被饭店工作人员请出了舞场“引以为奇耻大辱，必欲一泄此愤，乃运动津门名流出名函请政府当局，转请各租界禁止跳舞”，并要求“禁止开设跳舞场”。社会名流起初并不响应，“但某氏坚以维持礼教为辞，非达目的不止”，同时提出“如各跳舞场不肯软化……则将用进一步的办法运动北京外交部，转请各国公使，令饬各租界当局，实行禁止跳舞场之设立”。[8]当月中旬，华世奎、王吕元、潘守廉、严修[9]等12位“天津社会名流”写信给福禄林饭店的大股东李赞侯，要求该饭店取消跳舞，以维持风化。而股东们虽有动摇，却在股东会后的星期六“举行化妆跳舞大会，似有置之不理之意也”。随后，“禁舞运动”进入白热化。守旧派利用联名上书政府和各种请愿，要求禁止“有伤风化”的跳舞活动。而开明派则以《大公报》《北洋画报》等报刊为阵地进行辩论。仅《北洋画报》上针对“禁舞运动”的专门评论文章就有 13 篇之多，且均表达反对禁舞、鼓励舞蹈的积极意见：“不过这次诸名流公共致李赞侯君的一封信，据记者看来，未免有些小题大做了。跳舞这件事情，说起流弊，当然免不了有。不过，这是个人人格的问题，并不是社会上的风化问题。社会上风化只坏，亦不是单行禁止跳舞便可以好的了的。”[10]“若言重女轻男，则跳舞实男女并重……若言天翻地覆，则男女平行，咸进咸退……至开口便说‘男女授受不亲’，此种初世纪的老腐败的话，居然也搬出来唬人，试问男女果然授受不亲，则人们究竟如何出的来！”[11]

福禄林大饭店所隶属的天津国民饭店更是语气强硬地回复了“社会名流”：反对停止跳舞！国民饭店在收到天津社会名流的禁舞公函后，召开临时股东会，复函驳斥，明确阐述了不能取消跳舞的三种理由：第一，开设舞场合乎世界潮流，合乎国内新潮：“因跳舞一事，不仅为欧美各国所通行，即东亚中日两国亦风行已久矣（如北京公府怀仁堂、外交部大楼及天津交涉公署、黎前总统宅时常有之），不独为国民饭店一家所有，即利顺德、起士林、天升等处，亦举行多年矣。”[12]既然跳舞是国际风行的交际方式，也是官方举行社交的通用方式，国民饭店没有理由停止。第二，开设舞场合乎商业竞争的惯例：“同一地方，同一营业，彼此竞争，此亦商业之循例也。”为了商业竞争的需要，国民饭店也无单独停止之必要。第三，跳舞没有违背国家法律，合乎法律规定，没有取消的依据：“且以我国法律言之，亦无禁止跳舞之明文，故本股东会对于跳舞一事，认为并非抵触法律之营业，此不能停止跳舞之理由也。”由于大部分舞场开设在租界区，租界内不会执行市府禁舞令，“而跳舞又为外人公共娱乐，未便禁止，当具呈票复。想省政府方面，得此复文后，名流当再无可言矣”。[13]最终，令“禁舞运动”的发起者与支持者们没有想到的是，天津的舞场更加火爆，跳舞活动更加频繁。

除了交谊舞，国内外的歌舞演出也是《北洋画报》的重点报道内容，其中有很多国内新兴歌舞团体发展的详尽记录。如：明月歌舞团、梅花歌舞团、集美歌舞剧社、冷燕社、华光歌舞团等专业歌舞演出团体的报道。其中最有代表性的当属“明月歌舞团”。

明月歌舞团是近代中国最早的专业歌舞团体，其创办人是被誉为“中国近代流行音乐之父”的黎锦晖。从 1917 年开始初现雏形到 1936 年解散，“明月”历经了语专附小歌舞部、中华歌舞专修学校、中华歌舞团、明月歌舞团、联华歌舞班、明月歌舞剧社、明月歌剧社等各阶段。其中，中华歌舞专修学校是国内最早专门训练歌舞人才的教育机构。在“明月”团体中，黎锦晖不仅进行歌舞音乐创作，同时指导歌舞演出，培养了一大批优秀的歌舞演员。1920 ~ 1930 年代，“明月”的影响不仅在国内，甚至远播东南亚地区。从《北洋画报》的记录看，早在 1930 年之前，明月歌舞团就曾多次到天津演出。“明月歌舞团自故都来，表演于本市皇宫春和两院……可贵者又初不在于歌之艳，舞之美，而在此种艺术教育之团体，为不多得也。各曲歌辞谱，均黎锦晖氏手制。”[14] 早期“明月”在天津的演出以儿童歌舞剧为主，“表演颇得观众好评，盖儿童天性，活泼天真，该团表演确能充分自然的泄露于歌声舞影间”。[15] 而后的明月歌舞团再次来津，则产生了巨大的影响。1930 年 9 月 4 日《北洋画报》第 520 期于 2 版中第一次开设了“明月歌剧社来津表演专页”，整版刊登文章与照片推介明月歌舞团。其后又有 3 次整版的“明月”专页报道，可见其受欢迎程度与报社的推介力度。《北洋画报》1930 年至 1933 年共发表 20 余篇关于明月歌舞团的图文内容，其中报道、短评、小品、通讯、访记等近万字。由此之后，“明月”经常出现在《北洋画报》的封面、副刊、专版等内容中。

除了明月歌舞团，《北洋画报》对于其他歌舞团体的报道也不吝版面，曾为梅花歌舞团、集美歌舞剧社在画报中开设专页进行报道。此外还有国外的著名歌舞团体的介绍，如：美国罗斯佩琪歌舞团、美国百老汇群芳歌舞团、西班牙歌舞团、梵天阁歌舞团、范德维尔歌舞团等。

从 1926 年第一篇音乐和舞蹈内容的刊发到 1937 年停刊，《北洋画报》对于音乐与舞蹈的传播从未停止。音乐、舞蹈内容，由最初的为《画报》“增色”，逐渐演变成了《画报》“本色”之一种，更犹如歌舞中的音符，不断律动，激荡奏鸣。

---

1 《游戏音乐队之组织》，《北洋画报》第 5 期，1926 年 7 月 21 日。

2 “孙先生”为孙中山；“制礼作乐”即孙中山在民国建立之初提出的“大集群儒，制礼作乐”。北京政府又曾专设礼制馆，管理礼仪制度编修事宜。1943 年，国立礼乐馆设立。曾在重庆北碚开会议礼，制定了一部《北泉礼仪》。它是按照中国古代沿用的“吉、嘉、军、宾、凶”的“五礼”进行编制。

3 545：《舞乐交哄记》，《北洋画报》第 17 期，1926 年 9 月 1 日。

4 秋尘：《听琴记》，《北洋画报》第 638 期，1931 年 6 月 16 日。

5 云：《九嶷遗琴》，《北洋画报》第 726 期，1932 年 1 月 9 日。

6 龙父：《舞话》，《北洋画报》第 10 期，1926 年 8 月 7 日。

7 诛心：《打倒跳舞之运动》，《北洋画报》第 88 期，1927 年 5 月 18 日。

8 诛心：《禁止跳舞运动小成功》，《北洋画报》第 89 期，1927 年 5 月 21 日。

9 严修虽然在“社会名流”的名单中，但是曾公开声明“对跳舞者事，我自己并无成见”。

10 二板：《关于禁止跳舞的几句话》，《北洋画报》第 90 期，1927 年 5 月 25 日。

11 诛心：《禁舞运动评议》，《北洋画报》第 90 期，1927 年 5 月 25 日。

12 《国民饭店不怕阎王》，《大公报》1927 年 6 月 10 日。

13 笔公：《禁舞运动的尾声》，《北洋画报》第 7 期，1927 年 7 月 27 日。

14 秋尘：《介明月歌舞团》，《北洋画报》，第 474 期，1930 年 5 月 20 日。

15 凌影：《送明月》，《北洋画报》第 475 期，1930 年 5 月 22 日。

笙歌

“明月”王人美

王人美曾经8次登上《北洋画报》的封面，第551期是她以歌舞明星的身份第四次成为封面女郎。翌年《北洋画报》刊载王人美的报道则开始以“电影明星”冠名。

王人美（1914 ~ 1987）原名庶熙，祖籍湖南，1926年考入湖南省立第一女子师范学校。1927年，王人美来到上海，进入黎锦晖创办的上海美美女校学习歌舞，后进入明月歌舞团任主演。1930年，她的首部电影《空谷猿声》上映。1931年，王人美随明月歌舞团加入联华影业公司，成为电影演员。

王人美的成名与黎锦晖和“明月”息息相关。黎锦晖（1891 ~ 1967）这位中国流行音乐的奠基人，在20世纪初“新文化运动”的感召下，提出了兼容并包吸收西方音乐之长，重视民间音乐的主张。1920年中秋，黎锦晖以“高举平民音乐的旗帜，犹如皓月当空，千里共婵娟，人人能欣赏”为宗旨，成立了明月音乐会。1922年起，黎锦晖开始大量搜集民歌、民谣，并将其融合创编为音乐作品，通过明月音乐会的传播蜚声上海。1927年2月，黎锦晖于上海创办中华歌舞专门学校并开展音乐活动，这所学校也是中国近现代音乐史上最早的一所专门训练歌舞人才的教育机构。学校的教材大多是黎锦晖自编自创的歌舞作品。黎锦晖通过歌舞教学实践，初步形成了以学校学生为主体的歌舞演出阵容。1927年7月28日的《申报》刊载“中国歌舞大会”广告，演出的节目近20个，演员阵容就是中华歌舞专门学校的学生。这次演出计划演4天，后应观众要求加演4场，演出轰动上海，盛况空前。1928年，黎锦晖创办上海美美女校并任校长，王人美便就读于此。上海美美女校以教学和演出实践为目标，延续了歌舞专门学校的办学方针，并为之后中华歌舞团的成立打下了坚实的基础，1928年5月，中华歌舞团成立，这也是中国近现代最早具有商业性质的歌舞团体，开启了国内歌舞团体世界巡回演出之先河，并将中国的现代歌舞第一次传播到海外。虽然巡演大受好评，但是1929年在南洋巡演后期，由于资金短缺以及歌舞团成员人心涣散，中华歌舞团在雅加达解散。1930年初，

《北洋画报》
第五百五十一期 封面
1930年11月15日

黎锦晖再建舞蹈团体"明月歌舞团"。这个歌舞团体最初使用"明月音乐会旅行团"和"明月音乐会歌舞团"的名称。由于该团体在各地巡演均大获成功并广受好评，最终被媒体传播最广的名字是"明月歌舞团"或"明月歌剧社"。1930 年 9 月 4 日《北洋画报》第 520 期 2 版开设"明月歌剧社来津表演专页"，编辑吴秋尘亲自撰文《秋来明月满春和》介绍该团体：

> 黎锦晖氏所领导之歌舞团体，于西风初动时，再度来津。该团体本为上海明月音乐会之旅行团，"歌舞团"一名辞，在黎氏认为原系一种临时性质。此次来津，由津将赴大连，转之沈阳。而此"旅行团"上之"明月音乐会"，乃正式改为"明月歌剧社"，以歌剧社名义表演，在津此又第一次也。

明月歌舞团来津的演出大获成功，更有作者君武在观看春和大戏院演出后写成四首绝句刊载于第 520 期《北洋画报》描述其受欢迎程度：

> 能开风气复为师，群道黎家制作奇。弦意筎声宗雅正，独叫明月有深知。
> 毛雨清歌博众欢，琼愁瑶想自漫漫。天真流露无人识，艺事从来索解难。
> 惊鸿一舞影翩跹，舒黛回波剧自怜。更向画眉人一笑，阿侬有福傲神仙。
> 珍重云英未字身，谁知浅笑是深颦。曼歌一曲生查子，多少台前陨涕人。

之后，《北洋画报》不断增加报道"明月"的版面，连续两月仍然热度不减。以至于 11 月 15 日的《画报》中邀请平面画家梁宝和手绘图案，并以套色制作了"明月"王人美的封面。值得一提的是，这张照片是王人美来津后于天津同生照相馆专为《北洋画报》封面拍摄的。

一时间，明月歌舞团成为各大媒体争相报道的明星团体。这种轰动也引起了联华影业公司的关注，电影公司认为依托明月歌舞团的观众基础，可以进行歌舞电影的创作，黎锦晖则想通过与联华影业的合作完成"明月"的提升。1931 年 6 月，包括王人美在内的明月歌舞团全体团员与联华影业公司签约，后"明月歌剧社"（明月歌舞团）正式更名为"联华影业公司音乐歌舞班"。[1]

黎锦晖在他的《我和明月社》中写道："在班里，我们开始有了正规的待遇；全体一律由公司供给膳宿，演员、乐师分等级支给工资，练习生月薪都是十五元。并规定，拍的片子成绩好，受观众欢迎的练习生，随时可提升为演员与公司直接订合同。这个鼓励起了一定的作用，她们在班中生活严肃，遵守纪律，积极锻炼，希望争取当上'电影明星'。"[2]

最终，黎锦晖的愿望成真，王人美、黎莉莉、白虹、周璇、胡枫等"明月"人，都成为那个时代熠熠生辉的电影明星。

1 刘璐：《从明月到联华——黎锦晖流行歌舞的现代性价值》，《当代电影》2016 年第 4 期，第 102 ~ 107 页。

2 黎明晖：《我和明月社（下）》，文史资料研究委员会编《文化史料》，1983，第 230 页。

□『妬花』明月明星王人美女士□
天津同生美術部攝
Miss J. M. Wang, star of Ming Yueh Musikverein.

旅津广东音乐会

1929年10月12日，第383期《北洋画报》是“旅津广东音乐会”成立15周年的“纪念演剧专号”。当期画报除广告外，全部刊载旅津广东音乐会内容。这样的版面“排场”，在《北洋画报》中并不多见。《北洋画报》如此爱乐，还是得益于社长冯武越的“爱粤”。

《北洋画报》创办人冯武越是地道的广东番禺人，他对家乡文化的宣传也是《画报》的特色所在。于艺术上，冯武越不仅大力宣传岭南派绘画及代表人物，同时还身体力行地在天津推介广东音乐。

(Vol. 8)〔第八卷〕No. 383 第三八三期
每份大洋五分 5 cts.

北洋畫報
THE PEI-YANG PICTORIAL NEWS, TIENTSIN.
十八年十月十二日星期六
Saturday, October 12, 1929.

旅津廣東音樂會十五週年紀念演劇專號

同生照相館弧光攝影。

舉行十五週年紀念之旅津廣東音樂會之音樂部全體合影
Members of the music section of the Society.
SPECIAL NUMBER FOR THE 15TH. ANNIVERSARY OF THE CANTONESE MUSIC SOCIETY, TIENTSIN.

旅津廣東音樂會
成立十五週年紀念
假座
春和大戲院演劇
陽曆十月十七晚
風流皇后　私探晴雯
陽曆十月十八晚
艷將軍　貂蟬拜月
敦請旅津名閨參演

票價　包廂兩天聯票十二元・特別座一元・散座五角・樓上散座五角・後三種只限一天・

天津北洋美術印刷所製版承印

中原公司
秋賽現已開始
人人必備的兩物
各種高速快鏡
各種放大望遠鏡
貨色比他家齊　定價比他家低
請到敝公司光學部參觀

收件處
天津法界北洋畫報社　上海九華堂朵雲軒　北平淳菁閣清秘閣
北平王府井大街　電話東四〇一八

中華郵政特准掛號立券新聞紙

敦慶隆
由陰曆八月二十日起
各貨大減價一個月
估衣街西口　電話總局五八一四七

中國無綫電業公司
RCA
二週年紀念大減價
十月五日至念五日
良機勿失
本公司二週年紀念為酬謝主顧起見非常大減價凡現金購貨每滿洋三元贈送獎券一號定期開獎
頭獎　美國原裝五管收音機全套
二獎　美國原裝三管收音機全套
三獎　美國原裝三管收音機全套
△餘獎尚多　恕不備載▽
總公司　天津法租界馬家口　電話三一三五七
分公司　北平王府井大街八面槽電話東五六七　濟南西門外十一緯路電話南七四

黃子濂
英美政府考准官證行醫
美國大學畢業牙醫博士
盧廣壽博士助理天津醫室業務
北平東城蘇州胡同七賢里電東一二六二
天津英中街一七三號二樓電南一六九二
持此證就診八扣優待

郊游勝地
西湖別墅
園林幽雅，花木繁盛，西餐特精；足以使君心滿意足！
馬廠道四九一號　電話三〇二四六

步峯醫院
德國醫學博士　李步峰
河北醫科大學畢業後留學德京柏林大學醫科得博士學位
天津日租界四面鐘洪松島街東街口電話二一二三三
梁佩芬　胡毓璉　兩女士
担任　婦科　產科

中央汽車公司
法國萊納脫牌
工商業軍運載重汽車
堅固省油舉世無匹
萊納脫
祇要比較　便知高下
RENAULT
萊納脫牌載重汽車以堅偉與經濟勝無論何種載重汽車與之比倫，絕對不能與其列，其類亦至繁，自六馬力起至念五馬力止，載重量自半噸起至十噸止。現有新貨，歡迎參觀。
華北總公司天津法租界中街六十七號　電話三〇三七七
分公司奉天大西邊門外　北平　哈爾濱　均有代理處

上海商務印書館代售
及各埠

《北洋画报》
第三百八十三期　封面
1929年10月12日

《北洋画报》
第三百八十三期　2版
1929年10月12日

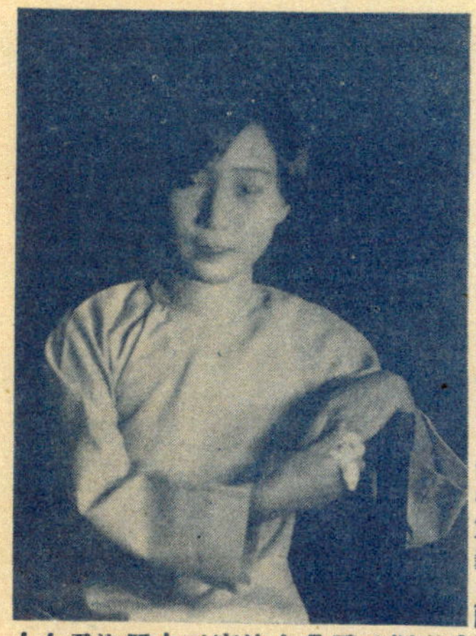

『私探晴雯』中飾寶玉之羅湘君女士。北畫弧光攝影。
Miss Sophia Lo who will appear on the stage, in the dramatic show to be given by the Society.

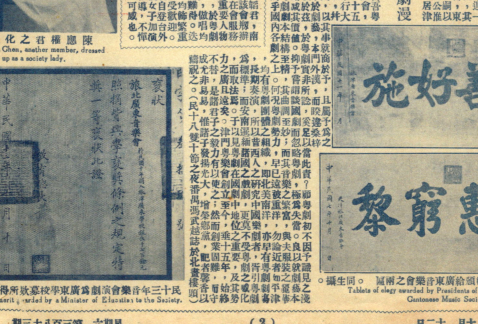

▷旅津廣東音樂會兩會長：楊仲綽君（右）•黃文謙君（左）◁
The two presidents of the Cantonese Music Society.—(Left) Mr. M. H. Wong, (Right) Mr. C. C. Yang.

『貂蟬拜月』中飾貂蟬之蔡愛為女士。天津同生照像。
Miss Ivy Tsai, another society lady participating in the dramatic show.

旅津廣東音樂會緣起略史

音樂會稿

溯我會自民國初元，首由楊君文昭，徐君玉麟，徐君杏裳，洗君題閣，黃君忠可，黃君贊廷，陳君恒爵諸公，以旅津同鄉公餘之暇，向乏正當娛樂，爰集同志，從事音樂，藉管絃絲竹，以暢襟懷。每週一集，此唱彼和，恒至子夜，其時無所謂會也。北海開樽，東山雅集，各適其適而已。嗣以來者日衆，紀元四年，迺公推楊君文昭為會長。楊君宅居津城東北三多街，樓房數十楹，姑借其一為會所。每夕不約而會，絲絃雜遝，各奏爾能，音樂會之名方始成立，然猶彈箏擊筑耳，尚未袍笏登場也。民六，天津水災，各處演劇助賑，如雲而起。同人以粵劇亦成一家，宜襄善舉，當仁不讓，僉議贊成。奈人數寥寥，服裝又非倉卒可辦，恰唐山鄉友備有戲服，遂約來津合演。津埠之得聆粵劇，此為嚆矢。鄉人復踴躍解囊，結果獲數千金，悉捐賑災之用。音樂會之名，由是大著。同人親此成績，乃集資自置樂器戲裝，主其事者黃君贊廷，麥君次尹也。顧演習不可無師，乃復延聘通人為之導演，商界巨子如陳君祝齡，黃君頌預，關君灼棠，簡君韻波，鄒君澤樨諸公，均昕夕莅會，担任提倡，不遺餘力。其於賑災義務，如1籌賑天津水災，2粵省水災，3籌助北京醫院，4粵省糧食救濟會，5廣東肇屬兵災，6直隸旱災，7廣東新山莊購地，8唐山會館修葺經費，9籌助購築旅津廣東學校地，10南口避難粵僑，11滬案後援，12旅奉廣東山莊，13二次新山莊善後籌欵等諸善舉，莫不一登舞臺，鉅欵立至，此後幾視我會為慈善機關矣。洎民國九年，同人以旅津青年求學日多，而旅學未立，遂發起為辦學之舉，以演戲收入，及同鄉捐助（以我會名義捐助者約五千餘元）作為基金。復由陳君祝齡，捐萬金以為之倡。麥君次尹捐地畝以為校址。顧旅津廣東學堂之得有如此基礎者，皆我會之先為提倡也。凡事莫為之前，雖美弗彰，莫為之後，雖盛不傳。麥君次尹暨其昆仲鑑泉；既歸道山，會務稍覺凌夷，其後藉以維持不墜者，今會長楊君綽仲之力居多。其熱心贊襄，則徐君俊韜，黃君午橋，梁君心平，鄧君輝枝等，鍥而不舍之效也。茲屆十五週年矣，尤幸商界巨子黃君文謙，與楊君仲綽，通力合作，及各同志毅力熱心。從斯羣策羣力，使會務日益發達，無待筮龜。而際此慶典，又安可無以紀念，爰集衆議，表演新奇劇本，以資慶祝。復承崔少華，羅湘君，及蔡愛為女士等闔秀登台獻藝，為女界樂善之先導，其關心會務，有足多者。此後更願外界之指導，同鄉之贊襄，俾能對社會勉盡義務，對同鄉略効棉薄，是則同人等敬致其深切之希望焉。

陳應權君為南海陳恒爵先生之公子，陳先生即該會創辦人之一，故應權君自少年時即入會服務，迄今已十二年。工花衫青衣，為該會有數之人才，迭次演劇，均曾參與。今以恒爵先生逝世，應權君守制，不克登台，誠屬憾事。惟此番演劇，應權君提倡女子加入，發行專刊，奔走甚勞，盛舉得觀厥成，應權君與有力焉。

徐俊韜君之戲裝象
Mr. G. T. Hsu a member of the Society, in female impersonation.

徐俊韜君，南海人，自該會創辦之初，即在會服務，為會中重要人物。工青衣，於粵劇甚有研究，做唱均精，殊為難得。迭次演劇，均飾繁重角色，極受歡迎。此次除親自登台外，又提倡女子加演，兼任指導，不憚煩勞，洵可感也。

陳應權君化裝像
Mr. Y. C. Chen, another member, dressed up as a society lady.

粵劇漫談

此番吾粵旅津音樂會，紀念成立十五週年，舉行大規模演劇，并印行專刊，以其事就商於予，且屬予為之介紹。予於劇藝，本門外漢，而睽違桑梓，又念載於茲，於粵劇實非所論，奚足以當此責？顧粵劇初不因予識見淺陋，而略減其價值。抑予嘗謂談國劇而忽略粵劇，極為失當。良以就劇本身論，粵劇劇本結構至精，其曲調至妙；而其音樂之繁富，與夫服裝之事，更遠駕乎國內各劇之上。何況粵劇勢力，早已遠被重洋，勿論近者如劇，均有粵劇團體之組織，即北美南洋，亦早有粵劇團，長期奏演，所以嘗西人之研究中國樂劇者，胥引[illegible]為標準；而安南暹緬諸國之戲劇，更莫不受粵劇之化，而取法焉。于以見粵劇在國劇中地位之重要，及勢力之廣且遠矣。津門粵樂會創立至今，垂十五年，[illegible]不替，是諸君子之毅力有以使之；然而創業固難，守成，尤非易易，惟諸子發揚光大，增榮鄉黨，肥者譽[illegible]竊祝之。（民十八雙十節之夜番禺馮武越誌於北畫報社）

褒狀
旅北廣東音樂會
照捐資興學褒獎條例之規定特
頒一等褒狀此證
教育總長
中華民國十年　月　日

十年音樂會演劇為廣東學校募欵所得教部褒狀
Certificate of merit awarded by a Minister of Education to the Society.

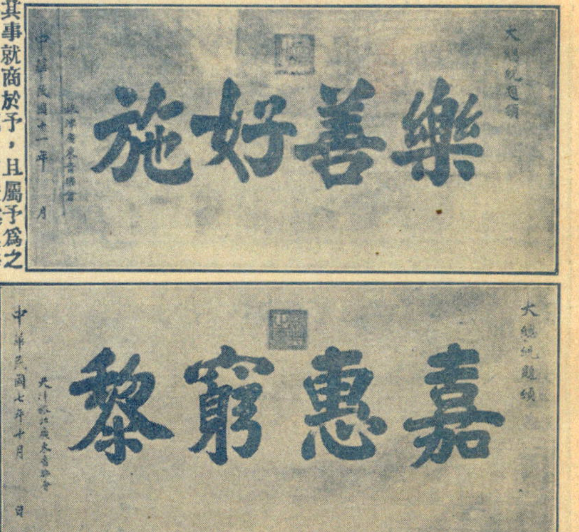

民七與十一年前大總統頒給廣東音樂會之兩匾　同生攝
Tablets of elegy awarded by Presidents of the Republic to the Cantonese Music Society.

早在18世纪，广东商人就与福建、潮州的商人结成商船队北上天津经商。他们的商船，船头油成红色，画有大眼鸡图案，称为“大眼鸡船”。满载货物的商船沿海北上，经渤海湾，由海河进入天津。这些商人就形成了建帮（闽商）、潮帮（潮汕商）和广帮（粤商）三大商派，他们集资兴建了“闽粤会馆”便于交流管理。19世纪末，天津成为南北经济及交通的重要枢纽，越来越多来自广东和福建的商人在此聚集。大量广东商人经过长时间的贸易往来，在天津安家落户。广东籍的商人逐渐聚集，开始在天津成立自己的商会组织，并成为有很大影响力的商业地域团体。1907年落成的天津广东会馆，便是广东人唐绍仪倡议集资筹建的。彼时，粤地商贸与岭南文化也逐渐在天津落地生根，南北文化的交融，一如会馆匾额所书的“粤声津渡”，开枝散叶。广东音乐作为岭南文化中最有代表性的“粤声”艺术，也开始在天津传播并流行开来。这期纪念专号的文章《旅津广东音乐会缘起史略》便梳理了“旅津广东音乐会”的简要历史：

> 溯我会于民国初元杨君文昭，徐君玉麟，徐君杏裳，冼君题阁，黄君忠可，黄君赞廷，陈君恒爵诸公，以旅津同乡公余之暇，向乏正当娱乐，爰集同志，从事音乐，借管弦丝竹，以畅襟怀。每周一集，此唱彼和，恒至子夜，其时无所谓会也。北海开樽，东山雅集，各适其适而已。嗣以来者日众，纪元四年，迺公推杨君文昭为会长。杨君宅居津成东北三多街，楼房数十楹，姑借其一为会所。每夕不约而会，丝弦维还，各奏其能，音乐会之名方始成立。

文中回顾了“旅津广东音乐会”的历程，以及慈善义演的内容——如1917年天津水灾，旅津广东音乐会与唐山广东同乡合作义演粤剧与广东音乐，所得演出费用捐献灾民；资助广东学堂（天津第十九中学前身）的建立；筹备捐助建立北京医院以及赈济广东水灾、直隶旱灾等义举。

第383期《北洋画报》“旅津广东音乐会”纪念专号上，冯武越执笔写下了《粤剧漫谈》一文，以粤剧艺术为依托，介绍广东音乐：

> 此番吾粤旅津音乐会，纪念成立十五周年，举行大规模演剧，并印行专刊，以其事就商于予，且属予为之介绍。……抑予尝谓谈国剧而忽略粤剧，极为失当。良以就剧艺本身论，粤剧剧本结构至精，其曲调至妙；而其音乐之繁复，与夫服装之丽华，更远驾乎国内各剧之上。何况粤剧势力，早已远被重洋，勿论近者如平津，均有粤剧团体之组织，即北美南洋，亦早有粤剧剧场，长期奏演，所以昔西人之研究中国乐剧者，胥引粤剧为标准；而安南暹缅诸国之戏剧，更莫不受粤剧之感化，而取法焉。于以见粤剧在国剧中地位之重要，及其势力之广且远矣。

20世纪上半叶的天津有着多元包容的音乐文化氛围，使广东音乐很快被天津观众接纳。随着旅津广东音乐会的推广，以及《北洋画报》等媒体的宣传，广东音乐成为当时在天津非常受欢迎的民族音乐形式。一些文章称冯武越“曾担任旅津广东音乐会会长”，如果确凿，那么《北洋画报》对其大力度的宣传就更加顺理成章。有趣的是，冯武越任会长的佐证文献并未发现，但继冯武越后《北洋画报》第二任社长谭林北在“旅津广东音乐会”任职却是有文献记载的。学者刘瑾根据天津市档案馆所藏1946年《天津市旅津广东音乐会职员履历表》整理出了当年“旅津广东音乐会”职员构成情况，[3] 其中最高级别的“理事长”一栏为：“谭林北，男，40岁，籍贯广东，现职同生照相馆”。[4] 由此，也可以旁证《北洋画报》与该音乐会的密切关系。广东音乐是源自中国南方的地方性乐种，也曾一度被视为“国乐”广泛流传于大江南北，它在天津的传播更是有其特殊性样貌。正因此，天津也曾被称为广东音乐的“第二故乡”。

3 刘瑾：《广东音乐在津早期传播史料辑考》，《中国音乐学》2020年第1期。

4 《呈为呈报改选经过情形并请发给立案证书及图记敬乞（附旅津广东音乐会会员名册）》(1946年5月21日)，天津市档案馆，档案编号：401206800-J0025-03-005272-001。

维斯理堂闻乐

《北洋画报》这篇名为《维斯理堂闻乐记》的文章，既可以视为该画报传播民族音乐的缩影，也是中国近现代民族音乐史的一段重要记录。

文中的“维斯理堂”曾是天津最大的基督教堂，最初由美以美会（后称卫理公会）创建，传教士贺庆筹办，1913年5月建成。维斯理堂包含礼拜堂、大礼堂、神职人员宿舍等场所。平时除了基督教卫理公会的教务活动之外，其大礼堂面向社会开放，很多讲座、演出在此进行。李大钊、周恩来、司徒雷登等曾在此发表演讲并开展活动。维斯理堂的演出则以西洋音乐会、民族音乐会等居多。第978期《北洋画报》所报道的民族器乐音乐会的主角是蒋风之与周少梅，两位是中国民族音乐发展中不可忽视的人物。

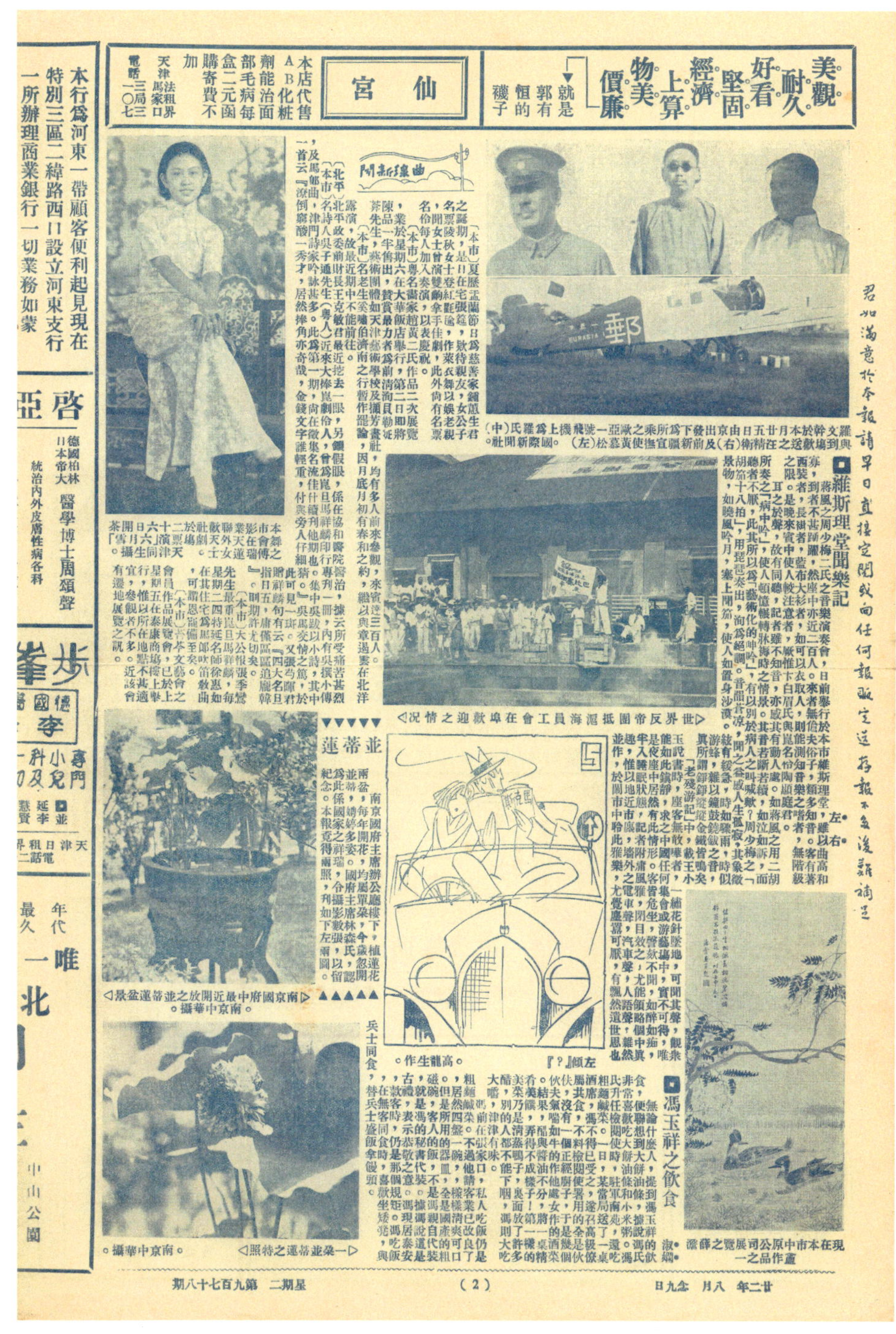

美觀耐久 好看堅固 經濟上算 物美價廉 就是郭有恒的襪子

仙宮

本店代售AB化粧劑，能治面部毛病，每盒二元，函購寄費不加。天津法租界馬家口 電話三局二〇七三

本行爲河東一帶顧客便利起見現在特別三區二緯路西口設立河東支行一所辦理商業銀行一切業務如蒙

德國柏林 日本帝大 醫學博士周頌聲 統治內外皮膚性病各科

羅文幹於本月廿五日由京出發，下爲所乘之亞一號飛機，上爲羅氏（中）與到場歡送之汪精衛（右）及前新疆宣慰使黃慕松（左） 國際新聞社

維斯理堂聞樂記

蔣風之周少梅二氏之音樂演奏會，日前舉行於本市維斯理堂，雖以曲高和寡，到者不甚踴躍，然座中亦近二百人。來者無傖夫俗子，類多知音。客有著西裝者，長袖者，藍布大衫者，如可以衣取人，則能測知音樂之嗜者，無階級之限。是晚來賓中使人較注意者，厥惟卞白眉氏與崑名伶陶顯庭君。

耳之於聲，故有同聽，記者雖不知音，亦感其有動人處。如蔣風之用二胡所奏之「病中吟」，使人頓憶輾轉牀褥時之情景。其音若斷若續，如泣如訴，而聽者不厭，此其所以爲「藝術化的呻吟」，有以別於病人之叫喊歟？周少梅之「胡笳十八拍」，用琵琶奏出，洵爲絕調。音韻蒼涼，聞之益感人生孤寂，其象徵景物，如曉風吟月，塞上聞笳，使人如置身沙漠。絃有緩急，時如驟雨，時似游蜂，雜以鐘鼓鐃鈸之音，眞所謂錚錚鏦鏦金鐵皆鳴矣，「老殘游記」中，載王小玉說書時，座客無敢譁者，一繡花針墜地，可聞其聲，觀衆能如此鎮靜，求之中國任何集會或游藝場中，實不可得，唯是夜座中居然有此情形。客者危坐，謦欬不聞，如醉如痴，半入睡眠狀態，記者附庸風雅，閉目效之，尤能領略個中眞趣，惟以地近市廛，牆外之電車聲，汽車聲，人語聲，雜然並作，於鬧市中聆此雅樂，尤覺塵囂可厭，有飄然遺世思也。

◁世界反帝團抵滬海員工會在埠歡迎之情況▷

並蒂蓮

◁南京國府中最近開放之並蒂蓮盆景▷ 南京中華攝

左傾「？」 高龍生作

馮玉祥之飲食

◁一朵並蒂蓮之特寫照▷ 南京中華攝

星期二 第九百七十八期 （2） 廿二年 八月 念九日

《北洋画报》
第九百七十八期 2版
1933年8月29日

周少梅（1885 ~ 1938），字守逢，祖籍江苏江阴，他被誉为“中国二胡音乐的拓荒者”。19 世纪末，民乐更多的是以“卖艺”形式被人们所熟知。1904 年，19 岁的周少梅将原来只有 76 厘米高的二胡进行改革，创制了 81.5 厘米的“三把头胡琴”，由此创始了上、中、下“周少梅三把头（位）”二胡演奏技巧，这是中国民间乐器史上的一次重大的改革。1912 年，他率先把民乐课带进了省立无锡第三师范学校，成为最早的国乐教师。

1917 年刘天华师从周少梅学习二胡、琵琶等乐器的民间传统演奏技法。周少梅也成为最初支持刘天华进行民族音乐理论和实践探索的人。1925 ~ 1932 年间，周少梅经常同阿炳在一起交流切磋二胡、琵琶等民乐的演奏技艺。

周少梅所处的时代，国乐教材的编写基本是空白，为了普及国乐，他积极编写教材。在其从事音乐教育 30 多年间，编著《国乐练习曲》《国乐演奏》等多部国乐教材，还编辑出版了《国乐谱》和《戏曲谱》两本曲谱集。1933 年他与蒋风之联合举办了多场国乐音乐会。《北洋画报》这篇名为《维斯理堂闻乐记》的文章正是记录了他与蒋风之在天津举办音乐会之盛况。在这场音乐会中，周少梅没有演奏他最擅长的二胡，而是以另一民族乐器示人：

> 周少梅之“胡笳十八拍”，用琵琶奏出，洵为绝调。音韵苍凉，闻之益感人生孤寂，其象征景物，如晓风吟月，塞上闻笳，使人如置身沙漠。弦有缓急，时如骤雨，时似游蜂，杂以钟鼓铙钹之音，真所谓锹锹铮铮金铁皆鸣矣。

另一位音乐家蒋风之则以二胡曲打动了观众：

> 蒋风之用二胡所奏之“病中吟”，使人顿忆辗转床褥时之情景。其音若断若续，如泣如诉，而听者不厌。此其所以为“艺术化的呻吟”，有以别于病人之叫喊欤？

蒋风之是刘天华的学生，如果按照传统艺术的辈分而论，他应该是周少梅的徒孙，传承有序的“老少同台”，应该也是当时的看点之一。蒋风之（1908 ~ 1986），生于江苏宜兴。1923 年，他在苏州农业学校期间参加学生“同乐会”（民乐组织），并开始演奏江南丝竹和民间小调。1927 年 8 月，考入上海艺术大学音乐系，随后考入国立音乐学院，主科琵琶专业，师从平湖派琵琶演奏者朱荇箐，副修钢琴并学习二胡。1929 年 9 月，蒋风之考入北平艺术学院音乐系，师从刘天华主修小提琴，兼修二胡，副修琵琶与钢琴。1933 年，毕业后于日本举行音乐会，回国后与周少梅合作举办国乐音乐会。同时，为百代唱片公司灌制由他整理演奏的二胡曲《汉宫秋月》。1948 年，蒋风之在天津河北师范学院任教，后担任音乐系主任。1950 年，蒋风之受聘组建于天津的中央音乐学院，任兼职教授。

蒋风之与周少梅合作的音乐会在天津大受好评，民族音乐的魅力感染了维斯理堂内闻乐的的所有观众：

> 《老残游记》中，载王小玉说书时，座客无敢哗者，一绣花针坠地，可闻其声，观众能如此镇静，求之中国任何集会或游艺场中，实不可得，唯是夜座中居然有此情形。……于闹市中聆此雅乐，犹觉尘嚣可厌，有飘然遗世思也。

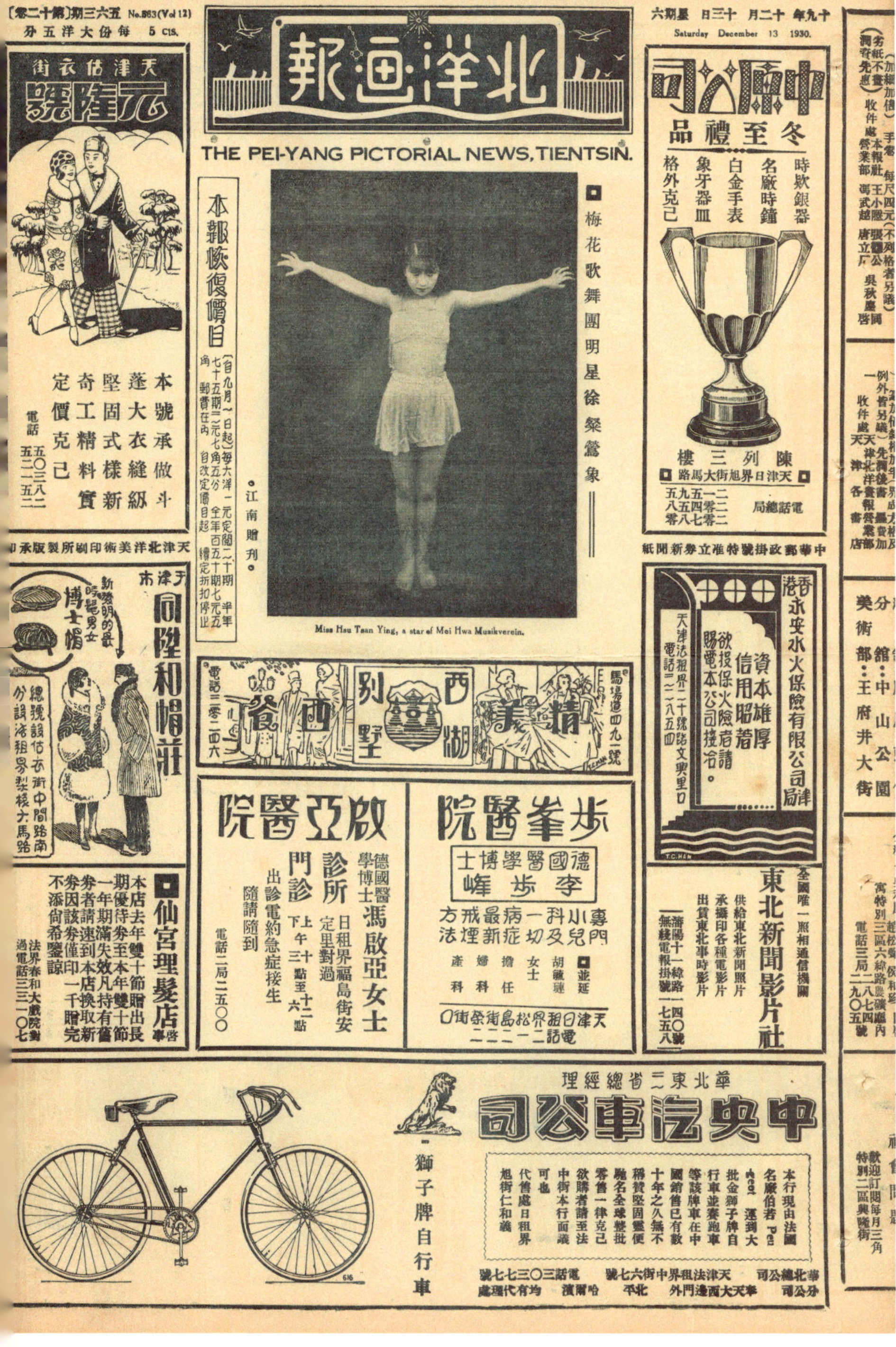
北洋畫報

THE PEI-YANG PICTORIAL NEWS, TIENTSIN.

第五六三期 No.563 (Vol 12)　每份大洋五分 5 cts.

十九年十二月十三日 星期六　Saturday December 13 1930.

本報恢復價目

梅花歌舞團明星徐粲鶯象

江南贈刊

Miss Hsu Tsan Ying, a star of Mei Hwa Musikverein.

中原公司　冬至禮品　時款銀器　名廠時鐘　白金手表　象牙器皿　格外克己　陳列三樓　天津日界旭街大馬路

天津估衣街　元隆號　本號承做斗蓬大衣　堅固式樣　奇工精料　定價克己

天津北洋美術印刷所製版承印

中華郵政掛號特准立券新聞紙

天津市　同陞和帽莊

西湖別墅　精美西食

香港永安水火保險有限公司津局　資本雄厚　信用昭著　欲投保火險者請賜電本公司接洽

啟亞醫院　德國醫學博士馮啟亞女士　門診　出診

步峯醫院　德國醫學博士李步峰　專門小兒科及一切病症　最新戒烟方法

東北新聞影片社

仙宮理髮店

中央汽車公司　華北東三省總經理　獅子牌自行車

《北洋画报》
第五百六十三期　封面
1930年12月13日

梅花歌舞团

1930年代的中国歌舞团体可以与明月歌舞团媲美的，梅花歌舞团便是一个。梅花歌舞团的创办人魏萦波，最初就读于在上海东南女子体育专科学校，因其舞蹈造诣被黎锦晖的中华歌舞专修学校聘为舞蹈教员。她在学校期间主要授课内容为古典舞、土风舞及中国戏曲舞蹈，并于黎锦晖早期的儿童歌舞剧创作中担任编舞。1927年，魏萦波组建了“梨花歌舞团”，开始组织歌舞创作与演出。1930年，魏萦波创作的反封建、反迷信的歌舞剧《七情》（盘丝洞）在南京、上海公演，大获好评。同年，歌舞团更名为“梅花歌舞团”。1930年12月20日《北洋画报》第566期2版刊登的歌舞图片，就是梅花歌舞团曾轰动一时的歌舞剧《七情》剧照。

《北洋画报》
第五百六十六期 2版
1930年12月20日

《北洋画报》对于“梅花”的关注甚至早于“明月”。1930年5月，《画报》就曾刊登梅花歌舞团演员徐粲莺的照片。《画报》再一次关注梅花歌舞团，则是在明月歌舞团天津演出之后的同年12月，即第563期《北洋画报》的这张封面图片“梅花歌舞团明星徐粲莺像”。从这一天开始，连续10余期刊载梅花歌舞团剧照，为其进行宣传。其中最为知名的则为第564期《北洋画报》刊载的梅花歌舞团团舞《国（梅）花舞》和其成名剧《七情》的剧照。

1931年，梅花歌舞剧团在“娱乐不忘救国，救国寓于娱乐”的宗旨之下，创作了由徐粲莺和龚秋霞主演的歌舞剧《仙宫艳史》，并推出独幕爱国话剧《一个铁蹄下的女性》。这两部剧在国内轰动一时，且大受业内好评。1932年6月，梅花歌舞团继续推出龚秋霞和徐粲莺主演的《杨贵妃》，创下了每日演出3场，场场爆满的佳绩。1932年8月初，梅花歌舞团来津演出，《北洋画报》于8月4日第830期2版开设《梅花专页》并发表版头文章《沽上梅开》：

明月之来也，本报曾为刊专页，集美之来也，本报曾为刊专页，梅花之来也，本报又安得而不为之刊行专页乎。

在技巧上，梅花有其相当之位置，且吾人相信，歌舞为艺术之中心（中国歌舞程度到何地步，为另一问题）。靡音狂舞，固足以夺魂丧志，而歌舞本身，又何尝不足以使人兴感耶?

本报愿介绍梅花于读者之前，并望梅花中人，不仅以声色娱人为满足。

文中将梅花歌舞团并列于明月歌舞团、集美歌舞团之中，亦可见《北洋画报》对梅花歌舞团的肯定。梅花歌舞团中的“梅花五虎将”在当时颇受关注，其“五虎”虽有多种说法，其实都是以其明星团员龚秋霞、徐粲莺、蔡一鸣、钱钟秀、张仙琳、张琦、范里香等先后纳入“五虎”的不同版本。1932年后，梅花歌舞团进入创作高峰期，陆续成功推出了《千方百计》《后台》《璇宫艳史》《到前线去》《恋爱学堂》《一场春梦》等歌舞剧。梅花歌舞团自创办开始，演出延续20年之久，除国内巡演之外，还曾赴东南亚各国及香港、澳门等地演出。团内培养出的龚秋霞、徐粲莺，以及严月娴、潘文霞、潘文娟等都成为那个时代的电影明星，《北洋画报》在后期也给予了她们很大的关注，时常入“画”。

李務滋君與蘇錦容女士新婚儷影
Wedding photo of Mr. Lee Wu-Tze and Miss Su Ching-Yung.

◘無題 五・王余杞

（一）
誰憐生小出蓬門，丫角雙鬟笑臉迎；竹馬馳風君逐我，紙鳶遮日我攜君。柳絲近掃眉[illegible]……

（二）
[illegible]

◁梅花歌舞團之『七情』▷ 江南贈刊。
Spider dance by stars of Mei-Hwa Musikverein.

◘補正
四期探奇記六六句起於天津市政府下遺去『秘書』二字，特補正。

◁本市中原公司樓頭之婚壽禮堂▷
Ceremony hall at the 6th. floor of Chung Yuan Department Co., Tientsin.

◘二百年來之東北氣候 王小隱

我來東北，自春徂秋，已領略關外之熱，尙未識關外之寒。惆惘重來，夕値風雪，蕭然行李，再眠舊館，活火相親，初未知寒威之重。雪後偶作郊游，亦復屬當朔風，輒謂亦不過如是而已、談者每謂：火車通而地氣轉，地氣轉而氣候更，此語固說着好玩而已。氣候之變化，漸非一軌之往還，數年之歲月，所可形其跡象。且氣候轉暖一語，二百年前已有言之者矣。吳南榮寧古搭紀略云：『當我父初到時，其地苦寒……七月卽有濃霜，八月卽下大雪，九月中河盡凍，十月地裂盈尺，雪纔到地卽成堅冰，雖向日照灼不消。初至者必三襲裘，久居則重裘可禦寒矣……近來漢官到後，日向和暖，大異爨時，滿洲人云：此暖是蠻子帶來……』

吳著此書時，當前淸康熙之際，去今已二百年，已申言日向和暖，然經過此一甚長之時間，蠻子侉子（山東人之謂也）紛紛帶暖，而瀋陽冬季猶在百度表十度以下，卽謂不曾帶得暖來，未爲不可。實則氣候卽不轉變，人人先懷一極冷之觀念，有時冷的程度，不至若意想中之所擬揣，遂相告語，謂不若往年之冷矣。日本人頗憚東北之冬，而其國人則大聲疾呼，以東北不冷相策勵，藤岡啟著東省刮目論，特著專章論東北之氣候云：『冬季生活，無甚困難，殊出意想之外，春秋極短，或則忽然入夏，俄已至冬。然而櫻花零落，綠葉新抽之際，涼秋初至，天高馬肥之際，實爲日本內地所不見之壯觀。』此數語吾持之以贈我海內同人之未至東北者。

李詠琿女士象之容◦贈刊
Miss Lee Yung-Hwei.

◘曲綫新聞

南開女中高二年級所主辦之陝振游藝會，於十八晚在男中禮堂舉行，上座極盛。主席姚念媛，游藝節目之最佳者，有毛菊貞主演之獨幕劇「前後」，董美麗士演之西劇玻璃鞋：兩幕劇「天長地久」中吳佩珉表演尤爲生色。四簧及跳舞等，亦佳。

本市婦女文化促進會，已定明（廿一）日下午一時在河東特二區市立師範學校開成立會，列名發起者五十餘人，籌備委員共五人，爲郭鳳鳴，王佳文，喻維華，孫亞頴，徐凌影。成立會宣言之起草者，爲培才小學校教員吳瑞容。告婦女書則出自中山中學高材女生夏英喆手。（耳）

日昨某通訊社社長劉胥，因與家庭發生爭執，並在電車上被小綹竊去洋數十元，一時心窄，竟在交通旅館開房間候死，決吞食鴉片自盡，略吞少許，便覺難過，事又爲友人所聞，趕去勸戒，餘烟並未再吞，繼續生活如故。（幸）

〔平訊〕狐狸社主幹司空華近作一異想天開之遊戲、即彼於本年十二月一日，用出一元中國銀行鈔票一紙。其左下角，蓋有「幸福之神」紅色圖章一枚。彼希冀此一元，能輾轉一周後，仍歸彼有。故凡有人發見此鈔票而寄交該氏時，彼將以木刻之貴重山水爲謝。平中報紙已有刊此啟事者，誠一無事幹而想出之怪玩藝也。（了）

上月十六日，赴平外交團赴京參加中華慶祝昇平大會，津浦路爲備專車護送曾鄂部。李君文邦曾担任招待，特用各國郵票剪砌下印標識，懸之車中。外交團諸君因感招待殷勤，故就其上簽名表示感謝之意。其後李君，又請外交部部長次長以及鐵路上要員，新聞記者等補爲簽名，洋洋大觀；詢全國統一史中有價値之紀念物也。（本報馮武越簽字在『用』字上聲角旁）

戴曾謂君題之外交團專車標識

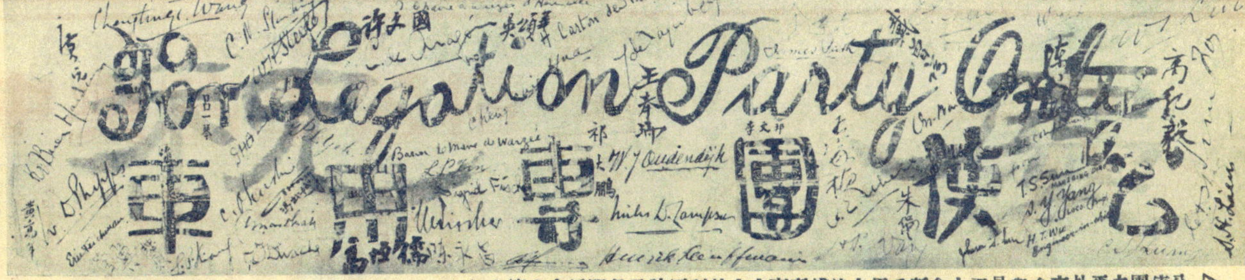

◁公使團由平赴京參與會所乘用之津浦專車上之特別標誌係各國郵票及各人之簽字 李文邦藏並贈刊
Foreign diplomats participating in the "Celebration of Peace" held at Nanking, arrived at the Capital on Nov. 16th. from Peiping by Tientsin-Pukow Railway and endorsed their signature on the card board as a token of remembrance. Many prominent Chinese also have signed on the souvenir card.

輓梁伯尹參議

王小隱

垂老投荒萬里家山憑夢至
當時借重千秋事業賴文傳

烟霧迷濛中之中國電業公司。天津同生攝。
A Fire broke out from The China Eletric Co. at 9 o'clock P.M. of 13th Dec., French Con., Tientsin

觀火記

蜀雲

十三日晚九時，過同生照像館小坐。不半小時，忽人聲如沸，隣家電炬盡滅，報望衡對宇之基泰大樓樓下中國電氣公司及基瑞公司起火矣。其緊隣華竹呢絨莊，恐遭池魚殃，攜賬簿來避者二十餘人，室為之滿。登樓開門望，只見一街漆黑，濃烟上騰，如雲霧，味刺鼻欲嘔。華竹樓上，店夥秉燭收貨，隔窗作暗黃色，影搖搖。街頭行人絕，惟聞消防隊步履聲與道旁水音潺潺而已。幸施救得法，得免於災。烟濃時，館主譚君出鏡為影，因索得一紙，以實我畫。

曲綫新聞（一）

女縣長郭鳳鳴之夫駱啟榮君，已於十四日晚搭車南下，轉赴河南敘書，因郭懷孕已數月，臨行駱告郭曰「將來嬰兒降生，當為取名「鳳雛」」，各道珍重而別，一時傳為佳話。

京遼直達快車飯車，近製有「旅行麵包」一，透明紙包裹，極潔靜。每倜一磅，售價二毛，行旅稱便。

收藏家許以栗君（左）與本報記者吳秋塵在「忍盦」合影 本報攝
Mr. Hsu I-Li, an antiquarian (right) with Mr. Wu Chiu-Chen, our reporter at the former's residence.

收藏家許以栗君及其公子道通在忍盦樓上 本報攝
Mr. Hsu I-Li, a well-known antiquarian, with his son.

忍盦探奇記

秋塵

天津市政府杭人許琴伯以栗，能文章，工書，富收藏。名所居曰忍盦。於三日前一薄莫，往造其家。許家河北新大路壽和里，柵木為門，樓老且斜欵。排闔入複室，一燈搖黃。四壁灰諳，皮架亦多老舊，所藏零落堆疊，若不置意。恍似置身於荒墟幽樹間，獨多古趣。斗室所藏不下四五百件，有六朝出士佛像花瓶，有宋瓷盌五六，唐瓷盌一，有龍骨，徑三寸有奇，長三倍之。有兇齒，牙床排比列，作半扇形。有明盞，上冠今武人頂上之白羽，頗奇特。巨石六十一方，方方有跋以是許用以記屐印者，凡經一山，乃存一石，於以知許曾越六一名山，是六一居士外，固可「六一行士「稱許也、案上有水盂，挖鼈甲而成之，引首怒尾，作爬行狀。窗口有鐵瓦一片，得自華巔。壁頭懸牛羊角各二，查其附識，則許從政京兆，主祭孔廟時太牢少牢之遺角也。竹頭木屑，一入許手，便有意味，好古而不溺於古，不忽於今，愛今日之今，卽以存異日之古，惟許有之。几後架下暗處存古泉甚多，以時晏事忙，未及一一看。出室登樓，樓上有爐，乃暖。燈多，大亮。其榻前燈，在銅鑄古武士掌握中，反其身金光作萬道射，園榻懸兩軸，一京兆通俗敎育館碑，一天津市政府氣象台基石，皆拓片，一墨一朱，俱出許手。小架羅榻前，多佛像。有出士古物，有自刻石及令銅工範鑄者，皆精妙。有裸女佛像，尤名貴。樓上亦有龍骨，長尺許。有兕製以人骨頭二，一男一女，剖其半，背至。使人愛好者，有化石一方，平如扳，之雅而細，今日漆工，不復夢見。許復，曰漢尚方鏡一，曰唐人寫經五卷，出曰羊皮經。長九尺，皆藏文，薄而白，母張太夫人遺畫冊，可知許固家學淵源琴南遺墨，像片三幅、一許與一甘肅巨侏儒照，一鬼影，雖不古，而甚有奇趣酉末，樓頭珍品，未得盡其十一，許有匆請辭去。臨行，許指其書筒相告曰，日不及鑒賞矣。許有子曰道通，年十二，亦奇才也。

齒，長及龍骨三之二，徑四五寸。尤足使人咋舌者，則蒙人招魂之具，蒙人皮，作黃臘色，叩之，聲如鼓，搖之，鏗然鳴，謂鬼聞是聲、紋作松柏，不加點染，遒勁有力。使人贊歎者，有明中葉雕漆果盒出其尤珍貴自燉煌石室略如桑皮紙而秉承有自人照，一一有許事。展閱一過此中不能久留，能詩，拓片能[illegible]

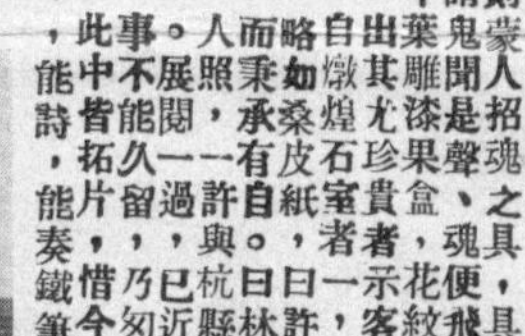

荒遠寂寥之呼蘭貝爾湖 郭竹書寄
The view of "Fulanber Lake" of Heilungkiang.

梅花歌舞團表演之「國花舞」 江南贈刊
Dancing stars of The Mei Hwa Musikverein.

影星李麗像 陳季高贈
Movie star Lily Lee.

北平禁舞风波

《北洋画报》早在 1927 年就报道了在天津发生的，国内开始最早的“禁舞运动”，而后开设专版对跳舞与社会风化及男女社交等各种问题发表文章展开辩论，并借助媒体优势抨击了反对跳舞社交的迂腐观念。北平“禁舞”则始于 1933 年的新市长上任，这一期《北洋画报》在文章《平市禁舞风波》中详细介绍了禁舞原由：

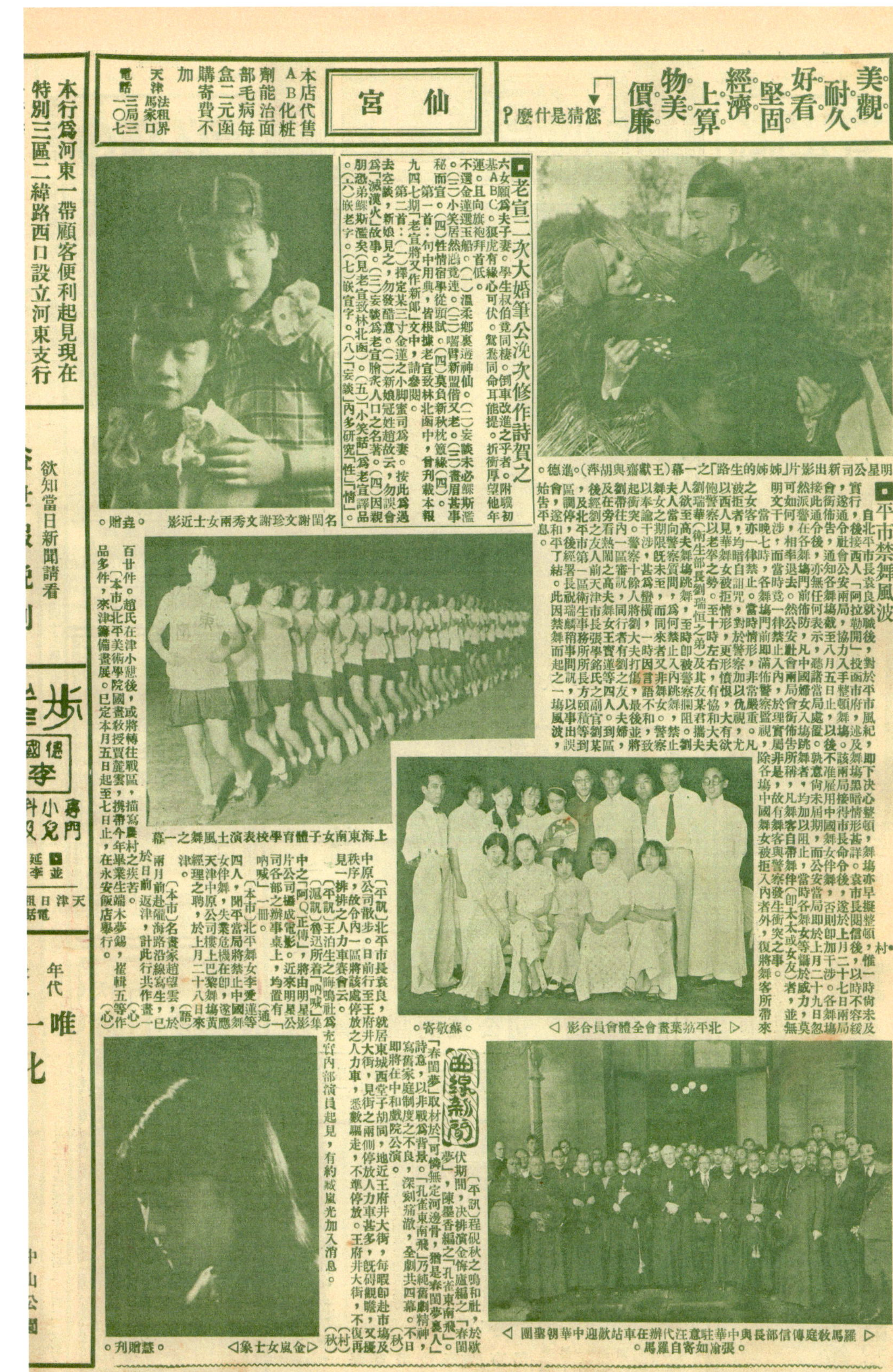

美觀耐久 好看堅固 經濟上算 物美價廉 您猜是什麼？

仙宮

本店代售AB化粧劑能治面部毛病每盒二元函購寄費不加 天津法租界馬家口 電話三局一〇七三

本行爲河東一帶顧客便利起見現在特別三區二緯路西口設立河東支行

老宣二次大婚筆公洗次修作詩賀之

平市禁舞風波

明星公司新出影片「姊姊的生路」之一幕（王獻齋與胡萍）

名閨謝文珍謝文秀女士近影

上海南女子體育學校表演土風舞之一幕

北平荔葉畫會全體會員合影

曲線新聞

羅馬教庭駐華代表剛恆毅（ ）在中華鐵路車站車中

金嵐女士象

廿二年八月三日 （2） 星期四 第九百六十七期

《北洋画报》
第五百六十四期 2版
1930年12月16日

《北洋画报》
第九百六十七期 2版
1933年8月3日

> 自北平市长袁良就职后，对于平市风纪，即下决心整顿，舞场亦早拟整顿，惟一时尚未及实行，后接西人“阿拉勒开”投函市府，述及舞场黑暗情形甚详。袁市长阅信后，以时不容缓，遂通令社会公安两局，协力入手整顿舞场。该两局接得市长命令后，遂于上月二十七日两局会衔布告，通知各舞场截至八月五日止，以后不准雇用中国舞女伴舞，否则即加干涉。各舞场接此通令后，亦无任何表示，听诸当局处置。孰意尚未届期，而公安当局即于上月二十九日忽然派警在各舞场门前布防，凡中国妇女入场跳舞者，均加以阻止，当时各舞女等慑于威力，莫可如何，相率退去。然公安社会两局会衔布告所称，凡舞客自带舞伴（即太太或女友）者，并无明文干涉，而当时竟一律禁止入内，于理实属非是，故有舞客与警察发生冲突之事。

北平禁舞开始后，舞女们立即上书请愿，要求取消禁舞令。当时的杂志《中州青年》曾载文：“北平市长袁良氏就职以后，对于托庇外国饭店的舞女，来个严厉解雇布告。跟着舞女也推出几个代表，上一张请愿文……请愿的文章，说得非常堂皇，先述她们当舞女是谋女子经济独立的一种职业；接着说‘歌舞并列’，不取缔女伶，而取缔舞女，是待遇不平，并引证欧美各国，无取缔舞女的先例。最后以袁市长的谈话，对舞女视同娼妓，认为莫大侮辱。”[5]

《北洋画报》这篇文章主要谈及“禁舞令”发布后，北平警察局和社会局过度落实，以至于发生协和医院大夫刘瑞华与警察之间的冲突，并将刘逮捕审讯，最终以调停后“和平了解”收场。自“北平禁舞”之后，全国各地部分省市也经常发布自主的禁舞政策。

1938年，国民政府出台的《国民政府训令》中《节约运动大纲》出台禁止跳舞的规定；1943年12月中旬，汪伪行政院宣传部部长林柏生在南京等地发起“禁烟、禁舞、禁赌”的三禁运动；1947年8月15日，国民政府第九次国务会议决议通过《厉行节约消费办法纲要》，在第二类“关于一般社会”的第六条中明确指出“禁止营业性之跳舞场”；1947年9月，“禁舞令”正式下达全国。台湾、浙江、福建、河南、湖南等省，北平、南京、汉口、沈阳、天津、广州、重庆等市的营业性舞场先后停业。青岛除保留两家供盟军所用的舞场外均停业。上海由于营业性舞厅较多，决定于1948年9月前分期查禁。但由于很多城市的娱乐产业已初具规模，歌舞厅的娱乐税、消费税是一些大城市主要的财政来源。因此，很多城市的政府部门对“禁舞”都采取了消极应对方式，阳奉阴违，能拖则拖。[6]

5　秦干：《北平舞女之请愿文》，《中州青年》第3期，1932年8月15日。

6　唐圣菊：《论民国时期的禁舞与反禁舞》，《求索》2014年第11期。

廿五年十月念二日星期四
第一千四百六十八期〔第三十卷〕

No. 1468 (Vol. 30)
Thursday Oct. 22, 1936

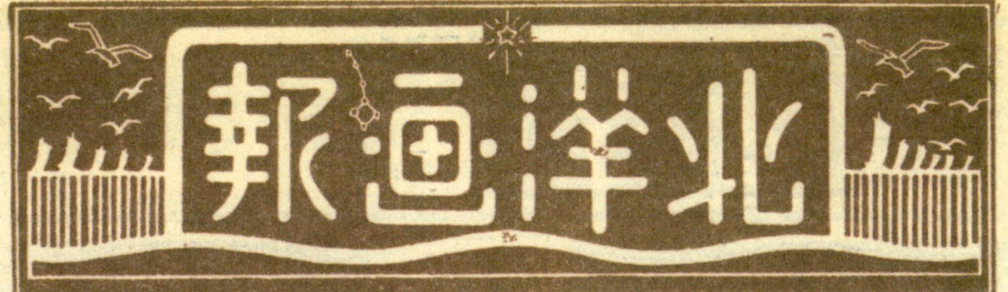

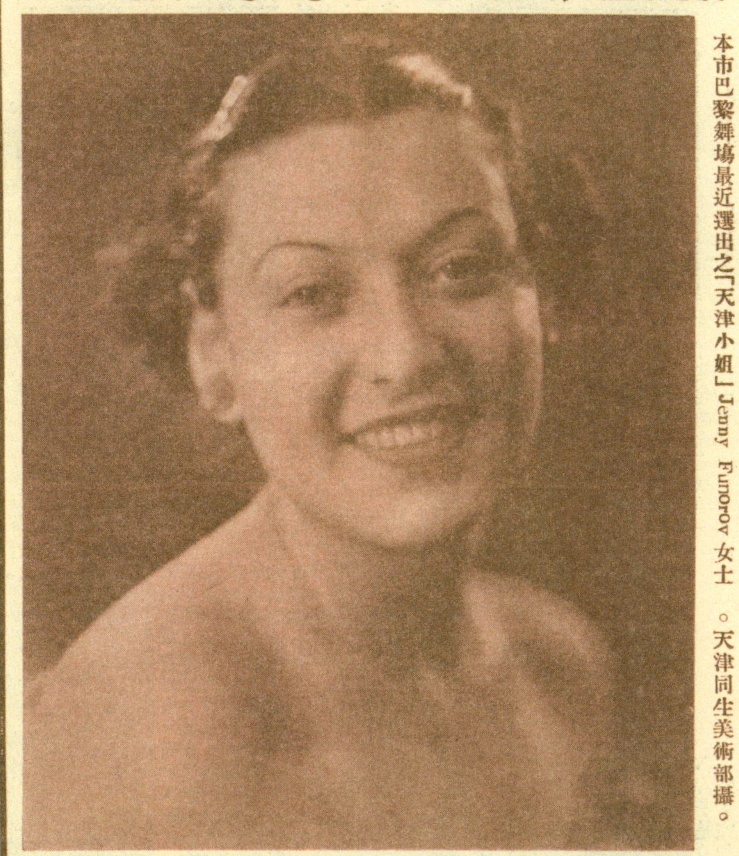

本市巴黎舞場最近選出之「天津小姐」Jenny Furorov 女士。天津同生美術部攝。

本報設天津法租界藍牌電車道北廿三號路電話二二四二二號 △本報價目 零售每期大洋六分 每逢星期二·四·六出版 每週三次 每大洋一元定閱十七期 半年七十五期四元三角 全年一百五十期八元四角

本報法律顧問 趙泉律師事務所法界十四號路十六號電話三一二四三八 鄺體乾律師事務所法界四號路新華大樓電話三一〇四五

《北洋画报》 第一千四百六十八期 封面 1936 年 10 月 22 日

“天津小姐”选举

20 世纪初，天津已发展成为国内仅次于上海的繁华大都市。依托歌舞表演的时尚选美在天津已蔚然成风。1927 年以来，天津在经历了的“禁舞运动”后，各大舞场生意火爆。彼时，北平、上海、南京等地的“禁舞运动”方兴未艾。1920 年代后，天津的知名舞场就有国民饭店、平安饭店、大华饭店、六国饭店、福禄林大饭店、西湖饭店、天津饭店、巴黎舞场、起士林舞场以及很多租界俱乐部，选美活动则产生于舞场的竞争中。

1933 年，北平“禁舞运动”开始后，当地的知名舞女王宝莲、董慧君，张丽丽等相继来津谋生。天津的舞女出现了平、津两派，以王宝莲（平派）、胡曼丽（津派）领军。1936 年天津的舞场曾选举舞后，经过激烈的竞争，北平王宝莲成为天津第一代舞后。同年，以邓爱娥为代表的上海舞女受邀来津。至此，天津的舞场出现了平、津、沪明星舞者争奇斗艳的场景。在九国租界遍布的天津，舞场中除了国内名媛的倩影，也有外籍佳丽的身姿。《北洋画报》中曾多次报道的舞场就有很多外籍歌舞表演，如日租界寿街的浪花食堂开设金船舞场，有日本歌舞表演。特三区天升舞场，意租界福乐丽舞场、回力球场宴舞厅等舞场也都有外籍艺人的歌舞表演。大华饭店的舞场，则邀请西洋舞蹈家梵天阁女士表演极其暴露的跣足香艳舞，大受观众欢迎。其中，巴黎舞场的时尚选美最为出众，也成为国内较早举办的选美活动之一。

北平北方中學十三週年紀念會女生之沙利舞。祖蔭。

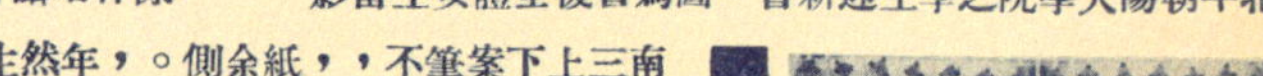

北平朝陽大學院之學生迎新會，圖為會後全體女生留影。陳仲昭攝寄。

婚後小記

雲心

書齋為一小樓，面南。當窗有紫藤一株，三五之夕，繫明月於其上。月華入窗，可於窗下讀古本書，當窗設書案，案上雜置書籍稿紙筆墨，每翻書展卷，即不復闊，漸與稿紙相揉，積久如小邱。書架一，架小不能多容書，報紙雜誌紛置牆隅。或以余未婚，倘有胭脂虎在側，當不復如此額頭也。余亦以為然。丙子秋，友人郭君客死天津，年二十有九。余為之懷然。時語友人曰：「人生朝露耳，及時而不行樂，一且奄然，悔何如之。余今年三十有一，壯年將逝，耄耋且來，必待白髮再侶紅顏，亦何愚耶」。中秋之夜，與蘭共倚窗前，默然有所憶。蘭指牆角報紙，曰：「是紛然者，不知何年可以整齊也」。曰：「待婚後。蘭仰視明月而笑。月隱入雲後，秋風入窗，乃閉窗，振轉電燈，滿室盎然如有春意。乃知「情以物遷」之說殊謬。新婚燕爾者，雖在深秋，亦不覺肅殺之象，為可悲也。或有於國慶日結婚者，聞之心動。翻壁間日歷，十月十日之下，注有四字曰：「諸事不宜」，乃決在八日攀行結婚。於時距國慶有四天，距婚期僅隔一日也。議既決。先召工粉飾屋宇，報紙文稿，移畫屋外，余亟止之·但一牛巳次序紛然奕。八日晨，始購粧台衣櫥等物，櫥內空空然，即以報紙等物實之。室內乃煥然一新。是日下午，新娘僅有紅袍一襲，原為參加友人婚禮而製者，履破舊，如賈波林然。新郎內首垢面，尚伏案頭寫雙十節文稿一篇。及晚，新娘購鞋襪化裝品歸，並略鬟其髮。新郎出剃面。六時頭，即至飯莊，大嚼之後，此速成之婚禮，遂告結東焉。新郎念念不忘者，為簡中報紙，將來整理時，須煞費心思也。

梅蘭芳(×)由平來津在車站與送行者留影。堯生。

十七日揭幕之南開中學嚴範孫先生銅象。敏攝。

吳雲心與其夫人孫秀蘭儷影。同生。

●●● 天津小姐

[illegible]……無隙地。有意參加之女士，自然艷裝而來。壁上觀者，亦不甘示弱，故鶯鶯燕燕，目為之眩。來賓除「還是這一幫人」外，網球名手林寶華，轟動全國之梅博士之夫人福芝芳女士，亦乘興而……舞姿殊佳。……[illegible]

巴黎舞場選出之「天津小姐」。同生攝。

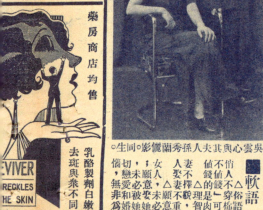

在北平車站歡送梅蘭芳之坤伶陸素娟(左)與其妹叔岩(右)。宋致泉自平攝寄。

軟語

[illegible]

……及其夫人梁佩瑜女士，亦偕來「觀光」……Jenny Funcroy……Mr. Cummins……[illegible]

「聯青」夜中演奏「電氣吉泰」之秦瑜新(前)與伴奏者：金繩其, Mr. Staritch, Miss Bobs Quin。同生。

北平研究院院長李書華之女公子貞(○)與中法大學學生龍吟(×)之婚禮，圖為新夫婦向相鞠躬之情形。致泉攝。

△唐詩集句▽

瑤台無路可追尋，花徑逶迤柳巷深。井上新桃偷面色，陌頭香騎動春心。東鄰舞妓多金翠，南國佳人怨錦衾，試問酒旗歌板地，相思一寄白頭吟。

《北洋画报》
第一千四百六十七期 2版
1936年10月20日

1931年春，巴黎舞场开幕，它位于当时华北地区最大的百货零售商场——中原公司的楼上。开幕后的巴黎舞场，成为天津最摩登的舞场之一，并开展时尚活动。"夏令皇后"选举与"天津小姐"选美，吸引了众多观众以及媒体的目光。

1936年7月8日，巴黎舞场举行夏令皇后选举。第1425期《北洋画报》于其2版详细报道了《巴黎舞场选后记》。7月8日晚竞选开始，评选方式是以每一位参选者前的花篮中的花朵多寡为依据，记票是以现场定价两角的花朵为计分单位，凡购买5元的花朵即算25票，购买10元的花朵为50票。7月11日决选，"郝幼娜以一千四百一十分被选为夏令皇后，得到银制梳镜一套；徐爱利以七百五十一分为第二，得修指甲具一套；李露露以六百五十分为第三，得到粉扑一只"。

三个月后，巴黎舞场开始"天津小姐"的评选，这一次的"天津小姐"评选并不同以往，第1467期《北洋画报》载文《天津小姐》，详述了这次的活动：

> 外侨之选举"天津小姐"，因与国人无关，故前虽曾举行，而未为人所注意。查近几年来之"国产天津小姐"，一为在国民饭店梦不来兮舞场，举出之"天津小姐"张美如女士；一为现已停刊之某报，举出之"天津小姐"陈湘君女士。至于彼等能否孚众望，及其选举之手续如何，皆可不问。因世界各国政治上之选举，尚有花样在内，何况游戏性质之选举"小姐"，当然不能认真也。

> 巴黎舞场为营业竞争计，前曾有选举皇后之举，今又于十七日晚选举"天津小姐"。以一舞场之容积，自不难于人满，故晚间十旬钟后，即座无隙地。有意参加之女士自然艳装而来，即作壁上观者，亦不甘示弱，故莺莺燕燕，目为之炫。来宾除"还是这一帮人"外，网球名手林宝华，及其夫人梁佩瑜女士，亦偕来"观光"。更有轰动全国之梅博士之夫人福芝芳女士，亦乘兴而来。

从文章中可见，天津的选美活动应在1930年代初就开始了，并且不仅由舞厅等娱乐机构主办，还有报社发起的类似于名伶评选的选美活动。1936年巴黎舞场的"天津小姐"评选，最终由Jenny Eunoroy女士获得该项殊荣，她也成为了第1468期《北洋画报》的封面人物。作者"四方"详细记录了这位新晋"天津小姐"的意外当选：

> 得入初选者，中西各二，计蔡女士，与华洋行施女士，及西籍女士二人。结果此二人中之一Jenny Eunoroy女士当选。其面貌美丽，身材健美，乃新自上海来。其夫L.M.Cummings君，因事赴火奴鲁鲁。伊则来津探视其姊，数日后将赴平游览，然后过津返沪。顺手牵羊，获得"天津小姐"徽号，宜幸运也。

1946年8月20日，为了赈济苏北水灾，由上海市救灾募筹委员会发起的"上海小姐"评选于上海新仙林舞厅举办。虽然"天津小姐"选举早于"上海小姐"选举，但因其为舞场自主选拔，并非社会层面的组织发起，所以，"上海小姐"选举被认为是民国时期最早的公开选美。

第1467期2版除了"天津小姐"评选的报道，在左下角还刊载了"联青夜"演出活动中一只电吉他演奏组合的照片，可见《北洋画报》乐舞"相辅而行"理念的版面构成。

《北洋画报》
第一千二百四十四期　2 版
1935 年 5 月 16 日

太和殿露天音乐会

1935 年初，北平的大中学校开始计划在故宫太和殿前举行一场露天音乐会，其目的在于：“以雄壮和谐的歌声唱出吾国以往的光荣和现在的怨气，打算要给全社会听一听音乐里所能表现出来的民族的伟大与青年的奋发。”[7]

1935 年 5 月 12 日，北平师范大学、燕京大学、清华大学、协和医学院、京华美专等大专院校，以及志成、汇文、慕真、崇实、崇慈、育英、贝满等中学，组织 14 所大中学校联合歌咏队 600 余人，在故宫太和殿前举办了“北平市大中学联合歌咏队露天音乐会”。演出由大会主席蔡元培致开幕词，总指挥由燕京大学音乐系主任范天祥博士担任。他曾是美国卫理公会的传教士，1923 年与新婚妻子来华就职于燕京大学，并在 1929 年为燕京大学创办了音乐系。李抱忱担任副总指挥兼总干事。音乐会所演唱的歌曲有李抱忱作词的《同唱中华》、中国民歌《渔翁乐陶然》、英国歌曲《夏天已经来到了》、歌剧《阿依达》中的《凯旋大合唱》，以及《天下为公》《中华先圣》等合唱曲。这次音乐会首开中国现代数百人参与演出的大型合唱音乐会之先河，同时也唱出抗日救亡的民族之声。

《北洋画报》于演出 4 日后出版的第 1244 期进行了图片报道。

7　李抱忱：《北平市的合唱团》，俞玉滋、张援编《中国近代学校音乐教育文选（1840 ~ 1949）》，上海教育出版社，2000，第 358 页。

◁鄧婉珠女士近影▷ ○周振勇攝○

曲線新聞

（本市）女師學院圖畫副系一二三四年級學生成績計有國畫，西畫，圖案等約五百餘件，定於本月十八日起，在該院圖書館閱覽室作第五屆公開展覽，歡迎各界參觀。

（平訊）五月十二日，北平大中學校聯合歌詠團於太和殿合唱，參加者共十四校，六百人，總導師爲燕京音樂教師范天祥氏（美人）。是日約到聽衆二千餘人云。

北平聯合歌詠隊首次公演於太和殿，圖爲隊員引吭高歌之情形 ○李堯生攝

△詩餘拾錦▽

燈花雨中船，客思綿綿，離亭春草又秋煙，似與輕鷗盟未了，來去年年。往事一潸然，莫過西園，凌波香斷綠苔前，燕子不知春事改，時立鞦韆。（吳文英）

賽金花現寓陋室前之老女僕及其愛犬 ○李育靈攝○筆公贈刊○

甲：「師兄，您到這裏有何貴幹？」乙：「請不要誤會，我是到這裏來化緣呢！」 ○童漪珊作○

■葉淺予旅平近況

曉生寄於故都

漫畫家葉淺予，此次結伴游平，其行動瑣聞，本報紀之屢矣。葉來平之後，本擬作塞外之行，一探大同雲岡諸勝，嗣因故阻。平綏路局長沈昌亦嗜葉畫，曾允其日後若作平綏線之遊，可供其行旅之便利。惟葉以來平倏將匝月，滬上時代公司輒促南歸，因葉原係「時代」雜誌之主編也。而新時代影片公司亦因將續攝「王先生」影片，有待葉之擘劃指導，亦屢函敦促，故葉最近卽將離平過津，或稍留三四日，一覽津市三不管及中華茶園等處，覓取畫材。葉在平語人，居恒以長期繪製「王先生」爲苦，因雋趣題材尋思究屬不易，雖旅途跋涉，仍不能少斷其工作。有時恰值滬上發稿之期，特於途次專闢旅舍繪製「王先生」。自謂作畫如生病，畫竣付郵，如病霍然。在平日來各方宴集頻繁，亦必抽暇爲之，蓋旅行不忘工作也。每篇圖畫之成，題材既就，一一如電影之編製，爲之分幕，分幕既畢，然後擬稿上墨，斟酌對話，自首至終，需兩小時，一畫之成，匪易易也。葉每出，輒挾一疊速寫薄相隨，有所見，卽迅筆疾畫，留其神似。謂吾人作畫，既少練習時間，只有於隨地隨時撮拾對象，以資臨摹，久之，凡百事物，皆可繪作，不失其眞。學漫畫者，不可不注意也。葉未來之前，對於北平情形，研究巳極詳盡，及履斯地，儼然一個老北平。現正忙於搜購民間之圖畫玩具之類。天橋花市，時見游踪。遇一雜耍攤，則對衆作畫，於是行人蜂集，愈聚愈多，賣藝者覺大遭影響，乃婉言請往他處，葉始笑領而去。其寓房壁上以彩色畫「王先生」及「小陳」兩巨頭，客之來訪，卽可瞥見，不啻葉個人之商標也。

煙圈滅火之遊戲 ○聖時

用一長圓鐵筒，筒底開一孔，用寸之布緊束，將鐵筒之一端，內吸煙，然後以手拍筒底，煙卽由孔中噴出作環狀，如適在燭火處，則立卽息滅蠟燭之火。（聖時）

■時事雜詠（續）

年五月南京派警察實行掃除文盲，在城門車站抽驗行人 [illegible]

廣東全省第十三次運動大會於本月四日開幕，上爲運動員舉手宣誓，下爲繞場一週之情形 ○民聲社攝

廣東全省第十三次運動大會省立女中壘球隊選手 ○民聲社○

說浴

均夷

粵省當局，日前禁止男女同浴，按粵向有男女同浴之風，非關近日之風氣也。敝帚齋談餘云：「古云：粵中多域，男女同川而浴，予未之信。一日與沈纖山司馬談及，沈云：「予令晉禺時，初不知有此風，蓋令居廨署，不及見耳。及謫居神電衛，閒居，甸飯後羣奴皆出，必暮而返，日日皆然，則痛笞之曰：爾輩亦效權奸，欲棄擲吾耶？然不悛如故。一日，午飯罷，微伺之，則僕輩相率出城，因尾之同行，至郭外近河濱，見老少男婦，俱解衣入水內，拍浮甚樂，觀者如堵，略不羞澀。始知彼曹寧受笞責，而必不肯守舍也。予因問曰：自今後，公將何法以處之？沈曰：從此以往，豈但不施箠楚而已，每遇飯俺，吾先羣奴而出門矣。」蓋海濱之人，好泅爲天性，即小兒輩亦無不能之。楊秀瓊之有此日，亦平日習性使然也。

日本對男女合浴，從不爲異，余曾於日本畫報上見之，男女皆赤裸，浴於溫泉，各樂其樂，無傷也。惟男子若不能自持時，必遭人之鄙視。「羅輕縠細，薄掩嬌軀；粉澹花蘼，微開穠澤」，此寫太眞出浴圖也，令人千載爲之神往。其浴在溫泉，撥以花露，取其香氣之潤澤也。近世婦女浴者，多傾香水精於盆，蘭麝四溢，浴後復以粉傅之全身，蘭湯浴罷，乍試新裝，亦太眞之遺緒也。歐美婦女喜以油及乳浴，油可增艷，乳可潤白也。老婦用之，據云可使紅顏久駐。每於晨興蒸汽浴罷，即令人按摩之，寧貼異常，心神交泰矣。昔英普培皇后喜以驢馬之乳爲浴，因之旅行時，嘗以數百頭驢馬自隨。西太后則以人乳爲浴。今之貴婦人，偶有爲之者，上年報載某影星亦屢乳媼擠奶爲浴，未必便是事實也。

先師聖誕國府特派葉楚傖暨各院部代表在大成殿前致祭(上)孔子族人眷女之觀禮者(上)。國際攝

曲線新聞

(南京)丁玲尚在人間說，愈益證明。近有人在南京街頭見丁手攜竹籃，赴街頭買菜，面龐較昔白腴。聞即住於張府園附近。

(滬訊)第七期航空獎券售出約共四十萬張。本期以江西售出爲最多。

(平訊)中央影院槍殺案，公安局以未得結果，將移地方法院偵察。

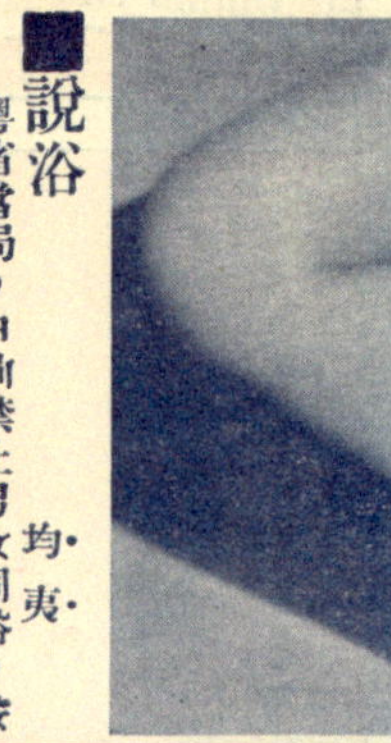

日本松竹梅少女歌劇團舞星西條。老誰自東京寄。

日本寶塚少女歌劇團團員中一雙最美的腿。老誰自東京寄。

日本之兩大少女歌劇團

老誰

昔日日本之歌舞，除用於祭祀典禮外，甚少在舞台公演，以是殊不普遍；且歌調古雅，舞技單純，迴不同於今日。近數年來，受歐美歌舞之影響，風格爲之一變。又以青年男女多嗜此道，因之，歌臺舞榭，盛極一時。於是號稱三大影片公司中之名松竹梅者，應時代之需求，組織歌劇團，募集少女。初時僅在影院附帶表演，嗣後因益受歡迎，復大加擴充，成立松，竹，梅三組，每組約六七十人。關於音樂，佈景，服裝，編劇，均有專人各掌其事，規模愈爲宏大，並專設劇塢，作長期之公演。

此外並有寶塚少女歌劇團者，與松竹梅相繼成立，設歌舞學校，該校學生畢業後，卽充團員。初組織於大阪，後亦來往東京，設專屬劇塢，與松竹梅抗爭，團員亦有雪，月，花各組。兩團各有專長，難分軒輕，就兩團所標榜者言之，則松竹較爲平民化，而寶塚則稍趨貴族化耳。總之，日本之歌舞團，一團中之團員，年齡與技術，無上下懸殊太甚者。組織完備，儼然成一女子正當職業之團體，確非流浪江湖者可比。故凡東遊人士，履是土者，莫不以一覩爲快。茲覓得相片數幅，刋出以餉閱者。

△相對論▽

「臭襪終須來塞口，枉收八百斛胡椒。」(宋羅大經詩，見鶴林玉露，元載以受八百斛胡椒之賄，事敗，乞速死，獄吏乃解臭襪塞其口而卒。)

下圖前排右至左：張雲起(上海)，許守強，俞寶鑑(杭州)，後排：鍾壽均(上海)，羅四維，王玉生(南京)

日本松竹梅少女歌劇團團員之一部(箭頭所指爲大角君子代)。老誰自東京寄。

妄談

(續前)

老宜

最近在上海高橋舉行之二千公尺渡海比賽全體優勝隊員合影。陳西玲攝。

最近在Funchal海口捕得之怪魚(體重一千三百廿磅，翅長十四尺六寸)。國寄。

《北洋画报》
第一千一百三十六期　2版
1934年9月4日

日本少女歌剧团

1914年，日本阪急企业创始人小林一三在兵库县宝冢市的宝冢新温泉乐园剧场成立了宝冢少女歌剧团（Takarazuka Revue Company）。由此，开始了日本的“少女歌剧”的历史。该剧团最大的特色就是其演员都是女性，被称为“全男役”，即歌舞剧中的男性角色都是由女性扮演。宝冢的演员都接受过严格的演出技巧训练以及适应她们高社会地位的礼仪训练。她们都是1913年成立的宝冢音乐学校的毕业生。

随着宝冢少女歌剧团的成功，又有很多少女歌剧团相继成立。1918年广岛市成立了羽田少女歌剧团，1919年大阪市成立了琵琶少女歌剧团（琵琶歌剧团），1921年大阪市又成立了浪华少女歌剧团（浪华歌剧团），少女歌剧的影响力逐渐扩大。

1921年，大阪松竹社长白井松次郎观看了宝冢音乐歌剧学校于宝冢公会堂演出的舞蹈《从春天到秋天》，这次演出遂成为“松竹歌剧部”的缘起。1922年4月，白井松次郎从宝冢招来了歌舞的师资，在天下茶屋的松竹合名会社内创立了“松竹歌剧部学生培训所”。1923年开始在道顿堀松竹座演出。1926年由于其作品《春之舞》的火爆，剧团演出饱受好评。1928年，松竹歌剧部在浅草的松竹座开幕，标志着其由大阪转向东京的发展方向。她们在东京的演出大受欢迎，在东京松竹社长大谷竹次郎的支持下，“东京松竹歌剧部”成立。

1930年代，日本最具票房号召力的少女歌剧团中，宝冢少女歌剧团和松竹梅少女歌剧团的影响力不分伯仲。第1136期《北洋画报》2版《日本之两大少女歌剧团》一文中的“松竹梅歌剧团”即“松竹歌剧团”当时在中国的称谓。正如文中所述，由于其团队建制以松、竹、梅为名称，故有此一称。

1932年10月，宝冢少女歌剧团在东京新桥演舞场演出《不倒翁》，东京松竹歌剧部也在东京剧场演出了代表作《爱的游行》。松竹和宝冢开始在东京以演出打擂，刺激票房、吸引观众。就在此时，东京松竹歌剧部更名为“松竹少女歌剧部（团）”。人们津津乐道的“舞蹈的松竹，歌唱的宝冢”，都成为日本少女歌剧团体的代表。

《北洋画报》对于国外歌舞团体的报道以欧美居多，而东南亚及日本的内容则较少。相关于日本团体报道在《北洋画报》创立之初（1926 ~ 1928）曾大量占据版面，而随着1928年“五三济南惨案”的发生，对于日本的内容较之前有所减少。1931年九一八事变后，中日战事报道占据主要位置。直至1937年“七七事变”前，《北洋画报》虽因战局对日本时政和社会内容减少了报道，但人文层面的文化交流、社会生活及艺术领域的内容，却没有受到太大的影响。1934年9月第1136期《北洋画报》对于日本两大少女歌舞团的报道可见一斑。在《日本之两大少女歌剧团》的最后，记者写道：

> 总之，日本之歌舞团，一团中之团员，年龄与技术，无上下悬殊太甚者。组织完备，俨然成一女子正当职业之团体，却非流浪江湖者可比。故凡东游人士，履是土者，莫不以一观为快。兹觅得相片数幅，刊出以飨阅者。

画光影

1895年12月28日，法国青年实业家路易·卢米埃尔在巴黎咖啡馆沙龙放映了《墙》《婴孩喝汤》《卢米埃尔工厂的大门》，这一天便被确认为世界电影时代的开始。清光绪二十二年（1896），电影传入中国，据上海《申报》记载，当年8月11日是中秋节，一位法国人带来了电影短片，在上海徐园的游乐场中放映。报载这种娱乐形式为“西洋影戏”。当时的媒体与大众也将其称为“光影戏”“电光影戏”“活动电光影戏”等。

1905年6月16日，天津《大公报》在英商快利洋行的一则广告中首次将其称为“电影”。“兹由外洋运到新式电影机器一副，并影片六十余套，其景致异常可观，兼有游戏影片甚多，见者莫不捧腹。”这篇文字的标题为《活动电光影戏出售》，而内容则言简意赅地将“活动电光影戏”称为“电影”，这被认为是中文“电影”一词的首次使用。从“电光影戏”到“电影”，也是本章标题“画光影”的由来。

依照学界普遍观点，中国电影史上的“第一次产业发展时期”在1922～1937年间，这与《北洋画报》存续的时间（1926～1937）大致吻合，而《北洋画报》的电影报道又极为丰富，因此是研究早期中国电影一个不容忽视的重要文献。

世界电影诞生的第二年，中国本土的电影业便从商业放映起步，随后很多城市开始兴建专业电影院。经过20余年的萌芽发展，到1920年代，中国电影开始向私营化产业转变。北洋政府后期，社会的资本环境与行业内的运行环境日渐成熟。1926年后，民族工商业获得了空前的机遇并迅猛发展，资本逐渐充盈。很多资本家投资的目标开始转向电影这一新兴行业。

以“提倡艺术”为己任的《北洋画报》在创刊之初就关注电影的发展，并赋予了其“造福人类”的使命：

> 电影之在近代，突飞猛晋，一日千里，成为最普遍最高尚之娱乐，已属无可讳言。但吾人之意，以为电影之使命，非徒供人以娱乐而已。必也，借其推进之势力，增高其本身之价值，便能符合“电影教育”之原则；并综合政治，文化，历史，科学种种，冶为一炉，以达艺术之最高峰，庶可造福于人类。[1]

《北洋画报》中第一篇有关电影的报道，出现在第5期（1926年7月21日）的封面上。内容是电影明星杨爱立[2]撑船与进香的生活照，并配文“就聘美国之中国女明星杨爱立女士”。当期第2版中又以《中国女明星“出嫁”外洋》为题报道了杨爱立赴美的原因是“受马克塞内托Mack-Sennet公司的聘请，要到美国去，在一出东方美人的影片里，代表中国的美女”，并细述其拍片期间“每星期薪水一百美元”等信息。

就在同一版面内，还有一篇有关美国电影的图文报道，题为《美国十大电影明星之薪俸》，开篇指出当时电影界“外国的明星是不比中国的明星易当的”，而后称“就平常出名的明星而论，每月的收入，就比做总长的多得多”，文章结合当时美国杂志所载的明星收入进行排行，“十大明星中，陆克[3]收入算最多，平均每星期美金四万元，年收入200万元。次为卓别麟[4]，年收入一百五十万元……”为国内读者细论美国明星薪资待遇。同时，2版、3版的图片则是这一排行榜前10的影星照片。《北洋画报》甫一创刊，首次出现的电影内容就覆盖3个版面，并涉及中外影星趣闻。在随后的几期《北洋画报》中，国外影星和国产影片剧照仍旧稳居封面位置。

值得一提的是，第7期（1926年7月28日）《北洋画报》，刊载了一篇电影文章《海底电影之奇观》。内容是介绍在“电影术之进步一日千里”的背景下，水下摄影技术的突破，既有科普意义又为电影这个方兴未艾的产业做了新技术宣传。这篇文章的作者就是《北洋画报》的创办人冯武越。他的经历在前文中已有部分的介绍。1921年，冯武越创办了据说是北京最早的画报《电影周刊》。1924年，他又独资创办了《京报》附属的《图画世界》，电影是其中重要的内容。他的办报履历为《北洋画报》的电影报道积累了深广人脉和丰富经验。这也就不难解释刚刚创刊的《北洋画报》，就对电影如此重视以及对国内外影坛资讯如此熟谙的原因了。

在《北洋画报》创刊的1920年代，中国电影行业的技术与人才储备正趋完善，以张石川[5]、郑正秋[6]、罗明佑[7]、黎民伟[8]及邵氏兄弟[9]为代表的一批电影人已成为当时中国电影的中坚力量，他们不同程度地进行着电影行业中创作、制片、发行、放映等方面的探索。当时，中国电影在技术层面，包括设备使用和摄制过程都要依靠国外人员。但是，随着大批技术人才的涌现以及有着海外工作、学习背景人才的加盟，这一局面很快就被打破了。以1922年明星公司成立为标志，中国的电影公司迅速增长。据统计，至1926年国内共开设175家电影公司，其中以上海最多，紧随其后的是天津、北京、广州等城市。上海作为当时中国电影生产的重镇，电影公司多达140余家。《北洋画报》的记者坦言：“北方人对于电影事业，非不热心，其所以不敢踊跃尝试者，皆因前此所产各小资本公司，办理未善，致失公众信用耳。”[10]在总结经验之后，以天津为代表的的北方主要城市也紧随上海纷纷创办电影公司。

以“明星”“天一”为代表的众多中国电影公司，也成了《北洋画报》报道电影的“目的物”。仅天一公司的影片及影星的相关图文报道就有百余篇之多。当时，《北洋画报》的电影报道不仅包括对明星及拍摄花絮的报道、影评，还经常刊发各大电影公司的相关内容。其中包括公司高层的专访、拍摄计划及排片，乃至演职人员的招聘情况等，因而积累下丰富而翔实的行业发展记录。比如1927年一篇介绍华北地区电影公司时状的报道，对于研究当时北方电影业有其文献价值：

> 谈北方电影制造业者，莫不曰“北方”“渤海”，然此二者以人才缺乏，资本不充之故，是以迄无成绩可言。“中美”奇峰突出力事宣传……咸以为北方电影界一线曙光，非彼莫属；孰意事实与传言多不相符，其现状衰落，殆与“北方”等公司相等。……处此情况之中，说者多以为北方电影

界从此烟消云散矣，讵知不然。电影事业在北方方蓬勃而兴，统计所知之新公司有三：一曰光华、二曰国光、三曰北洋。[11]

再如一篇关于“天一”的报道，回顾了天一电影公司20年的发展历程：

上海天一影片公司是邵醉翁一手创办的，成立于民国四年六月，已有二十年的历史了。在创办时，因为资本的关系，组织上是很简单的。成立后摄制出的第一部片子是“立地成佛”……近几年来，摄片的技巧与内容，也随着时代而改进。出片的速率也逐渐增加，每年总有三十部上下的影片产出。[12]

国人创办的电影公司拍片、制片，而后逐渐打开发行、放映渠道，经此发展，一改之前完全由国外影片占据中国电影市场的局面。

面对中国庞大的市场和丰厚的回报，好莱坞各大公司也纷至沓来，在中国开设办事机构。1925年前后，美国电影以每年占8成以上的绝对优势占据着中国进口影片排名的榜首。由于美国影片的上座率高，甚至一度左右着很多影院的存亡。但是，随着国内电影公司的日趋成熟，国产佳片不断涌现，国产片的影响力越来越大，并不逊色于以美国片为主的外国电影。甚至在经历了1930年美国派拉蒙公司影片“《不怕死》事件”[13]之后，经过中国电影人与民众的努力，国外电影公司也开始注重对华出口电影的选择，以照顾国人情感。《北洋画报》就记载了当时一些美国电影公司的举措：“据华纳兄弟公司之Harold S.Dunn所言，彼之公司将以精确之方法，保证由‘巴尔半喀’厂中输入远东之每一部影片，皆经极精确之选择……因以前华纳公司所导演之每部影片，被携至远东市场者，并未注意其性质，而忽略影院中之观众。现时急速改变此种方策，以使在下季选择最上等之影片输入中国。”[14]与此同时，《北洋画报》也在文章中大声疾呼“希望社会人士及政府之努力，督促前进，以底于成。使国片之努力，足与外片抗衡。果如是，则电影之前途，庶乎有望”。[15]

在电影公司发展逐渐成熟的同时，电影院也越开越多。早在1906年12月8日，美国平安电影商人来到天津，他们租用了天津法租界的权仙茶园，准备用为电光影戏院，进行电影的连续放映。其后，每三天更换一批新影片放映，天津《大公报》为此刊登了消息。1907年1月8日，权仙茶园经过适合电影放映的改造，更名为“权仙电戏园”，正式放映电影。在中国电影史研究中，有很多学者认为“权仙电戏院”应是中国人经营的第一家正式电影院。这也区别于人们熟知的上海虹口大戏院(1908年12月22日开业)是中国第一家正式电影院的说法。无论首家影院出现在哪里，进入1920年代，中国的电影院已由最初只分布在少数城市，逐渐扩展到了全国。据统计，当时的中国已有140余家电影院，其中拥有影院最多的城市包括上海、天津、北京、哈尔滨、汉口等。

《北洋画报》有很多针对电影院本身的报道与评论。其中，有对电影院名称提出质疑的：“天津外国电影院，与上海同名者，有Olympic与Empire两家。唯上海直译其音，做‘夏令配克’‘恩派亚’。而天津则别造中国名字‘天升’‘平安’，以为识别。其实此种电影院，大多数坐客，均为外国人，译为华名，殊觉多事。”[16]还有对各影院广告标语做比较的：“皇宫、光明、平安则刊标语曰：(一)不以淫辞邪说为招揽。(二)不以诱惑欺骗为广告。(三)以提倡艺术为使命。（四）以辅助教育为职志。……观电影界同业竞争之激烈”；也有对影院设施提出建议的：“前夕携友至光明社观电影，入院后即觉酸气刺鼻，不久均感头痛……查其原因时，因该院乃用煤炉，加以观客气味，炭酸甚重，实属有碍卫生。外国戏院有用喷香水消除气味之一法，在中国还讲不到。惟是安装吸气电扇，常换新鲜空气，似属应有之举……”从这些议论中足见当时的人们进电影院不仅满足于观影，也对影院本身与观影环境有了更高的要求。

随着20世纪二三十年代中国电影发展，中外电影明星也开始进入大众视野。中国电影行业的明星生产机制主要参照美国好莱坞的明星制作体系。从《北洋画报》的电影报道中不难看出，国外电影明星中，美国电影明星占据了主要版面，报道图文从明星主演的影片到生活琐事一应俱全，可见当时好莱坞明星是很多读者的“心头好”。伴随着国内影片公司的逐渐成熟，天一、明星、联华等影业公司已初步形成了影视制片与明星艺人经纪相结合的模式，从明星的形象包装到宣传推广均以美国好莱坞模式为参考，同时兼顾公司的发展策略，捧出了一大批优秀的电影明星。拥有众多电影明星的几大电影公司，以上海为中心拓展北方市场，天津则成了其首选城市。天津所拥有的巨大市场潜力吸引了众多影星纷至沓来，电影明星也就自然而然地成为《北洋画报》的主角之一。《画报》经常报道国内影星来津表演宣传以及过津的消息，同时还有很多好莱坞影星莅津的身影。

在全部《北洋画报》中，以中外电影明星做封面的，有近300期之多。画报中以张织云、杨耐梅、王汉伦、宣景琳等为代表的早期中国影星的报道则遍及封面和2版、3版，以及《电影专刊》之中。以胡蝶、阮玲玉、周璇、黎明晖等为代表的民国影星的中坚力量，则成为明星中的明星。其中，女性影星又以压倒性多数占据着《画报》的版面。正如本书“画新知”一章引文中所述，《北洋画报》全新的女性视角体现了当时大众对女性的审美品位。在其电影内容中，则有意识地加大了对女性电影明星的宣传报道，因而进入社会大众视野中的女性明星形象，也具有那个时代独特的审美印记。

女明星不仅是《北洋画报》及其读者的审美对象，她们的经历和喜怒哀乐也为《画报》所津津乐道。以蝴蝶为例，《北洋画报》刊载有关于她的图文报道近百篇，她曾25次登上《画报》封面，这在同时期的女影星中可谓绝无仅有。而以新女性形象著称的阮玲玉，1929年崭露头角便首登《北洋画报》，在此之后，她曾在封面中出镜7次，文图报道更是连篇累牍，画报记录了她熠熠星光的6年。1935年阮玲玉自杀身亡后，《北洋画报》的报道达到高潮，共刊图文20余次，多为关注阮玲玉自杀原因、遗书真伪，以及对其的悼念。在其中一期的文章中，作者以阮玲玉主演电影的名字辑成诗句寄托思悼，“珍珠冠珥九龙杯，野草闲花一剪梅。寄语摩登新女性，人间小玩即归来。此去真成劫后花，前尘影事最堪嗟。他生倘有归来日，上海叮咛再会吧”。[17] 由于其报道的客观真实性与多样性，《北洋画报》也成为研究阮玲玉的重要报刊资料之一。

当电影已成为部分国人重要的休闲娱乐方式的时候，《北洋画报》的电影报道也越来越细化。画报中理论化的专业分析文章开始增多，并逐渐去除了以直观感受为主的简单印象式电影批评风格。这也标志着《北洋画报》的电影报道进入了多元电影评论、理性电影批评阶段。这个变化的标志性时间节点是1933年8月15日。这一天《北洋画报》

之《电影专刊》正式刊行。首期《电影专刊》除专栏、电影剧照及介绍中外影讯等内容，还有一篇名为《影界的合作精神》的评论文章，文中直指“中国的事业范围稍大一点的就容易发生内部分裂，电影公司不幸亦然”，[18]并认为彼时电影界各种问题的原因都是“中国从事影业者平日的不合作不团结”造成的，呼吁中国电影界应有合作共进之精神。

关于《北洋画报》的电影批评，曾有学者认为如果将中国早期电影置于1920 ~ 1930年代传统文脉与现代新兴观念杂糅的话语场中进行理性观照，《北洋画报》的《电影专刊》意义极为重要，它真实地打开了早期中国电影批评丰富的意义空间。[19]这个时期的人们，往往围绕旧与新、中与西、乃至于东洋与西洋等角度为划分的二元对立框架进行电影评论，而在《电影专刊》中却不难发现很多极具理性视角的电影批评文章。“近来评论影片者必谈意识，有所为一元论者，所谓二元论者。即是说意识与技巧不容分开评论，二元论则主张分开。然而一元论也好，二元论也好，总之评论之趋势却有苏俄片意识极正确，美国片意义皆歪曲之概。”[20]这篇发表在《电影专刊》第3期中的文章，开宗明义地指出了当时电影批评的面貌：技巧和意识形态的关系成为影评人的关注点，且其审美趣味渐渐倒向苏俄片。这样的转向曲折地反映了当时“全球左倾”的时代氛围。对此，文章的作者较为冷静，列举了很多苏联影片的旨趣问题，也评述了部分美国影片的优长，意在以独立的角度看待电影的优劣。作者最后指出：“我们说这些话并非抑苏俄片而捧美国片，我们的意思是偶像式的崇拜大可不必。打倒旧偶像却又建立了新偶像，五十步与百步原差不多。”这样不以一元论、二元论盲目划分观片立场的视角，在当时不可谓不独特。同时，《电影专刊》切片式地留存了很多资料，佐证这一时期《北洋画报》对电影多元的解读，专刊中曾有文章这样描述1910 ~ 1920年代的中国电影事业：

> 中国电影事业之原始，大约在民国初元，距今不过二十多年。可是此仆彼起，中间不知经过几许波折？……回想到十年以前——民国十五年——正是中国电影史的最灿烂的一页，据民十六出版的中国影业年鉴的记载，单是上海，已有一百四十一家公司，虽然有许多公司，连一部影片也没有摄制就夭折的，可是当时人们对于电影企业的兴味，足见得十分浓厚的。但是为什么都会像昙花般一现，而没有壮实的结果呢？这是有着和国家社会甚至世界都有直接间接关系的不简单的原因。我也惮于分析，只好存而不论。
>
> 倘从电影事业的纵的方面观察，或者也可以寻得一点病原来，从民国十五年起，一般电影公司的企业策略，总是用投机的心理，以期博得多量之利益，因此粗制滥造，是在所不免了，以不成熟之出品欺观众，岂可久长？因此不久变为观众摒弃，于是公司没有充实力量，不能顺应环境，就受到了最后厄运。[21]

《北洋画报》的最后一次电影报道，集合在了1937年7月27日——停刊前倒数第2期（1586期）《画报》的《电影专刊》上。这也是历经107期的《电影专刊》最后一次出刊。这一期的专刊内容中，图片报道包含了中外影星和即将上映的中外新片剧照。文字内容既有标志性的栏目“银坛絮语”，还包括介绍南京“中央摄影场”的深度报道，这篇文章中作者感慨：“我国电影事业，进步之速，较之前数年，诚有天壤之隔，即以京（南京——引者注）、沪、粤各摄影场而论，大小数十余家，其中虽不无有因陋就简者，但规模较大者，实占多数。在各大公司中，能后来居上，一鸣惊人，颇使社会人士注意者，又手首推南京之中央摄影厂。”在电影评论《电影独立风格》一文中，《北洋画报》对中国电影的未来做出如下思考：

> 电影被列为‘第八艺术’。不幸此第八艺术降生时，世界已成资本社会，此甫经出世之产儿，即因环境而被商品化，故不似其他七项较有独立之风格也。何则？试问吾人今日观影之心理，谁抱欣赏态度而非趣味主义者？……此皆由观者只知享乐，影剧业者亦予取予求，遂将此艺术产儿天真断丧。从事斯业者，应将本身作品改正……未必不可与其他七项艺术分庭抗礼，自表独立风格。惟立格之初，应锐意求本身之精良……愿告中外从事斯业者，舍弃附骥之心，独奋创作之勇，勉之！[22]

1 雨文：《论电影之取材》，《北洋画报》第1150期，1937年5月4日。

2 杨爱立（Olive Young，1903～1940），广东中山人，生于美国密苏里州圣约瑟市。1925年3月，出演影片《一块钱》《神僧》，因角色问题，受到外界抨击。1926年5月复出，出演《浪女穷途》《苦乐鸳鸯》等片，同年到美国发展，后归国拍片。1929年再次赴美，1940年因病去世。代表作品《浪女穷途》《一箭仇》《苦乐鸳鸯》等。

3 陆克，演员哈罗德·劳埃德（Harold Lloyd，1893～1971）的中文名旧译名。其电影多为喜剧内容，与查理·卓别林在中国的声誉盛极一时。

4 卓别麟，查理·卓别林（Charlie Chaplin，1889～1977）的中文旧译名，还曾译为卓别灵。英国影视男演员、导演、编剧。

5 张石川（1890～1953），原名伟通，字蚀川，浙江宁波人，中国电影的开拓者之一，中国第一代电影导演的代表人物。

6 郑正秋（1889～1935），原名郑芳泽，号伯常，别署药风，广东潮阳人。导演、编剧、戏剧评论家。中国早期的电影编剧和导演之一，曾有“中国电影之父”之称。

7 罗明佑（1900～1967），原籍广东番禺，生于香港，电影事业家。曾在天津、太原、济南、石家庄、哈尔滨、沈阳等地拥有电影院20余家，长期管理中国北方部分省区的电影放映和发行事业。

8 黎民伟（1893～1953），原籍广东新会县都会村，出生于日本，是中国电影事业的拓荒者之一，曾有“中国纪录片之父”之称。

9 邵氏兄弟，特指在中国电影史上以邵醉翁、邵邨人、邵仁枚、邵逸夫为代表的电影家族。代表作：《独臂刀》《大醉侠》《梁山伯与祝英台》等。

10 《天津中美影片公司摄影场开幕记》，《北洋画报》第49期，1926年12月9日。

11 《北方电影界之新发展》，《北洋画报》第69期，1927年3月12日。

12 《天一业务之发展》，《北洋画报》第1235期，1935年4月25日。

13 电影《不怕死》是1930年在中国上映的美国电影，由克莱德·布鲁克曼（Clyde Bruckman）、马尔科姆·圣克莱尔（Malcolm St. Clair）导演，哈罗德·劳埃德（Harold Lloyd）主演。该片将中国人描绘成贩毒偷窃和抢劫分子。著名剧作家、电影编导、复旦大学教授洪深观看该片后，当场在影院发表演说，批判该片肆意丑化中国人，劝导观众勿再观看。他的正义举动，受到社会舆论的普遍支持，开创了丑化中国人的外国影片被禁映的先河。同时，该事件也推动了当时中国电影的审查，促使外国影片在摄制之初，就对其描绘的有关中国的内容重新审查和评估。

14 如愚：《华纳公司注意行销远东之影片》，《北洋画报》第1431期，1936年7月28日。

15 雨文：《论电影之取材》，《北洋画报》第1150期，1937年5月4日。

16 LT：《电影院中杂记》，《北洋画报》第32期，1926年10月27日。

17 煮字生：《集影片名挽阮玲玉女士》，《北洋画报》第1220期，1935年3月21日。

18 际麟：《影业界的合作精神》，《北洋画报》第972期，1933年8月15日。

19 王晏殊：《中国早期电影批评对传统文化价值观的传承和传播——以〈北洋画报〉“电影专刊”为考察中心》，《当代电影》2018年第5期。

20 谦：《批评与崇拜偶像》，《北洋画报》第978期，1933年8月29日。

21 绮梦：《十年来之电影事业》，《北洋画报》第1422期，1936年7月7日，第12页。

22 乙戚：《电影独立风格》，《北洋画报》第1586期，1937年7月27日。

光　影

《北洋画报》第一千五百五十一期 封面 1937年5月6日

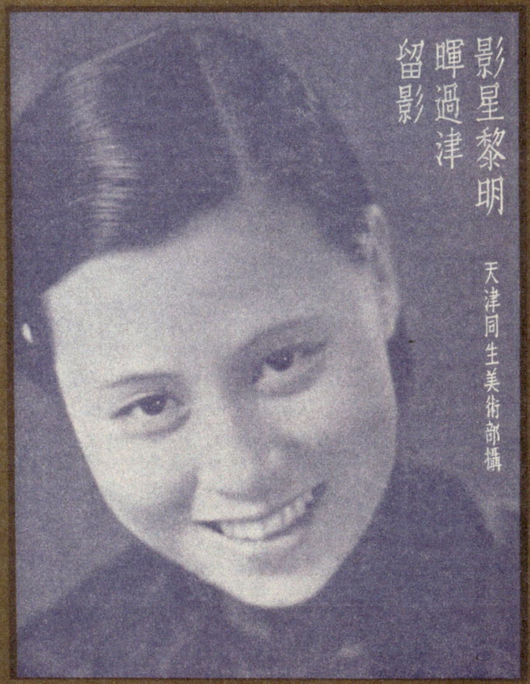
影星黎明暉過津留影

天津同生美術部攝

中原公司

光學部

新式快鏡·

備貨最多·

·冲晒放大

·唯一可靠

要講究鞋帽

還是同陞和的好

花樣多·貨也全

天津估衣街·法租界

東馬路·北平王府井

虎標

萬金油

譽滿全球

內外兼治

虎標永安堂

天津分行

法租界廿六號路馬家口

電話三四一三三

新到大批歐美毛呢

上海新式

女大衣

樣美適體

壽德記時裝綢緞莊

聖安娜舞廳

汽車接送 每次一元

電話三局二四九九

華貴堂皇 娛樂之宮

全部貨不計本大出清

大減價三十天

法租界

新新時裝公司

送禮佳品

白金龍香煙

—加送華美大紙盒—

中國南洋兄弟烟草公司

義商運動場

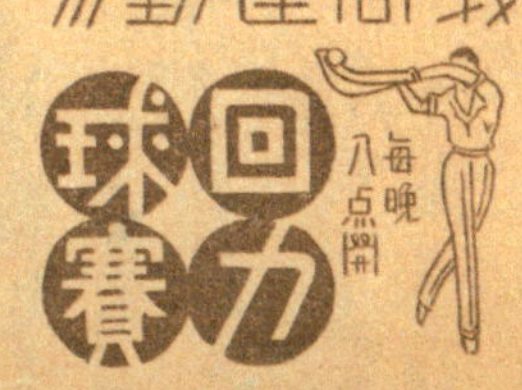

廿六年五月六日 星期四 第一千五百五十一期(第卅二卷)

No. 1551 (Vol. 32) Thursday May 6. 1937

《北洋画报》
第九百五十二期　3版
1933年6月29日

“小妹妹”黎明晖[1]

这是被称为“小妹妹”的黎明晖在《北洋画报》的最后一张照片。她曾6次登上这家画报的封面，共计22次图片报道。1926年8月21日，在创办不久的《北洋画报》第14期上，黎明晖出现在了3版的右下角，是一张双手横搭在下颌的正面半身照。楚楚可爱，实在是符合她的绰号“小妹妹”。到了1926年10月13日的第28期，黎明晖就登上了《北洋画报》的封面。

有一种说法是“黎明晖是中国最早的流行明星”，她也是当时横跨影歌坛的“双栖明星”。《北洋画报》对她的报道和关注虽不及上海的媒体，但也颇具特色。黎明晖从崭露头角到逐渐褪色，正好与《北洋画报》的刊行期重合。在这家画报中，读者可以看到这位红极一时的歌影双栖明星的人生轨迹。从她的作品到她的生活，无论是专访还是独家照片，都是关于黎明晖不可多得的历史资料。

在1930年12月23日第567期的《黎明晖女士访问记》中，记者“无聊”详细记述了息影两年的黎明晖的近况，篇幅属于画报中此类专访中较大的一篇：

> 明晖女士是晚御黑丝质旗袍，铅华不施，淡雅宜人。举动仍存天真气概，唯面貌似已较清癯耳……此次来平乃旧地重游，因八年前伊固孔德学校（今北京二十七中——引者注）之一学生也……至此次来平之目的，纯系探视乃父锦晖，绝不表演。不表演之理由，据称系久不练习已全生疏之故……女士对过去主演各影片最得意者为‘小厂主’，近两年颇喜读张资平、沈从文之创作，此番在平度岁后即当南返，不久留也。

这里提到的影片《小厂主》，是黎明晖1925年主演的一部默片。她在片中的短发形象是彼时的潮流，黎明晖当时已被媒体称为“东方玛丽·璧克馥”（Mary Pickford，好莱坞默片时代最富盛名的女明星——引者注），她还是所谓“飞来波女郎”在中国的代表人物之一。这一音译自“flapper”的称谓源于西方社会1920年代的一股时尚，多是指当时女性的反传统行为：装束上的短发着钟帽、短裙等，以及对性别等传统观念造成冲击的整体形象。事实上，黎明晖的代表作很多，她是中国早期默片电影时代的代表人物之一。在有声片到来之后，她又参与了很多著名影片的拍摄，包括与上海左翼团体合作的《清明时节》《压岁钱》等影片，在电影史上占有重要地位。

人们最容易记住的还是她最早演唱的歌曲《毛毛雨》。这首如今听来很难产生共鸣的歌曲，在当时被许多媒体评论为“靡靡之音”。其中流传最广的言论来自鲁迅，他在一篇小说中以“绞死猫儿似的”文字形容这首歌曲，[2]但最终《毛毛雨》还是被认可为中国最早的流行歌曲。1927年上海百代唱片公司灌制的歌曲《毛毛雨》由黎明晖的父亲黎锦晖创作，演唱者黎明晖成为中国第一位流行歌曲明星。她也因为歌声乃至形象被称为“小妹妹”，这一称谓几乎贯穿了《北洋画报》对黎明晖的报道始终。

黎明晖作为一位早期明星，其演艺生涯其实并不长。在经历了恋爱风波、个人变故之后，她像许多令人唏嘘的女明星一样，最终成立家庭，结束职业生涯。1937年，黎明晖与足球守门员陆钟恩结婚，婚后第二年息影，职业转向创办托儿所。图中所示的这张照片，既是黎明晖在《北洋画报》的最后留影，也是她作为一代明星在世人眼中的最后形象。

1950年代初，黎明晖的丈夫陆钟恩离世，她与儿子陆震东相依为命。据说，大约有17年的时间，黎明晖一直在做幼儿园的保育员。“文革”后期，她进入中央文史馆工作，被安排做章士钊先生的秘书。再后，黎明晖在北京退休。2002年，黎明晖与独子回上海定居，并一起住进养老院。2003年，“小妹妹”黎明晖去世，享年94岁。两年后，“小妹妹”的儿子陆震东离世。

1　本章“释画”撰文：宋昉、马千。

2　鲁迅：《阿金》，《且介亭杂文》，上海三闲书屋，1937，第255～256页。

影星交際史（四）

伯•龍•

梁賽珍姊妹，爲社會所艷稱者，凡三人，有號，曹，秦，列土之目。賽珠，賽珊，均以擅舞名。賽珍則以香艷浪漫著稱於銀幕之上。

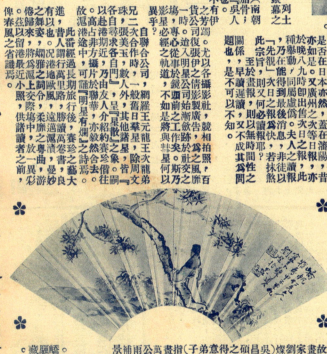

賽珍烟視媚行，不減於阮玲玉，第齲齒一笑，過於金粉（南朝）氣。此根據樊山老人評美之語，『南朝金粉，須具三分胭脂骨；北地胭脂，必襲二分金粉氣，方稱穠纖得中，不柔不獷。』讀『吳人京語艷於鶯』之句，固知此老最美之點，頗趨重於『南北合』也。當賽珍初隸銀壇，交際絕廣，滬上著名舞場與盛會，靡不有伊之芳躅。尤以各攝影社，競相拍照，百貨公司復張伊之倩影製廣告，爲之風靡一時。迨入明星公司始漸歛跡於社交之場，專心從事於鏡頭前之工作矣。斯乃影星必經之軌道，不如是將與彗星何以異乎？

自聯合公司，網羅王元龍王次龍弟兄二次合作時，一般舊日羣星，除周文珠，張美玉，數人外，其他諸星，皆『各自尋求各自門』，呈『星散』之象，嗣以赴港期近，乃由友人介紹約賽珍偕往。高占非方攝片於聯華，亦毅然舍去，故滬港途中，可誦『明星有爛』之詩焉。

此番經過長期旅行後，賽珍之藝大進，昔人謂行萬里路，勝讀萬卷書，良有以也。況港地歐風，遠邁滬瀆，曼妙之舞姿，嫻雅之詞令，柔靡之粵曲，游倦歸來，將爲滬上交際場中，放一異彩。茲以留港最近小照，供諸讀者之前，俾春風之省識焉。

◁影星梁賽珍近影▷ ◦伯龍贈◦

◁清弘仁繪「烟樹蔥翠」軸▷ ◦好古贈◦

早上看晚報

金羽人

下走居於黃家花園之附近，每日清晨，以至晌午，輒聞有高聲喊叫「看晚報」者，不勝驚訝。吾眞不知晚報之力量，如斯其大，自下午四時許起，竟能延長其生命至翌日之午前也。

夫晚報者，傍晚以至夜深讀之，則宜矣，若早晨則有日報之可讀，何需要於晚報乎？或謂晚報登有多量小說，故人好讀之，然此不足為之辯也。既好讀之，則購讀之心較一般更切，爲有不當日購求，而竟待之次日者歟？抑午前後爲工作之時，又非讀小說之時耶？

然事之奇者乃不止此：如本埠之日本文某報，反當日印行次日之報而發售，此種風氣，不知是否在日本亦然，蓋在瀋陽，昔亦如是。又廣州之次等日報，亦於晚八九時即出售次日之報，此種舉動，同屬虛僞。夫人之讀報，乃在能得到最後消息，非徒以「先覩」次日之報爲快，若抹煞此宗旨，則又何必讀報耶？至於畫報，則以無時間性之關係，早讀遲讀，又不成其爲問題也，是不可以不知。

喜王伯龍入城南詩社

趙幼梅

濁世翩翩王伯龍。詩如曼玉筆藏鋒。醉招明月成三影。秀似平原見一峯。何以淑身惟淡定。翻因避亂且從容。羨君更有如賓樂。六法閨門得正宗。（伯龍夫人，丹玲女士，繪事傳姚茫父之法乳。）

「燕舞春風」 高劍父作◦

故畫家劉燦（吳昌碩之得意弟子）指畫萬公雨補景 ◦驪驪藏◦

荔枝

寄萍

荔枝在南方，本非一種很貴重的水果，因爲「一物離鄉則貴」的緣故，所以荔枝一到北方，便成爲一種珍奇的物品了。其實廣東人之食荔枝，也不過如北方人之食杏而已。據說廣州有個荔枝灣，不單盛產荔枝，而且風景秀麗，夏日之遊人甚夥，每於日影銜山的午後，或銀月初升的黃昏，坐在那綠葉陰濃的樹下，啖着晶丸似的荔枝，其興致大概不下於杜子美先生的「公子調冰水，佳人雪藕絲」吧！不怪東坡先生說：「日啖荔枝三百顆，不妨常作嶺南人。」可見古時若非嶺南人，而能吃着荔枝的簡直太少了，除非是楊貴妃，「一騎紅塵妃子笑，無人知是荔枝來。」但是那時還有誰可以比的了楊貴妃，所以那時的平民簡直作夢也想不到荔枝是什麼樣子的。就是現在交通如此便利，然而荔枝在北方的水果店買也是奇貴，非平民化之食物也。

關於荔枝廣異記中尚有一段神話，將牠鈔錄如下：「宋元符末，福建官譚徽之，出郊見一園，荔枝垂熟，探食樹下，少憩，夢至一室，美人盛服出迎，攜手而入。飲間吟云：妾生原在粵閩間，六月南州始薦盤。肉嫩色嬌丹鳳髓，皮枯稜澀紫鷄冠。咽殘風味清心渴，嚼破天蘋沁齒寒。却憶當年妃子笑，紅塵一騎過長安。」雖然是一種神話，然而也未必不是文人對於荔枝的奇妙的幻想，以荔枝擬之爲幽麗華艷的美人，別有一種富於浪漫性的趣味。

據說荔枝並非僅叫荔枝，其名目繁多，如「紅花」，「烏葉」等等；至於何爲紅花，何爲烏葉，不知其詳矣，欲細加研究，只好請敎廣東人吧。

「日啖荔枝三百顆，不妨常作嶺南人」 ◦筆公贈刊◦

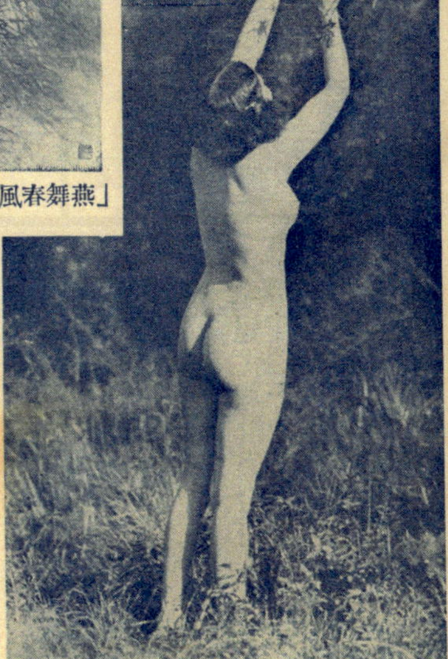

「擷花不插鬢」 西洋人體美術攝影◦

君如同情於本報請廣爲介紹於君之親友彼等對君必永遠表示特別好感

爲救國徵婚之廣告

寄萍

在現在社會的情形，眞彷彿一齣滑稽劇，只要你用冷眼一看，在在都是笑料。魯迅先生的三閒集裏搜集了許多奇怪的廣告，居然有一位先生頗有資產，因孤身一人甚爲寂寞，要徵求兩位父母一同度日，以破岑寂。我想現在只有徵妻徵夫者，「徵父母」似乎是奇談，然而現在居然有了，不知是那二位幸運的老夫婦能得這位寶貝兒子承歡膝下，眞是令人羨煞！

「最近我的朋友在上海給我寄來一張國風報，上面有這樣一段徵婚廣告：

「啓者：東北四省淪亡，我國家瀕於顛危之局，推其遠因，皆我國連年內戰，人民歿於軍役，或死於水旱之災，故人民有減無增，東北空地千里，所以日本之大兵長驅直入，此乃人少不能保土之証也。本人憂國疚心，願徵求一女士共同合作，以求增加中國人民，不在貌美，有學問，只求性情柔和，身體健強，能多生子女者即爲合格，倘不願結婚，暫時同居亦可。本人家中財產甚多，並在外國留學有年。倘有應徵者，請函本報一零二號信箱，並寄像片一張，不合格者，絕守「秘密」

這位先生可謂「苟利於國，無所不爲」之實踐者也。

「所謂伊人在水一方」

。西洋名畫。

。趙少昂作。「綠鶯」

西笑

麟

（七）不曾入耳

爸爸：「我想我給你的敎訓，都是一隻耳朶進，一隻兒朶出吧？」

兒子：「不，爸爸，連進都沒有進。」

（八）第七重天

女伶：「我們正結婚完畢，我現在已在第七重天了。」

友：「你以前沒有結過婚嗎？」

女伶：「我曾經結過婚六次了。」

（九）大狗咬了

男吻女。

女：「我剛被一隻狗咬了一口。」

男：「我立刻去請醫生來。」

女：「不，去請位律師來。咬我的是隻大狗。」

（十）報紙遮面

丈母娘：「就個人而說呢，我早討厭你在早餐桌上那張醜臉了。」

女婿：「不，你不會討厭的。我每天吃早餐時準看報啊！」

影界珍聞

際

△威爾羅傑斯家裏沒有一架電話，因爲威爾想淸靜。

△瑪琳黛瑞茜近來無時不穿男子衣裳，一下定做了六身。這應該禁止的黛瑞茜的大腿看不見了。

△羅馬不是一天造成的，然而『羅宮春色』中的羅馬，都是給工匠經廿三點鐘做成的。

△我們的芳隣姑娘們新送給賈雷古栢一個「世界情人」的徽號。

「回眸」

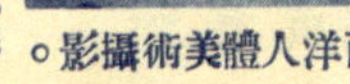

。西洋人體美術攝影。

◁淸弘曆繪「翠巖錦樹」軸▷

好古贈刊

「嘻笑皆非」（又名哭笑）

難分 琴 作

影星交際史（五）

伯龍

陳燕燕脫離學校生活，兩入影界，居常極濃之學生色彩，故一上鏡頭，即深博南北大學生（兩性）之熱烈同情。陳嘗旅平，故操圓熟欲流之京話；此係根據南方習慣，稱北平語爲京話。故有聲對話，尤擅勝塲。當拍『南國之春』時，與高占非形跡較密，然僅限於攝影塲『開麥拉』之前，與『克梯』之後，互相研討劇情而已。渠不喜逢人刺刺，識與不識，恒報之以淺笑，瓠犀輒然，雙渦莞爾，孕有無限幽靜而神秘的美。國星能具處女嬌憨之作風，黎明暉後，一人而已。愚私譽之爲袁寶兒者流，論者許爲知言。燕燕喜輕歌，經長期素養，良師啓迪，每斂容低眉，而弄如貫珠喉，四座咸爲擊節歎賞。百代公司爲迎合時代需要，擬灌燕燕之歌聲，以供陶寫響往者深長之綺思，慰藉幽寂者心弦之低控；第以燕燕無交際，與社會接近絕鮮，輒轉請託，始得任光，（編母性之光者、）一再禮聘，乃灌『春之戀歌』，『母性之光』，『謝謝你我的郎』三支短曲，合以聶爾奏梵亞琳，任光彈琴，益覺琴韵歌聲，如怨如慕，亢隊抑揚，哀哀欲絕。際茲溽暑炙人，臥籐牀，揮葵扇，披襟聆此妙奏，洵無異於羽化而登仙也。

題蔣綗裳鯉鱗雁羽集

徐球

莫雲春樹阻關河，一片花飛喚奈何。點點殘紅須認取，勞人思婦淚痕多。

「輕舟生浪遲」

。蕭承興攝贈。

◁影星陳燕燕近影▷

。伯龍贈刊。

君如同情於本報請廣爲介紹於君之親友彼等對君必永遠表示特別好感

《影星交际史》

从 1933 年 6 月 6 日第 942 期开始，《北洋画报》在 3 版开辟了一个题为《影星交际史》的专栏，至 7 月 27 日的第 964 期，一共刊发 10 期，每期集中写一位当红电影明星，作者伯龙（王伯龙）。王伯龙作为当时中国电影家族的一员，从 1933 年 5 月的第 939 期开始，就在 3 版为《北洋画报》撰写电影专评，一律署名“伯龙”。

从内容上看，王伯龙基本上是循着明星的从影经历和婚恋情况两方面落笔的；文风则是夹叙夹议，既有专业方面的论述也涉及一些品位、德行方面的评价。这一风格，是他在开辟专栏的首篇中就明确了的：

> 前撰“影星嗜好与特征”一文，曾拟续撰“金焰初期恋爱史”，以飨读者。嗣以定名略涉不庄，尤与实质不合，故易作“影星交际史”；俾可尽量选述。凡新旧男女诸星，就龙所知，逐一赤条条的披露出来，留心吾国银坛掌故者，聊可供他山之助焉。

在跨度一个多月这个专栏的 10 篇文章里，共计出现男影星 3 人，女影星 6 人。男影星方面：金焰出现在头两期；第三期是高占非；最后一期是孙敏。第四期至九期为 6 名女明星，依次是梁赛珍、陈燕燕、阮玲玉、周文殊、胡蝶和严月娴。除了前两期，其余各期都配有明星近照一张。

第 952 期是这一专栏的第四期，介绍的是当时著名“梁氏四姐妹”之一的梁赛珍。这位在影坛及舞坛异常耀眼的明星是“影星交际”的典范。“当赛珍初隶银坛，交际绝广，沪上著名舞场与盛会，靡不有伊之芳躅。尤以各摄影社，竞相拍照，百货公司复张伊之倩影制广告，为之风靡一时。”文章在介绍了梁赛珍近期从香港游历归来后说：“此番经过长期旅行后，赛珍之艺大进，昔人谓行万里路，胜读万卷书，良有以也。况港地欧风，远迈沪渎，曼妙之舞姿，闲雅之词令，柔靡之粤曲，游倦归来，将为沪上交际场中，放一异彩。兹以留港最近小照，供诸读者之前，俾春风之省识焉。”

在两周后的第 954 期《北洋画报》上，《影星交际史》栏目的主角是陈燕燕。作为默片时代就已出名，随后又在有声片一展歌喉的明星，陈燕燕有着众多影迷。王伯龙用以下文字勾勒出一个淡雅脱俗的仙女般的明星：“陈燕燕脱离学校生活，两入影界，居常袭极浓之学生色彩，故一上镜头，即深博南北大学生（两性）之热烈同情。”在描述百代公司多次邀请陈燕燕灌制唱片成功后，文章写道：“……乃灌三支短曲，合以聂耳奏梵亚琳（小提琴——引者注），任光弹琴，益觉琴韵歌声，如怨如慕，亢队抑扬，哀哀欲绝。际兹溽暑炙人，卧藤床，挥葵扇，披襟聆此妙奏，洵无异于羽化而登仙也。”

一个不容忽视的事实是：王伯龙笔下的这些影星多活跃于上海。他要做的事情是用自己的语言方式和报道角度把这些明星介绍给北方读者。王伯龙运用他的经验和文字能力，为当时的读者构建了一组电影明星群像，也为后世研究提供了不可替代的珍贵材料。是为《影星交际史》独特价值。这个发布于《电影专刊》开辟前一个多月的专栏，可以看作《北洋画报》编辑部，也是王伯龙个人加大对电影专门报道的“预热”。

《北洋画报》
第九百五十四期 3版
1933年7月4日

君如同情於本報請廣為介紹於君之親友彼等對君必永遠表示特別好感

竺清賢式發音機國產聲片「爲國爭光」之一幕
（右：黃耐霜；左：陳一棠）崔贈。

電影專刊
THE WORLD OF SCREEN No.1
第一期

銀燈瑣話

伯龍

（二）極能經商的史東山

銀壇老牌導演史東山君，與陸潔都負著善於經營商業的大名。自從與華妃尼女士結婚，正趕巧大中華改組，連帶解職，立剗就在南京路租了一所小樓，開了一個『美美公司』，專賣婦女裝飾品和化粧品。絲國產商廠大批買來，另換一個裝潢，仍用原出品商標與廠名，只一舉手之勞，便可獲利倍蓰。所以開張後一月，門前主顧多半是貴賓和西人，我記得他用紅豆，（上海土產）鑲了戒指耳環諸飾物，一般情侶都買了相貽，取『相思』之意。現在他雖然又入聯華第二場作導演，但是美美公司仍然存在。

中國旅美明星黃阿媚撫瓶小影
際麟贈。

梅高美影片公司出品之胖哈德與瘦勞瑞主演之「鬼兄弟」
（The Devils brother.）

飛來伯夫婦決裂

林

曼麗辟克福今天（七月二日）在綠杉磯含着眼淚承認她和飛來伯要分離了。曼麗躲避見新聞記者。關于她倆的事由曼麗作書面聲明，由曼麗的律師公佈如下：『飛來伯與我的分離正在考慮中。如果離婚必不可免，離婚的理由就是性情不合，此外我無可說。』同時又聲明現在未請律師進行離婚事

飛來伯在倫敦最近和英太子威爾斯王過從，還常和一位神秘的『貴族婦人』往來，但曼麗辟克福的律師却說並不知『她是誰』。

曼麗是不愛旅行的，她願意工作。她常希望飛來伯多多從事影片工作，少作旅行。曼麗近年來的影片均不是不成功，她正努力保持她『美國情人』時代的聲譽。她最新的影片是『秘密』。

飛來伯夫婦是影界第二第三的最有錢的人，賈波林第一；曼麗第二，大約有二百五十萬元；飛來伯有一百六十萬。

飛來伯和曼麗以前都離過一次婚，兩人結婚于一九二零年（到現在恰巧是不吉利的十三年）。兩人結婚後蜜月旅行，到處途爲之塞，受盡世人歡迎。撫今追昔，現在他們當不勝感慨吧。

▷行將決裂之飛來伯夫婦◁

影業界的合作精神

際麟

中國的事業，範圍稍大一點的就容易發生內部分裂，電影公司不幸亦然。聯華公司不久前有暗潮發生，現在已經解決，而高呼團結的口號，但是據熟悉內情的說，暗潮的解決也僅限於表面。團結口號之高呼，也正足見聯華之不團結，正如在常有內戰的國家裏，纔常聽見停止內戰的呼聲一樣。

明星公司有所謂新舊派，復有所謂中立派。新派洪深主之，舊派則張石川做領袖，和事老的鄭正秋却做了中立派。

至於和上述兩公司鼎立的天一，去年冬也曾有十二人聯名請求邵醉翁對天一有所改革，未蒙照准，而一齊退出天一的事。

凡此種種都足以見中國從事影業者平日的不合作不團結。

寫到此處，我想起了一件事——去年游歷好萊塢歸來的陳炳洪君（良友公司編輯）說，他有天在福克斯廠參觀，正值攝製"After Tomorrow"的末一日，有位片中飾老婦的，當該片宣佈收場後，她就向導演等說幾句感德的話，最後她跑到收音師面前道：『謝謝你的合作啊！』陳君又說，使他欽佩的是那老婦人所代表一般同塲工作的人那種合作精神。彼此間絕沒有一點誰高誰低，誰薪水高，誰新上鏡頭，卑視驕步的觀念。好萊塢影界有不少給人誤會誹謗的地方，然在老婦人所表現出的精神，也可見一班了。

派拉蒙女星芝蘭布瑞克

中外影訊

△在香港的楊耐梅和陳君景有離異訊。

△南京新成立的東方影片公司演員報名，已於七月卅一日截止（七月一日起報名），加入的有南京名媛曼特，還有位南京任過偵探的某君願以本身經歷編成劇本加入，大約可成事實。東方的第一片，聞爲『未完成的婚禮』。

△環球影片公司將以現任美國總統羅斯福之故事攝成影片，命名爲『奮鬥的總統』Fighting President。

▷坐擁情書之康絲鈿班妮◁

康絲鈿班妮每天平均接有二十多封求婚信，雖則她已是有夫之婦了。她頭一次到歐洲是在出世後的廿二個月。求學時代她是女子鑑球隊隊長。她的重入影界，是因爲她當時離婚感覺痛苦，想藉工作來忘記煩惱。

飛來伯主演之荒誕新片「新時代之魯濱孫」（圖示飛來伯爲土人所擄，將以作烤鴨子吃掉，而幸（當然的）被他逃脫）

《北洋画报》
第九百七十二期 3版
1933年8月15日

《电影专刊》

《北洋画报》创刊伊始，电影相关报道就丰富且及时，《电影专刊》的出现是在《画报》创办的第八个年头。此时中国电影业已诞生近20年，有声电影已经完全替代了默片，电影成了相对成熟的产业。在第972期《北洋画报》中，首期《电影专刊》正式在3版登场。直至停刊，《电影专刊》发布107期，成为中国电影历史的珍贵记录。

此前两天，1933年8月13日出版的第971期《北洋画报》就发布了《电影专刊》的出刊预告：

> 本报为供应爱好电影者之需求，自下周起，每星期二在本报三版上，增出电影专刊，影印精美新颖之影片，选载趣味浓厚之文字。影片批评，约有专家撰稿。银坛消息，尤为翔实迅速，先此预布，敬希读者注意。

开辟《电影专刊》是《北洋画报》经营理念的一个标志性体现，这与北方最大、全国影响力也位居前茅的身份是匹配的。当然，这也应该被视为当时中国电影进入快速发展阶段的一种媒体反应。然而，《电影专刊》的创立相对于国内其他杂志——如《戏剧专刊》的专题版面略晚，相信这和电影的主流阵地在上海以及《北洋画报》的报道力量、资金投入等因素都有一定关系。这其中，一个叫王伯龙的电影人应该被提及。可以说，没有他，《北洋画报》的电影报道恐怕要失去不少稿源，其中画报赖以生存的照片尤其如此。

王伯龙是天津的世家子弟，他的两位弟弟王元龙、王次龙是那个时代中国电影界的重量级人物：王元龙，中国默片时代的头号男明星，有“银坛霸王“之称，同时也是编剧、导演和制片人；王次龙，是著名的导演，同时也是编剧、演员乃至电影美术。而王伯龙则是电影报道的主笔和影像记录者。事实上，兄弟三人曾合开三龙电影公司，出品过《王氏四侠》等影片。

王伯龙之于《北洋画报》，开始是撰稿评论——除了电影，他还兼评戏剧、艺术乃至社会时事。而王伯龙成为《电影专刊》的主笔，与他的电影家身份密切相关。通俗地说，他是当时“电影圈”里的人，拥有第一手的材料，关注角度较之一般记者、编辑更加独特。当时《北洋画报》刊登的许多男女明星的照片都有“伯龙赠刊”的文注。同时，王伯龙的评论文章并非一般小报记者的花边新闻可比，他除了提供第一手资讯，还对报道对象进行专业评价，其写作风格亦相当鲜明。20世纪初叶，中国电影经历了第一次产业发展，电影明星与导演的正面形象塑造与当时提供评论的知识分子群体有着直接关联，王伯龙就是其中一位代表人物。

首期《电影专刊》值得纪念，其内容更值得览读：

首先这期《北洋画报》的封面图片《影星周文珠女士近影》就很有趣。周文珠是王次龙的妻子，曾8次登上《北洋画报》的封面。

专刊以3篇长文、几则影讯、一张画图以及5张图片报道组成，充分地反映了当时影坛的最新动向。专刊正中为一篇小文，作者正是王伯龙，专栏名是他题识的“银灯琐话”（这一专栏名随后沿用），文章标题为《极能经商的史东山》。讲述的是史东山、华旦妮夫妇连带美美百货的资讯。这两位贤伉俪日后将成为中国电影界的领袖。

版面右侧为一篇署名“际麟”的评述文章，标题为《影业界的合作精神》。文章以好莱坞和国内业界的相关话题进行比较论述。

版面的左侧则是篇幅最大的一篇报道，题目是《飞来伯夫妇决裂》。“飞来伯”（Douglas Fairbanks）如今一般翻译为“范朋克”，是好莱坞早期的巨星，并因与梅兰芳等有过交流格外被中国人所熟悉甚至喜爱。这篇文章描述了他和妻子曼丽璧克福（Mary Pickford 今译玛丽·璧克馥）的婚姻状态。其内容如果按照现在网络媒体的语言，是典型的“八卦”新闻。文章还配有二人近照和一张范朋克主演的影片《罗宾森》剧照。

除了三篇影讯，专刊还刊登了一幅漫画《坐拥情书的康丝钿班妮》（康丝钿班妮即康斯坦斯·贝内特，Constance Bennett——作者注），说她每天能收到20多封求婚信，并配有该影星的简介。

其余照片为：《竺清贤式发音机国产声片〈为国争光〉之一幕》（竺清贤，1932年试制成功“清贤通”有声电影录音机用于拍摄——引者注），劳莱与哈代主演的《鬼兄弟》（今译《冒牌爵士》）以及好莱坞著名华人影星黄柳霜近影等。

首期《电影专刊》题材广泛、时效性强、报道形态多样。自此，继戏剧、书画等独家领域后，集中的电影报道成为《北洋画报》的亮点内容之一。

第1544期《北洋画报》是《电影专刊》的百期出刊，这显示了《北洋画报》在电影报道方面的成熟和自如，均衡的排版、多元的内容，从一而百的历程可圈可点。

百期《电影专刊》右上方一张横幅照片配文“本市平安影院现在上演‘乘龙跨凤’片中之一歌舞伟大场面”。这部由著名好莱坞影星克拉克·盖博（Clark Gable）和玛丽恩·戴维斯（Marion Davies）主演、劳埃德培根（Lloyd Bacon）导演的影片，是好莱坞黄金期著名的歌舞片之一，曾提名奥斯卡最佳舞蹈指导奖。影片于1936年9月在美国上映，半年后与中国观众见面，片名译为《乘龙跨凤》。值得注意的是，放映影片的平安影院是天津第一家上映有声歌舞片的影院。

平安影院始建于1922年，位于当时的英租界，总建筑面积近3000平方米，是彼时天津最为出名的电影院之一。1929年末，这里放映了美国福克斯公司有声影片《歌舞升平》。这次放映被视为电影业的一个重大事件。《北洋画报》在1930年新年开篇的第417期与第418期的合刊中特辟大幅版面给予报道，包括有声片的放映、分类以及对比，可谓细致和专业。

天津作为国内最早介入电影放映、制作、宣传的城市之一，随着时间的推移、时局的变化，逐渐地失去了当初的优势。电影人和制作群体纷纷南下上海，诸如影院经营的各种问题同样显现出来。1929年5月16日第319期《北洋画报》就不无远见地袒露了忧心，这篇题为《天津电影业之危机》的文章说：

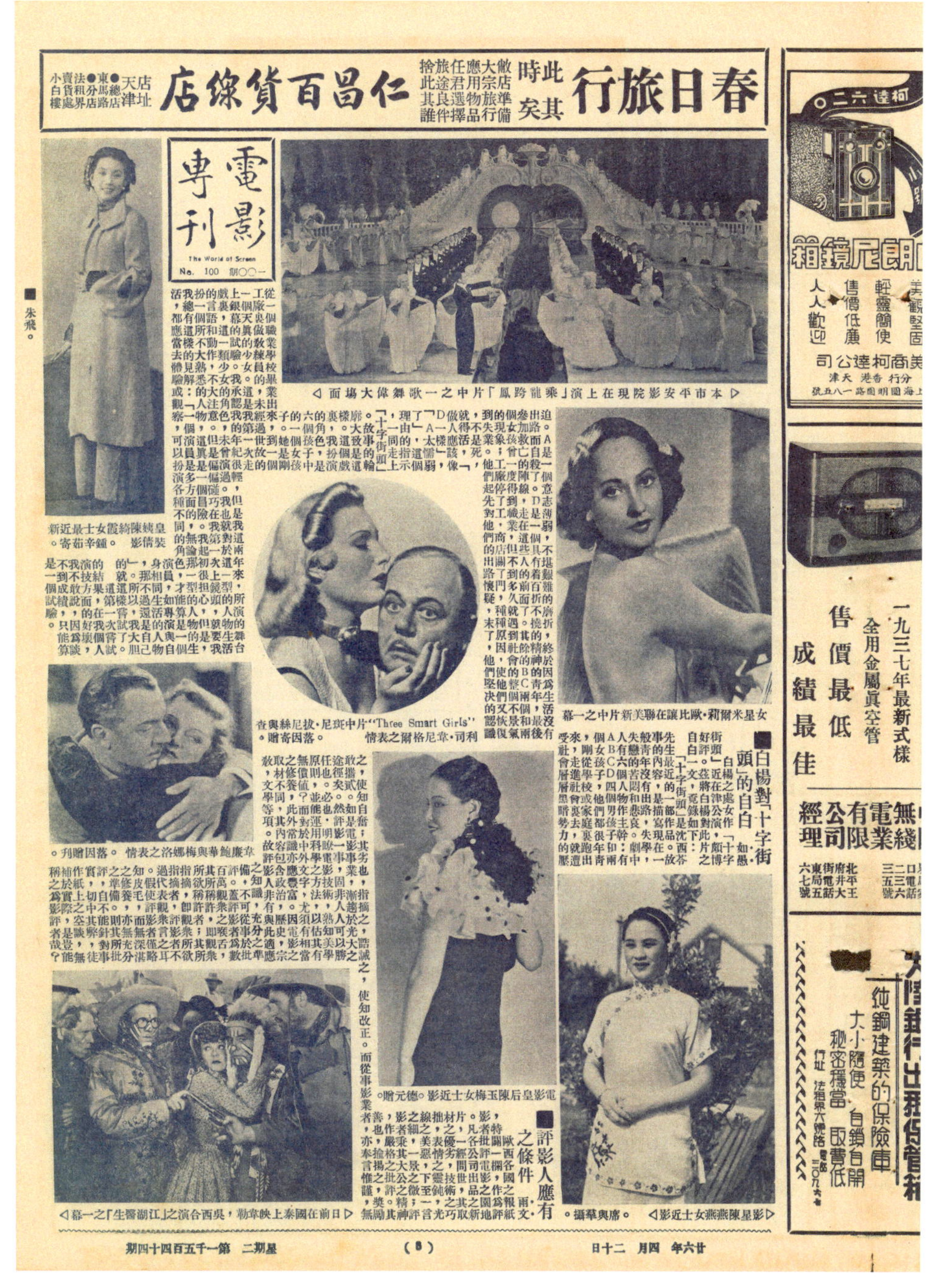

春日旅行 此時其矣

仁昌百貨綵店

電影專刊
The World of Screen
No. 100 第一〇〇期

本市平安影院現在上演「乘龍跨鳳」片中之一歌舞偉大場面

評影人應有之條件

白楊對「十字街頭」的自白

柯達六二〇 朗尼鏡箱

美觀堅固 輕靈簡便 售價低廉 人人歡迎

美商柯達公司

一九三七年最新式樣 全用金屬真空管 售價最低 成績最佳

大陸銀行出租保險箱

純鋼建築的保險庫 大小隨便 自開自鎖 秘密穩當 取費低廉

第一千五百四十四期 星期二 (3) 廿六年四月二十日

《北洋画报》
第一千五百四十四期 3版
1937年4月20日

年来天津电影院事业，日益发达，最近数月内，有大规模之光明，最新式之蛱蝶，及票价低廉之皇后新明，相继成立，风起云涌，盛极一时；自表面上观之，必且以为津人酷嗜电影，旧有影院，不敷容纳观众，而究其实，则影院之日场，竟有仅见数人，夜场仅有数十人者，是可见影院之数虽增，观众之数实毫未长进，因分散各院之故，而人数遂形稀少也……

不过，在这篇文章发表之后的几年中，天津电影院业也随着中国电影的发展迎来了一个不小的高峰。《北洋画报》的《电影专刊》从一个侧面证实了这座城市对电影的热爱，电影报道也构成了这家画报一个独特、权威的报道领域。本章所用图版原件，大部分来自《北洋画报》的《电影专刊》。

青年四导演

王伯龙在《电影专刊》开辟题为《银灯琐话》的专栏，旨在提供第一手资讯和独家评论，文章通俗耐读，常常具有前瞻性。第9期《电影专刊》的专栏《银灯琐话》“之六”所载《现代中国青年四导演》的评论文字，可为电影史提供佐证。

遊園者注意　寧

事如春夢了無痕！

人生欲留痕跡不可不照像片　同生照像館　在事園設有分號

天宮電影院　天津勸業場電話二三六四八

今天日夜準演　轟動全球中外舉世滿心悲感身世　精心滑稽傑作　滑稽大王賈波林主演

無聊生活

電影專刊　THE WORLD OF SCREEN No. 9　第九期

□幸運的狗

□中外影訊

（國內）聯華新片「歸來」由朱石麟導演，主角爲阮玲玉，高占非，並有一西人黛安娜女士。寫人間兩種人性之衝突與了解，極爲深刻。

（國外）康絲細斑妮的丈夫近從事製片，法國貴族成立影片公司。康絲細是經濟後台老板。第一片在東印度攝製，影片公司名斑妮影片公司。

（國外）瘦勞瑞和太太自反目後言歸於好，出外旅行慶祝重圓。

（國內）薛發黎繼『床第風光』後新片爲『愛之道』The Way To Love，女主角是薛維亞雪德妮，即是主演『蝴蝶夫人』的。

▷聯華新片「歸來」之一幕（高占非與黛安娜女士）◁

美國女性心目中之金發──克萊克嘉柏爾

銀燈瑣話（六）　伯龍

抓住時代命脈打入社會下層之青年四導演（右至左：史東山，王次龍，蔡楚生，孫瑜。）伯龍贈刊。

強華公司影片「我們的生路」中之范雪朋

聯華新片「歸來」中之外國女星黛安娜女士

Lona Andre 珠安娜芳之浴裝

▷德國烏發公司影片廠攝製「龍翔鳳舞」之情形◁

○星硯秋贈刊○

《北洋画报》
第九百九十六期　3版
1933年10月10日

这篇文字，分别介绍了四位在当时崭露头角的导演。王伯龙在他独家提供的照片配文中用了“抓住时代命脉打入社会下层之青年四导演（右至左：史东山、王次龙、蔡楚生、孙瑜）”的说法，为文章注入了较为深刻的社会主题。其中，他在介绍自己的弟弟王次龙的文字中提出“民族片”这一概念，更是将彼时的青年导演在取材上的偏好提高到理论高度。需要注意的是，在当时尚无对左翼电影乃至中国早期电影史的系统表述。王伯龙凭着对电影界的熟悉和对电影专业的敏感，用这个主题勾勒出当时中国电影的一组群像，殊为不易。

以下为全文辑录：

> 王次龙，对民族片努力情形，已见本报第八期电影专刊。近以前次在港导演之“还我河山”（后改名“还我山河”，1934 年出品——引者注）一片，演权问题解决，将与观众相见。现又从事于“到西北去”（程步高导演，1934 年出品——引者注，下同）之宣传，拟编一剧本，亲赴甘陕各地摄制，刻正审择适当工作人才，不久即成事实矣。
>
> 蔡楚生，是潮阳人，今年才廿五岁。先前在明星公司于“杀人的小姐”（谭志远、高梨痕导演，1931 年出品）片中，曾现身色相。郑正秋导演的“红泪影”（1931 年出品），他很帮过大忙，后来因为不易发展他工作的园地，就加入联华。处女作是“南国之春”（1932 年出品），刚一出世，就被观众极深切的认识。第二部“粉红色的梦”（1932 年出品），和“都会的早晨”（1933 年出品），都能介绍他的个性，给一般青年的人们。所以他渐渐地成了负有时代生命银坛上的权威者。
>
> 史东山，他不但是艺术家还能经营生意，并且在上海滩是翻过筋斗来的一个，现在却能做到沪语说的“兜的转”了。他从前是在鸭绒被里做甜梦的人，许多作品都能袭着脂粉珠钻之气，如同“透明的上海”（陆洁导演，1926 年出品）一般。这回第二次在水银灯前工作，一变旧时给有闲阶级开心的御用品，特编“奋斗”（1932 年出品）一片，换换口胃，好像天天应酬饭局的人，忽然来顿家常便饭，一定觉着清爽些。
>
> 孙瑜，他在联华厂服务很久，对于银幕生活极感兴趣。生理学说环境可以变化人的思想和意志，他就是一个很有力的证明。就以他导演“小玩意”（1933 年出品）动机来说，起初他感觉人生是枯燥，单调，无聊，乏味的；不论如何亲密的人，常在一起，倒底是以个人作单位，终久会养下孑然一身。不料他没有多少时候，便改变他的主观，看着任何事，任何人，都含着神秘奥妙的幽默性，费了半年功夫，成就了“小玩意”的影片。不但他劳累的瘦了许多，就是阮玲玉、黎莉莉，也都减了两磅肉，不过韩兰根的牙痛，确系被他挤兑好了。
>
> 上面是他们的近影，就当我给读者介绍的四个新朋友。

王伯龙幽默的文字，呈现出四位电影新人朝气蓬勃的形象。这篇在当时可能并不起眼的报道，如今看具有相当的前瞻性。除了王次龙 1940 年代初在香港意外殒命，其他三位后来俨然成为中国电影界的中流砥柱：孙瑜成为 1930 年代名片出品率最高的导演，后来因为《武训传》被人牢记也是命运的乖张；史东山、蔡楚生，则在 1949 年之后担任过电影界的领导职务。四个年轻人端坐椅子中的合影，无论从那个角度诠释，都是一张绝无仅有的时代写照。照片的拍摄者和主人公，谁也料想不到 20 年后各自的命运。

“天一”公司演员招考

无论办何种事业，人才是第一要素，尤其是中国电影界的人才更是缺乏，上月天一公司为求真学实用的人才起见，特大招考演员。因为这次的招考，于是弄得趣闻百出。应考人员中，光怪陆离，形形色色，无奇不有。当时投考之人，已达七百余名。每人报名所寄之相片，有小至二寸者，大至十四寸者，有全身者，有半身者，老头儿，老太太，小孩子，小姑娘，摩登青年，时髦小姐，个个齐全，这种相片有的是新拍照的，有的是已经拍了两三年了，最可笑的有两张还是光绪年间拍制的，那时是年轻的姑娘，恐怕现在已变成两鬓霜华的老太太了，这样的投考的人，未免是来取笑。在资格方面，更是各种皆有，有失势的政客，留学生，大学生，中学生，小学生，机关人员、商店伙友，工厂工人、失业的警察，以及富家的少爷小姐，真是形形色色，妍媸尽备。现在天一宣传部的人员在从事于整理相片，据说要在这七百多人之中淘汰去十分之九，在这里面选出真才十分之一，在这十分之一中尚须仔细选择出类拔萃之人才，这种办法，倒还甚合于古语“广招而严取之”，庶几不致滥竽充数，将来中国影片或可因此而放一异彩，吾等其拭目以待新星的到来。

这篇行文有趣，语带挖苦的报道名为《天一招考之形形色色》，作为第 10 期《电影专刊》中最长的一篇文章，此文近乎白描的写作手法，想必会博读者一笑。

相比其他电影公司，“天一”这家上海著名的电影制作公司在《北洋画报》上文章、照片相加 50 余次。无论是电影题材、经营方式还是拍摄手段，“天一”在当时都构成了中国电影一道独特的风景。

天一影业公司成立于 1925 年的 6 月，由浙江宁波人邵醉翁领衔四兄弟在上海虹口创办。至 1937 年的 12 年间，天一公司在上海共完成故事片超百部（包括有声片 35 部），如果算上期间香港分公司生产的粤语片，总数应不低于 120 部。1930 年代初，经过近百家大大小小公司的拼杀，上海电影制作机构最终形成“明星”“天一”“联华”三大电影公司的鼎足之势。不过，和“明星”“联华”的公司建制大而全但是偶尔出现经营危机相比，“天一”的经营方针一直是稳步和高效的。从某种程度上说，“天一”应该是中国较早的有明确商业经营目的和良好发展模式的电影制作公司。无论是在拍摄题材的选择，还是公司内部人员管理乃至影片发行和市场扩展等方面，“天一”的经营都具有极强的实操性和前瞻性。

上海电影界的“六合影业公司”（“明星”联合其他五家公司）抵制天一影片公司的事件，是当时市场激烈竞争的一个典型体现。“天一”的强劲在于，在渡过了艰难时期后，公司开始用“尚古”的旗号，把“古装片”开创成一个类型。包括根植于民间传说和旧话本故事的世俗题材，都体现着”天一”以普通市民审美趣味为基准，准确把握市场走向的商业模式。

1937 年是中国社会发生巨大变化的一年，《北洋画报》就在这一年停刊，同年，上海的这三家电影巨头也在这一年走上了不同道路：“明星”和“联华”停业；“天一”转到香港发展，成立南洋影片公司。1957 年，四兄弟中的邵逸夫接管南洋影片公司，改名为“邵氏兄弟”，“邵氏兄弟”最终成为香港最著名的电影制作公司之一。

令人惊叹的是，在随后几十年的时间里，“邵氏兄弟”出品的影片，古装武侠片仍旧独树一帜。这既是对邵氏四兄弟当初创立”天一”公司理念的继承，最终也成为香港电影史乃至世界电影史上不可替代的存在。

并非夸张地说，从 1925 年成立的“天一影业”到 2003 年停摆的“邵氏兄弟”，78 年的历程构成中国电影史上重要的面相。

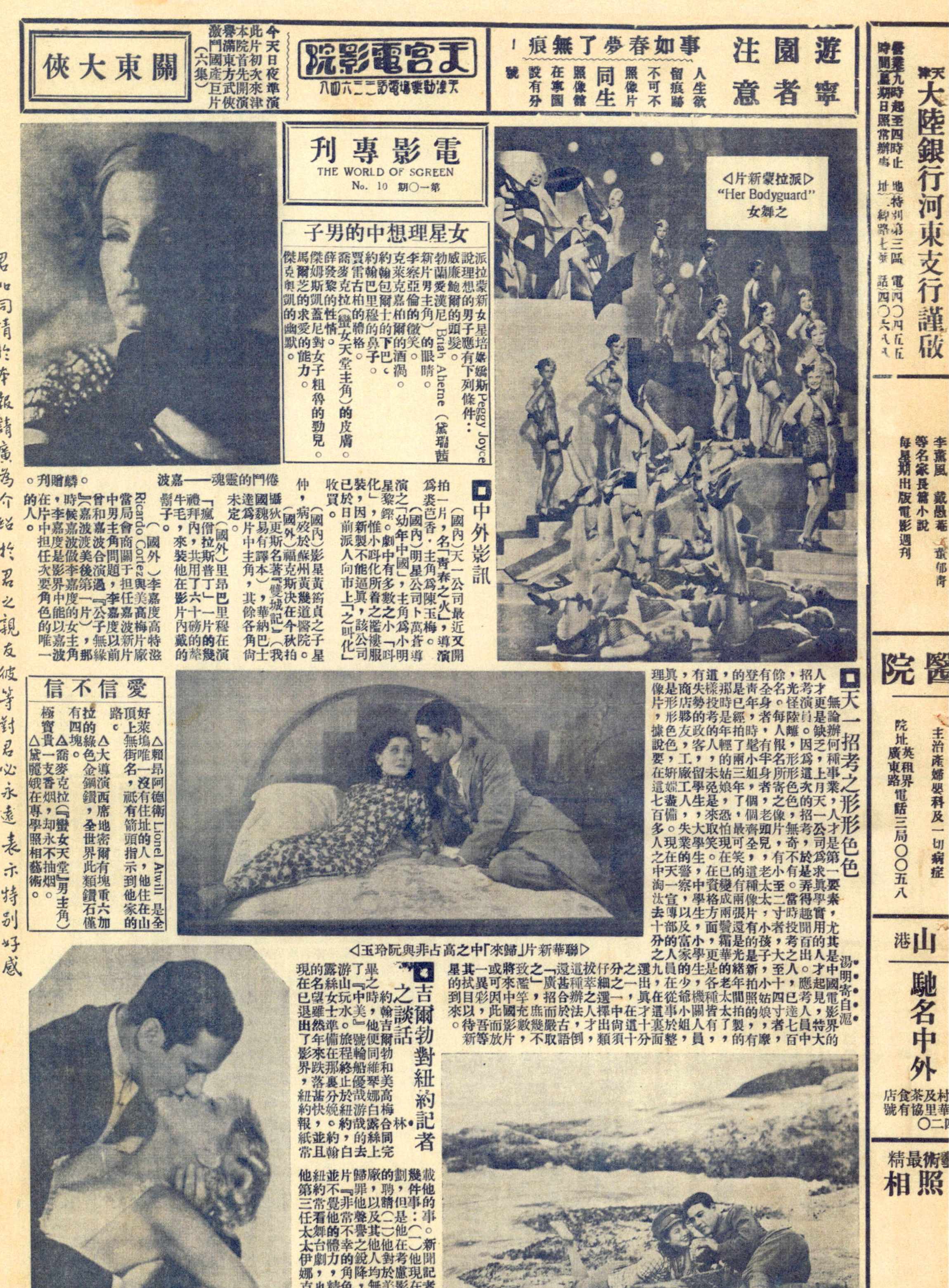

電影專刊

THE WORLD OF SCREEN

No. 10 第一〇期

女星理想中的男子

派拉蒙新女星培姬嬌斯Peggy Joyce說理想的男子應有下列條件：

威廉鮑爾的頭髮。

勃蘭愛漢尼Brian Aherne（黛瑞茜新片男主角）的眼睛。

李察亞倫的微笑。

克萊克嘉柏爾的酒渦。

約翰包爾士的下巴。

約翰巴里穆的鼻子。

賈雷古柏的體格。

喬麥克拉（蠻女天堂主角）的皮膚。

薛發黎的性情。

傑姆斯凱蓋尼對女子粗魯的勁兒。

馬爾芝的求愛的能力。

傑克奧凱的幽默。

倦門的靈魂——嘉波

◦麟贈刊◦

◁派拉蒙新片▷ "Her Bodyguard" 之舞女

中外影訊

（國內）天一公司最近又開拍一片，名「靑春之火」，導演爲裘芑香，主角爲陳玉梅。

（國內）明星公司卜萬蒼導演之「幼年中國」，主角爲小明星黎鏗。劇中有多數之小「叫化」，惟小叫化所着之襤褸服裝，因新製不能逼眞，該公司已於日前派人向市上「之叫化」收買。

（國內）影星黃筠貞之子星仲，病歿於蘇州黃幾道醫院。

（國外）福克斯決在今秋拍攝狄更斯名著『雙城記』（我國魏易有譯本），華納巴士達爲片中主角，其餘各角尙未定。

（國外）里昂巴里穆在演「瘋僧拉斯普丁」一片的幾禮拜內，共用了六十磅的犛牛毛，來裝他在影片內藏的鬍子。

（國外）李嘉度高特滋Ricardo Cortez與美高梅片廠當局會商關于担任新片中男主角問題，李嘉度以前曾和嘉波合演過『公子無緣』（嘉波渡美後第一片），那時候嘉波做李嘉度的女主角，李嘉度是影界中能以嘉波在片中担任次要角色的唯一的人。

愛信不信

△賴昂阿德衞Lionel Atwill是全好萊塢唯一沒有住址的人，他住在山頂上無街名，祇有箭頭指示到他家的路。

△大導演西席地密爾有塊重六加拉的綠色金鋼鑽，全世界此類鑽石僅有四塊。

△喬麥克拉（『蠻女天堂』男主角）極寶貴一支香烟，却永不抽烟。

△黛麗娥在專學照相藝術。

◁聯華新片「歸來」中之高占非與阮玲玉▷

天一招考之形形色色

湯明寄自滬

無論辦何種事業，人才是第一要素，尤其是中國電影界的人才更是缺乏，上月天一公司爲求眞學實用的人才起見，特大招考演員。因爲這次的招考，於是弄得趣開百出。應考人員中，光怪陸離，形形色色，無奇不有。當時投考之人，巳達七百餘名。每人報名所寄之像片，有小至二寸者，大至十四寸者，有全身者，有半身者，老頭兒，老太太，小孩子，小姑娘，摩登靑年，時髦小姐，個個齊全，這種像片有的是新拍照的，有的是已經拍了兩三年了，最可笑的有兩張還是光緒年間拍製的，那時是年輕的姑娘，恐怕現在巳變成兩鬢霜華的老太太了，這樣投考的人，未免是來取笑。在資格方面，更是各種皆有，有失勢的政客，留學生，大學生，中學生，小學生，機關人員，商店夥友，工廠工人，失業的警察，以及富家的少爺小姐，眞是形形色色，姸媸盡備。現在天一宣傳部的人員在從事於整理像片，據說要在這七百多人之中淘汰去十分之九，在這裏面選出眞才十分之一，在這十分之一中尙須仔細選擇出類拔萃之人才，這種辦法，倒還甚合於古語「廣招而嚴取之」，庶幾不致濫竽充數，將來中國影片或可因此而放一異彩，吾等其拭目以待新星的到來。

吉爾勃對紐約記者之談話

林

約翰吉爾勃和美高梅合同完畢之時，他便同維琴娜白露絲上了『中美』號輪船優哉游哉的去游山玩水。旅程終止於紐約，白露絲女士準備在那裏分娩。約翰的名望雖然年來跌落甚快，並且現在巳退出了影界，紐約報紙常載他的事。新聞記者去訪他，曉得幾件事：（一）他現在還沒有什麼計劃，但是他在考慮影界和舞台雙方的聘請。（二）他對於美高梅的主人片廠，以及其他人均無怨言。（三）他歸罪他聲譽之銳降，在他頭一部聲片『非常不幸的角色』上。（四）他並不覺他的體力，精神減退，他在紐約常看舞台劇，也許他可以看到他第三任太太伊娜克萊演自傳。

福克斯公司新片"It's Great To Be alive"片中之柔露蘭與瓊士合影

「還我河山」黃弟與漁女情話之一幕（右：高占非，左：梁賽珍）伯龍贈。

君如同情於本報請廣為介紹於君之親友彼等對君必永遠表示特別好感

《北洋画报》 第九百九十九期 3版 1933年10月17日

“小野猫”往事

王人美成名于黎锦晖的明月歌剧社，和黎莉莉、薛玲仙、胡笳并称“四大天王”，后进入电影界，因在电影《渔光曲》中扮演小猫，并演唱同名主题曲被国人熟悉。她是 1930 ~ 1940 年代中国最著名的歌影双栖明星之一，时有“小野猫”的昵称。以这样的显赫名声，王人美自然也是《北洋画报》的常客，共 8 次登上画报封面。每一期封面上，王人美形象各异，特写、全景、室内、户外不一而足，充分凸显了一个活泼、健康、美丽、可爱的实力明星的风采。

■曲線新聞

港督郝德傑來粵訪晤粵當局，我國憲兵向郝敬禮。劍豪。

△唐詩集句▽

夜夜孤眠枕獨欹，兩三行淚忽然垂。常疑好事皆虛事，莫道佳期更後期。魂魄不曾來入夢，身情常在暗相隨。吳刀剪破機頭錦，織得迴文幾首詩。

廣州市九屆水上運動會：上為女百公尺自由式決賽第一名陳煥琼，二名楊秀珍，三名梁玉珍，下為女二百公尺接力決賽之梁玉珍，陳鳳卿，陳玉鄰，伍舜英（右至左）。民聲社攝。

國際婦女友仁會北平分會主辦之中學生衛生論文比賽及全市食物清潔比賽發獎大會在歐美同學會舉行（〇）為社會局長雷嗣尚，×為會長劉吳卓生。致泉攝。

■閒話秋蟲（上）

■軟語

即將由平來津之金燄與王人美夫婦。英魁。

■一字笑話

英大使許格森（1）抵平與歡迎者，（2）為熊少豪，（3）為吉世安。陳仲昭自平攝寄。

北平劇團於廿七日在平公演「僞君子」之第二幕（上）與第三幕（下）。田英魁攝。

北平女青年會秋季會員聯歡會歡迎楊美貞女士就學生部幹事，×為楊氏。許祖蔭攝。

第一千四百五十八期　星期二　（2）　廿五年　九月　念九日

《北洋画报》 第一千四百五十八期　2 版　1936 年 9 月 29 日

多次登上《北洋画报》封面的王人美，最初是以明月歌舞团的演员形象示人（见《画笔歌》图版）。伴随着王人美在影坛显露锋芒，关于她的消息也日益多样化起来，其影星的面目也逐渐成熟。这与1933年底她和当红明星金焰的婚姻有着一定的关系。第1458期《北洋画报》2版刊载的照片即为王人美与金灿合影中最著名的一幅。

1933年4月，王人美最后一次出现在《北洋画报》的封面上，是一幅拿着网球拍、身着毛衣的照片。7个月后，1933年11月21日，王人美的消息再次出现在这家画报第1014期3版的《电影专刊》上，这次，她成了绯闻的女主角，文章的标题是《金焰与王人美订婚之谜》。3个月后，1934年2月17日，《北洋画报》第1051期第2版刊出金焰和王人美的合影，配文为"一对伉俪明星（金焰王人美新年元旦结婚留影）"，照片上，金焰搭肩王人美，两人面对镜头微笑。两个月后，1934年4月17日，《北洋画报》第1076期第2版《曲线新闻》专栏刊出金、王的最新动态："沪讯：二人已产一子。"

王人美出现在《北洋画报》上的最后三条信息，都与金焰有关。从1936年9月底到10月初，《北洋画报》第1457期、第1458期、第1462期刊登了夫妇二人在天津、北平的合照，以及王人美与好友在北平游览的合影，后一张照片还配发了特写式报道《王人美女士莅平小记》：

> ……王女士来平，系下榻中央饭店二楼三号，影迷来访者，络绎不绝。女士性情恬静，对于应接不暇之来客，颇感烦劳，故多谢而不见。女士到平后，蓄"蝈蝈"二笼，手"小五义"一卷，朝夕不离，盖女士初次阅读北方武侠小说，故兴味甚浓。……女士与友人游颐和园，是日适值星期，游人甚众，有知其为王人美者，辄求签名，女士悉笑应之。游园后，野餐于湖上舟中，客有请其作歌者，王惟含笑，不肯启喉。……行至八大处山下，有一游人指女士大呼曰："看，王人美！"金焰闻之，趋前亦大声问之曰："谁是王人美？"同游者皆大笑，而呼者反愕然良久。……日暮，王与金焰回请友人于东来顺。金神情豪放，倜傥不羁。饮间，金谓客曰："君等如？饭三碗，我当食生肉数盘。"客从其请，金亦如言。翌日，友人约其同游天桥，次日下午，即促装南返矣。

从1930年3月29日第452期第一次出现在《北洋画报》的第2版，6年的时间，王人美完成了从活泼、可爱的"小野猫"到一个恬静温婉的"他人妇"形象的转变。之后，王人美再也没有出现在《北洋画报》上。1年以后，国家动荡，《北洋画报》也消失了。

1945年，王人美与金焰离婚。1950年王人美自香港回上海，后至北京，1955年，与画家叶浅予结婚。1987年4月12日，王人美在北京病逝，享年73岁。

2005年，为纪念中国电影诞生100周年，中国电影表演艺术协会评出中国电影百位优秀演员，王人美位列其中。

2011年，王人美自传《我的成名与不幸》出版。

“电影皇后”胡蝶

这是胡蝶最后一次登上《北洋画报》的封面，从1927的4月27日第82期开始，这位“电影皇后”一共25次作为封面人物出现在《画报》上。她应该是占据《北洋画报》封面次数最多的一位电影明星，至于剧照、生活照、与家人合照、文字报道乃至专访的文章更是数不胜数。不愧是“电影皇后”的号召力和风光。与南方尤其是上海许多同类报刊一样，《北洋画报》也是通过多重报道完成对胡蝶形象“塑造”的一家重要媒体。

胡蝶，祖籍广东，1908年生于上海。1933年1月，上海《明星日报》首次评选“电影皇后”，胡蝶以21000余票当选，之后夺取“三连冠”。1937年，卢沟桥事变爆发，胡蝶前往香港，香港沦陷后辗转到重庆，抗战胜利后回到上海。1946年，胡蝶从上海迁居香港，1966年息影。1989年，胡蝶在加拿大去世，享年81岁。

登上《北洋画报》之前，胡蝶已然是上海电影界媒体曝光率最高的明星了。作为演艺界人士，她的影响与地位在当时无出其右：出国访问、接待外宾、参加各种阶层的社会活动等。在20世纪早期电影明星中，胡蝶是至今保留影像资料最多的一位：除了她在当时出演的影片最多外，作为许多重要社会活动的主角也是她被记录的原因之一。1927年4月27日，胡蝶第一次出现在《北洋画报》第82期上，就是封面人物。

在随后11年的时间跨度里，《北洋画报》以25次封面报道，不少于70幅图片报道的规模，完成了胡蝶从一个素雅、乖巧的邻家女孩儿到雍容典雅的贵妇的形象塑造。这段时间，当然也是胡蝶银幕生涯的辉煌阶段。她出演的角色类型众多，从早期默片到有声片，她饰演的妻子、小姐、母亲、教师、侠客、娼妓，等等，几乎涵盖了当时银幕上所有的女性形象，她本人最终成为公认的“电影皇后”，继而成为大众心目中“标准女性”代表。这样的影响力绝非“明星”二字可以简单概括，无论是当时的媒体还是后世的研究者都普遍认为，胡蝶的素养和性格、智识和情怀，尤其是她内敛又不失乐观的精神，是她赢得赞誉和地位的内在原因。

可能因为胡蝶童年时曾在天津教会女子学校读书，《北洋画报》甚为偏爱这位享誉全国的大明星，无论是她的影讯动态还是个人生活，都尽可能地选择不同于其他媒体的角度进行解读。比如胡蝶的恋爱与婚姻，绝对是当年上海滩的大新闻。《北洋画报》在1935年11月28日的第1328期第2版选登一幅三人合影：胡蝶、潘有声伉俪围坐胡母两边。这是对胡蝶成熟形象的一种无声表达。

而在《北洋画报》对胡蝶众多的热点报道中，有一篇专访趣味独特。这篇登载于1933年9月14日第985期的《蝴蝶皇后访问记》让读者，尤其是她的影迷看到了这位影后不太多见的一面：

> 记者抵沪第一天的下午，很幸运的在永安公司的门前遇见了电影皇后胡蝶女士，同着一位像是亲属模样的人，拿着买来的食品，正要上车；记者与她虽然已经睽违了两年多，可是皇后却并不健忘。同记者站在路旁说了几句话以后，还很客气地说有功夫去家里坐，随即告知地址，匆匆上车去了。

《北洋画报》的这位记者很“实在”地于第二天上午10点，直奔影后的“皇宫”采访，刚被叫醒的胡蝶，接受了记者的访问：

> 握了手，寒暄了一阵，她说：“公司本来定好说今早八点动身去淦浦拍‘盐潮’，后来临时又改在下午两点。昨晚出去玩，所以今天起来的晚一点。”后来谈到北平的情形，她说：“我喜欢住在北平，那房子又大又舒服，比上海房子好住得多了，上海的又贵，又不方便，却是楼房。北平的大院子好极了。”……这时，有四个小孩子走了进来，好奇地看着听着。介绍后，知道是她的

《北洋画报》
第一千四百八十五期　封面
1936年12月1日

廿五年十二月一日 星期二
第一千四百八十五期（第三十卷）

北洋畫報

THE PEI-YANG PICTORIAL NEWS, TIENTSIN

No. 1485 (Vol. 30)
Tuesday Dec. 1, 1936

■本報設天津法租界藍牌電車道北廿三號路電話二二四二二號 △本報價目 零售每期大洋六分 每逢星期二·四·六出版 每週三次 每大洋一元定閱十七期 半年七十五期四元三角 全年百五十期八元四角郵費在內

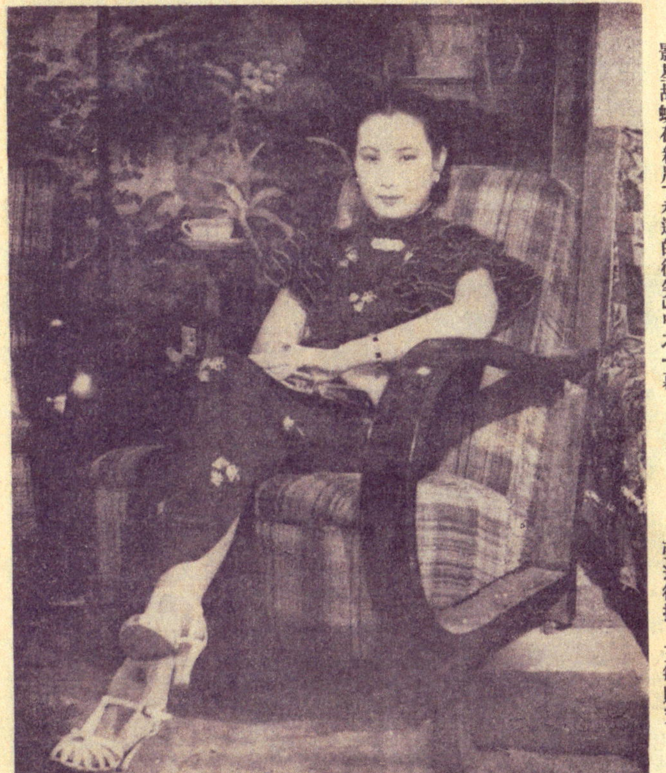

影星胡蝶在新片「永遠的微笑」中之一幕。張進德攝。王敏贈刊。

■本報法律顧問 趙泉律師事務所法界十四號路十六號電話三二四三八 鄺體乾律師事務所法界四號路新華大樓電話三一零四五
△本報內政部登記證警字二六〇五號▽ 中華郵政掛號立券新聞紙

THE FIRST PICTORIAL NEWS ESTABLISHED IN NORTH CHINA WITH

三位小弟弟和一位小妹妹，大的两个，已经入小学了。他们都是大眼睛，活泼的很，看来我们的皇后很疼爱他们的。

与文字相配合，画报在这一版登载了这次专访的两幅独家照片，分别是胡蝶给记者的签名照和她四个幼小的弟妹合影。

这幅出现在第1485期《北洋画报》封面的胡蝶形象配文“影星胡蝶在新片‘永远的微笑’中之一幕”。事实上，这幅后来被广泛使用的照片更像是在片场的定妆照。在这部被称为“左翼电影”的有声片中，胡蝶饰演的是一位歌女，但读者从这一期《北洋画报》封面中看到的分明是一位坚韧、庄重和宽容的成熟女性。

美觀 耐久 好看 堅固 經濟 上算 物美 價廉 就是郭恒有的襪子

仙宮

本店代售A B化粧品

胡蝶皇后訪問記

本年中國影后胡蝶女士近影及其簽名式 林通贈刊

現已分批返滬之明星攝影隊過青島留影（右至左：鄭小秋，王瑩，張敏玉，嚴素貞，譚志遠。）趙蠡今攝・王卓贈

胡蝶之弟妹（右至左：胡業銘，胡業圻，胡寶珠，胡業堯。）正曦攝

記鄭燕侯

防空發明家發昌最近發明之「九六冲天雷」圖 日近在漢口「九・一八」公園試放情形 少南攝

河北女師學院藝術系刺繡賈英女士（右）賈華女士（左） 王卓贈刊

美之城論

全國飛行之孫桐崗抵滬與歡迎者留影 中國攝影社

廿二年九月十四日 星期四 （2） 第九百八十五期

《北洋画报》
第九百八十五期 2版
1933年9月14日

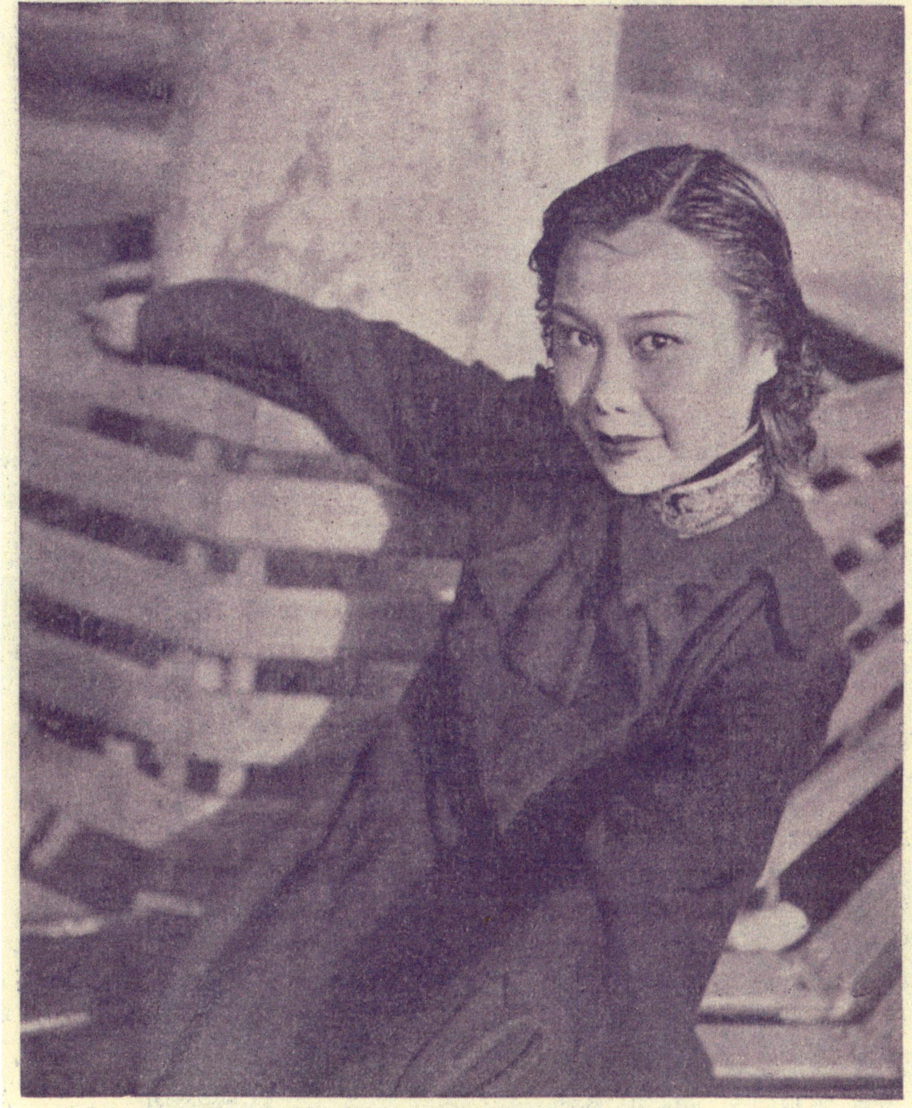

北洋畫報
THE PEI-YANG PICTORIAL NEWS, TIENTSIN
△明星公司新進影星白楊女士近影▽
。席與羣攝。

《北洋画报》第一千四百七十九期　封面　局部　1936年11月17日

白杨的“十字街头”

第1479期《北洋画报》的封面为“明星公司新选影星白杨女士近影”。这是白杨第六次登上《北洋画报》的封面，只不过前5次她是以“中国旅行剧团”团员、“北平话剧名家”等身份出现的。1937年的2月9日，第1515期，封面人物又是“影星白杨”。在4月6日的第1538期《北洋画报》上，白杨主演的《十字街头》剧照出现了。

第1538期第3版上的《电影专刊》主推了两部重要的国产影片。专刊以观后感方式发表文章，推介马徐维邦导演的《夜半歌声》——这是一部中国惊悚片的滥觞之作。另一部则是在中国影史上占有不可动摇地位的《十字街头》。专刊用的是两张代表性的剧照，配发一篇报道女主演白杨的通讯文章。这一系列的事实说明，白杨以及被称为“左翼电影”的《十字街头》不仅在上海，在平津两地也已有极大的影响。

《北洋画报》
第一千五百三十八期　3版
1937年4月6日

《十字街头》是早期左翼电影人在文学界、评论界共同发声的一个缩影，也是左翼电影最典型、最成功的一部。这部电影无论从故事还是影像上都表达了一种不同以往的价值观，并展示出不同以往的叙事方式。剧照中的吕班、赵丹和白杨，此后都走上了左翼的道路：赵丹在随后的10多年中成为左翼电影的标志之一；白杨在1940年代最为重要的两部左翼电影中担任主角；吕班随后转为幕后工作者，参与了新中国两家电影制片厂——东影和北影的最初建设，1957年划为右派。

两张《十字街头》剧照中间，是一篇专门讲述白杨故事的通讯文章，题目叫《影星白杨小史》，署名“瞽史”。节录片段如下：

> 白杨本性杨，原名君丽，湖南人，因皮肤白皙，人皆以白杨称之。母为扶桑女子，先后生白姊妹四人，除一弟早殇外，余均存在。长姊肄业北平某校，性情孤傲，落落寡合，平日里埋头读书，俨有学者风度。次姊最艳，然不喜读书。白以年幼活泼，甚得父母欢心。

作者文中提到的北平某校肄业的长姊，就是后来著名的革命作家杨沫，其代表作为《青春之歌》。“不喜读书”的二姊即杨成亮，较早成家，20岁因病去世。大姐杨沫是姐妹的主心骨，作者也对其做了生动的描述：

> 嗣母病殁，父亦别有所恋，遂置白姐妹于不顾。长姊不得已，乃恳父执辈与父商，请析产二分之一为姊妹生活费，倘不允所请，则将诉诸法。白父素惧女，又重于友面，允之。

文章后半段专门描述了白杨从影的经历：

> 嗣白加入联华五厂中习化妆与银幕术，次姊亦入某票剧社学习平剧，长姊忿二人之不务学，乃与之绝。后白随马彦祥（戏剧导演、白杨未婚夫——引者注）北上，次姊则不知何往，白时向马要求入影界，马辄不许。白一怒赴沪，经应云卫之介，加入明星，主演“十字街头”一片，成绩甚佳。闻白之月薪，只有百元，且又积欠不发，但以白之活动能力及其丽色，固无感于爱情与经济之恐慌也。

这篇文章发表的时候，文中的大姐杨沫已经是中共党员，她入党的时间是1936年底，就在白杨以明星公司影星身份登上封面之前不久。除了这篇生动鲜活的通讯报道，这辑专刊可谓丰富——剧照、影人、影讯不一而足，都是弥足珍贵的历史记录。三个月后，专版上一些人物的命运将随着时局发生不可预料的变化。

1937年7月7日，卢沟桥事变爆发。白杨随着左翼人士组成的演剧队之一“影人剧团”一路向西进入陪都重庆；姐姐杨沫也离开了上海，原计划北上延安，途中留在冀中，参加抗日活动；出现这一版的另一位电影人蓝苹则最终走向了延安，走向了全国。

電影專刊

The World of Screen

No. 99 第九九期

▷「十字街頭」新片中失業者投江自殺之一幕◁

本市光明上演中「十字街頭」之一幕：（右至左：呂班，白楊，趙丹）

影星白楊小史

聲·史

白楊，本姓楊，原名君麗，湖南人，因皮膚白哲，人皆以白楊稱之。母為扶桑女子，先後生白姊妹四人，除一弟早殤外，餘均存在。長姊肆業北平某校，性情孤傲，落落寡合，平日埋頭讀書，儼有學者風度。次姊最艷，然不喜讀書。白以年幼活潑，甚得父母歡心。嗣母病殁，父亦別有所戀，遂置白姊妹於不顧。長姊不得已，乃懇父執輩與父商，請析產二分之一爲姊妹生活費，倘不允所請，則將訴諸法。白父素懼女，又重於友面，允之。長姊又將所得析而爲三，並令白與次姊讀，白次既得欵，不復聽姊言，日事嬉遊，歌台舞謝，時見二人踪跡。嗣白加入聯華五廠中習化妝與銀幕術，次姊亦入某票劇社學習平劇。長姊憤二人之不務學，乃與之絕。後白隨馬彥祥北上，次姊則不知何往，白時向馬要求入影界，馬輒不許。白一怒赴滬，經應雲衛之介，加入明星，主演「十字街頭」一片，成績甚佳。聞白之月薪，只有百元，且又積欠不發。但以白之活動能力及其麗色，固無感於愛情與經濟之恐慌也。

女星露絲蘭德·凱司近影

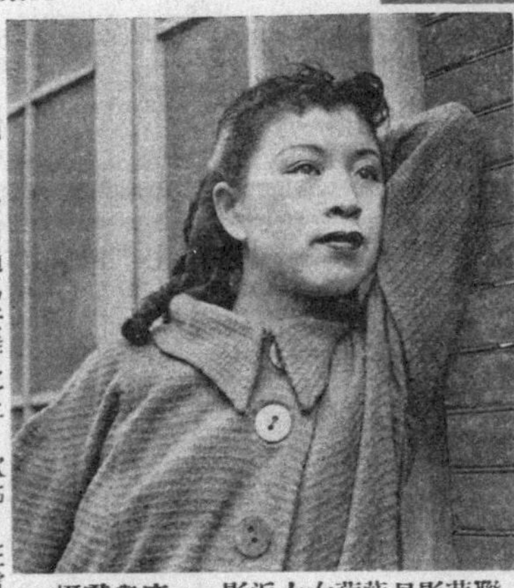

聯華影星藍蘋女士近影。席與攀攝。

珍派克在梅高美公司新片中之表情

夜半歌聲觀後

看過「夜半歌聲」以後，我感覺一個導演對於演員的影響太大了。一個演員的本身對於電影藝術的修養與理解，固然應有充分的認識；但假使遇着一個笨拙的導演，那麼，即使演員的技術，怎樣高明，也必定無用武之地，而終歸於失敗。「夜半歌聲」片中的演員，給與我的印象，便是一個顯著的例。這部片子，是馬徐維邦所導演，片中故事穿揷，極哀感頑艷，雖奇曲折。較之其他平淡無奇，不能抓住觀衆的心靈的片子，自有天淵之隔。而片中演員之演技，尤能各盡所長。金山飾純正的革命青年，表情異常深刻，尤以在怒恨中的狂笑，使人興奮。胡萍飾一含宛莫伸的弱女子，表演內心抑鬱的數幕，於傷感中充滿熱情，深刻生動，別具作風。王爲一所飾的怪老頭子，狀貌奇特，表情緊張，眞有令人不塞而慄的魘力。其他如鄉人在冷月下追逐金山的火把，胡萍在森林中會見施超時滿林煙霧，處處都顯得恐怖萬分。其他歌詞的慷慨激昂，光線之融合劇情，更可證明這部片子出類拔萃。但是這部片子，所以能够獲得最後的盛名，雖說是演員都能够把握仕劇情，而發揮各人的長處，但馬徐維邦導演之功，也不可磨滅。據新華公司的預告，馬徐維邦第二部恐怖片子，巳定名「古屋飛尸案」，仍由「夜半歌聲」全班人馬接演。我想馬徐維邦繼此精神努力做去，前途是有希望的。但是，我們敢用十二分的誠意，希望公司對於此類恐怖片子，要加以愼重，至少，在內容上，不要歪曲現實，更不要滲入麻醉羣衆的毒素，因爲，在電影教育上，思想究竟要純正啊。（莊）

▷影星陳玉梅女士近影◁ 鍾辛茹寄刊。

現在本市平安影院上演莎士比亞名著「皆大歡喜」之一幕

銀壇新訊

京·自滬寄·

△天一公司將由影星陳玉梅主演「律師夫人」一片，劇本已送京審查，一俟通過，即行開拍。

△坤伶李桂雲將入天一公司，與陳玉梅合演新片「律師夫人」。

△主演「黃浦江邊」，「女同學」各片之陳綺霞女士，將繼續主演「鄉下姑娘」一片，片中男角爲大小傻星葛福榮，翁世榮。闇現正在籌備開拍云。

“Join the marines”新片中之瓊·春菲絲與勃兒·凱萊之表情。金光寄贈。

廿二年七月一日星期六
第九百五十三期〔第二十卷〕

北洋畫報

THE PEI-YAN PICTORIAL NEWS
TIENTSIN.
No 953 (Vol 20) Saturday July. 1. 1933

◻本報法律顧問趙泉律師事務所 設在法租界二十六號路基泰大樓內三百零四號電話三二四三八

本報價目 零售每期大洋六分 每逢星期二・四・六出版 每週三次 每大洋一元定閱十七期 半年七十五期四元三角 全年百五十期八元四角 郵費在內 △本社設法租界三十三號路十號電話二二四二二號

影星阮玲玉最近影　伯龍贈刊。

◁本報內政部登記證一五八六號▷

中華郵政掛號立券新聞紙
天津北洋美術印刷所製版承印

“新女性”阮玲玉

阮玲玉，祖籍广东，1910年生于上海。1935年在上海家中服安眠药自杀，年仅25岁。1926年，阮玲玉出演个人首部电影《挂名夫妻》，由此开启演艺生涯，1930年，因主演孙瑜导演的《野草闲花》一举成名，至去世，共参演30部电影，代表作包括《小玩意》《三个摩登女性》《神女》等。阮玲玉是民国时期最为知名的女影星之一，是中国默片时代最伟大的女演员。

第953期封面上这张照片是阮玲玉第三次登上《北洋画报》的封面，这位至今无人不晓的明星在《北洋画报》中最多被记述的时段则是她“以身殉讼”后的两年。阮玲玉是一个时代的代表，更是一种形象的代表，她的意义早已超出电影行业而被无数的研究者解读。这里，我们只关注出现在《北洋画报》上的，专业、时尚、独具一格的阮玲玉形象。

阮玲玉最早出现在《北洋画报》上，是1929年1月19日第271期第3版左中题为“上海影星阮玲玉”的一张全身照片；再次出现，阮玲玉就登上了封面——1929年6月20日的第334期，一张侧面梳着标志性刘海的头部特写照片格外醒目，配文为“上海电影明星阮玲玉女士近影”；1930年2月13日的第433期，阮玲玉第二次出现在封面上，配文“上海民新影片公司女演员阮玲玉到平摄制新片时造象”。

1926年就开始拍电影的阮玲玉，时至1930年已经3次登上了这家北方最大画刊的封面。彼时，虽然阮玲玉已经在不少默片中展露才华，但是让她成为大明星的那部《野草闲花》尚未面世，但能够多次成为封面人物，多少可以从侧面说明阮玲玉当时已有不小的影响力。从1931年开始，阮玲玉相对频繁地出现在《北洋画报》上。不过，也多是以电影剧照或者拍片中的花絮照的方式，并无专门描述乃至专业性的评论文字。这和《北洋画报》此时尚未在电影报道中投入太大力量有一定关系。

随着阮玲玉令人唏嘘的殒命，《北洋画报》对阮玲玉的生前与死后有了较为充分的报道。1935年3月8日凌晨，阮玲玉自杀。第二天上海各大报刊就开始做相关报道。《北洋画报》于3月12日第1216期刊出其逝世的消息，刊发了《挽阮玲玉女士》一文，虽然文字不多，但足见在信源较少的前提下，编辑部对这一事件的审慎。接着从3月16日第1218期文章《阮玲玉之生前死后》开始，《北洋画报》以自己的视角陆续做出对这一事件深入且系列的报道。

从篇目上看，阮玲玉出现在《北洋画报》上的次数，以其去世为节点，前后几乎各占一半。对于一位年轻横死的明星，媒体的视角和态度尤其重要，所谓仰俯之间不失公允客观，实在考验媒体的专业素养和职业良知。这一点，《北洋画报》较之当时的许多媒体，更显客观、冷静，殊为可贵。比如1935年3月19日第1219期，作者“徽”的文章《阮玲玉以身殉讼》占据第3版大量篇幅，以所知信息推断阮的死因：

阮玲玉之致死之因，社会之传说不一，据作者之推测，其致死之由，厥为问题复杂之讼事也。张达民谓与唐季珊本即相识。惟唐则否认，故当讼事发生后，唐季珊曾在报上登一启事曰：“鄙人与张达民素无谋面之雅，伊家前住何地，鄙人固不知之，何从而往？且鄙人与阮玲玉相识，系在阮与张脱离同居关系之后。此时与阮往来，系住阮家，非住张家。顷阅报载鄙人乘张往外埠之时，往张家闲游，与阮相熟，及伊在庭供称，鄙人乘伊不在家之隙，时至伊家，致与阮相识等语，均非事实。”据此启事，则张唐素不相识，且唐阮同居，在张阮脱离同居关系之后，是张反得诬陷唐阮私携数千元物件之罪。惟是时沪报有刊阮玲玉痛述与张达民同居经过一文，与唐季珊所登启事对照，颇有出入也。

紧接着，两日后的第1220期《北洋画报》第2版刊登阮玲玉殡仪照片多幅，同版发表文章《新闻记者可畏而不可畏》，论述以记者为代表的“笔杆子”的言论之可畏，认为阮玲玉之死与媒体的舆论胁迫有很大关系：

原来因为阮氏因主演“新女性”之故，开罪新闻界，就有人借着她与前夫的讼案，加以非议，什么“出身低贱”“姨太太生活”等闲话，最令阮氏难堪。遗书重言“人言可畏”，便可见她芳心受创深巨矣。现在各报论调，回想她表演的天才，为人的诚实，毫无时下明星的坏习气，莫不同声惋惜，也请发过可畏的“人言”的人们，反省一下。其实笔杆终究不如枪杆厉害，笔杆只能伤害廉耻未丧的好人的，如果是早练得一副“笑骂由他”的厚脸皮的，那你就不能损害他分毫了。

《北洋画报》对于阮玲玉之死的内容，除了独家的图片文章，更有很多电影界人士的独家报道。孙瑜是中国默片时代最伟大的导演之一，更是发现并推出阮玲玉的伯乐。《北洋画报》在1935年4月2日的第1225期第3版《电影专刊》上刊登了特约文章《孙瑜悼阮玲玉的话》：

关于阮艺友自杀，各报记者记载甚多。我等哀悼无尽！阮之卓绝演技，推为国产银坛独步，其为人又和蔼平等，无人不爱戴之。她的遗书上写了“人言可畏”四字，可见她何等重视她的人格和名誉。她觉得不原谅她的人太多了，而实际上她又没有真正的知心，可以倾诉她内心的痛苦。在各种压迫失望之下，她何能更抱着勇气生活下去呢？

同版，画报刊登了孙瑜和阮玲玉各一张特写照片。阮玲玉的照片，动感十足，笑容灿烂。

阮玲玉去世一年后，1936年3月17日的第1374期《北洋画报》在第3版刊登了一篇署名“金光”的文章《追悼阮玲玉》。此后，阮玲玉的名字便再也没有出现在《北洋画报》上。

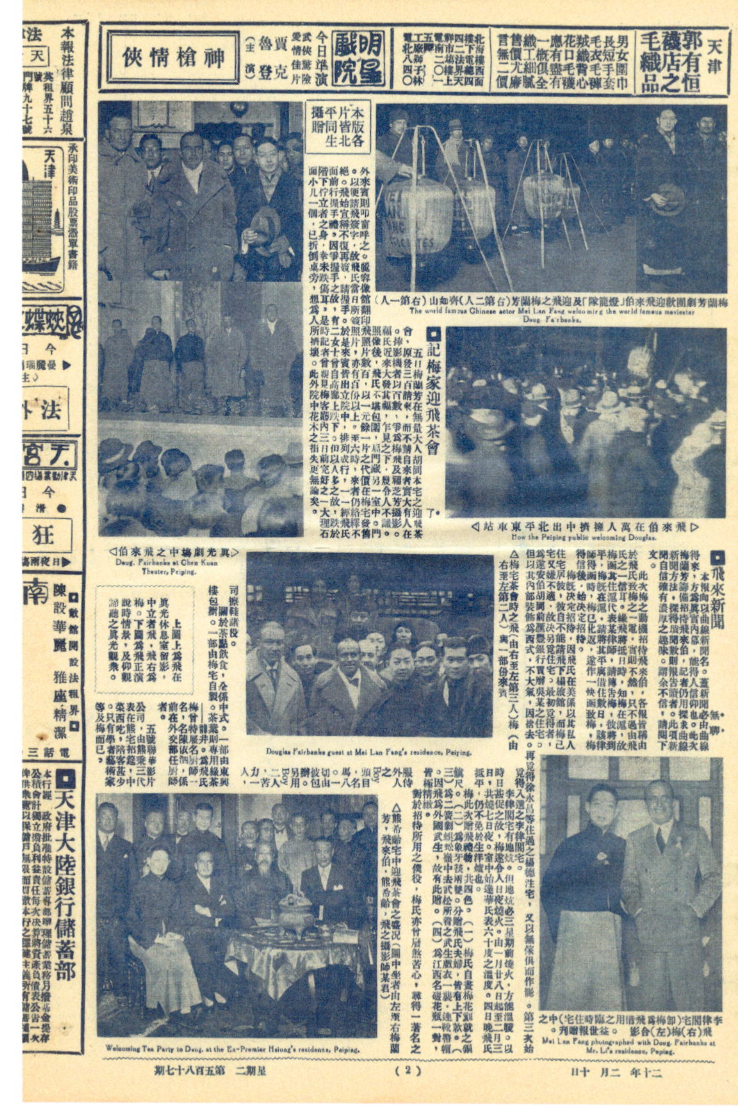

《北洋画报》第五百八十六期 2版 1931年2月7日　　《北洋画报》第五百八十七期 2版 1931年2月10日

“飞来伯”平津之旅

道格拉斯·范朋克（Douglas Fairbanks，1883—1939），美国好莱坞早期巨星、制作人，也是美国电影艺术与科学学院的创始人之一，并担任学院的首任主席。作为默片时代最为出名的演员之一，范朋克因为较多的武打动作和扮演罗宾汉式的侠客声名远播，被视为最早的美国电影英雄。同样，他的影片也受到美国以外许多国家观众的喜爱甚至崇拜，当时的中国观众就是把他当作武打明星和侠客形象接受的；此外，范朋克和妻子——著名的“美国甜心”玛丽·璧克馥也被视为影坛最负盛名的伉俪。所以，范朋克在中国的访问连续5期出现在《北洋画报》上，其中两期几乎是专版报道的规模，也就不奇怪了。

事实上，范朋克夫妇作为当时美国电影的象征，加上他们电影制作人、实业家的身份，早就频繁地开始了和各国同业交流的社会活动。在此次抵达北平访问之前，他们已经不止一次出现在当时的中国电影之都上海。而他们在美国对梅兰芳访美的接待，也为这次“平津之旅”打下伏笔。

关于《北洋画报》这次连续追踪报道，在1931年2月3日的第584期第2版上，就已经出现了一张用剧照发布的访问预告。在这张他们夫妇合演的《驯悍记》（1929年上映）剧照下，编辑写下了“即将来津转平的影星飞来伯及其夫人曼丽璧克福在影片中之丽影”的图注。随后，1931年2月7日第586期的第2版上，就出现了两篇长文和4张照片的大规模报道。题为《飞来伯抵平记》的文章大略介绍了范朋克来访的前因后果以及北平方面迎接的现场动态。与4天前的预告不同，这次来访，范朋克的妻子玛丽·璧克馥没有随行。事实上，范朋克是和导演维克多·佛莱明等人随一个摄制组（应为纪录片拍摄）前来的，甚至并非专访而是途经中国。而这一点，与后来北平的多处游览和梅兰芳的盛大接待活动相较已经显得并不重要了。媒体和读者相信，因为1930年梅兰芳赴美访问演出时曾应邀住在范朋克家中，所以，这次范朋克来华是对梅兰芳的回访。另一篇题为《老龙头观星记》的报道则侧重描述了北宁铁路为一行电影人配备的专列从秦皇岛直抵天津，在天津老龙头火车站换乘平津列车，迎来送往的“追星”盛况。

最为详尽和丰富的报道出现在2月10日的第587期第2版。占用整版的7张照片和两篇文字报道，将范朋克在北平接受梅兰芳的盛情款待生动地记述出来。第一篇报道题为《记梅家迎飞茶会》。文章说，梅兰芳在无量大人胡同本宅举办茶会，虽然只发了300张请帖，但实际到来的客人早就超出此数，单是举着相机的记者就达百人。文章用大量细节凸显了茶会的规模甚至“乱象”。另一篇以《飞来新闻》为题的报道细节更多，比如，梅兰芳对自家居所不满意，最终借用李律阁的住宅。文章详尽地介绍了梅兰芳对李宅进行的精心布置：包括客厅、书房的陈设，家具的中西方式样搭配以及取暖方式；不厌其烦地列举了梅兰芳赠予范朋克的礼物；特意请的西式管家等。这种堪称国宾待遇的接待标准，确实令人咋舌。值得注意的是，这一版的照片，除了必不可少的合影外，许多旁观者角度的新闻图片也很生动和写实。

之后的《北洋画报》有关范朋克的行踪是以文字报道的方式呈现的，题目则比较有趣。2月12日第588期的文章名为《飞来拾零》；2月14日第589期则是《飞去余闻》。简洁的文字下是丰富的信息和数据。后世对此事件的很多文章其素材来源大多与这几期的《北洋画报》有关。

关于范朋克在《北洋画报》上的译名，是一件可以赘述几句的趣事。一般认为，范朋克在当时民国各大刊物被称为“飞来伯”，事实并非如此。其实，范朋克这个译名确是最早出现在《北洋画报》上的。1926年12月15日发行的第46期《北洋画报》第2版上，有一张四人合影照片，注文是“美国电影界四大名人合影”。在这张照片下，清楚地按照位置标明人名为“武术大王范朋克、电影皇后玛丽毕克福、名导演家刘别谦、滑稽大王贾波林”。熟悉早期好莱坞电影的人知道，这里面至少有两个名字的译法沿用至今：一个是刘别谦，一个就是范朋克。“玛丽毕克福”现在通行译法只是换了同音字（玛丽·璧克馥），只有“贾波林”后来被翻译成卓别林。之后，范朋克的译名至少还在《北洋画报》上出现过两次。比如，1930年元旦第417期、第418合刊上的第7版登载了三幅照片，文字注释就是“范朋克夫妇在上海”云云；同年的2月27日第439期的第2版是“影星范朋克离沪时与王元龙合影”的照片。

有趣的是，“飞来伯”的译名最早出现的《北洋画报》却是登载范朋克儿子小范朋克时使用的。时为1928年8月4日，是第209期第2版一张影讯剧照。除此，《北洋画报》基本上用飞来伯的名字对这位巨星做了8次报道，包括这次热闹非凡的“平津之旅”。

范朋克最后出现在《北洋画报》也很富有戏剧性，他的一则预告性影讯刊登在1936年3月17日的第1374期上。这则只有几十个字的消息中提到他可能会再登影坛，拍摄“马可波罗传”（最终未能拍摄）。这一期还有一则文字报道，是《北洋画报》在阮玲玉逝世一年之后的纪念：署名“金光”的文章《追悼阮玲玉》。冥冥中，同样是默片时代最为辉煌的两位明星——“美国侠客”和“中国神女”，在这一期与他们的读者做了最后的告别。

美国电影在中国

《北洋画报》的电影内容中，国外电影的图文报道占相当体量，国际影星登上封面的例子更是不胜枚举。第 993 期的封面来自电影《罗宫春色》（*The Sign of the Cross*），它是 1932 年美国的派拉蒙公司出品的一部历史古装片，从导演到主演都是当时派拉蒙乃至好莱坞赫赫有名的人物。封面上是著名影星克劳黛·考尔白（Claudette Colbert）的剧照。有趣的是，配文“即将来津公演之派拉蒙影片‘罗宫春色’中之伊莎兰地（Elissa Landi，今译爱丽莎·兰迪——引者注）”，说的却是该片另一位女主演的名字。这张封面属张冠李戴。

导演这部影片的是默片时代最伟大的导演之一塞西尔·B. 戴米尔（Cecil B. DeMille）。他是好莱坞第一个推行导演和制片制度的人。金球奖的终身成就奖正是以他的名字命名的，他也成了第一位获得这个奖项的导演。至于主演，除了封面上这位赫赫有名的默片巨星外，还有被誉为“影史上最具才华的演员之一”的该片男主角的扮演者弗雷德里克·马奇（Fredric March）。而这部后世褒贬不一的巨制，因其场面壮观、舞美华丽、尺度大胆、手法先进被载入史册。《北洋画报》把一部外国影片剧照充当封面，足可看出好莱坞电影在天津乃至国内的影响力。

北洋畫報
即將來津公演之派拉蒙影片「羅宮春色」中之伊莎蘭地

《北洋画报》
第九百九十三期
封面　局部
1933 年 10 月 3 日

《北洋画报》
第一千五百十五期 3版
1937年2月9日

这部影片是在美国本土公映之后一年在中国上映的，这在当时好莱坞影片的中国排片时间中，属于正常情况。因为交通乃至引进方式等原因，中国观众要看到外国电影，总要等待一段时间。排片滞后本无可厚非，但是电影资讯、理论和业界动态的滞后，影响了信息对称，也就会出现在本土表现并不出色的影片却在中国热映的情况。一部被翻译成《青春世界》（*Follow Thru*）的好莱坞影片曾登上《北洋画报》的封面，且有大量报道。这部如今被翻译成《情系高尔夫》的影片，除了好莱坞早期喜剧歌舞片的拥趸外，而今应该很少有人提及了。这当然不是说这部影片在本土的票房和口碑一定极其糟糕，只是说，它虽然曾在上海和天津热闹上映，但未必是经得起时间检验的经典影片。

一个有趣的现象是：无论是上映滞后和制作并非精良的影片，还是上映后能在津沪两地成为热议的影片，抑或是顶着许多当时著名影星名号的影片在引进中国的时候都要经历一个烦琐的过程。《北洋画报》特别在第1515期登载了一篇论述文章，侧面展示了好莱坞影片是如何进入当时中国观众视线的。这篇署名“俞勋”的文章《美国影片在我国的状况》也是第95期《电影专刊》的重点：

> ……美国影片运到中国来上映，其间会费过许多为观众所不知道的手续，其中最重要和最复杂的，要算“检查”了。我国政府特设有“电影检查委员会”，专司这种职务，美国影片由国外或香港转运到驻在中国的分公司或代理人手中，就得先送到南京电检会检查。在未送检查之前，需经翻译者把片中的故事和对白以及动作，译成中文说明书，然后再配上一个中文的片名。跟着影片送去检查的，要四份原文件的说明书和对白，二十份译就的中文简易译本，二十份中文片名，而且另外还要填表一份，简易的把每一卷中的内容说明，申请书也要填写一份。……检查通过的准演执照代价是三元一角，（国内各地放映必须要有这种准演执照，而且在放映前送交当地教育局备案。）假如全部影片检查后而遭禁演时，检查费是不发还的。据调查报告，在上海设有分公司的美国主要公司计有八家，在去年为了南京电检会的检查影片，所费达十二余万元。上列的检查费用，再加上关税和影院的开支，则美国影片在中国之出，已不在少数，然而他们每年还有净利二百万元以上汇到美国，美国影片在中国的势力，也就可想而知了。

无论是早期主要以引进法国乃至欧洲电影为主，还是随后的好莱坞影片强势进入，当时的中国都未对外国影片做输入限制。然而，就是在这样的背景下，一个中国电影史不可忽视的数据是：1920年代中期，以上海为中心的国产电影产量已经超过了百部。随后的1930年代上半期和1940年代下半期又出现过两次国产片高潮，由此可见其时中国电影的潜力。

電影專刊
The World of Screen No 95 第九五期

奮年元旦光明上演明星新片「壓歲錢」一幕。德進○

■「壓歲錢」中之「新生命」歌

京·

明星公司行將公映之「壓歲錢」一片，其內容譏諷人生，至爲深刻。表情亦異常生動。片中大意，係述一壓歲的金圓，展轉傳遞於各個不同人的手中，幷穿插以可歌可泣之故事。由各種故事中，使人得以認識殘酷陰險之社會眞面目。片中穿插歌曲七支：胡蓉蓉唱「壓歲錢」，「籠中鳥」。龔秋霞唱「年年如意」，「火山風光」。黎明暉唱「舞榭之歌」。姚萍唱「新年歌」。李麗蓮唱「新生命歌」。其中以「新生命歌」，雄壯激昂，較之前六曲深有意義。歌詞爲賀綠汀所作。茲錄如下：

「這兒有新的生命——火的熱情；這兒有生的意志——戰的精神。這兒有劍的鋒稜，有鐵的擊聲；這兒有自由的百姓，有堅固的長城。這兒有同聲相應，有萬衆一心；這兒有你的無限前程，有我的引路明燈。這兒有前進，這兒沒有消沈；這兒有前進，沒有消沈」。

◁本市光陸影院舊年元旦上演之「泰山出險」之一幕▷

●●●銀壇新訊●●●

△張恨水所著之「太平花」，現經天一公司編爲電影。將由陳玉梅領銜主演，由邵醉翁，文逸民，左明等聯合導演。

△程步高繼「小玲子」後之新作，爲「夜長夢多」，由談瑛主演。劇本出於名作家洪深之手筆。即將開始拍攝。

△徐欣夫導演偵探鉅片「生龍活虎」，內景業已攝竣。日內將去蘇州，攝取軍匪大激戰之鏡頭。

△田漢近曾寄民新公司一新劇本，名「鐵匠居」。

△金擘宇刻正專心於「閻牆記」劇本之修改，以便拍製時可以注全力於導演工作，而免兼顧之煩。

△明星公司第二廠實際已完全撤消。廢歷年後，明星所有導演，均將取包工制，演員亦訂部頭戲，以便確定預算。

嘉勃爾與菊痕克羅馥在"Love on the run"新片中之一幕

"Libeled lady"中之韋廉鮑華與珍哈羅

華納兄弟公司影星安娜·奚瑞丹之影

影星顧蘭君近影。席與羣攝寄。

顧蘭君（左）與韓立均（中）徐培如（右）合影

■美國影片在我國的狀況

愈·勛·

美國影片以好萊塢爲攝製的大本營，而以紐約爲貿易的總機關。美國影片推銷範圍的廣泛，是任何人所不能否認的。即以中國而言，除幾處大城市有電影院外，其他偏僻地方尚付缺如者很多，然而每年在中國却有淨贏的利益二百萬元以上匯到美國去。即以上海一隅而言，四家映演美片第一流影院，每年約有六十八萬元，付給影片公司作爲片租。雖然如此，美國片商，並沒有認爲中國是個大市塲，將來的發展當更使人驚心。

美國影片運到中國來上映，其間曾費過許多爲觀衆所不知道的手續，其中最重要和最複雜的，要算「檢查」了。我國政府特設有「電影檢查委員會」專司這種職務，美國影片由國外或香港轉運到駐在中國的分公司或代理人手中，就得先送到南京電檢會檢查。在未送檢查之前，需經翻譯者，把片中的故事和對白以及動作，譯成中文說明書，然後再配上一個中文的片名。跟着影片送去檢查的，要四份原文的說明書和對白，二十份譯就的中文簡易譯本，二十份中文片名，而且另外還要填表一份，簡易的把每一卷中的內容說明，申請書也要填爲一份。檢查費用是每五白公尺國幣二十元。平均每部普通長度的影片是二千尺，即需繳費八十元。所費的時間普通是五天至七天，有時或者兩星期。如果檢查時發現內容有不妥當地方，那麼無疑的要被剪刪，檢查通過的准演執照代價是三元一角，（國內各地放映必須要有這種准演執照，而且在放映前送交當地教育局備案。）假如全部影片檢查後而遭禁演時，檢查費是不發還的。據調查報告；在上海沒有分公司的美國主要公司計有八家，在去年爲了南京電檢會的檢查影片，所費達十二餘萬元。上列的檢查費用，再加上關稅和影院的開支，則美國影片在中國支出，已不在少數，然而他們每年還有淨利二百萬元以上匯到美國，美國影片在中國的勢力，也就可想而知了。

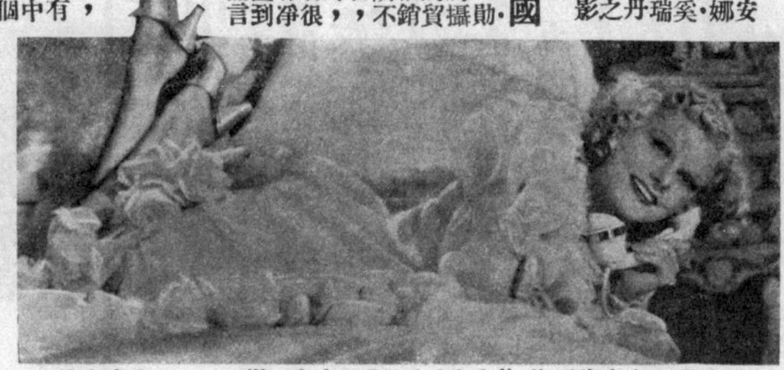

◁珍哈羅在米高梅新片"Libeled lady"中之一幕▷ 金光寄贈。

■ 怎得個人來消息通。

画丹青

> 本报有一口号是——提倡艺术。为什么要提倡艺术？艺术，是可以感化人心的啊！唉！现在的人心，太奸诈龌龊了！现在的世界，太黑暗阴恶了！所以我们是很注重艺术化，对于有精彩的艺术，想尽量的贡献，来感化人心，引导他们都到光明的路上去！这样说来，吾们的责任，不是很重大的吗？吾们的价值，不是很高贵的吗？吾们的事业，不是也很伟大的吗？诸位不要看本报是寻常的一种刊物啊！[1]

《北洋画报》的特约作者、画家曹涵美在创刊三周年之际，代表报社发表了上述感言。《北洋画报》所提倡的诸多艺术门类中，"美术"是其重要的内容，也促成了这个"以画为报"的综合性杂志鲜明的艺术特色。

丹砂、青雘，这两种矿物所提取的颜料，在中国古代绘画中呈现出了朱红和青两种颜色，而后"丹青"成为绘画艺术的代称。"画丹青"一章所涵盖的就是《北洋画报》中包含的古今中外的绘画、雕塑、工艺、书法、篆刻、设计等美术方面的相关内容。

19世纪，晚清的国门被迫打开，西方美术思潮及绘画技法也随之涌入，并开始影响中国传统绘画理论和技法。许多有识之士对西方艺术抱有极大的兴趣，通过出国留学进一步学习了西方美术理论及技法。1887年，李铁夫远赴欧美学习油画艺术，成为首批到西方学习油画的代表性人物。1905年，李叔同赴日本东京美术学院学习西画，成为国内最早留日学习美术的代表性人物。20世纪初，中国现代美术在中西文化的激烈碰撞下起步。国内开始建立新式美术学校、出版美术刊物、开办美术展览，并通过传媒平台介绍和推广西方美术。《中华民国美术史》[2]将1928年至1937年称为"中西美术的混流"阶段，并列举了这个时期呈现出的中国现代美术繁盛景象：大批留学海外的美术学子归国、艺坛三重镇（沪宁苏杭、京津、广州岭南）的三足鼎立、新兴版画运动、漫画的黄金时代、方兴未艾的美术教育、盛极一时的美术展览、建筑艺术的成就、工艺美术的中兴……这些都被1926年至1937年的《北洋画报》完整且生动地记录了下来。画报同人曾这样表态：

> 提倡艺术为本报标语之一，亦即本报之一职责，同人不敏，虽不能阐发艺术真谛，裨益学者，然提倡鼓吹，不敢有后于人……不分中西，举凡美术，咸网罗并举……世界一切事物，凡能工巧过人，靡不可称为"艺术"。以"艺术"包含甚广，不敢夸张……而书画摄影……均努力研求，融会中西，启发文化……[3]

1926年7月7日，《北洋画报》创刊号就将第3版整版辟为美术版面，发表了第一篇探讨美术史论的版头文章。这篇文章的主题目虽为《中国之平面雕刻与立体雕刻》而实际内容却是对副标题"图画与雕刻孰为先有之艺术"的阐述。文章通过对汉唐雕刻到明清雕塑的论述得出结论："图画之动机（平面造形）应早于雕刻（立体造形）"，"立体雕刻较平面雕刻为先有，图画之起原实后于雕刻"。[4]同版还刊登了清泰陵石象、漫画、陈少鹿国画扇面、画家小传，以及北京华北大学所藏甘肃出土的古陶器图片及志略文章，内容翔实，图文并茂，颇具专业素养。这便是《北洋画报》报道美术内容的开始。

《北洋画报》对中国传统绘画与西方绘画并举的宗旨，充分显现了这个时期“中西美术混流”的特点。20世纪初，“国画”（亦称中国画）的称谓开始出现，用以区别于西方绘画，包括水墨画、彩墨画、白描画、工笔重彩画等。据学者王晏殊统计，共出版1587期的《北洋画报》中刊载的中国传统书画作品有6000余幅，其中有传统经典画作，如吴道子、李龙眠、赵孟頫、文徵明、仇英、王鉴、石涛等人的传世真迹图片；有承袭宋元以来文人画风的晚清及近代画家的作品，如吴昌硕、金城、董其昌、陈师曾、刘凌沧等人的作品；还有同时代中国画画家的推介与展示，有的在展览期间开设专页，如张大千、齐白石、溥心畬、陈半丁、陈少梅、姚茫父等，并对相应的画家及画作配有艺评文章。[5]

书法与中国传统绘画密不可分，《北洋画报》中的书法作品可说是多姿多彩。其中既有法帖碑文的原貌呈现，也有传世经典的真迹留影，但更多的还是时人的书法作品。《北洋画报》独特的文人编辑群体凝聚了“艺文沙龙”性质的同人社群，方地山、陈宝琛、郑孝胥、章太炎、袁寒云、黄二南、巢章甫等颇有书法功力的名流雅士，自然成为画报书法作品的主要作者。同时期以梁启超、于右任、谭延闿、吴大澂、赵之谦、张伯英、华世奎、孟广慧、严修、赵元礼等为代表的著名书法家的作品也经常见诸《北洋画报》。基于当时的历史背景，“名人书法”也是书法版面的另一特色，《画报》常载袁世凯、冯玉祥、曹锟、阎锡山、张宗昌、汪精卫、林森、孙科、陆征祥等人的作品。文艺界名人的书法作品也是《北洋画报》的“座上宾”，其中尤以戏曲名家梅兰芳、尚小云、章遏云等为多。据不完全统计，《北洋画报》中曾出现的书法作品有逾千幅之多。

20世纪上半叶，博物馆等公共艺术场所的设立刚刚起步，与此同时画报等传媒也承担起了文博场所艺术普及的部分功能。正如《北洋画报》同人作者王小隐所言：

试问吾人，今日除饮食睡眠以外，将以何事稍为精神之安慰，公共之设备既无可游览，（天然美如公园，人造美如画院），而私家收藏又尽在估客巨室，亦无从而窥见，“北画”而于尺幅之间，设法罗致而表现之，同时使中国以外之人亦得略窥中国艺术之过去成绩与未来之发展，不复以“无文化”相訾謷，并介绍东西两方之作品，用以放开新旧之范围，成为世界的艺术之汇。[6]

编辑部积极地以图像方式为读者集中展示国内外画展、博览会、博物馆及历史遗迹中难得一见的文物藏品。除了前文中外经典绘画作品外，上古陶器、商周青铜器、汉唐文物精品、宋明珍稀瓷器等都择优刊载。同时，英国、法国、日本、德国、美国等地的博物馆馆藏精品也经常占据版面主要位置。《北洋画报》创刊一周年之际，报社编辑部发表了《本报待刊之艺术作品预告》，从中可以管窥其美术视野：

本报现搜集中外古今名家书画雕刻作品，古器古物照片拓片之类，为数甚夥，拟在本年下半年份陆续刊登，今先将名目列后：△山水类▽王翚，王鉴，王铎，王云，恽南田，徵明，吴历，方壶外史，赵原，大滌子，董源，石谿，辽西梦里人，冶客，萧衡阳，秋石冥。△竹▽王云，夏仲昭，吴仲圭，陈定之。△山水人物▽新罗山人，陈诗增。△松柏花卉类▽金农，秋石冥。△花卉禽类▽王梦白，何瑞生。△人物▽玉壶山人“二分明月女子小影”，陈师曾北京风俗画，曹涵美画“女子三百六十行”。△扇面▽陈师曾，金拱北，松禅老人，萧瑟，曹涵美，陈藩诰。△古器▽泛禁真影前后共两幅，仲忽鼎铭拓本，散氏盆铭拓本。△西洋画▽中国绘西洋舞女古画（前清大内藏品）△雕刻▽陈鸿寿刻字，西洋石像十数种，古印数种。△古迹▽圆明园遗迹及旧观绘画十数种。△墨迹▽夏寿田写般若波罗蜜多心经全部。以上为备之件，尚当陆续搜罗，尽量刊登。[7]

1920年代，主张改革中国传统绘画的有识之士，纷纷介绍西方美术理念，开展美术教育并推介美术作品。《北洋画报》中经常出现的蔡元培、丰子恺、林风眠、徐悲鸿、刘海粟、陈之佛等人均主张学习西方文化，古今中外兼收并蓄，对引入西方美术起到了重要作用。同时期出现了许多介绍西方及日本美术的著作，如丰子恺的《近代艺术纲要》《西洋画派十二讲》；陈之佛的《西洋美术概论》《艺用人体解剖学》；刘海粟的《日本新美术的新印象》；等等。这些著作对介绍西方绘画和技法起到了重要作用。

其中，徐悲鸿与《北洋画报》的创始人冯武越私交甚笃，画报也记录下了这一时期徐悲鸿融汇中西的绘画之路。1928年7月7日《北洋画报》“出版两周年纪念”专号第一次出现了徐悲鸿的画作，是中西融合技法的《观世音像》。1929年3月19日第294期《北洋画报》第3版用了大部分版面刊载徐悲鸿的画作及文章，以及他写给冯武越的书信。同一版面上，冯武越亲自撰写了介绍文章，并预言徐悲鸿的绘画成就：

> 余尝告人曰：中国今后之大画家，当推徐悲鸿氏……盖悲鸿中西画术，均已有极深之造诣，又能融会中西，一以贯之，为他人所不能为，或为他人所不屑为，此悲鸿之所以为悲鸿，而高人一等也。[8]

此后，《北洋画报》中便经常刊载包括徐悲鸿、刘海粟等在内的“当代画家”的作品及艺术文章，展现了他们以自己的亲身实践，努力实现中西融合，改革传统中国绘画的愿景。在呈现中西画作的同时，画报也开始向读者介绍东西方绘画的区别与鉴赏方法：

> 是处学西画者，须知国画之苦衷，在吾国科学未兴，光学未明，更无鲜明之色料，故不得不专讲精神……此就中西学术之不同，而使材料支配，及表现法各异之外形看法。至其内质，则国画含文学精神，要画中有诗，诗情之陶冶在于清旷，故以山水为中心。西画含哲学精神，求人生之情理，故以人体为中心。……现代之国画成家者……只讲画法，不以理解，以为画只讲气韵笔墨，不重色象，故视西画为浅薄。殊不知所见者，非所谓纯正图画，乃客观之写实类山水之风景画耳。习西画者识国画不似真，乃门外汉之言。盖伊所学第一步之写实，因思及国画之不写实，无色彩，须知国画已超出实象再现之画法，入于想象世界，注重精神不重物质矣。[9]

1920年代，以油画、水彩画和素描为代表的西洋绘画“新美术”异军突起，与传统中国绘画完成了由分庭抗礼到借鉴融合的过程。《北洋画报》也成为宣传西方美术的重地，1926年7月10日第2期《北洋画报》第3版中刊载文章介绍巴黎美术展览会及“沙龙”一词的来历：“法京巴黎，为欧西文物荟萃之区，尤为美术界蚁聚之所，是以每届春秋二季，辄举行大规模之美术展览会，陈列名家新作品，供人观摩赏鉴。此项展览，久已著名于世，亦即我国新名词家所称为沙龙者是也。沙龙一字，在法语作Salon，英人亦沿用之”。[10] 同时刊发巴黎美术展览会勃里格的油画作品《酣睡的妇人》，由这一期画报开始陆续将当年巴黎美术展览会中的作品，“择其尤著者，刊诸报中，以供国人鉴赏”。自此拉开了《北洋画报》推介西方美术作品的序幕。

《北洋画报》对中国现代美术的传播不仅体现在内容上，同时体现在极具特色的设计中。其中，尤以近日平面设计概念中的文字设计和图案设计这两项最为突出。20世纪初，随着现代美学的提倡与文艺运动的启蒙，商业美术活动、书籍装帧设计开始兴起，国内的杂志及出版物开始更加注重设计。最先出现的就是在书法的基础上对汉字书写方式进行创新，开始了汉字美术字的发展。《北洋画报》从版头标志字到内文的版面设计，都呈现出了美术字的特色。专栏版头、内文装饰画、广告等内容都巧妙地运用了文字设计，且不局限于汉字的美化设计，还包括英文、数字、中英结合等设计。字体设计的变化与图形化，起到了美观的作用，也吸引了读者的注意力。如1930年7月22日第507期《北洋画报》的封面（见本章图版），除照片、手绘主画面荷花等部分图形外，广告的字体也非常讲究，灵活运用了书法字体设计的图形化。

1920～1930年代，“装饰艺术运动”席卷欧美艺术界，其产生的设计潮流对国内艺术从业者与学习欧美艺术的留学生产生了直接的影响。这种设计风潮对国内杂志的影响也充分体现在《北洋画报》的图案设计中。《画报》中的图案元素一部分来自手绘单幅画面，另一部分是将中国传统图案与西方图形艺术进行多元化结合，在构图、画法、内容上独辟蹊径。在选材上，中国传统的象形纹样、瑞兽诸神、梅兰竹菊、经典传说人物、戏曲脸谱服饰纹样、民间手工艺图形等都成为《北洋画报》图案设计的来源。单独手绘图案如（本章图版）：第951期封面漫画上色执伞少女、第877期封面手绘新年主题的雄鸡、第1342期封面手绘的滑冰少女、第1501期女舞者手绘半透视二方连续纹样等。传统元素的图案如：第571、572合期封面（见《画世象》图版）图案中西合璧手绘单独纹样的苏武，及画面下方二方连续纹样的羊的造型；第551期封面（见《画笙歌》图版）菊花对称式单独纹样等。这样的取材既符合读者的审美习惯，又传承了和发展了传统的图像造型艺术。

> 人类于饥食渴饮之外，所以异于其他之动物，以其能有精神之享乐，换言之即有“美育的涵融”，与“美的鉴赏之本能”而已。……读者之眼光程度，殆已非仅记述文字所能满足其欲望，必另求造型艺术，始能畅适其观赏……而为“美育运动”需要之背景者也……中国“一年以来”，百事诚不免于凋敝，文物与干戈，若似乎其不相容也，然而美育之力量，每以其“超脱力”与“普遍性”，溶解无数悍戾之气质，养成一种高洁之情绪。故观裸体画而不生淫邪之思，见珍贵品而无攘夺之念。……当世所以垂青“北画”者，意者亦在兹乎。[11]

这段《北洋画报》创刊次年由王小隐撰写的文字，充分体现了《画报》的“美术观”，“超脱力”和“普遍性”之语尤其值得注意。从中可见，画报同人并不仅仅把美术作品当作赏玩之物，把美术视作一种雅趣，而是有更加普适的精神追求。《北洋画报》发行的11年里，将“美育运动”的意义寓于中西美术作品的传播之中，国画、书法、篆刻、素描、速写、油画、水粉画、水彩画、雕塑、摄影、漫画等美术形式均有涉猎，其中既有汉唐宋元朝代的书画名作，也有文艺复兴时期的艺术精品；既有19世纪东西方艺术作品，也呈现了与画报同时代的当代艺术家风貌；不仅中西作品同刊呈现，而且主张中西美术的借鉴融合。《北洋画报》刊载的美术作品兼具古今、中西之美，希冀读者借此古今中外的融汇视角“养成一种高洁之情绪”。

1937年7月7日，卢沟桥事变爆发。29日，第1587期《北洋画报》将美术内容集中于第3版刊发。当天的内容包括：世界摄影名作《马戏绝技》《船头》；姜颖生、黄宾虹山水画；现代画作《一将功成万骨枯》；颜伯龙花鸟画。同版刊出的一幅广州民间画会会员的作品，它的题目似乎暗合了最后一期《北洋画报》的悲凉况味——《胡琴檀板带悲歌》。

丹青不知老将至，“胡琴檀板带悲歌”。翌日，《北洋画报》停刊。

---

1 曹涵美：《北洋画报》第341期，1929年7月7日，第2页。
2 阮荣春、胡光华：《中华民国美术史》，四川美术出版社，1991。
3 《说几句提倡艺术的话》，《北洋画报》第359期，1929年8月17日，第2页。
4 王小隐：《中国之平面雕刻与立体雕刻》，《北洋画报》第1期，1926年7月7日，第3页。
5 王晏殊：《新媒介形态下传统文化传播的现代性转型——以〈北洋画报〉对“传统书画文物”的报道为中心》，《现代出版》2018年第4期。
6 王小隐：《一年以来》，《北洋画报》第101期，1927年7月6日，第2页。
7 《本报待刊之艺术作品预告》，《北洋画报》第101期，1927年7月6日，第3页。
8 越：《记徐悲鸿》，《北洋画报》第294期，1929年3月19日，第3页。
9 白雨：《国画与西画之认识（二）》，《北洋画报》第337期，1929年6月27日，第3页。
10 龙父：《沙龙之画》，《北洋画报》第2期，1926年7月10日，第3页。
11 王小隐：《一年以来》，《北洋画报》第101期，1927年7月6日，第2页。

丹 青

北洋畫報
THE PEI-YANG PICTORIAL NEWS, TIENTSIN.

老九章綢緞莊

字號最老 貨色最高

新到時新夏衣高等材料

◁歡迎參觀▷

天津日租界旭街路東大樓

電話二局 一三八〇 〇八九三 〇六八九 一六四〇

天津北洋美術印刷所製版承印

眞美善與愛情
巴黎市立美術館藏

中原公司

中華國貨 環球貨品
各部陳列 搜羅萬千

天津日租界旭街大馬路

〈電話〉
儲蓄部 二一五一五
公事房 二一五九五
大劇場 二一五一六
大酒樓 二〇四五八

CHUNG YUEN CO.
DEPARTMENT STOER
Asahi Road, Tientsin.

中華郵政特准掛號立券新聞紙

西湖為中國第一名勝，西湖別墅為天津第一納涼勝地。花木繁盛，內容精潔，西餐最佳，人多定座，請電三〇二四六號

天津中歐貿易公司 巴黎

門市部夏令用品齊全美備價格克己

法國名廠香水化粧品化粧具綢紗葛綢新裝附品跳舞用品美術雕刻鐘表陳設等品

天津法租界馬家口 電話南局二〇五九

天津英法租界交界
戒酒樓後身
電話 三三 一三 九六 六〇 三八

法國萊納脫牌
工商業軍運載重汽車

堅固省油舉世無匹

RENAULT

萊納脫

祗要比較便知高下

法商 中央汽車公司

萊納脫牌載重汽車以堅偉與經濟勝，無論何種載重汽車，絕對不能與之比倫。其列類亦至繁，自六馬力起至念五馬力止，載重量自半噸起至十噸止。現有新貨，歡迎參觀。

華北總公司天津法租界中街六十七號 電話三〇三七七

分公司 奉天大西邊門外 北平 哈爾濱 均有代理處

《北洋画报》
第一千五百零一期　封面
1937年1月7日

真美善与二方连续

第351期《北洋画报》的封面，同时也是合订第八卷的卷首号。这一版封面把编辑部“提倡艺术”的真谛寄予雕塑的命题——《真美善与爱情》。与常见的《北洋画报》单色影印版不同的是，这一画报原件是套色印刷的。其“第八卷卷首号”的文字是编辑部营销画报合订本行刊后的设计，合订本为50期一本，于岁末年初订阅售卖。推介中外艺术之美是《北洋画报》重要的宗旨，也是每一任主编始终坚持的办报方略。

版头雕塑为巴黎市立美术馆藏品，“巴黎市立美术馆”即今天的巴黎小皇宫博物馆。小皇宫博物馆为1900年巴黎主办世界博览会而建，1902年正式成为巴黎市立美术馆。与大皇宫博物馆的国家所有属性不同，小皇宫博物馆属于巴黎市政府所有，其馆藏风格与大皇宫类似，包括安格尔、巴比松风景画派和印象派的作品，以及中世纪、文艺复兴时期艺术品。博物馆又在不同年代陆续接受包括工艺品、绘画、雕塑、织品、版画等在内的大量捐赠，其中有希腊罗马时代器物、中古时代和文艺复兴时期艺术品、16～17世纪的版画、17世纪荷兰及法蓝德斯艺术家绘画、18世纪装饰木雕、编织挂布，等等。

封面雕塑《真美善与爱情》中的四个形象分别是卡里忒斯和丘比特。卡里忒斯（The Graces）是希腊神话中美惠（恩惠）三女神的统称，是宙斯与海洋女仙欧律诺墨的三个女儿。虽然她们的名字和人数在不同地区和时期有许多变化，但古希腊诗人赫西俄德（Hesiod）将其定位为三姐妹：阿格莱亚（Aglaea，光芒四射的）、欧佛洛绪涅（Euphrosyne，兴高采烈的）、塔利亚（Thalia，鲜花盛开的）。在罗马神话里她们也被称为Gratiae，代表真、善、美，因此成为广受艺术家们歌颂的主题。丘比特（Cupid）是罗马神话中的小爱神，他是维纳斯的儿子，相对应于希腊神话的厄洛斯，丘比特往往被塑造为手拿弓箭，背部长有一对翅膀的调皮小男孩。他的金箭射入人心会产生爱情，他的铅箭射入人心会产生憎恶。艺术作品中的他，往往手持金箭射向渴望爱情的人们。

第1501期《北洋画报》封面，是为营造阳历新年的氛围而套色设计的。封面的构图将新年主题、名闺照片和广告完美的融合起来，有着鲜明的设计感。在图中可以明显地看到上方大面积的画面中，是手绘不规则二方连续图案的贯穿。简洁抽象地将身着舞蹈裙的女性挽手形象连接，以冷色调颜色绘制。图形的分布自然且注重不对称设计。整版封面除期目文字、照片及照片注明文字之外，都为手绘内容。广告版头字体设计及广告内文字设计，分布得当且信息简明扼要。

北洋畫報
回力球賽
交通銀行
承辦國內外匯兌
行址 法租界 北馬路 小白樓
中原頭水
芬芳馥郁・價格低廉
平津三店均有出售
新新綢緞時裝皮貨公司
精美禮券長期八五扣
自辦大批皮貨上市
醫學博士潘經蓀大夫
公事房：法租界廿七号路
名閨朱倩柔女士最近影
天津同生美術照像部攝
聖安娜舞廳
電話三局二四九九
華貴堂皇
娛樂之宮
中國農工銀行
儲蓄部
法租界中街
十枝大喜牌香烟
空皮換取各種贈品
每小包售價五分
南洋兄弟烟草公司出品
廿六年一月七日 星期四 第一千五百零一期〔卅一卷〕
No. 1501 (Vol. 31) Thursday Jan. 7, 1937

天津美术馆摄影展

《北洋画报》此次报道天津市立美术馆摄影展的作者署名“林北”，他就是《北洋画报》继冯武越后第二任社长谭林北。谭林北是天津同生照相馆经理，与冯武越同乡，在《北洋画报》创办初期，同生照相馆的照片是《画报》封面图片的重要来源。1933年，谭林北接手《北洋画报》后更加注重照片的选用，其中新闻照片与明星照片的刊载量越来越大，并紧跟流行趋势，将读者关注的话题更多地进行图文并茂的呈现。谭林北是一位资深的摄影爱好者，在早期的《北洋画报》中，他不仅经常为画报提供新闻及艺术摄影，也会偶尔发表摄影的报道文章，本版题为《天津美术馆之影展》的文章即是他的手笔：

> 美术馆之摄影展览，开幕已数日，昨午始克往观，得饱眼福……盖批评所见各异，人长于摄影者，则着眼点必为摄影术。稍具绘画脑筋者，则其标准则为有否画意，又有人脱离像片而转注意于场所之布置及悬挂之方法，是更非题中应有之义。

这篇文章中所介绍的摄影展是当时天津最为著名的摄影展，并成为后世很多中国摄影艺术史研究者的重要参考史料。据艾姝《民国初期天津市美术馆的美术影展与美术摄影文化的早期建构》[1]记录：1930～1937年，天津市立美术馆每年至少举行一次摄影展（1932年例外）。1935年，该馆除了举办常规影展外，还引进了上海黑白影社的专门影展。1936年，刘维义个人影展、日本光阳社影展和康泰时摄影展在此举办。截至1937年7月，天津市美术馆在自建馆以来的近7年时间里共举办了10次规模不等的摄影展览，影展是除画展以外该馆举办最为频繁的专项展览。《北洋画报》的这篇文章记录了天津市美术馆摄影方面的展览实践及理论争鸣：

> 以记者之见，从质量言，可称满意。以量言，亦不为少。论等第，可从“技术”“美术”“创造”三点判别之：技术包括配光手术，简称摄影法。美术包章法，鉴赏。创造乃独出心裁之谓，假如仅以名胜之区，用优良摄影技能，以美术眼光取景，所得之佳片，不得谓为摄影名作，以各国摄影社每年选出之片，可以为证。

值得一提的是，文中的“天津市立美术馆”是中国近现代美术和文博事业重要的历史机构，它的建立标志着国内首座市立（公立）美术馆的出现。天津市立美术馆的首任馆长就是文中的“馆长严君”——严智开。严智开（1894～1942）字季聪，天津人，严修的第五子。他是中国近代美术教育先驱，曾留学日本、美国，游学法国并曾任北平艺专教务长、主任、教授。1929年12月，他向时任天津市长的崔廷献提出创立天津美术馆的建议并得到批准。1930年春，崔廷献委派严智开赴日本考察美术馆建设及经营管理情况。数月后严智开归国，天津市政府拨款1万元，在市教育局邓庆澜局长的支持下，借河北第一博物馆的空房，负责筹建工作。天津市立美术馆参照东京上野美术馆模式，在中山公园前巴拿马赛会旧址上建成了一座白色两层西式建筑。

学者张绍祖在其文章《崔廷献与中国第一座市立美术馆》中详细介绍了这座美术馆落成后的情况：1930年9月天津市立美术馆落成，崔廷献市长委任严智开为第一任馆长，并亲自撰写了《天津市立美术馆记》，他不仅谈到了国际美术的竞争，还谈到了与之相关的其他竞争。他指出美术的社会功能在于美术的“商业神灵，工业恩母”作用，认为“科学应用审美之原则，以作种种表现之方法”是工艺美术应遵循的原则。天津市政府支持美术馆的考虑在于要让科学与美术携手，为工商业服务。1930年9月，中原大战正酣。9月18日，张学良出兵向天津进发。阎锡山已决定退出天津。崔廷献在自己的命运不定的情况下，依然关心着美术馆的建设。美术馆10月1日开馆，他10月2日离任。天津市立美术馆在“美育兴国”的思潮下建立，以提倡社会美育为宗旨，观念超前，理论与实践并重。[2]

1 艾姝：《民国初期天津市美术馆的美术影展与美术摄影文化的早期建构》，《四川大学学报》2014年第2期。

2 张绍祖：《崔廷献与中国第一座市立美术馆》，《文史月刊》2018年第3期。

3 谯涵曦、赵依凡：《民国时期天津市立美术馆美育职能的实施》，《文物鉴定与鉴赏》，2020年第10期。

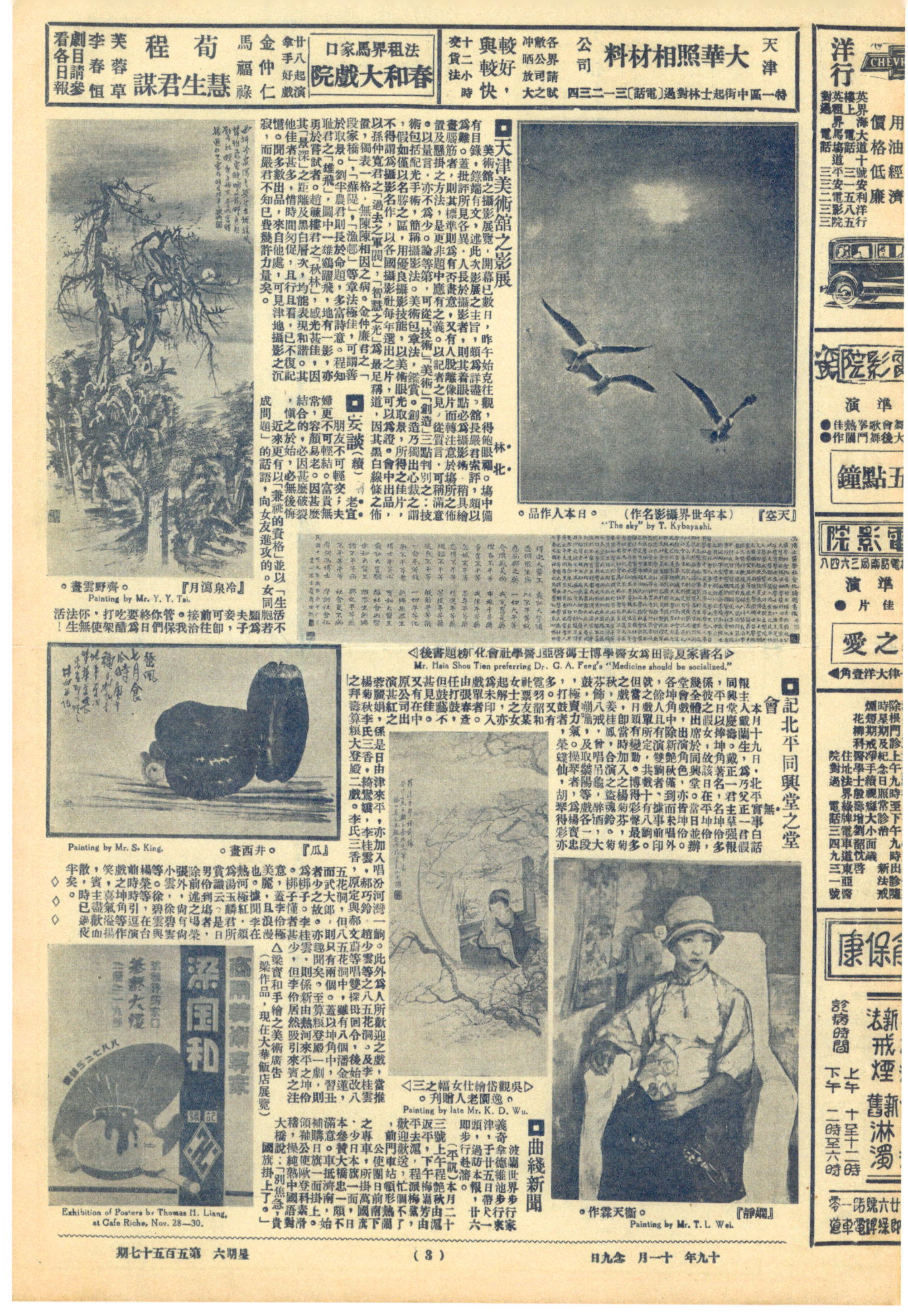
天津大華照相材料公司
法租界馬家口春和大戲院
天津美術館之影展
"The sky" by T. Kybayashi.
Painting by Mr. Y. Y. Tai.
Mr. Hsia Shou Tien preferring Dr. G. A. Feng's "Medicine should be socialized."
記北平同興堂之堂會
Painting by Mr. S. King.
Painting by late Mr. K. D. Wu.
Exhibition of Posters by Thomas H. Liang, at Cafe Riche, Nov. 28—30.
曲綫新聞
Painting by Mr. T. L. Wei.
星期六　第五百五十七期　（3）　十九年十一月念九日

《北洋画报》第五百五十七期　3版　1930年11月29日

学者谯涵曦、赵依凡的研究[3]将天津市立美术馆的展览分为常设陈列与临时展览两大类。根据《天津市立美术馆征集物品简章》的内容，常设陈列的展品主要分为美术、雕塑、建筑、美术工艺四大类。美术类包括中国历代名人作品、现代名人作品、西方油画、水彩画、铅笔画、木炭画和版画等。雕塑类包括中西石雕、木雕、牙雕和漆雕等。建筑类包括中西建筑模型、建筑绘图、装饰图案、建筑材料和古建筑残片等。美术工艺类包括金属品、窑业品、油漆品、木竹品、染织品和印刷品等。包括本期《北洋画报》所报道的摄影展在内，天津市立美术馆举办的临时展览从1930年开馆至1948年结束运营，共举办了101次。美术馆除去常设陈列及临时展览内容，还设立图书馆，将国内外与美术相关的书籍供参观者阅览，并分期举办讲座与交流分享会。值得一提的是，天津市立美术馆还开设绘画研究班，聘请美术教师传授中西绘画技法，培养出了以刘继卣为代表的艺术大家。

《北洋画报》关于天津市立美术馆展览的信息相对集中在艺术版面，包括摄影在内的各种展览的报道一直延续到停刊，它在一个时期内为中国近现代美术观念与公共文化空间互动的研究提供了独特的视角。

扎蘭諾爾防俄九百廿一烈士墓上之忠烈碑 •郭竹書寄•

The mounment upon the tomb of the 921 heros follen the Anti-Soviet war Charlannor.

吳王雙殯紀

秋塵

吳應環，王申君一對同命鴛鴦，凡讀新聞紙者，殆已無不知之。其夫婦靈柩、於日昨（十一月三十日）雙雙移停江蘇義園。園中寄靈，向係一棺一間，惟吳夫婦則係同停一室，開前此未有之例。吳無子。其老父在平，未來，僅其弟吳徵哂君來津爲之料理後事。並聞其弟爲節老父哀，尚未使聞知也。王家無成人，僅兩弱弟，年十齡左右，不知愁苦。僅王母痛哭兩棺間，狀極慘。殯儀過處，人知其事者甚多，婦女竟有爲之泣下者。執紼諸友，則皆半年前叄加婚儀者，撫今追昔，自更不勝其戚戚之感。應環年廿七，其妻僅十八也。

◁驚鴦同命之中山中學教員吳應環君及其夫人王申君女士▷

Mr. and Mrs. Y. W. Wu, they breathed their last breathes on the same day.

商用美術廣告展覽

專家梁寶和氏之個人作品

筆

以美術供人玩賞，小道耳，能使美術歸于實用，然後有益於人世。商用美術(Commercial art)工業美術(Industrial art)，爲美術之致乎實用者，吾人所當亟爲提倡者也。吾常爲青年美術家言：『毋徒流連於高超之藝術而不求實用，清談無補於建設之畫餅式的藝術，於個人既不能藉以生活，於社會亦毫無實益、吾輩亟宜認定實用目標，努力做去』。然而以『藝術之家』自許者，殆無不以吾說爲迂腐而帶銅臭之味，則吾欲無言。粵人梁君寶和，殆今日藝術家中之與吾有相同的見解者，故留學美國四年，專攻商業美術，爲人所不爲，即亦能人所不能，洵可佩之才也。梁君擅長廣告畫而外，更能製作種種模型，是皆商業美術中之主要科目也。君之畫，最早見于刊物中者：『一樂夜』游藝會節目冊之封面，及本報第十二卷之封面。最近三月中、君於公暇繪製廣告畫三十餘件、均用大張色紙彩繪而成，於上月廿八至三十日在本市大華飯店公開展覽，是眞能發揮美術實用之主旨者矣。

展覽中之作品，當以開灤煤礦局·啟新洋灰公司，基泰大樓，華北明星·天津印字館，義大利雲石公司數幅爲最佳，此數幅布局格外均勻，濃淡各自適宜，堪稱完壁，至其字體之精奇，圖畫之佳妙，則其餘事也。其構意之甚奇突者，尙不多觀，惟大華照相材料公司之飛機式鏡箱，用以表示出品迅速（大華西名Express「快」，因能于十二小時內交貨，故名，）爲比較特別者耳。

海京毛織廠所用地毯經線合股機月出一萬六千磅 •本報攝•

The machine for spinning and weaving the warps, of the Elbrook Inc., Tientsin.

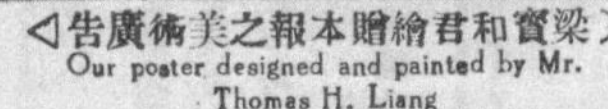

人人愛看
北洋畫報
THE PEI-YANG PICTORIAL NEWS
TIENTSIN

◁梁寶和君繪贈本報之美術廣告▷

Our poster designed and painted by Mr. Thomas H. Liang

黨的命令

妙觀

國民黨的使命，在發揚革命精神，實施三民主義，培植國民自治之基礎，建設整個的新中國。溯自北伐成功以來，黨的勢力忽然澎漲、利用黨力者，曲解黨義，一味橫行，以致黨的政策不但不能實施，且漸致人民對黨深惡痛絕，即以黨部宣傳部對輿論機關言，向用訓令指令，其實輿論機關在公言則爲人民喉舌，在私言則爲個人營業，焉有接收黨宣傳部命令之義務，黨宣傳部又焉有對報紙下命令之權利，嘗日爲避免『反革命』之罪名。敢怒而不敢言。近者四中全會通過黨務工作案中，有不得對其外之團體用命令式之公文一條，糾正已往之謬誤，至堪慶幸。往日吾人于接命令之恃，不獨發生不快之感，且『往往誤以黨部與政府爲同樣之衙門，由此奇異解釋，輾轉發生之弊端，實有非吾人之所忍言，而爲黨同志自身所當深惡痛絕者』（以上數語照錄四中全會時各級黨部及黨員訓令）。其實共和國家，政府爲人民公僕與人民共力養成設治之機關，對於人民，本應平等，亦不能濫用命令，更何況與民衆接近之黨耶。

海京一瞥

隱

地毯爲中國最博世界稱譽之手工品，饒有美術價値，第多墨守成法，發展殊難。本市海京洋行設廠織造六年于茲，自紡自染，花樣翻新，匠心獨運，更由美定製特大型經線合股機，製造整條輕線，爲中國地毯業開一新紀元。中國地毯業于衰落之際，賴以挽回，近年津市輸出達千數百萬元，海京實與有力焉。海京有廠兩處，在英租界者爲紡染廠，一在老西開，爲毛織廠。地毯織機數十架，純用手工，出品可保百年不脫敝。車毯床毯之創造，僅有兩年歷史，衣服呢絨則僅一年。毛毯之製，質美而廉，故已推銷國外，爲中國機織品出口之僅見者。織絨呢之羊毛，產自山東、塞北者并不適用，事有不從實際觀察，徒恃理想，其失據每有如是者矣。床毯一項，最近爲京遼直達通車購用數百床，此後旅客高臥暢暖，度當知其爲國產也。

海京爲美國資本所營，吾友李君枝湛，與楊君從事其間，因導觀各部頗爲詳盡。甚惜國人竟無注意於此等企業以爲國產製造品謀一出路者、然因外貨之運用，而從此藉以知所啓發，亦未始非計之良得者已。

『小坎肩大跳舞』（帕拉猛著名影片之一）

A secene of the "Lets Go Native" a Paramount Picture.

本市公安局長張學銘（中立者）在南京勵志社與友人彈子棋

Mr. Chang Hsiao-Ming, Chief of Tientsin Public Safety, playing chess billiard with his friends at the Morsl Envoador Club, Nanking.

《北洋画报》
第五百五十八期　2版
1930年12月2日

商用美术广告展览

第558期《北洋画报》第2版所载的文章《商用美术广告展览》署名“笔”，“笔”是画报创办人冯武越的笔名之一。“商用美术”为“商业美术”的前称，所有与商业有关的美术行为都可以称为商业美术。商业美术在商品销售中，起到美化、说明、宣传、保护商品的作用，并达到推销商品的目的，是实用美术的重要分支。1930年代的中国商业美术已日趋成熟并形成了那个时期独特的风格。《北洋画报》发行于中国北方最大的工商业城市，商业美术自然成为画报重要的内容。其中包括：包装和装潢设计（如香烟等）、商标设计（如万金油等）、广告设计（各品牌报载广告）、橱窗陈列设计（商场橱窗照片）等商业美术展示。《商用美术广告展览》一文介绍了正在天津进行商业美术作品展览的设计名家梁宝和：

> 粤人梁君宝和……留学美国四年，专攻商业美术，为人所不为，即亦能人所不能，洵可佩之才也。梁君擅长广告画而外，更能制作种种模型，是皆商业美术中之主要科目也。君之画，最早见于刊物中者：“一乐夜”游艺会节目册之封面，及本报第十二卷之封面。最近三月中，君于公暇绘制广告画三十余件，均用大张色纸彩绘而成，于上月廿八至三十日在本市大华饭店公开展览，是真能发挥美术实用之主旨者矣。

文中所述“本报第十二卷之封面”的全彩手绘，参看本书“画笔歌”章图版。文中提到的商业美术展览以民族产品为主，展示了商业美术与民族工商业的密切联系：

> 展览中之作品，当以开滦煤矿局，启新洋灰公司，基泰大楼，华北明星、天津印字馆，意大利云石公司数幅为最佳，此数幅布局格外均匀，浓淡各自适宜，堪称完璧，至其字体之惊奇，图画之佳妙，则其余事也。

天津　仁昌百貨綫店　慶祝六週紀念　大減價三十天　國曆五月五日起　三店同時舉行　●總店法租界　●東馬路分店　小白樓賣貨處

△佳謎錄▽

七月流火（射一字）

河北女師學院圖畫副系及該系選科學生全體合影（前排最右者爲系主任蘇吉亨，最左者爲教授劉嘯岩）

世界教育會議會長孟德祿（×）偕其夫人及女公子由京抵平，與歡迎者（西服持帽者梅貽琦，中服持帽者胡適）影。

●●●曲線新聞●●●

（本市）以編英文讀本著名之鄺富灼博士，於星期日由滬來津，轉往瀋陽。

（本市）津電話劇社，定於本月廿二，三兩日晚八時，在法租界電報局禮堂，公演「壓迫」，「南歸」及「女店主」三劇。

（平訊）貝滿，育英兩校歌詠團，將於廿三日晚在公理會舉行演奏會。最精采者爲蔣風之之四胡獨奏「光明行」云。

（平訊）畫家梁豆村，王笑石，白雪石，郭嶸在中山公園舉行之扇展，昨日起續展四日。

，秉代主席職務。賀[illegible]本趙恒惕之第四師師[illegible]著名。北伐軍興，乃[illegible]，既入江西，克九江[illegible]長，其後歷任首都衛[illegible]國府參軍長等職。前[illegible]界，任土耳其公使；[illegible]交界而轉回政界矣。[illegible]會時，曾有國防四年[illegible]長萬言，其中論及固[illegible]爲一般人所稱許。今[illegible]經驗，當不負中央之寄託也。（大白）

中國衛生體育社上海分社舉行廿六年兒童甄選，圖爲被選出之六名及其家長。國際社寄攝。

所謂「定期」，「活期」者，由「活期」改爲「定期」則易，倘已聲明「定期」，半途若改爲「活期」，則爲事實上所不許。余之呈請短期結婚者，亦因此也」。據其所云：似亦持之有故，具有片面之理由。但此說果行，則足影響風俗。官廳痛斥之，固宜也。

京市中學第八屆運動會：跳遠第一名戴荷馨女士（右上）及跳遠之姿式（右下），鉛球第一名祝士芳女士（左上）及擲球之姿式（左下）。國際社寄攝。

■記甘省府主席賀耀組

[illegible]

馬相伯九秩晉八壽辰首都各界人士舉行慶祝，監察院長于右任起立致詞情形（1爲馬相伯，2爲馮玉祥）

■「短期結婚」之創聞　·愚如·

近年來結婚儀式多矣。除官廳崇尚節儉之「集團結婚」外，私人擬訂者，有所謂「飛行結婚」，「船上結婚」，「車廂結婚」，名目雖新，要皆以男歡女愛，伴侶終身，號稱於衆，對於婚姻定義，未嘗變更；故亦未足以驚世駭俗也。其足以駭人聽聞者，則爲最近倡議之「短期結婚」。日前廣東有一女子向官廳呈請短期結婚，致被斥爲寡廉鮮耻。事後有人向該女子叩問所以。答稱：「現在社會上名人離婚者甚多。考其結婚時，何嘗非禮儀隆重，百年盟約；及其意見參商，則反費一番手續，始得解除婚約。與其糾紛構訟於將來，曷若審愼週詳於當日。又如銀行儲蓄，有所謂「定期」，「活期」者，……（見上）

河北省第一屆全省運動大會十七日在保定舉行（上爲男女選手繞場一週，下爲休息室前女選手閱報時之情形）宋致泉自保定寄攝。

北平袁敏宣姊妹歡送法文正報主筆孟烈斯特×及唐寶潮夫人○出國留影

女师学院的美术传统

第1557期《北洋画报》第3版的版头横幅照片配文“河北女师学院图画副系及该系选科学生全体合影”。河北女师学院的前身是成立于天津的北洋女师范学堂，是中国最早的女子师范学校。1906年在袁世凯的支持下，由傅增湘创办，吕碧城任监督，1910年7月傅增湘辞职后，吴鼎昌接任监督（校长）。1913年5月学校改归省立，更名“直隶省立女子师范”。1915年张伯苓任代理校长，学监马千里为执行校长。1916～1928年，学校更名为“直隶第一女子师范学校”。“五四运动”时期，著名妇女团体“天津女界爱国同志会”就是由该校学生邓文淑（邓颖超）、郭隆真、刘清扬、许广平等发起成立的。之后，学校又先后更名为“河北省立第一女子师范学校”（1928～1929）、“河北省立女子师范学院”（1929～1949），曹禺、李霁野等人曾在此任教。

美术教育一直是该学院的特色，第1557期《北洋画报》第3版的这张合影中的“图画副系”始于1926年。其时，正值全国艺术活动兴盛时期，学校开始设立美术科，同时增设西画、国画、图案画三个专用教室，至此有了美术专业。1929年后该校在家政系下设图画副系，后改为图画系。

《北洋画报》发表的这张合影的地点为今天津市河北区天纬路4号的北洋女师范学堂主楼旧址。该建筑始建于1910年，为三层混合结构坡顶楼房，对称式布局，中间设盔形八角塔楼，主入口处由两根通天立柱支撑，台阶高大宽阔，具有欧式宫殿风格，其顶楼为国内较早作教学用的天光画室。河北女师学院美术专业的师生于主楼的台阶上留下了这张合影。

照片中“前排最右者为系主任苏吉亨”。苏吉亨，字昌泰，是国画大师陈师曾的学生。陈师曾所著《中国绘画史》就由苏吉亨记录整理，并由苏氏绘制了插图。1930年代初，苏吉亨发起组织“绿蕖画会”，在天津及全国画界颇有影响，并出版了《绿蕖美术会画集》和《绿蕖画刊》。《北洋画报》曾多次为绿蕖画会开设专版，介绍其社员及作品。据称，苏吉亨曾在抗战时期曾带领爱国青年火烧日本军需棉被等物资，后出逃重庆。抗战胜利后自渝返津，任国民党天津市党部书记，从此不事丹青。在1951年的“肃反运动”中，苏吉亨被镇压在离其任教的河北女师学校不远的刑场。

照片“最左者为教授刘啸岩”，名风虎，曾留学德国，学习尼德兰画派的绘画风格，擅长人物、风景绘画。天津《益世报》曾载文介绍刘啸岩：“他学画的地方不是巴黎，而是德京柏林的国立美术学院，他曾在那里苦心研究过六七年以上的时间”，并评论其作品：“从刘氏的炭画中可以看出我们所未看过的‘力量’，他画人体最有根底，对于人体解剖学有甚深的认识，所以从他的人体写生中，可以看出每个骨骼和筋肉的位置，并且完全用线条来表现，没有丝毫涂抹和含糊的地方，这是在记者所见过的一切印刷和真迹中所未尝见的特色。”[4] 遗憾的是，刘啸岩的画作几乎不曾传世，《北洋画报》中多次刊载的刘啸岩画作，使后世得以领略其艺术造诣。

《北洋画报》
第一千五百五十七期　2版
1937年5月20日

这张“河北女师学院图画系”师生合影发表后的两个月，“七七事变”爆发，天津沦陷，《北洋画报》停刊，学院停办。1980年该校正式更名为天津美术学院。

4　《西画展览会开幕》,《益世报》1932年6月13日。

《北洋画报》
第八百五十一期 3版
1932年11月1日

美术版面的画家

刘海粟（1896～1994），名槃，字季芳，号海翁。江苏常州人。现代杰出画家、美术教育家。1912年刘海粟与乌始光、张聿光等创办上海图画美术院，后改为上海美术专科学校，这所学校的建立掀开了中国现代艺术教育史上的新篇章，标志着国内具有现代美术教育理念的新型学校的正式诞生。值得一提的是，刘海粟任副校长期间，招收了徐悲鸿、王济远等高才生，并首创艺术类男女同校，启用人体模特，开设旅行写生课程。1918年刘海粟到北京大学讲学，并举行个人画展，受到蔡元培的赏识，刘海粟曾说过“世无蔡元培，便无刘海粟”。蔡元培支持刘海粟的新美术理念，并帮助他赴欧洲考察。1929年刘海粟开始在欧洲交流考察，1932年《北洋画报》中第一次出现了“刘海粟作于比国”的画作《墨狮》，此时的他已是比利时政府聘任的“比利时独立百年纪念展览会”美术馆审查委员。第851期《北洋画报》第3版再次刊载刘海粟旅欧作品《罗马古迹》，并配发了他的近照一张。此后，刘海粟的画作及评论文章经常出现在《北洋画报》的美术版面。

第851期《北洋画报》3版中出现的另一位画家名叫胡奇。胡奇又名胡钟琦，字稚田。原籍浙江绍兴，1902年生于天津。曾就读于南开中学，后考入上海美术专科学校，师从刘海粟。1927年，他在南开大学商科毕业后进入中南银行工作，利用闲暇之余进行美术创作。他的绘画中西皆长，油画、素描、雕塑、木版画都是其兴趣所在，尤以漫画为佳。他的漫画天赋最先被《北洋画报》发现，并成为特约作者。1930年代是胡奇的创作高峰期，时之漫画曾有“南丰（子恺）北胡（奇）”的说法，丰子恺也曾对胡奇的画作给予很高评价。第851期《北洋画报》第3版刊载胡奇的画作《佟楼渡口》是一幅油画（或水粉画）的写生作品，有别于其经常发表的漫画。同版配有胡奇近照一幅。

《北洋画报》对高剑父的报道从来不惜篇幅，这是由于以高剑父为代表的画家改革传统中国绘画的主张与《北洋画报》提倡“美育运动”的目的不谋而合。同时，画报创办人冯武越与高剑父亦为同乡。高剑父（1879～1951），名仑，字剑父，生于广东省广州府番禺县，是中国杰出的近现代国画家、美术教育家、岭南画派创始人之一。高剑父早年师从花鸟画家居廉，后在澳门师从法国画家麦拉学习木炭画。1906年东渡日本游学，追随孙中山，任同盟会广州支会会长。1912年与其弟高奇峰等主编发行《真相画报》，1914年回国后大力提倡改革国画，并从事美术教育工作。历任中山大学中国画教授、南京国立中央大学教育学院艺术科中国画教授、广州市立艺术专科学校校长。1930年高剑父赴印度出席亚洲教育大会，受到泰戈尔及印度美术界的欢迎，随后游历印度各省钻研波斯、埃及画作。高剑父与陈树人、高奇峰一起致力于中国画改革，世称“二高一陈”，创建岭南画派。中国近现代美术史上，“岭南画派”是继“海上画派”之后崛起的最成体系，且影响最大的一个中国画画派。岭南画派与粤剧、广东音乐合称为“岭南三秀”。岭南画派的美术创作，在题材上以翎毛走兽、花卉、山水为主，其中高奇峰、高剑父两兄弟的作品以翎毛、走兽、花卉最为擅长，山水、人物的创作也有独立的风格。第851期《北洋画报》第3版所载高剑父绘画为写意花鸟作品《晓霜》，同时刊载“印度诗圣赠画家高剑父诗”的图片，应是其印度之行后诗人泰戈尔赠诗的手迹。

◁名畫家淩文淵為白建民畫扇▷

◁名畫家劉海粟近影▷ ○無寄○

溥儀與妓女

潤齋自京寄

前英文京津泰晤士報主筆伍德海，往長春訪溥儀鄭孝胥諸遜，談話內容披露于上海大美晚報，多為叛逆張目掩飾。其記溥遜談話，極力描寫由津去遼並非綁去，叛逆組織，係其自由意志造成，並涉及蔣運動其離津予以百萬元之謠言。伍否認外傳溥會客有日人監視，因渠晤溥時，僅一少年翻譯在側，時間上不加限制也云云。以伍氏之抱詆毀我國成見，此等記載，原無足異；但因此激起滬上憤慨。桂君中樞係大美晚報編撰之一，為文諷之。文中首奉承伍君之特別努力，謂如伍君之記載為眞實，則路透合衆二社應撤其在東省之訪員，科以報告不實之罪。並擬溥儀如妓女，妙絕，茲摘要譯如后。『伍君謂溥儀在長春甚安樂自由，如果此言果確，吾以為與清吟小班中姑娘之生活相等。（一）溥儀居長春，年俸百萬，居處華美，與姑娘佔華屋，置纏頭，存私錢，情形相同。但不能離領家而獨立，此與溥之不能離倭，情形亦相似。（二）姑娘苦在眼淚向內流；但客來則仍須強顏歡笑，背後並堅稱媽媽待伊愛惜。輿溥談話中曾謝武藤代為勸匪，並告伍君彼居長春快樂，正復相同。（三）姑娘有一貼身阿媽相隨，溥儀亦有一鄭垂（孝胥之子）追隨左右。姑娘有時可單獨陪客聽戲，龜頭知係諗客，輙取放任態度，在客以為其身自由，伍君晤溥時，得毋類此？（四）姑娘將來之命運，雖不能自決，但如有貼心郎君，亦可尋死尋活贖身。但溥儀除衰老嫁龜頭為三房老板娘外，（朝鮮李完用第二房老板娘。）絕無其他之自由。以是言之，溥儀猶不如一姑娘也。』

「羅馬古跡」 劉海粟遊歐近作 ○無寄○

『六君子』傳

夢蘭自平寄

女大六君子，簡稱北府（北小街九爺府）六妹，與石宮（石駙馬大街）八美，遙遙相對。不知城西諸子，以浪漫名於時，舊京人士，無不知曉。城東者則多高華典雅，身出名門，平日矜持過甚，以是外間向不知聞。最近平津報紙，「世日」「北晨」偶有記其消息者，因特多方探採，為傳如左：

一，在六君子中以主席稱之呂女士，善跳舞，（尤善卡爾司登），精溜冰，愛打網球，喜觀電影。富於文藝天才，曾為文悼其亡友某女士，洋洋數千言，載校中某刊物，為一時傳誦。若問其風姿，則「卻扇一顧，傾城無色」八字足以當之。「令妹」孝恭，以花王名，而女士之雙眸皎亮，尤在花王之上。

二為陳女士，亦有以主席加諸此君者，癖好與呂同，外加台球游泳。又以善作伴娘，與蜚聲儕輩。常與呂漫遊津沽，「六國」，「巴黎」，曾留「蹤印」。一度任職於社會局，市府中人競稱為「社會」之花。現在教育界工作。

三，最近結婚於歐美同學會之大陸銀行行后章女士，為北政府時代某名外交家之「宗室」，善作倩笑，和藹近人，現度蜜月於西子湖畔。

四，西風蕭瑟，夕照蒼黃，孤塚淒然，鮮花野祭，吾亦欲為新失好友之鄭女士一灑傷心之淚。按鄭為「六子」中之最豪爽者，為屈靈均同鄉，宜其有此遭遇也。聞曾與北大馬花王同習崑曲於某處，歌喉極好。

五，梁女士自畢業後，又在北大聽課。偶觀舊戲，獨喜鬚生。在校時與跳高名將蕭美眞女士同室，平日軼事甚多，欲知其詳者，可問「老蕭」。

六，六君子中之落落蹈蹈者，為莊女士，籍隸嶺南，性最幽默，唱舊戲有馬連良風味。夏夜十二時後，明月在天，尚偕愛侶入公園作絮談。

以上除後二位外，均精「胡舞」，石宮王馬未嫁時，常與同見於「北京」「六國」。此外與紅樓中「兩妖」相對者，尚有「二嬌」在，一為劉叔鶴，去年赴法留學，一為楊景芳，現在金城銀行工作。另有「一星」即鼎鼎大名之蕭美眞是。有時與陳呂同舞，人亦有將伊加入而并呼為「七星」者。」

「趕腳的」 趙望雲作

父女束

蜀雲

明星王人美有姊丈黃謙之，在北平教書，其妻去年死，痛惜之。遺一女，曰「王小香」，從母姓，年兩歲。黃喪妻後每請客，柬上必並書女名，所以紀念其妻也。有不識者，以為黃又續絃者，誤矣。父率不滿兩齡之女而請客，平寫兩名，固亦奇事哉！

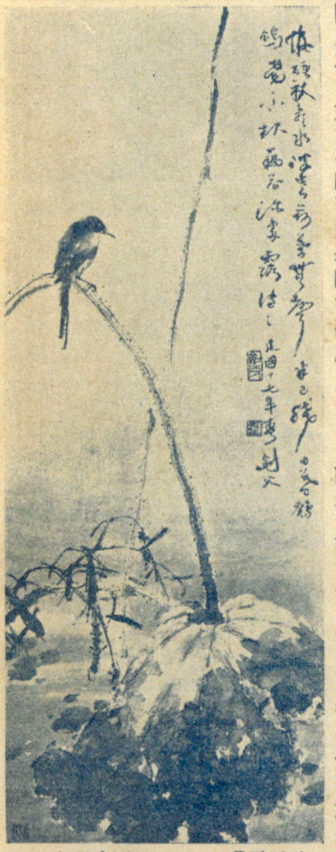

「曉霜」 高劍父作

◁畫家胡奇近影▷

「修樓渡口」 胡奇作

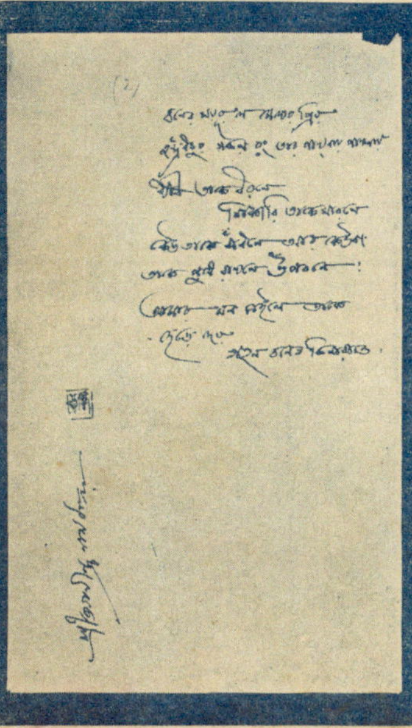

◁印度詩聖贈畫家高劍父詩▷

君如同情於本報請廣為介紹於君之親友彼等對君必永遠表示特別好感

《北洋画报》第八百六十一期 3版 1932年11月24日

岭南黄少强

《北洋画报》的对美术的推介可谓不遗余力，古今中外的绘画、雕塑等都是画报中从未间断的内容。为同时期当代艺术家开设专页，也成为它的特色之一。第861期《北洋画报》3版就推出了“岭南画家黄少强作品专页”，这不仅因为黄少强在当时的影响，也源于画报创办人冯武越在北方努力推广粤地文化的良苦用心。

专页中的《黄少强小传》详细介绍了这位画家。黄少强（1901～1942）名宜仕，字少强，号止庐，广东南海人。他9岁时正值辛亥革命前夕，遂有感于民间疾苦绘制了一幅《无告者》（本版专页中图）。1920年起，黄少强先后师从“岭南画派”创始人高奇峰、高剑父习画，成为“岭南画派”正宗嫡传，之后又到上海美术专科学校随刘海粟学画。1923年，黄少强先后到广西、江苏、浙江、山东、山西等地采风，考察风土人情，感受民间疾苦，为其后的画作积累了大量素材。

1926年黄少强首次以画家身份在广东佛山举办了个人画展并广受好评。1932年，广州举办“国难画展览会”，黄少强参展的《洪水图》（本版专页上图）以其生动的笔触勾勒的国仇家恨感动了很多人，被评为全场之冠，并被收藏家争相购买。

1935年，黄少强在广州办了民间画馆，开馆授课。翌年组织“民间画会”，提出“到民间去”，“谱家国的哀愁，写民间之疾苦”。几年之间，师生一起举办了10多次绘画展览，声誉遍南方各地。七七事变后广州沦陷，黄少强迁居香港，成立“岁寒画社”。在港期间多次举办抗战画展，并将所得的款项一并捐献给流离失所的难民。香港沦陷后，黄少强回到广州闭门创作课徒。1942年去世，时年41岁。

黄少强的老师刘海粟说：“曾经为了神与王公而制作的艺术，现在恐怕到了为平民而制作的时代了。代表这新时代的作家有一人，便是门人黄少强。”[5]徐悲鸿这样评价黄少强：“不尚工巧，不法古人，绘形绘色，民之呼声。”黄少强的老师，“岭南画派”创始人高剑父对他的评价则记录在了第861期《北洋画报》的专页中，高剑父在这篇《记黄少强》中写道：

> 少强大弟子，予门下特立独行之士也。……索居穷壤但写民间疾苦，家国哀愁，泪花墨沈，浑然莫辨，其画遂能感人。……嗟乎少强！汝画不能媚俗，而未尝无知音，汝之立名，岂必待千载后耶？

5 王嘉《谱家国哀愁，写民间疾苦——画家黄少强追忆》，《国画家》2010年第5期。本段引文均出自此文。

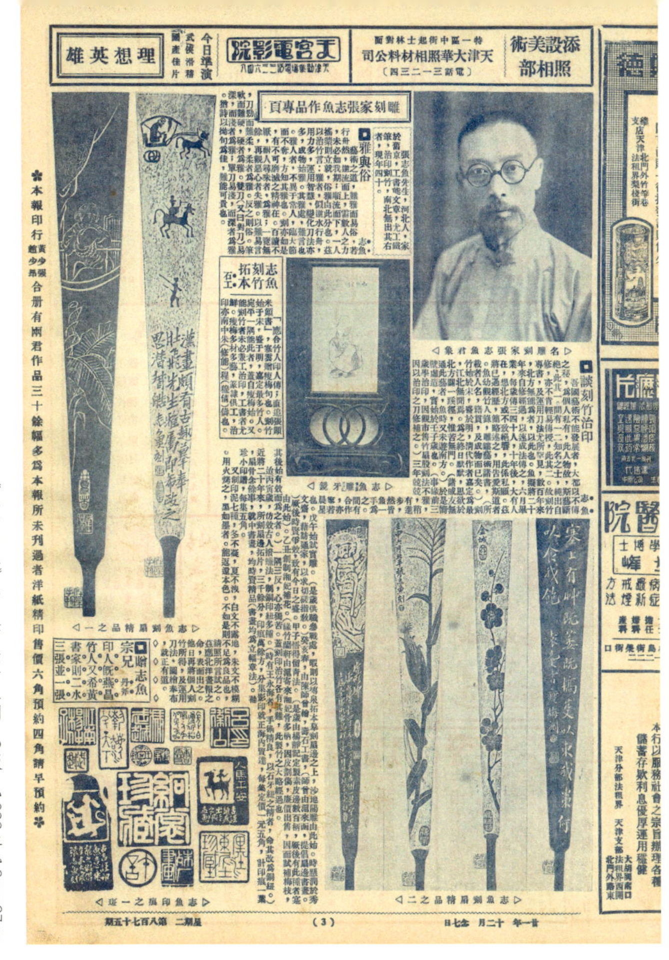
雕刻家張志魚作品專頁

名雕刻家張志魚君像

志魚刻扇精品之一

志魚刻扇精品之二

志魚印稿之一斑

《北洋画报》第八百七十五期 3版 1932年12月27日

雕刻名家张志鱼

第 875 期《北洋画报》的第 3 版介绍了传统工艺美术中的刻竹与篆刻的内容，专页的主角为雕刻家张志鱼。张志鱼（1893 ~ 1961）又作张志渔，字瘦梅，号通玄。善于书画、篆刻。张志鱼的雕刻实践起于治印。光绪末年时，张志鱼已经以治印为人所知，达到很高艺术水平，与当时的寿石工、齐白石齐名。他是北京人，曾经两度在段祺瑞执政府任职，但时间都不长，北洋政府时期结束后，张志鱼转而专凭艺术吃饭，在北京前门外劝业场三楼设“寄斯庵美术社”，招揽治印生意。旧京的显宦巨贾、名优文士都以得张志鱼一印夸耀人前。

张志鱼另一项雕刻绝技为竹刻，他是近代北派刻竹的代表性人物。竹被中国文人视为高洁正直的象征，经常出现在传统诗文作品中。刻竹艺术也就寄托了文人们秉承的“宁可食无肉，不可居无竹”的高雅追求。由于竹在文人心目中有着崇高的地位，因此竹雕工艺品也成为自古以来备受重视的文人雅器。

带有刻竹的折扇，曾经是上流社会十分重视的必要生活雅具之一。社会贤达们对折扇的要求很高，文人小聚的时候，展开折扇既可以扇风纳凉，也可以欣赏折扇上的书画作品与扇骨之美。张志鱼的刻竹曾被誉为旧京“琉璃厂三绝”之一。晚清之后，很多文人雅士都以拥有一柄张志鱼刻竹的折扇为耀。第 875 期《北洋画报》“雕刻家张志鱼作品专页”中就刊载了多柄“志鱼刻扇精品”以飨读者。而对于刻竹艺术雅俗之辨，张志鱼在专页的文章《雅与俗》中表达了自己的认知：

> 艺术之道，难雅而易俗，若行舟然，逆流而上，需数人之力，未必如我期；顺流而下，一人摇桨则立就，俗雅由此分也。兹以治竹言：雅者，似逆水行舟，用力多，运用智慧，变化刀法亦多，成物始雅。……以难易言，刀劲而难柔，柔者为雅。反之则俗。笔软而难硬，硬者为雅。双刀（又曰对刀）易深，而浅者为雅；单刀易浅，而深者为雅。犹以拗句为佳，难能可贵也。

《北洋画报》
第五百六十二期　3版
1930年12月11日

《珠宝专页》

19世纪初，国人的衣食住行都发生了很大的变化。《北洋画报》所记录美的视野，也不断地随之扩大。正如《画报》努力推介女性服饰和妆容的改变一样，珠宝、首饰等手工艺品的流行风向也成为其非常重视的内容。第562期《北洋画报》于第3版开设《珠宝专页》向读者介绍这类昂贵的手工艺品之美。版头文章《新“珠宝市”》开篇便回顾了清末的珠宝市场：

> 夫人而知旧都有珠宝市其地，位于正阳桥之西边，在昔帝治极盛时代，想必因珠宝商肆会集所在而得名，今则其名虽存，几不复见有珠光宝气闪烁其间矣。世运隆衰之所系，思之能不令人怃然乎。

文中清末著名的珠宝、玉石交易市场“珠宝市”位于北京前门大街西侧，北起西河沿，南至大栅栏。这里聚集着众多经营珠宝、玉器和首饰的店铺。当时珠宝市有26家经过户部许可并有部照官炉的商户，设有可熔炼金银的炉房，兼顾金融流通。到了1930年代，这样的传统珠宝交易市场已不复存在，传统的翡翠、玉石、珠宝审美也开始随着西方文化进入中国而发生变化。受西方首饰风格的影响，一些珠宝、首饰的新风尚开始出现。彼时的珠宝镶嵌工艺得到了很大的提升，珍珠饰品也开始流行起来。第562期《北洋画报》“珠宝专页”介绍的就是天津利华公司展览的新式珠宝：

> 兹余所欲谈之“新珠宝市”，非远在旧都，而近在津门。读忆去今约一年前，余报曾刊“珠宝专栏”介绍利华放款公司主人利奥保禄Marcel Leopold君所创“客室交易”式之珠宝肆（英租界中街汇丰大楼三楼上）。去岁所陈璨丽精奇之钢钻首饰，约值二百万法郎者，盖早已各得其所矣。

由此可见，当时的新奇珠宝一般价格不菲，但会被识者购买，也从一个侧面证明时人对珠宝的喜爱程度。文末记者还向读者介绍了其时国际珠宝首饰的流行时尚：

> 近年来首饰之制造，崇尚埃及以及东方图案，而以堆砌宏富为主。金钢钻之磨琢，尚椭圆形，长条形，不仅囿于方圆两种而止。又谓法国珠宝制工，益见进步，其用白金镶嵌之品，巧夺天工，谓为艺术结晶，询不诬也。

这一期的专页不仅包括珠宝首饰，还有与其关联的腕表链及手表的介绍。《“川流不息”的手表》一文就介绍了约翰·夏活（Jhon Harwood）研发的世界上第一枚自动腕表。这对当时的国人而言，也是艺术与科技结合的重要信息：

> 表中有活动铊一个，只须微转表身，则铊自能左右旋转，即可代表上弦，人臂不能终日不动，臂动则铊转，而表弦随时加上，乃终年不止息矣。利华不日运到大批，好奇者盍往一观焉。

当时，这种工艺先进的腕表是好奇者追捧的舶来物，要到80余年后的1955年3月24日，中国自主生产的第一只手表才在天津诞生。

珠寶專頁

BEAUTIFUL JEWELS BEING SHOWN AT MARCEL LEOPOLD & CO., TIENTSIN.

利華公司展覽

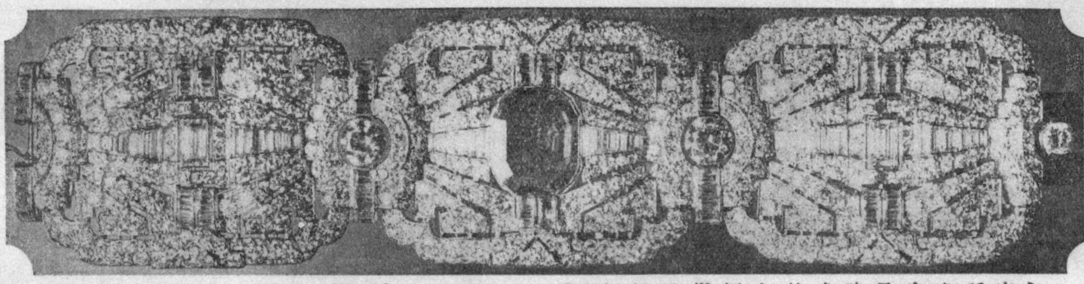
富麗堂皇最時式的金鋼鑽手鐲（原大）〔法國巴黎珮露絲廠製品〕
Triumph of expert modern craftsmanship: a magnificent diamond bracelet from Paris.

歐美最新式婦女用白金鑲金鋼鑽手表
A finest sample of diamond and platinum watch.

新『珠寶市』

·記者·

夫人而知舊都有珠寶市，其地位於正陽橋之西邊，在昔帝治極盛時代，想必因珠寶商肆會集所在而得名，今則其名雖存，幾不復見有珠光寶氣閃爍其間矣。世運降衰之所繫，思之能不令人憮然乎！茲余所欲談之『新珠寶市』，非遠在舊都，而近在津門。讀者當尚憶去今約一年前，余報曾刊『珠寶專欄』，介紹利華放款公司主人利奧保祿 Marcel Leopold 君所創『客室交易』式之珠寶肆（英租界中街滙豐大樓三樓上）。去歲所陳璨麗精奇之鋼鑽首飾，約值二百萬法郎者，蓋早已各得其所矣。而利君乃不免有巴黎之行。日昨利君自法京歸，約余往談，兼眎我以種種最新奇鑽飾，余輩寒酸，惟有驚奇咋舌而尚不至于垂涎而已。其中最新穎者，爲利君創作之襟頭夾，形式甚多，皆飾以金鋼鑽及寶石，專爲中國婦女衣斜襟衣服用者，有時夾之呢帽手套袖口上，亦無不可。利君此行，將中國圖案輸入法國珠寶市，創作頗多，爲之監製及代表者，則爲巴黎著名珠寶製造商『珮露絲』Perose該廠有分號數十處，遍法國境內，歐美各國珠寶商對于製作款式，亦均惟其馬首是瞻云。余因詢利君：來年世界最時尚之珠寶，以何種式樣爲依歸。利君則謂近來首飾之製造，崇尚埃及以及東方圖案，而以堆砌宏富爲主。金鋼鑽之磨琢，尚橢圓形，長條形，不僅囿于方圓兩種而止。又謂法國珠寶製工，益見進步，其用白金鑲嵌之品，巧奪天工，謂爲藝術結晶，詢不誣也。利君擅交際，和藹可親，凡往欣賞寶物者，當極表歡迎也。

□『川流不息』的手表

自動不息，不須上絃之鐘，吾人亦屢見不一見矣，然其構造雖巧，但甚脆弱、至易損壞，苟以其法製錶，絕不可能。今則竟有不須上弦之手錶，寧非驚人之事？『哈爾烏德』Harwood手錶，爲世界第一之自動手錶。英人所發明，瑞士工廠所製。錶中有活動鉈一個，只須微轉表身，則鉈自能左右旋轉，即可代表上弦，人臂不能終日不動，臂動則鉈轉，而表弦隨時加上，乃終年不止息矣。利華不日即運到大批，好奇者盍往一觀焉。

△新自法返之珠寶專家利奧保祿氏
Mr. Marcel Leopold, a famous expert in jewels.

專爲華婦發明之鑽石襟夾
A new invention: diamond clip especially made for Chinese woman dress.

永不用上弦之手表
The newest invention in watch making: the Harwood watch without keyness action.

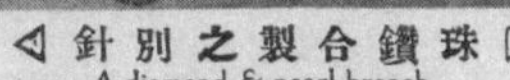
珠鑽合製之別針
A diamond & pearl brooch.

嵌有寶石長條圓形鑽石

華貴異常之壽字形胸花
Another majestic piece: a diamond brooch.

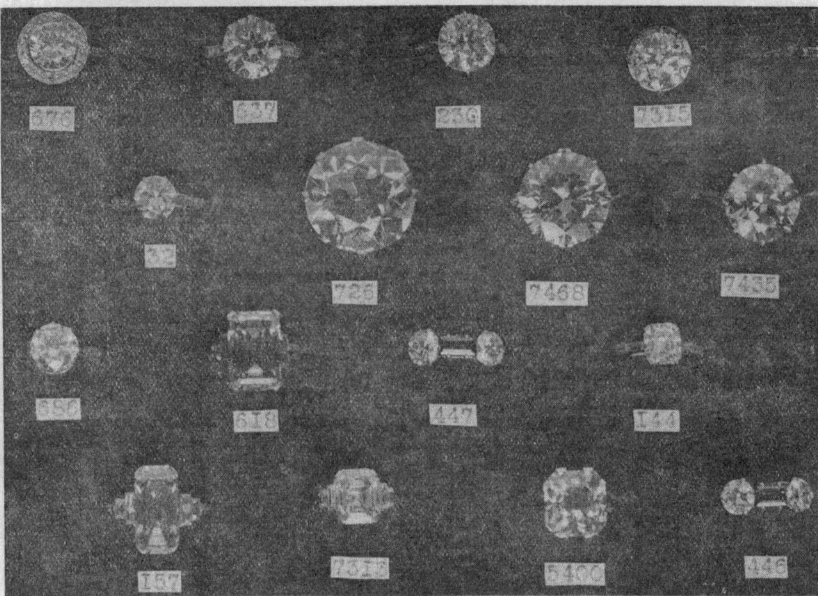

利華公司珠寶展覽中之鑽戒指之一部份（原大）
One part of the diamond rings being seen at the show stand of Marcel Leopold & Co., Tientsin.

形式新奇之『三鳳朝陽』胸花
A Three-phoenix diamond brooch.

珠鑽合製之襟花
Another magnificent diamond & pearl brooch.

《北洋画报》
第五百零一期　封面
1930年7月22日

《北洋画报》封面撷英

《北洋画报》套色印刷的彩页中，除了封面主题，其余的就是广告内容。

第501期的封面人物为“北画主人”冯武越的夫人赵绛雪。广告内容分别为：中原公司（购物商场）、元兴茶庄、老九章绸缎庄、六国大饭店、敦庆隆绸缎庄、中央汽车公司、步峰医院（妇儿医院）、西湖别墅（饭店）、香晶（结晶香水）。

第1342期封面人物为天津舞星高安娜。由于是1936年的贺岁号，因此广告都以商号“恭贺新禧”的贺岁祝福方式出现。广告内容分别为：新新绸缎公司、郎敬衡牙大夫（西医诊所）、南洋兄弟烟草公司、启亚医院、针科蒋伯鸾（中医诊所）、潘大夫（西医诊所）、寿德记时装公司、意商运动场、大华饭店、富健康大夫（精神科诊所）、步峰医院（妇儿医院）、平安影院、光明影院。

这两期封面是以设色漫画的形式呈现的。“漫画”一词最早出现在宋代，指代一种水鸟。南宋的洪迈在《容斋随笔》中，对“漫画”这种水鸟有了更详细的描述。这种类鹜的水鸟名为篦鹭，“常以嘴画水求鱼”。清代“扬州八怪”之一的画家金农把自己有感而发的漫笔也称作“漫画”。[6]据丰子恺考证，“漫画”作为一个画种最早出现于日本。日本江户时代的浮世绘大师葛饰北斋即有作品集《北斋漫画》于1814年出版。之后，“漫画”被正式应用到绘画之中。1904年，上海《警钟日报》即以《时事漫画》为标题，发表了讽刺时政的漫画四幅，标志着“漫画”一词在中国的使用。1925年，上海《文学周报》连载了丰子恺的画，该刊主编郑振铎把丰子恺这种独特风格的画定名为“漫画”。1926年《子恺漫画》结集出版。从此，丰子恺的画就以《子恺漫画》风行于各种报刊上。“漫画”这一称法开始在中国传播。

6　李耕拓.：《“漫画”一词系国产》，《语文知识》1996年第11期。

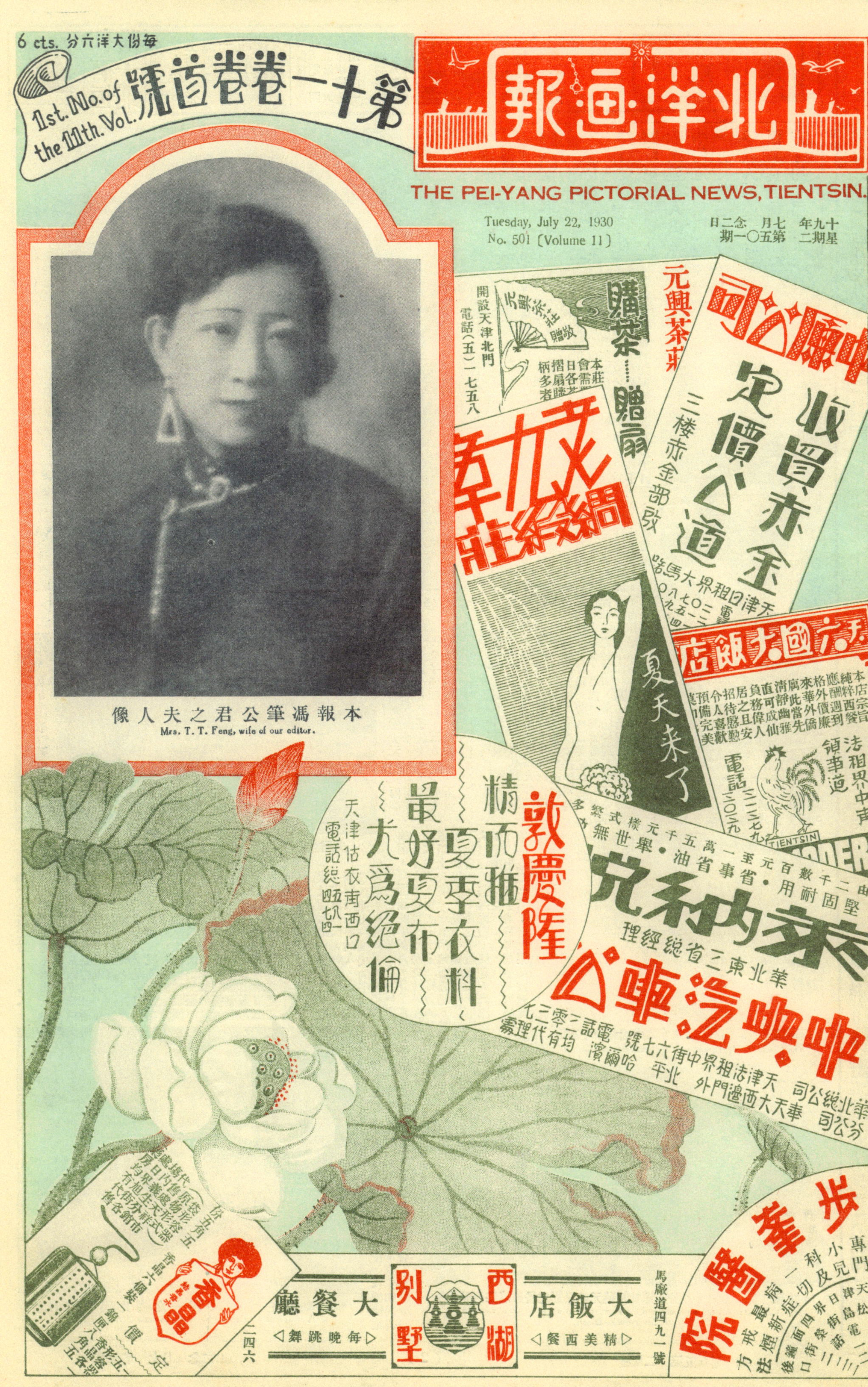

本報馮筆公君之夫人像

Mrs. T. T. Feng, wife of our editor.

中華郵政掛號特准立券新聞紙

天津北洋美術印刷所製版承印

《北洋画报》第一千三百四十二期　封面　1935年12月31日

一月

日	一	二	三	四	五	六
1	2	3	4	5	6	7
8	9	10	11	12	13	14
15	16	17	18	19	20	21
22	23	24	25	26	27	28
29	30	31	+	+	+	+

二月

日	一	二	三	四	五	六
+	+	+	1	2	3	4
5	6	7	8	9	10	11
12	13	14	15	16	17	18
19	20	21	22	23	24	25
26	27	28	+	+	+	+

三月

日	一	二	三	四	五	六
+	+	+	1	2	3	4
5	6	7	8	9	10	11
12	13	14	15	16	17	18
19	20	21	22	23	24	25
26	27	28	29	30	31	+

四月

日	一	二	三	四	五	六
+	+	+	+	+	+	1
2	3	4	5	6	7	8
9	10	11	12	13	14	15
16	17	18	19	20	21	22
23/30	24	25	26	27	28	29

五月

日	一	二	三	四	五	六
+	1	2	3	4	5	6
7	8	9	10	11	12	13
14	15	16	17	18	19	20
21	22	23	24	25	26	27
28	29	30	31	+	+	+

六月

日	一	二	三	四	五	六
+	+	+	+	1	2	3
4	5	6	7	8	9	10
11	12	13	14	15	16	17
18	19	20	21	22	23	24
25	26	27	28	29	30	+

七月

日	一	二	三	四	五	六
+	+	+	+	+	+	1
2	3	4	5	6	7	8
9	10	11	12	13	14	15
16	17	18	19	20	21	22
23/30	24/31	25	26	27	28	29

八月

日	一	二	三	四	五	六
+	+	1	2	3	4	5
6	7	8	9	10	11	12
13	14	15	16	17	18	19
20	21	22	23	24	25	26
27	28	29	30	31	+	+

九月

日	一	二	三	四	五	六
+	+	+	+	+	1	2
3	4	5	6	7	8	9
10	11	12	13	14	15	16
17	18	19	20	21	22	23
24	25	26	27	28	29	30

十月

日	一	二	三	四	五	六
1	2	3	4	5	6	7
8	9	10	11	12	13	14
15	16	17	18	19	20	21
22	23	24	25	26	27	28
29	30	31	+	+	+	+

十一月

日	一	二	三	四	五	六
+	+	+	1	2	3	4
5	6	7	8	9	10	11
12	13	14	15	16	17	18
19	20	21	22	23	24	25
26	27	28	29	30	+	+

十二月

日	一	二	三	四	五	六
+	+	+	+	+	1	2
3	4	5	6	7	8	9
10	11	12	13	14	15	16
17	18	19	20	21	22	23
24/31	25	26	27	28	29	30

《北洋画报》第八百七十七期 封面 1932年12月31日

《北洋画报》于新美术思潮兴盛之时刊行，其对于漫画的推介由第1期开始就从未停止，且经常单期画报出现多幅漫画作品。《画报》的创始人冯武越将漫画列为艺术普及的重要形式之一。冯武越本人对绘画也很精通，他的好友中不乏徐悲鸿、方地山、巢章甫、黄二南等书画名家。巢章甫在回忆冯武越的文章中曾提及冯的绘画水平极佳，犹善画松。[7]每到画报出版周年纪念或重要节日的专号中，漫画是《北洋画报》编辑部最喜使用的美术形式，报社的编辑同人都曾以漫画的形象出现在画报中。《北洋画报》漫画作者中的很多人成为美术史中不可忽视的人物，其中包括第二任主编童漪珊，以及曹涵美、蒋汉澄、孙之俊、叶浅予等。

经历了10余年出版发行，《北洋画报》的视觉效果与版面布局日趋成熟。从发行初期（1926～1929）美术风格与内容排布的不断调整，到之后逐渐形成相对固定的“北画”版面结构与视觉特色，编辑部同人以《北洋画报》特有的设计风格，表达了对“报之美”的追求。对此，他们不无自豪地吟哦道：

风行一纸压群流，回首星躔又几周。
万象纷罗都宛在，经时变幻总常留。
众生无尽材无尽，岁月不休报不休。
充栋汗牛容易事，此中亦自有千秋。[8]

《北洋画报》
第九百五十一期　封面
1933年6月27日

7　章用秀：《武越绘画非寻常》，《今晚报》2021年3月10日，第12版。
8　王小隐：《十卷卷首颂》，《北洋画报》第451期，1930年3月27日，第3页。

北平名閨
金鏡文女士象
天津同生攝。

写在最后

1995 年，我上高一，期末考试后的周日，和同学去逛“三宫”（天津旧书市）淘旧书。在一个摊位上，看中了一套民国涵芬楼影印版《花间集》。跟摊主划价，他说：“别划了，再给你来两张老画报。这个可好啊！上面都是民国大美女。”我看了一眼封面，“就这还美女呢！？不要这个能不能再便宜 5 块？”最后，价没划下来，饶的这两张老画报，成了我与《北洋画报》的初见。

大学期间，开始收集天津史料，经常在林希和冯骥才的文章中看到有关《北洋画报》的内容，它自然就引起了我的关注。这时旧书市场的《北洋画报》原件已经很少了，即使有零星单期，价格也很高。书目文献出版社 1985 年出版的印数 1000 的影印版，就成了《北洋画报》好爱者唯一的资料来源。当时，天津古籍书店有两套，一套放在陈列部头书的柜子里，一套用牛皮纸包装、捆绑，摞在半开放小库房。那段时间，我基本一周去一次。由于《北洋画报》这类书价格不菲，所以书店不让顾客自己取看。我嘴甜，每次都能请售货员大姐从大柜子里帮我拿下一本看。为了不让大姐生厌，走的时候也顺便买两本便宜书。久而久之，大姐见我来了就会心一笑，“自己拿吧”。有一次，我正在翻看，另一个顾客也伸手要够上面的《北洋画报》，大姐看见就喊：“柜里的书不买别看啊。”那位指着我回问：“那他怎么看呢？！”大姐连嗙儿都没打说：“他肯定买呀！”那人刚要说话，大姐继续：“那嘛，你等会儿他看完了，跟他看一本不就得了。”由于大姐对书籍的控制欲，之后再去看书，经常有跟我同看一本《北洋画报》的顾客，有的还成了书友。对于我来说，整套影印版《北洋画报》太贵了，因此暗下决心，好好作图攒钱，早晚买他一套。后来再去书店也不怎么翻它了，大姐笑问：“不看了？都背下来了吧。”其实，我就是想去看看它是否还在书店的柜子里。我快毕业的时候，这两套先后卖了出去。据售货员说，一套卖给了某大学图书馆，另一套是冯骥才先生买走了。虽说怅然若失，但也不用总跑古籍书店了，因为念想没了。

2004 年，我已经在天津美术学院任教，拿工资了，就攒钱准备完成心愿。寻遍天津古旧书店、书市，已经没有售卖整套影印版《北洋画报》的地方了。当时古旧书交易网站正在起步阶段，只能发帖子留言寻购，但应者寥寥。既如此，那就买些单期《北洋画报》的原件聊以自慰。转年，古文化街新开了一处古旧书店聚落，朋友告诉我，有家店卖影印的全套《北洋画报》。到了书店，发现虽然只有三分之二，却也激动地付款搬回家。之后的一段时间里，东拼西凑，配齐了一全套书目文献出版社影印版《北洋画报》。而在补凑影印版的同时，我也对手头的原件产生了兴趣，时常买几张对照着影印版翻看。《北洋画报》的原件除了自带气场的故纸韵味，其印刷质量较影印版更胜一筹，一些特别版面或彩色印刷，效果更为震撼。这一阶段，包括《北洋画报》在内的老天津文史资料给了我很多滋养，我陆续在一些书报中发表了以天津历史与建筑为内容的文章。

2006 年，一位做编辑的朋友约我写一本有关《北洋画报》的书，取名《拉“洋”片》，合同期限很宽泛，定了 3 年。我开始了浩大的整理工作，先将影印版《北洋画报》中的时政、文学、艺术、体育等各类内容编目，再按照表上的顺序用相机拍摄文图并编类存储，然后在屏幕上对照电子照片录入文字，整理后开始撰写。当时下的一些笨功夫，在数年后被《北洋画报》PDF 版和音频转文字 APP 所取代。在越写越没有头绪的时候，朋友打来电话，说已经从原来的出版社辞职，合同随之解除，我如释重负。她表示会把这本书带到新东家出版。我赶紧拦住，说千万别介，等我再写写，找一下感觉再说。

这感觉一找就是 15 年。其间，没有了截稿压力，《北洋画报》的资料卡片成了我没事就翻翻写写的功课。2020 年，我入选的中宣部“宣传思想文化青年英才”申报项目资助课题，《〈北洋画报〉忆旧》获得通过，这本书再次提上日程。

在“找感觉”的若干年里，关于《北洋画报》的书籍不断出版，很多是含金量极高的著作。一本本读来，都有新的感受。既然这些严谨的研究已经珠玉在前，我一个非专业的作者，如果仍旧以纯学术为目标循路而上，必然瓦石难当，对《北洋画报》的传播也无异于炒冷饭。那么，在这本书的整体构想上，我就要选择不一样的角度，区别于其他有关《北洋画报》的著作。破这个题，花费了很长的时间。

翻看手头越存越多的《北洋画报》原件，我找到了写这本书的“把手”。《北洋画报》社曾以“画楼”为题纪念创刊日，并发表诸多文章诠释编辑同人们“以画为报”的主旨。目前，还没有一本有关《北洋画报》的书，将印刷精良、色彩丰富的画报原件作为文字的依托。于是我决定，这本书就叫《画楼：〈北洋画报〉忆旧》，以“画”为挈，以画报故纸为本，将我对《北洋画报》的认知与原版画报同时向读者展示出来。

接下来的撰写、编辑、设计等，都比破题快多了。这期间，我的好友，曾担任中央电视台《东方时空》主编、《电影传奇》制片人的宋昉老师给予我很大的支持。我的每篇文字，他都是第一读者。正是由于他对民国时期电影、体育等内容的了解，他也参与了本书“画光影”“画体魄”等部分的图释工作。这本书的责编石岩老师在《南方周末》担任资深记者的时候就与我相识，我担任导演的影视与舞台作品她几乎都关注过，其中很多曾予以报道。这一次，她一次次参与到本书文字审核及文字之外的工作中，不厌其烦。在版面设计过程中，我的好友赵云和他“敦堂文化”的小伙伴们，不计辛劳地积极参与，给了这本书更好的视觉呈现。在此，对朋友们的付出表示感谢。更要感谢林希、孙伯翔先生对我的抬爱，他们的序言、书法是对本书最好的加持。还要对在项目申报、撰写、出版等过程中，给予我帮助的师友致敬。

《画楼：〈北洋画报〉忆旧》是我与《北洋画报》相识近 30 年的一个图文陈述，更是对有着 618 年建城史（截至 2022 年 12 月）的天津的一种情感表达。

1927 年 7 月 7 日，《北洋画报》发刊一周年纪念专号中载文《一年以来》，在此，以这篇文章的结语作为这本书写在最后的话：“总之，吾人梦想之‘黄金时代’必不在过去而在将来，斯同人所共勉也。”

马千

2022 年 9 月 26 日

图版索引

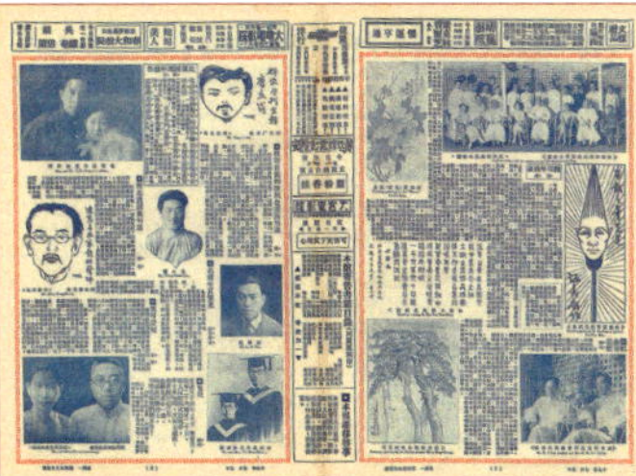

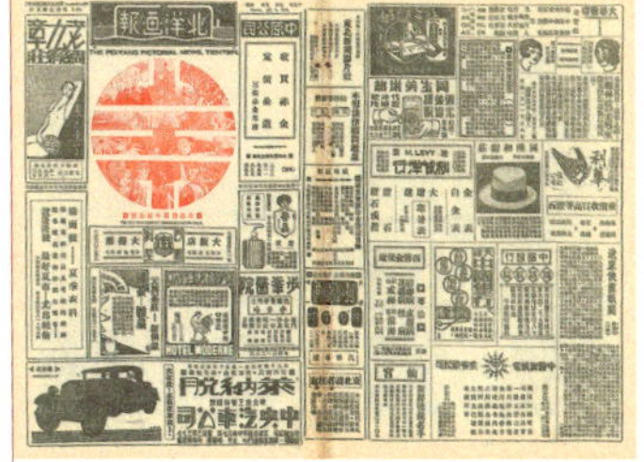

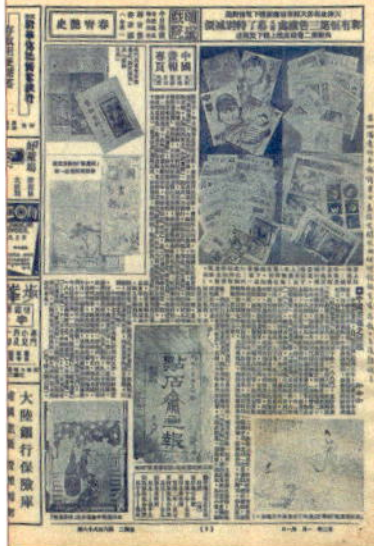

北洋画報
PEI-YANG PICTORIAL NEWS, TIENTSIN

北洋画報
THE PEI-YANG PICTORIAL NEWS, TIENTSIN

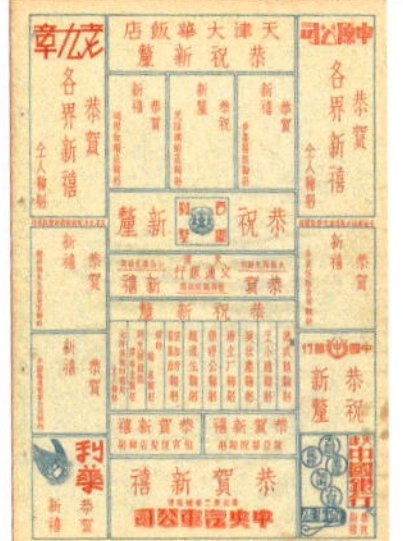

图 8：《北洋画报》
第五七一、五七二合刊
7 版
1931 年 1 月 1 日

第 30 页

图 9：《北洋画报》
第三百二十五期
2 版
1929 年 5 月 30 日

第 33 页

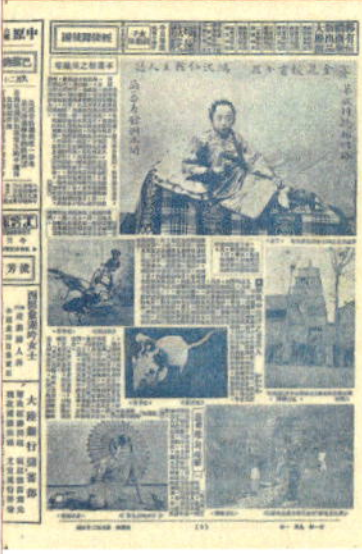

图 10：《北洋画报》
第八百二十五期
2 版
1932 年 9 月 1 日

第 35 页

图 11：《北洋画报》
第一千四百九十三期
2 版局部
1936 年 12 月 19 日

第 36 页

图 12：《北洋画报》
第二百零六期
封面
1928 年 7 月 25 日

第 37 页

图 13：《北洋画报》
第二百零六期
2 版
1928 年 7 月 25 日

第 39 页

图 14：《北洋画报》
第一千四百七十二期
2 版
1936 年 10 月 31 日

第 40 页

图 15：《北洋画报》
第一千五百零三期
2 版
1937 年 1 月 12 日

第 42 ～ 43 页

图 16：《北洋画报》
第五百六十二期
2 版
1930 年 12 月 11 日

第 44 页

图 17：《北洋画报》
第三百九十期
2 版
1929 年 10 月 29 日

第 47 页

图 18：《北洋画报》
第八百五十一期
封面
1932 年 11 月 1 日

第 54 页

图 19：《北洋画报》
第九百五十六期
封面
1933 年 7 月 7 日

第 57 页

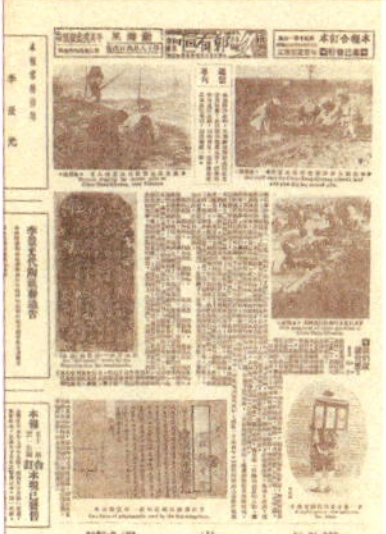

图 20：《北洋画报》
第一百零九期
2 版
1927 年 8 月 3 日

第 58 页

图 21：《北洋画报》
第一千四百七十期
2 版
1936 年 10 月 27 日

第 61 页

图 22：《北洋画报》
第一千四百八十六期
2 版
1936 年 12 月 3 日

第 64 页

图 23：《北洋画报》
第一千四百九十七期
2 版
1936 年 12 月 29 日

第 65 页

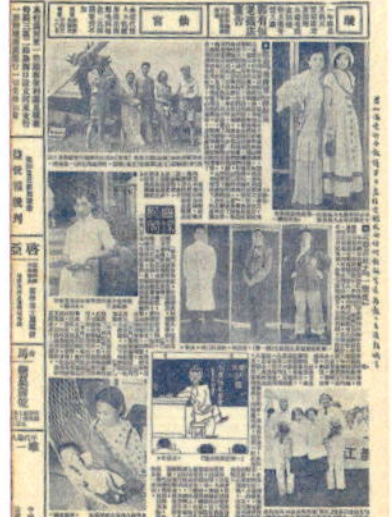

图 24：《北洋画报》
第九百九十七期
2 版
1933 年 10 月 12 日

第 67 页

图 25：《北洋画报》
第五百六十七期
2 版
1930 年 12 月 23 日

第 68 页

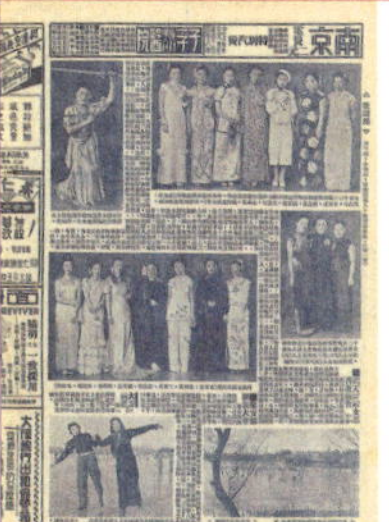

图 26：《北洋画报》
第一千四百九十一期
2 版
1936 年 12 月 15 日

第 69 页

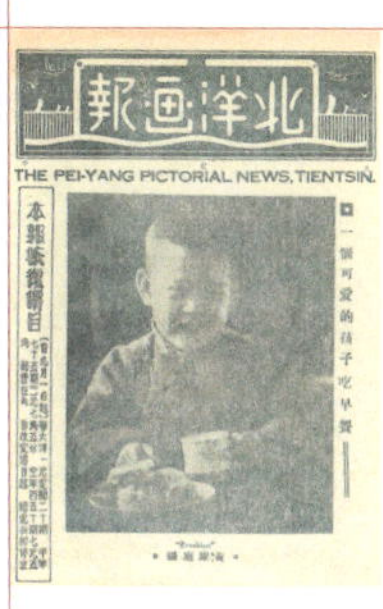

北洋画報
THE PEI-YANG PICTORIAL NEWS, TIENTSIN.

图 27：《北洋画报》
第五百七十三期
封面局部
1931 年 1 月 8 日

第 71 页

图 28：《北洋画报》
第五百七十三期
3 版
1931 年 1 月 8 日

第 71 页

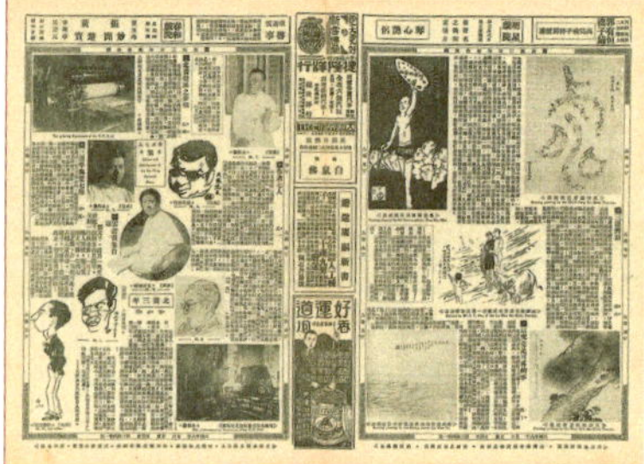

图 29：《北洋画报》
第三百四十一期
2、3 版
1929 年 7 月 7 日

第 79 页

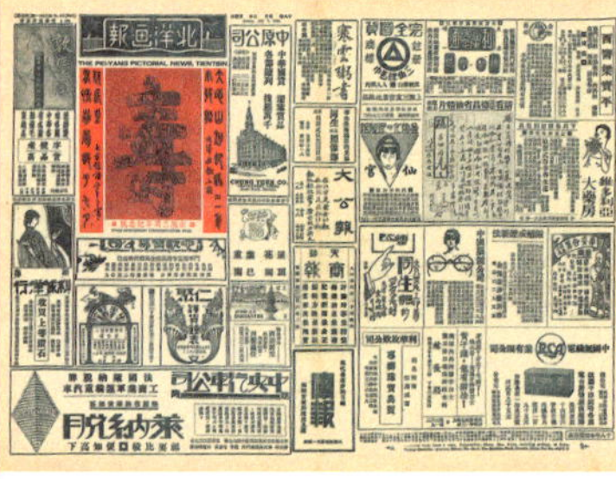

图 29：《北洋画报》
第三百四十一期
1、4 版
1929 年 7 月 7 日

第 80 页

图 30：《北洋画报》
第一千四百九十二期
2 版
1936 年 12 月 17 日

第 86 页

图 31：《北洋画报》
第一千四百九十五期
封面
1936 年 12 月 24 日

第 88 页

图 32：《北洋画报》
第一千四百九十五期
2 版
1936 年 12 月 24 日

第 89 页

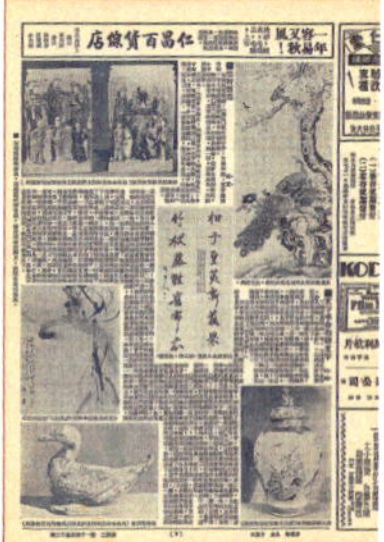

图 33：《北洋画报》
第一千四百六十八期
2 版
1936 年 10 月 22 日

第 90 页

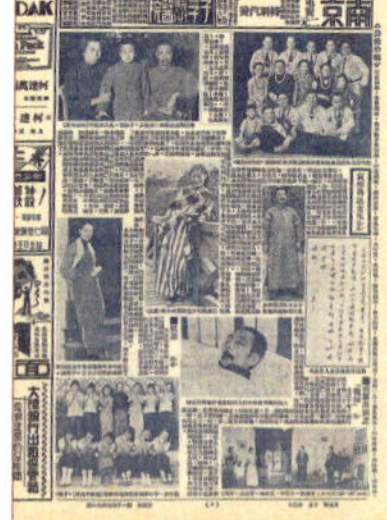

图 34：《北洋画报》
第一千四百五十二期
3 版
1936 年 9 月 15 日

第 93 页

图 35：《北洋画报》
第九百七十七期
2 版
1933 年 8 月 26 日

第 94 页

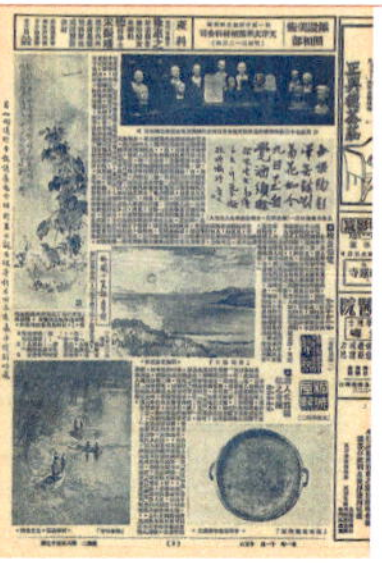

图 36：《北洋画报》
第八百五十七期
3 版
1932 年 11 月 15 日

第 97 页

图 37：《北洋画报》
第一千四百五十一期
封面
1936 年 9 月 12 日

第 104 页

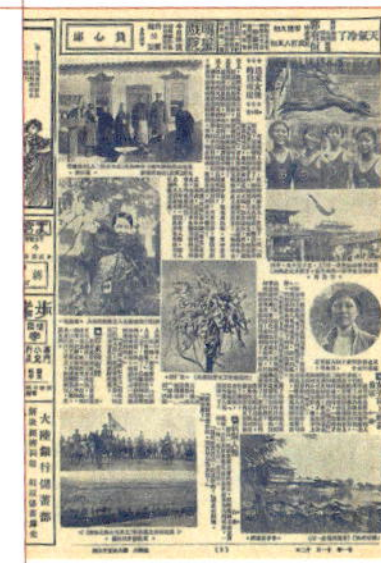

图 38：《北洋画报》
第八百五十六期
2 版
1932 年 11 月 12 日

第 107 页

图 39：《北洋画报》
第一千四百七十七期
2 版
1936 年 11 月 12 日

第 107 页

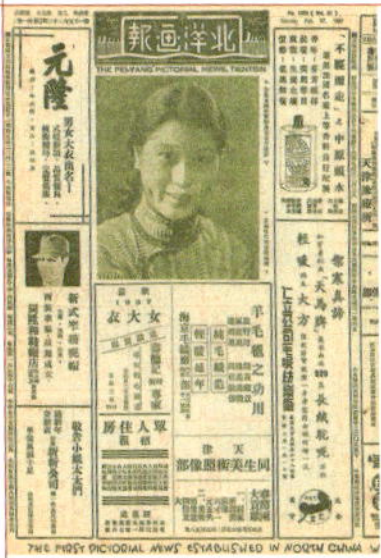

图 41：《北洋画报》
第一千五百二十二期
封面
1937 年 2 月 27 日

第 108 页

图 42：《北洋画报》
第一千二百八十九期
2 版
1935 年 8 月 29 日

第 111 页

图 43：《北洋画报》
第八百八十期
2 版
1933 年 1 月 7 日

第 112 页

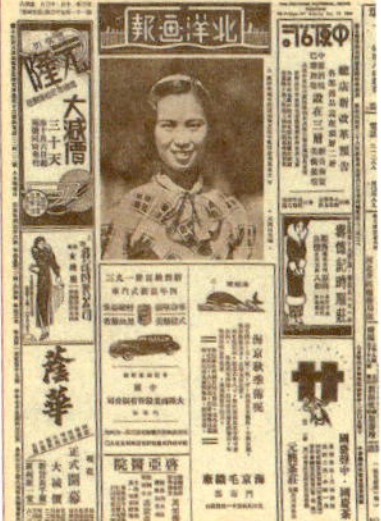

图 44：《北洋画报》
第一千一百五十三期
封面
1934 年 10 月 13 日

第 114 页

图 45：《北洋画报》
第一千一百五十三期
2 版
1934 年 10 月 13 日

第 117 页

图 46：《北洋画报》
第一千四百六十二期
2 版
1936 年 10 月 8 日

第 119 页

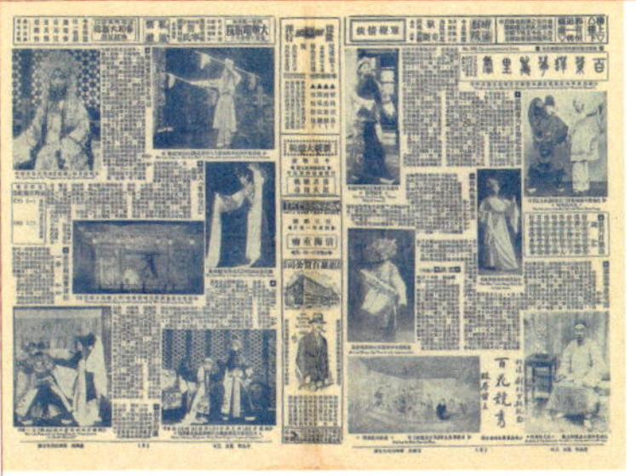

图 47：《北洋画报》
第四百六十七期
2、3 版
1930 年 5 月 3 日

第 127 页

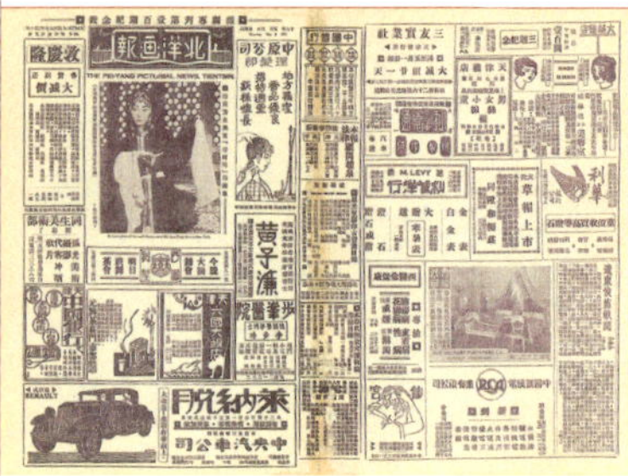

图 47：《北洋画报》
第四百六十七期
1、4 版
1930 年 5 月 3 日

第 128 页

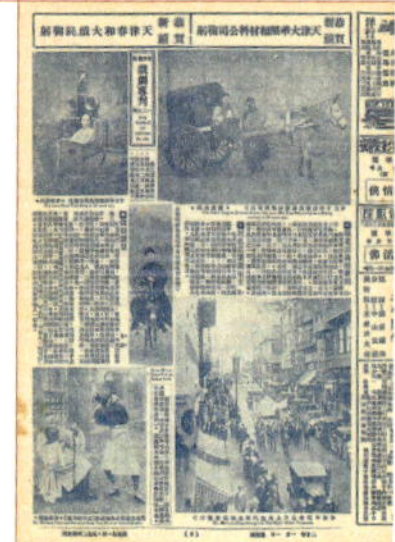

图 48：《北洋画报》
第五七一、五七二合刊
3 版
1931 年 1 月 1 日

第 131 页

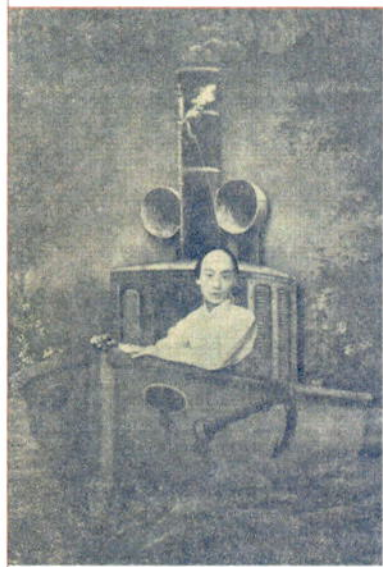

图 49：《北洋画报》
第五七一、五七二合刊
3 版局部一
1931 年 1 月 1 日

第 132 页

图 50：《北洋画报》
第五七一、五七二合刊
3 版局部二
1931 年 1 月 1 日

第 133 页

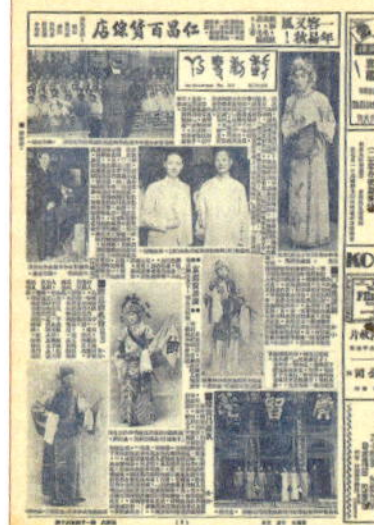

图 51：《北洋画报》
第一千四百六十期
3 版
1936 年 10 月 3 日

第 135 页

图 52：《北洋画报》
第一千四百七十五期
3 版
1936 年 11 月 7 日

第 136 页

图 53：《北洋画报》
第一千四百七十二期
3 版局部上、下
1936 年 10 月 31 日

第 139 页

图 54：《北洋画报》
第九百九十五期
封面
1933 年 10 月 7 日

第 141 页

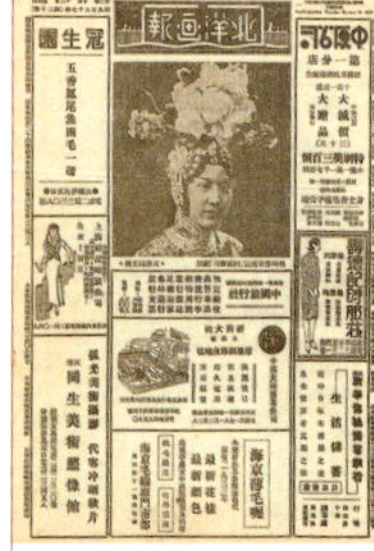

图 55：《北洋画报》
第九百九十七期
封面
1933 年 10 月 12 日

第 142 页

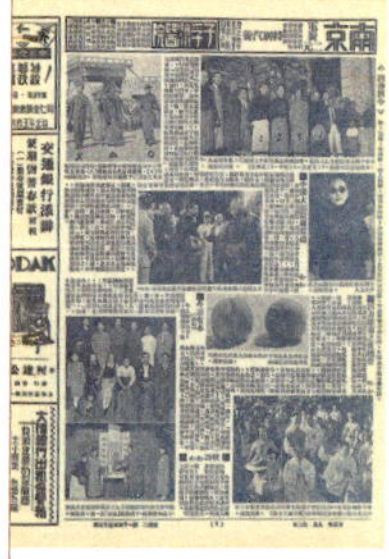

图 56：《北洋画报》
第一千四百五十五期
2 版
1936 年 9 月 22 日

第 145 页

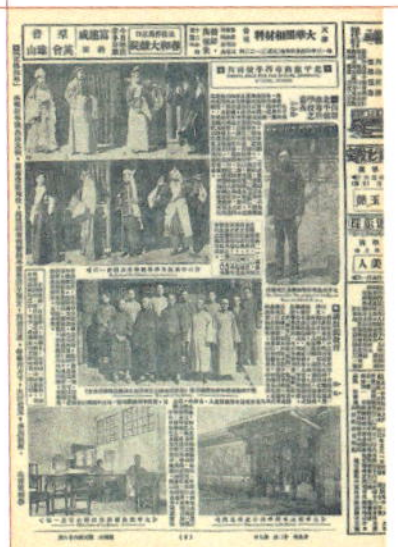

图 57：《北洋画报》
第五百六十九期
3 版
1930 年 12 月 27 日

第 146 页

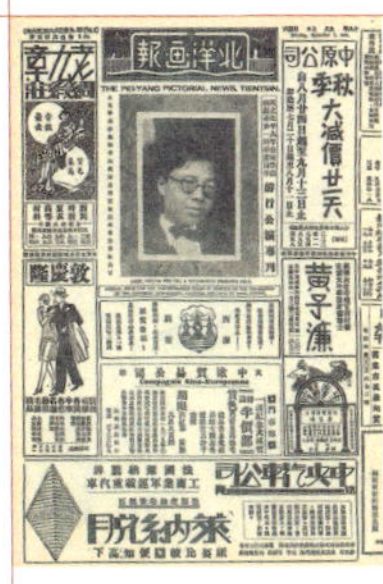

图 58：《北洋画报》
第三百六十八期
封面
1929 年 9 月 7 日

第 148 页

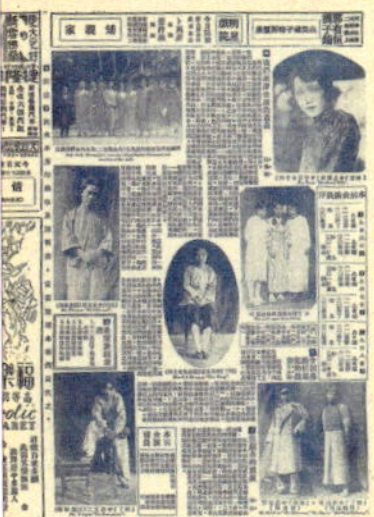

图 59：《北洋画报》
第三百六十八期
2 版
1929 年 9 月 7 日

第 149 页（下同）

图 60：《北洋画报》
第八百五十八期
3 版
1932 年 11 月 17 日

第 150 页

图 61：《北洋画报》
第一千五百零八期
3 版
1937 年 1 月 23 日

第 153 页

图 62：《北洋画报》
第一千五百四十五期
3 版
1937 年 4 月 22 日

第 154 页

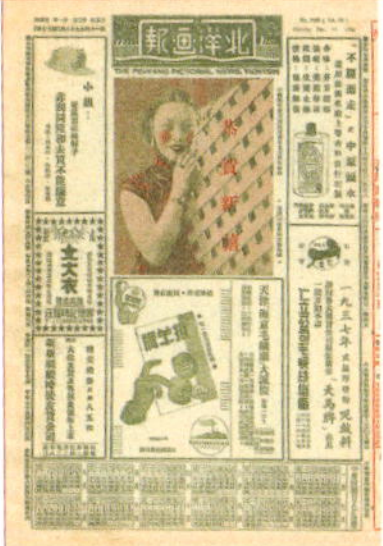

图 63：《北洋画报》
第一千四百九十八期
封面
1936 年 12 月 31 日

第 156 页

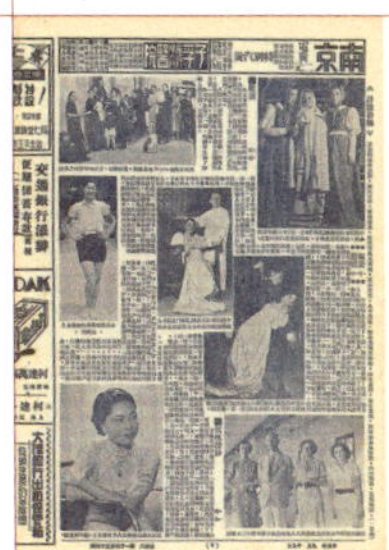

图 64：《北洋画报》
第一千四百五十四期
2 版
1936 年 9 月 19 日

第 157 页

图 65：《北洋画报》
第五百五十一期
封面
1930 年 11 月 15 日

第 167 页

图 66：《北洋画报》
第三百八十三期
封面
1929 年 10 月 12 日

第 168 页

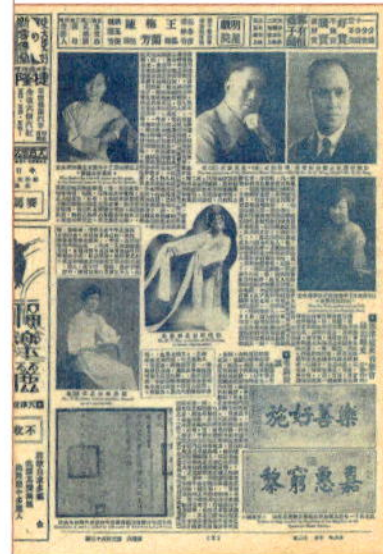

图 67：《北洋画报》
第三百八十三期
2 版
1929 年 10 月 12 日

第 169 页

图 68：《北洋画报》
第九百七十八期
2 版
1933 年 8 月 29 日

第 171 页

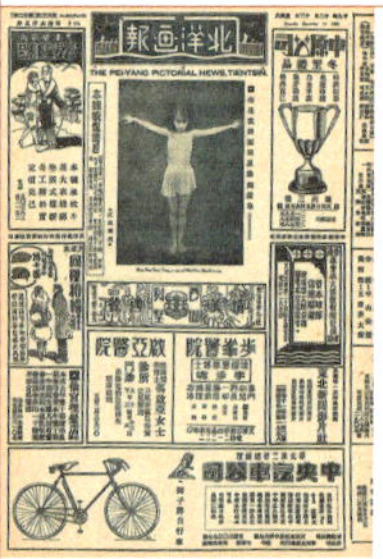

图 69：《北洋画报》
第五百六十三期
封面
1930 年 12 月 13 日

第 173 页

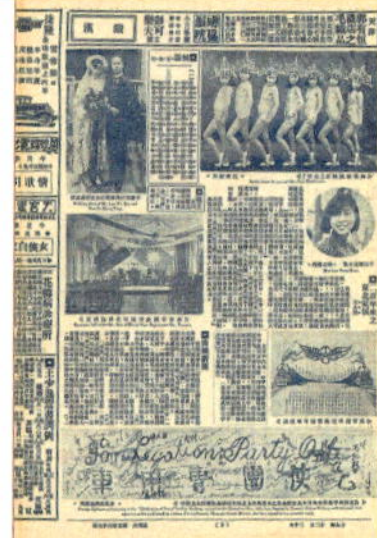

图 70：《北洋画报》
第五百六十六期
2 版
1930 年 12 月 20 日

第 175 页

图 71：《北洋画报》
第五百六十四期
2 版
1930 年 12 月 16 日

第 176 页

图 72：《北洋画报》
第九百六十七期
2 版
1933 年 8 月 3 日

第 177 页

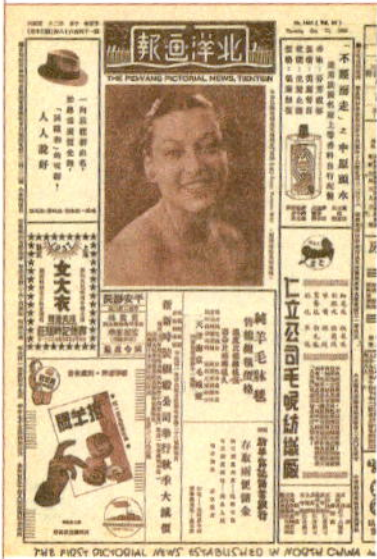

图 73：《北洋画报》
第一千四百六十八期
封面
1936 年 10 月 22 日

第 179 页

图 74：《北洋画报》
第一千四百六十七期
2 版
1936 年 10 月 20 日

第 180 页

图 75：《北洋画报》
第一千二百四十四期
2 版
1935 年 5 月 16 日

第 183 页

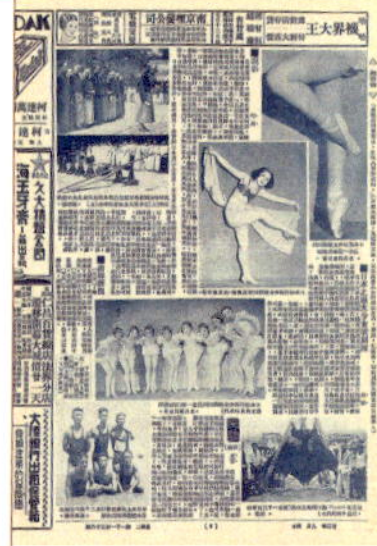

图 76：《北洋画报》
第一千一百三十六期
2 版
1934 年 9 月 4 日

第 184 页

图 77：《北洋画报》
第一千五百五十一期
封面
1937 年 5 月 6 日

第 193 页

图 78：《北洋画报》
第九百五十二期
3 版
1933 年 6 月 29 日

第 195 页

图 79：《北洋画报》
第九百五十四期
3 版
1933 年 7 月 4 日

第 196 页

图 80：《北洋画报》
第九百七十二期
3 版
1933 年 8 月 15 日

第 198 页

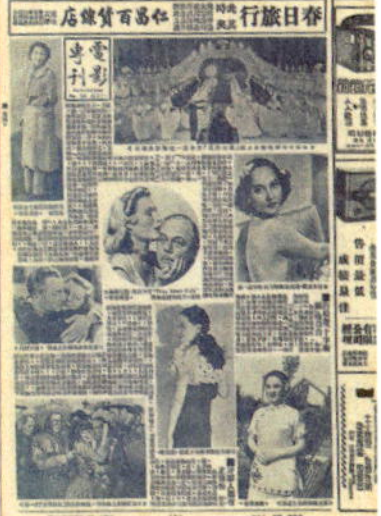
图 81：《北洋画报》
第一千五百四十四期
3 版
1937 年 4 月 20 日

第 201 页

图 82：《北洋画报》
第九百九十六期
3 版
1933 年 10 月 10 日

第 202 页

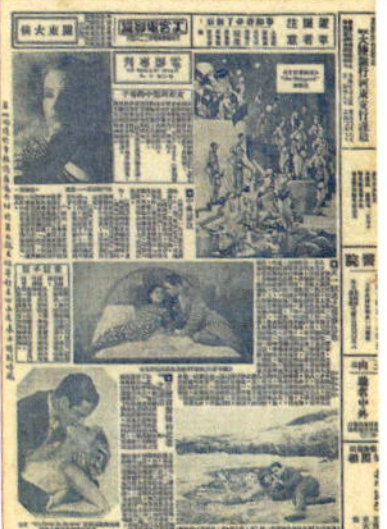
图 83：《北洋画报》
第九百九十九期
3 版
1933 年 10 月 17 日

第 205 页

图 84：《北洋画报》
第一千四百五十八期
2 版
1936 年 9 月 29 日

第 206 页

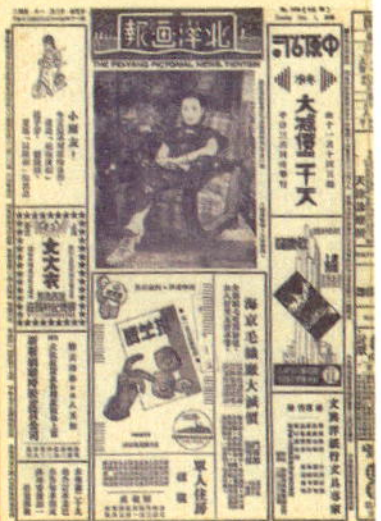
图 85：《北洋画报》
第一千四百八十五期
封面
1936 年 12 月 1 日

第 209 页

图 86：《北洋画报》
第九百八十五期
2 版
1933 年 9 月 14 日

第 210 页

北洋画报
THE PEI-YANG PICTORIAL NEWS, TIENTSIN

图 87：《北洋画报》
第一千四百七十九期
封面局部
1936 年 11 月 17 日

第 211 页

图 88：《北洋画报》
第一千五百三十八期
3 版
1937 年 4 月 6 日

第 213 页

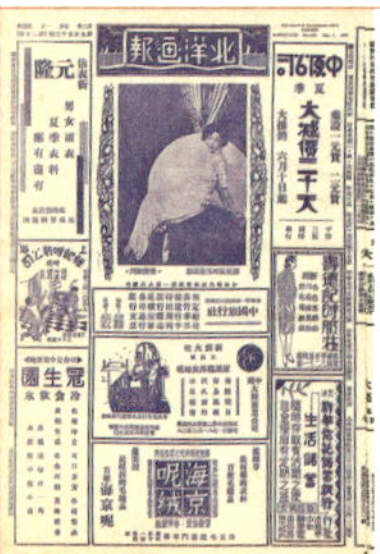

图 89：《北洋画报》
第九百五十三期
封面
1933 年 7 月 1 日

第 214 页

图 90：《北洋画报》
第五百八十六期
2 版
1931 年 2 月 7 日

第 217 页

图 91：《北洋画报》
第五百八十七期
2 版
1931 年 2 月 10 日

第 217 页

北洋画报

图 92：《北洋画报》
第九百九十三期
封面局部
1933 年 10 月 3 日

第 219 页

图 93：《北洋画报》
第一千五百十五期
3 版
1937 年 2 月 9 日

第 221 页

图 94：《北洋画报》
第三百五十一期
封面
1929 年 7 月 30 日

第 227 页

图 95：《北洋画报》
第一千五百零一期
封面
1937 年 1 月 7 日

第 229 页

图 96：《北洋画报》
第五百五十七期
3 版
1930 年 11 月 29 日

第 231 页

图 97：《北洋画报》
第五百五十八期
2 版
1930 年 12 月 2 日

第 232 页

图 98：《北洋画报》
第一千五百五十七期
2 版
1937 年 5 月 20 日

第 234 页

图 99：《北洋画报》
第八百五十一期
3 版
1932 年 11 月 1 日

第 237 页

图 100：《北洋画报》
第八百六十一期
3 版
1932 年 11 月 24 日

第 238 页

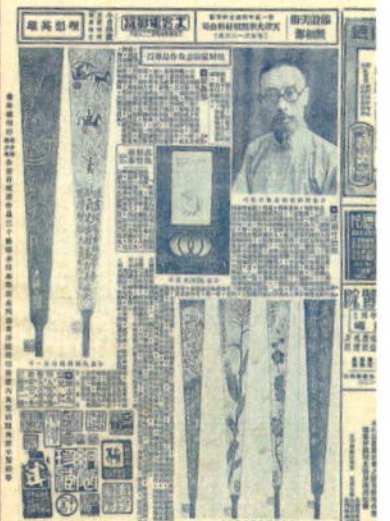

图 101：《北洋画报》
第八百七十五期
3 版
1932 年 12 月 27 日

第 239 页

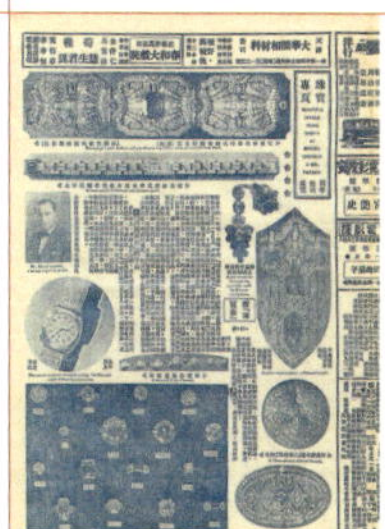

图 102：《北洋画报》
第五百六十二期
3 版
1930 年 12 月 11 日

第 241 页

图 103：《北洋画报》
第五百零一期
封面
1930 年 7 月 22 日

第 243 页

图 104：《北洋画报》
第一千三百四十二期
封面
1935 年 12 月 31 日

第 244 页

图 105：《北洋画报》
第八百七十七期
封面
1932 年 12 月 31 日

第 245 页

图 106：《北洋画报》
第九百五十一期
封面
1933 年 6 月 27 日

第 247 页